税 | 务 | 人 | 案 | 头 | 必 | 备 | 工 | 具 | 书

TAX INSPECTION

ANALYSIS ON THE CONTROVERSIAL ISSUES OF TAX INSPECTION AND LAW ENFORCEMENT

税务稽查

执法争议问题分析

孙丽英◎著

U1000231

中国经济出版社
CHINA ECONOMIC PUBLISHING HOUSE
·北 京·

图书在版编目（CIP）数据

税务稽查执法争议问题分析 / 孙丽英著. --北京：中国经济出版社，2023.1

ISBN 978-7-5136-7148-4

Ⅰ.①税… Ⅱ.①孙… Ⅲ.①税务稽查-行政执法-研究-中国 Ⅳ.①D922.220.4

中国版本图书馆 CIP 数据核字（2022）第 201821 号

选题策划 雷 生
责任编辑 孙东健
责任印制 马小宾
封面设计 华子设计

出版发行 中国经济出版社
印 刷 者 北京富泰印刷有限责任公司
经 销 者 各地新华书店
开　　本 710mm×1000mm 1/16
印　　张 29.25
字　　数 434 千字
版　　次 2023 年 1 月第 1 版
印　　次 2023 年 1 月第 1 次
定　　价 89.00 元
广告经营许可证 京西工商广字第 8179 号

中国经济出版社 **网址** www.economyph.com **社址** 北京市东城区安定门外大街 58 号 **邮编** 100011
本版图书如存在印装质量问题，请与本社销售中心联系调换（联系电话：010-57512564）

版权所有 盗版必究（举报电话：010-57512600）
国家版权局反盗版举报中心（举报电话：12390） 服务热线：010-57512564

前言
Preface

为高质量推进税收现代化，推动税务执法、服务、监管的理念、方式、手段等全方位变革，中办、国办于2021年3月24日印发了《关于进一步深化税收征管改革的意见》，明确指出要“深入推进精确执法、精细服务、精准监管、精诚共治”。其中，“推进精确执法”要求严格规范税务执法行为、不断提升税务执法精确度、强化税务执法内部控制和监督。

税务稽查部门担负着整顿规范税收秩序、打击税收违法活动的重要使命。随着我国法制建设的不断完善，特别是纳税人维权意识和维权行为能力的日益增强，税务稽查部门更加重视规范税收执法、强化执法监督。但是，在税务稽查工作实践中，仍然存在纳税人与税务稽查局在执法主体、执法程序、违法事实认定以及案件处理处罚等方面的诸多争议问题。为此，准确理解和正确运用税收相关法律法规，精确依法行政，有效防范税务稽查执法风险，顺利化解税务稽查部门与纳税人的涉税争议，始终是税务稽查工作者关注的重要课题。

在查处税收违法案件中，税务稽查部门若出现履职不当或执法过错，会对税收征管工作导致负面影响或税款流失，产生执法风险。本书定位于对税务稽查执法争议问题进行分析与讨论，结合公开发表的典型司法判例，进行类案分析，指导和提示税务稽查部门以及相关岗位人员在执法中加以有效防范，控制执法风险。

鉴于此，本书分为4个部分，每个部分设置6个问题，共计24个问题。4个部分分别为税务稽查执法主体争议问题分析、税务稽查执法程序争议问题分析、税务稽查案件定性争议问题分析和税务稽查执法依据争议问题分析。

本书是《税务稽查风险问题分析与应对指导》（2013年出版）的姊妹篇，沿袭了前著的编写体例和写作宗旨，即：以贴近税务稽查工作实际、破解稽查工作中的难点和疑点问题、降低税务稽查风险为宗旨，通过设问的方式，提出税务稽查执法中的争议问题，并对这些问题进行归纳和描述，运用法律工具对争议问题进行剖析，最后提出执法应对措施或指导意见。本书秉承“以问题为导向，以求实为核心”的总基调，突出体现出了三个原则：提出的概念都有相应的学术基础，提出的问题都有相应的客观存在，提出的观点都有相应的法律依据。

以政策、法律作为工具解决执法实务中的争议问题，而不是仅仅研究法律问题，是本书的写作思路。除此之外，本书还兼具如下特点：

一、六问六答

在本书的4个部分中，对税务稽查执法中的争议问题进行分析是一条主线。每个部分各设置6个问题，并基于政策、法律、案例逐一解答这些问题，体现了结构的完整性和一致性。实际上，在这6个问题之下，又分别列出了与之相关的2～6个具体的实务性子问题，全书合计涉及97个子问题。

本书的每个部分都对应一类执法争议，各部分是互相独立的，相互之间不具有连续性，因此可读性较强，阅读方式灵活。读者可根据自身的阅读习惯，既可以从本书第一个问题开始通读全书，直至最后一个问题，也可以根据兴趣和需要选择其中某个或某些独立的问题进行阅读；既可以在闲暇时阅读，以充实自己的业务知识，提高技能，增强风险防范意识，也可以在遇到争议问题时打开本书翻寻答案；既可以只阅读文中的指导建议，也可以同时学习本书归纳的政策依据；既可以在问题中找出解决方案和建议，也可以循着文后的参考文献和司法判例通过互联网了解更多相关知识。

二、甄选案例

本书结合设置的问题反复思忖，精心选择近年来的典型司法案例，所有案例都出自官方网站的公开判例，并以引用判决书原文的形式直接陈述人民法院的判决过程和结论，从人民法院的视角对争议问题进行分析，提供参考。

在税务稽查案件办理过程中，由于涉及非常多的法律文件，税务稽查的执法风险又具有多元化的特征，因此，导致税企双方争议的原因会有很多种。在基层税务稽查工作中，有的争议是能够控制和防范的，有的争议则具有不可预见性或者无法抗拒的。为此，本书力求精选税务稽查执法争议中具有普遍性、确定性和可控性等特点的问题作为主要内容进行阐述。同时，本书也收录了某些暂时存在政策性遗漏或缺陷，但又很重要或者急需解决的疑难性、迷惑性问题。

因此，本书所精选的实务问题都具有典型性，读者可以结合税务稽查实践举一反三，触类旁通。

三、紧扣实务

本书旨在解决税务稽查人员在实际工作中遇到的疑难问题，所表述的争议问题都取材于税务稽查工作实践和司法实践，在案件审理或者复议、诉讼中较为常见。文中设置问题的表述方式采用的都是税务稽查干部的习惯用语，所描述的争议问题也是税务稽查中经常遇到的真实状况。

本书坚持以通俗的语言对政策、法律进行诠释，将经济元素注入法律思维中，力求让读者感到亲切、容易理解，并将本书作为工具书，或放在案头随手翻阅，或随身携带，随时解决稽查工作中的实务问题，及时指导执法行为。同时，也可以将本书作为与纳税人沟通的桥梁，用于向纳税人进行政策宣传、执法说理、答疑解惑。

四、切中肯綮

本书阐述的24个税务稽查问题分别归为4个不同的执法争议方面，在编写中力求做到解决问题的方法对、方向准。读者在阅读中可以根据不同的分类，对标实务中遇到的争议问题，将该争议问题可能导致的结果、指导建议与自己的实际工作联系起来，如此就可以对有效防范风险起到警示作用。

根据本书中每个类别的问题，都能够比较完整和系统地收集和归纳现行税收政策依据，在对有的问题进行阐释的过程中，本书甚至还完整引用了相关刑事法律制度和民事法律制度，使读者能够在了解行政法律制度规定的同时补充其他方面的知识，并学会从法理上对相关问题进行归并和分析，指导税务稽查实践。

与前著一样，还需再次说明的一个问题是：本书沿用了一些即将失效的法律术语，例如“偷税”一词，这是因为《中华人民共和国税收征收管理法》(2001年5月1日起施行，2015年4月24日第三次修正)仍未对第六十三条进行修改，现行规定仍需有效执行。关于一些争议问题的讨论，也是在现行法律框架下展开的。另外，虽然本书保持了基本体例的一致性，但在某些微观描述上会有所不同。例如，在对问题进行实务分析时，或称“实例”，或称“争议”，或称“现象”，具体如何表述，完全服从内容的需要，而未强求统一（从另一个方面来讲，实践中的实例、争议、现象等是无法穷尽的)。在提出指导建议时，或称“措施”，或称“指导”，或称“建议”，同样没有一律统一，完全服从于实际需要。书中提出的措施与指导，对于有明确法律依据的，依法做了分析，并给出了结论；对于没有明确法律依据的，则以建议的形式从法理上进行推理，或从可操作性的角度进行分析，提出自己的观点。

知易行难！所有的政策规定和理论探讨，都需要经过税务稽查的实践才能得以验证和认识。由于本人的学识、视野和能力所限，本书不能涵盖所有的税务稽查执法争议问题，对相关设问进行的法理分析和指导建议也有可能不够全面和深刻。真诚地希望读者能够将相关意见和建议反馈给我，以便进一步修改和完善，使本书的内容更加丰富、准确和实用。

孙丽英

2022 年 10 月 27 日

目录 Contents

第一部分 税务稽查执法主体争议问题分析

【要点导读】

税务稽查部门的外部行政行为受到来自税务系统内部和外部的检查监督。被认定为违法的具体行政行为被撤销后，该怎么办呢？实务中存疑的法律问题主要有：

（1）在税务行政行为中，救济手段告知错误是否应被撤销？

（2）税务机关自行撤销行政处罚决定后，能否重新作出行政处罚决定？

（3）行政行为被撤销后，税务机关要承担什么责任？

（4）具体行政行为被撤销后，行政机关有损失，应如何处理？

【要点导读】

在税务稽查案源的分类处理中，可能会在选择案源的处理方式上存在意见分歧、选择不当、处理错误等问题，故而提出一些疑问，例如：

（1）税务稽查案件如果遇到无法进一步开展检查的情况，可否在案源处理环节就作“暂存待查”的处理？

（2）主管税务机关推送的案源信息不完整、质量不高、难以判断违法性质的，稽查局可否选择“立案前检查”处理方式？

（3）涉及发票协查问题时，出于防范税务风险的考虑，税务机关可否一律作立案处理？

（4）税务稽查部门发现的纳税人在注销前的税收违法行为，可否作立案处理？

【要点导读】

企业注销后，纳税义务是否就此消亡？税务稽查能否对其存续期间的税收违法问题进行检查？一直以来，这样的问题在稽查局内部、稽查局与纳税人之间都有很大争议。其中存疑的问题主要有：

（1）企业注销后，是否连同纳税义务一并消亡？税务机关还有税收管理权吗？

（2）已注销的个体工商户和个人独资企业，税务稽查应该以谁为被查对象？

（3）破产注销的纳税人有欠缴税款的情况，税务机关能否对其追缴税款和税务行政处罚？

（4）公司已破产清算，税务机关可否因其涉嫌逃税罪将其移送公安机关？

【要点导读】

在以往的税务稽查案件处理中，税企双方在税务行政处罚的追究年限、处罚幅度和自由裁量权等方面存有一些争议，比较突出的疑问主要有：

（1）税务行政处罚的违法行为追究时效是“二年”还是“五年”？

（2）在偷税案件中，对纳税人所作出的罚款倍数可否掌握在三至五倍的幅度？

（3）纳税人主动补缴以前纳税期应缴的税款，稽查局还能对这部分补缴的税款进行处罚吗？

（4）不进行行政处罚，就应当送达《不予税务行政处罚决定书》吗？

【要点导读】

税务稽查部门与公安机关是两个独立的执法主体，都需要各自依职权和法定程序开展执法活动。税务稽查部门对涉嫌犯罪案件的移送有许多存疑的问题，归纳如下：

（1）公安机关侦查过程中，税务机关能否同时作出补税决定？

（2）人民法院已作出刑事判决并没收违法所得，税务机关可否再追征税款？

（3）公安机关启动侦查程序之后，税务机关能否作出税务行政处罚决定？

（4）人民法院未判处罚金，税务机关可否再处罚款？

【要点导读】

税务稽查在处理税收违法案件时，如果遇到涉及税收优先权问题，往往会发生税务机关与其他债权权利人之间的争议。与税收优先权有关的存疑问题主要有：

（1）稽查局作出税务处理决定与行政处罚决定后，纳税人因资金支付能力不足，可否先接受税务行政处罚？

（2）税款滞纳金是一般债权还是与税款一样的优先债权？

（3）确定税收债权的发生时间是纳税义务发生时间，还是税务部门作出税务处理决定或刊登欠税公告时间？

（4）破产程序中确认债权优先性时，应适用的规范依据是《税收征收管理法》还是《企业破产法》？

（5）《民法典》规定了财产优先承担民事责任原则，当纳税人既有民事赔偿责任又有应补缴税款的行政责任时，应当先履行哪个责任？

第二部分 税务稽查执法程序争议问题分析

【要点导读】

在税务稽查案件查办中，税务部门的程序瑕疵是否影响对被行政相对人违法行为事实的认定以及处罚？是否应当因此撤销相关行政行为？实务中，如果存在一些程序瑕疵，税企双方容易产生分歧，例如：

（1）税务检查时未着装、佩戴标识，是否属于程序违法？《税务检查通知书》送达回证只有一名检查人员签字，是否违反程序的相关规定？

（2）税务检查中，调取账册资料超期未归还，是否属于程序违法？

（3）税务稽查时限延长有何具体要求？多次延长办案期限是否违法？

（4）实际控制人已被羁押，是否需要中止检查，待中止事由消除后再恢复稽查工作？

（5）违反重大税务案件审理规定，先经过重大税务案件审理后举行听证，是程序轻微违法吗？

（6）经重大税务案件审理的案件，税务局是否有权作出《税务处理决定书》？

【要点导读】

税务稽查部门在执法中可能会由于各种程序性错误而影响税务稽查案件查办的效率和质量。下面列举几个有关纳税担保和税收强制措施的争议问题：

（1）纳税人以被查封资产作为担保物申请纳税担保，稽查局可否不予受理？

（2）税务机关可否冻结个体工商户经营者的个人银行存款账户？

（3）稽查局在依据复议机关决定重新作出税务处理决定之前冻结纳税人银行存款，有无不当？

（4）稽查局超时解除税收强制措施，属于严重违反法定程序吗？

【要点导读】

实务中，一些税务稽查人员对采取税收强制措施和税收强制执行存在认识上的不足，出现了两种强制手段的适用界限不清、强制执行范围模糊和违反法定程序等现象。导致稽查局执法失效或者税企争议较大的问题主要有：

（1）纳税人不履行已经送达的税务处理决定，稽查局应当对其采取税收强制措施还是税收强制执行？

（2）采取税收强制执行措施但未履行催告程序，会不会对纳税人权利、义务产生实质影响？

（3）对于不从事生产经营的自然人纳税义务人在限期内不缴纳税款和滞纳金的行为，稽查局能否直接采取强制执行措施？

【要点导读】

实务中，针对税务稽查案件，稽查局与纳税人产生争议的税务文书主要是对外执法文书，争议的焦点主要有以下几个问题：

（1）税务文书送达方式由谁来决定？在纳税人可以接收税务文书的情况下，稽查局可否要求其到税务机关来领取税务文书？

（2）送达税务文书时的告知事项有哪些？采用什么方式告知？未告知事项，后果会很严重吗？

（3）通知书类税务文书是过程性、阶段性的行政行为吗？纳税人能否以此类文书作为可诉对象？

第三部分 税务稽查案件定性争议问题分析

【要点导读】

办理税务稽查案件的难点之一就是“偷税”的定性问题。对于某一税收违法问题是否属于偷税，在实务中有很多存疑的问题，主要有：

（1）是否可以认为只要纳税人采取了相关法条列举的四种手段之一就符合认定偷税的行为要件，而不需要判断其主观意愿和追求的行为结果？

（2）纳税人采取虚开发票手段被公安机关撤案的，是否就不能被定性为偷税？

（3）相关法条是否存在列举不全的情况？如果一种行为不能归结为四种手段之一，但行为人主观上具有不缴或者少缴税款的故意，是否也可以认定其为偷税？

（4）扣缴义务人已扣未缴、已收未缴税款，造成不缴或者少缴税款的，是否也应认定为偷税？

（5）界定违法结果的时间节点是什么？如果在检查前或检查期间主动补缴税款，还能定性为偷税吗？

【要点导读】

税务稽查实务中有一些表面上看似合理的交易行为，但交易价格明显偏低，或者纳税人提供的资料在表面内容形式与业务交易实质逻辑上不一致。税企之间争议比较突出的相关问题有：

（1）计税依据是通过合法交易方式形成时，税务机关可否以价格明显偏低为由启动核定程序？

（2）交易合同名为租赁实为商铺经营权转让，税务机关能否根据实质课税原则独立认定涉案民事法律关系？

【要点导读】

税款追征期的规定对税企双方影响很大，涉及税务执法风险、纳税人权利保护、税收法律公平等诸多问题。实务中，存在一些需要解决的认识与需要处理的疑难问题，归纳如下：

（1）企业未申报纳税或者因为过失行为、因政策理解错误造成的少缴税款以及善意取得虚开的增值税专用发票应补缴税款，怎么适用追征期？

（2）税务机关发现其作出的原税务处理决定存在错误，撤销原处理决定，要求纳税人重新缴纳税款，还能遵守追征期限的要求吗？

（3）人民法院受理破产案件后确定的作为税收债权的税款，适用税款追征期吗？

（4）追征期税款数额是以某一税种或某一笔税款达到10万元确定吗？

（5）税款追征期的起点和截止日如何确定？

（6）追征期外溢缴税款是否可以抵扣纳税人欠税？

【要点导读】

“有货型”虚开增值税专用发票具有违法手段的隐蔽性和多样性，给税务稽查工作带来了很大的执法风险，常常引发税企之间的矛盾和纠纷。实务中存疑的问题主要有：

（1）税务机关能否直接以资金回流定性“无真实货物交易”，进而认定虚开增值税专用发票的违法行为？

（2）有真实的货物交易，但无法证明纳税人知道取得的失控发票是虚开增值税专用发票，可否定性为“善意”？

（3）只要“三流一致”，就可以认定交易真实发生了吗？就不可能是虚开增值税专用发票吗？

（4）对于虚开虚抵增值税专用发票的行为，是否应对其虚抵部分补税、虚开部分缴税？能否因其具有主观故意而将其认定为偷税？

【要点导读】

在目前税务稽查实际工作中，涉嫌危害税收征管罪案件的移送，以因纳税人偷税而导致涉嫌逃税罪的案件最为普遍。对此类案件的移送，在实务中争议较大，归纳如下：

（1）涉嫌逃税罪案件的移送标准是什么？符合不予追究刑事责任情形的案件是否需要移送？

（2）逃税罪在什么情况下可以免予追究刑事责任？不具备逃税罪处罚阻却事由，也能免予刑事处罚吗？

（3）涉嫌逃税罪案件的移送主体是谁？是税务稽查部门还是所属税务机关？

（4）涉嫌犯罪案件的被移送主体是谁？是被查单位还是其法定代表人？

(5) 涉嫌犯罪案件何时移送？案件移送资料都包括哪些？如果仅有涉税违法线索而没有充足的证据，能否向公安机关移送？

【要点导读】

税务稽查实务中，将涉嫌违法犯罪的案件移送至公安机关时，对于被查对象是否应当移送以及应当以何种罪名移送，时常产生分歧。例如：

(1) 虚开增值税专用发票罪是行为犯还是结果犯？

(2) 对于“变票”虚开增值税专用发票的行为，是否应当以虚开增值税专用发票罪论处？

(3)“有货虚开”行为肯定不构成虚开增值税专用发票罪，甚至无罪吗？

第四部分 税务稽查执法依据争议问题分析

【要点导读】

稽查局是税法及相关法律的执行部门，关于法律规范适用的合法性，实务中存疑的问题主要有：

(1) 税务稽查能否依据没有上位法的规范性文件作出税务处理决定？

(2) 税务稽查依据规范性文件进行税务处理，是否为错误适用法律文件？

(3) 纳税人应税行为发生、终了在新的规定实施前，但税务局发现违法行为时间在新的规定实施后，应适用旧法还是新法？

【要点导读】

依法调查、收集、固定案件证据是检查实施过程的核心内容。针对税务稽查取证，实务中存疑的问题主要有：

(1) 当证据上注明的时间、地点等证据形式要求规定不明确时，可否忽略相关程序？

(2) 税务稽查遇到各种原因导致无法调取证据时，可否申请案件中止检查？

第一部分

税务稽查执法主体争议问题分析

《中华人民共和国行政诉讼法》(节选)

第七十五条　行政行为有实施主体不具有行政主体资格或者没有依据等重大且明显违法情形，原告申请确认行政行为无效的，人民法院判决确认无效。

第七十六条　人民法院判决确认违法或者无效的，可以同时判决责令被告采取补救措施；给原告造成损失的，依法判决被告承担赔偿责任。

§1 01

税务行政行为被撤销后还能重作吗？

【要点导读】

税务稽查部门的外部行政行为受到来自税务系统内部和外部的检查监督。被认定为违法的具体行政行为被撤销后，该怎么办呢？实务中存疑的法律问题主要有：

（1）在税务行政行为中，救济手段告知错误是否应被撤销？

（2）税务机关自行撤销行政处罚决定后，能否重新作出行政处罚决定？

（3）行政行为被撤销后，税务机关要承担什么责任？

（4）具体行政行为被撤销后，行政机关有损失，应如何处理？

【关键词解释】

具体行政行为，是指国家行政机关和行政机关工作人员、法律法规授权的组织、行政机关委托的组织或者个人在行政管理活动中行使行政职权，针对特定的公民、法人或者其他组织，就特定的具体事项，作出的有关该公民、法人或者其他组织权利、义务的单方行为。简而言之，即指行政机关行使行政权力，对特定的公民、法人和其他组织作出的有关其权利、义务的单方行为。

【实务问题】

行政行为是行政主体实施的能够产生法律效力的行为，违反有关行政管理的法律、法规的规定，但尚未构成犯罪的行为依法应当承担行政法律责任。税务稽查部门的外部行政行为受到《中华人民共和国税收征收管理法》《中华人民共和国行政处罚法》《中华人民共和国行政强制法》《中华人民共和国行政复议法》《中华人民共和国行政诉讼法》（以下分别简称《税收征收管理法》《行政处罚法》《行政强制法》《行政复议法》《行政诉讼法》）等相关法律约束，若发生违反法律规定的行为，将会受到来自税务系统内部和外部的检查监督。一旦被认为是违法行为，该行政行为最可能的法律后果就是被撤销。那么，被认定为违法的具体行政行为被撤销后，会怎么办呢？实务中存疑的法律问题主要有三个。

（一）在税务行政行为中，救济手段告知错误是否应被撤销？

税务行政行为中的救济是国家机关为排除税务具体行政行为对税收相对人的合法权益的侵害，通过解决税收争议，制止和矫正违法或不当的税收行政侵权行为，从而使税收相对人的合法权益获得补救的法律制度。《关于纳税人权利与义务的公告》（国家税务总局公告 2009 年第 1 号）第十二条规定：纳税人对税务机关作出的决定，依法享有申请行政复议、提起行政诉讼、请求国家赔偿等权利。纳税人、纳税担保人同税务机关在纳税上发生争议时，必须先依照税务机关的纳税决定缴纳或者解缴税款及滞纳金或者提供相应的担保，然后可以依法申请行政复议；对行政复议决定不服的，可以依法向人民法院起诉。如对税务机关的处罚决定、强制执行措施或者税收保全措施不服的，可以依法申请行政复议，也可以依法向人民法院起诉。为此，针对税务稽查案件，稽查局在作出税务决定时，包括税收强制措施决定、税收强制执行决定、税务处理决定和税务行政处罚决定，有义务向行政相对人及时准确地告知其有申请税务行政复议或者向人民法院起诉的权利。由于税务稽查告知救济手段是通过法律文书的方式，一般情况下不会出现告知错误的情况，只有个别税务稽查案例出现了告知复议机关或管辖法院错误的情况。

在实务中，一旦出现行政机关因未告知诉权或告知诉权错误，行政相对人一般都会以作出行政行为违反法定程序为由，要求人民法院撤销该行政行为。

（二）税务机关自行撤销行政处罚决定后，能否重新作出行政处罚决定？

税务机关自行撤销行政处罚决定的情况发生的比例是很小的，尤其是针对税务稽查案件而言。因为税务稽查案件从立案到执行需要经过很严格、很规范的执法程序，对每一个案件而言，需要经过税务稽查人员对案件进行深入细致的调查，收集有效证据，提出初步的案件处理意见，并将案件调查中收集的主要证据与被查对象进行确认，再经过稽查局内部审理，有些案件还要经稽查局集体审理甚至经重大税务案件审理。同时，在作出处罚决定之前还有处罚事项告知、处罚听证等程序，所以一般都不会出现自行撤销处罚决定的情况。但是，国家税务总局还是非常重视对纳税人合法权益的保护，制定了多个制度对税务稽查工作进行监督，例如《税务稽查案件复查暂行办法》《税收执法督察规则》等内部审核监督制度。在实施内部审核监督的过程中，有可能发现税务稽查案件查办存在一些违法问题，例如执法主体问题、执法程序问题、适用法律依据问题等，将启动撤销税务稽查决定程序。那么，对税务稽查案件的决定被税务系统自行撤销后还能否重新作出，以及何种情形下可以重新作出，在实务中还有一些争议。

（三）行政行为被撤销后，税务机关要承担什么责任？

根据法律规定，满足条件的行政行为就可以撤销。税务稽查决定性文书被撤销有多种原因可以导致，有一些原因是很具体的，例如：决定性文书加盖印章错误，超期调取账簿资料、未听取行政相对人陈述、申辩，税务稽查人员互相交叉、分工不明，等等。各种原因都有可能被人民法院判决撤销、被行政复议机关决定撤销或者税务机关认为需要变更或撤销决定文书。一般而言，行政行为被税务机关自行撤销属于主动改正错误，不会产生实际的法律责任。但若被判决撤销，撤销后的行政行为就有可能产生相应的法律后果。怎么解读撤销判决的法律效力，怎么看待法院的重作判决权，具体税务行政行为被撤销后是否还能重新作出，以及是否要追究税务机关和税务人员的法律责任，具体行政行为被撤销后行政机关有损失应如何处理，等等，都是税务稽查人员所关心和税务稽查工作面临的问题。

【文件规定】

（一）关于审查监督的规定

1. 税务稽查案件审理相关规定

《税务稽查案件办理程序规定》（国家税务总局令第 52 号）第三十七条规定："案件审理应当着重审核以下内容：（一）执法主体是否正确；（二）被查对象是否准确；（三）税收违法事实是否清楚，证据是否充分，数据是否准确，资料是否齐全；（四）适用法律、行政法规、规章及其他规范性文件是否适当，定性是否正确；（五）是否符合法定程序；（六）是否超越或者滥用职权；（七）税务处理、处罚建议是否适当；（八）其他应当审核确认的事项或者问题。"

《重大税务案件审理办法》（国家税务总局令第 51 号）第十九条规定："审理委员会审理重大税务案件，应当重点审查：（一）案件事实是否清楚；（二）证据是否充分、确凿；（三）执法程序是否合法；（四）适用法律是否正确；（五）案件定性是否准确；（六）拟处理意见是否合法适当。"第三十三条规定："经审理委员会会议审理，根据不同情况，作出以下处理：（一）案件事实清楚、证据确凿、程序合法、法律依据明确的，依法确定审理意见；（二）案件事实不清、证据不足的，由稽查局对案件重新调查；（三）案件执法程序违法的，由稽查局对案件重新处理；（四）案件适用法律依据不明确，或者需要处理的有关事项超出本机关权限的，按规定程序请示上级机关或征求有权机关的意见。”

《税务稽查案件复查暂行办法》（国税发〔2000〕54 号）第三条规定：“税务稽查案件复查的主要内容：（一）调查和审理是否符合法定程序；（二）认定事实是否清楚，证据是否确凿，数据是否准确；（三）定性处理适用依据是否正确适当；（四）税务处理决定执行是否及时得当；（五）税务文书使用是否正确规范。”第十条规定：“组织复查的稽查局对税务稽查案件复查报告的事实内容和处理意见进行审议，根据不同情况分别作出复查结论：（一）原税务处理决定认定事实清楚，证据确凿，适用依据正确，程序合法，内容适当的，予以维持。（二）原税务处理决定主要事实不清、证据不足，适用依据错误，违反法定程序，超越权限，滥用职权，处理明显不当的，予以撤销或者部分撤销，并重新作出税务处理决定。（三）复查发现新的税务违法问题与原税务处理决定相关，属于原税务处理决定错误的，予以纠正；属于同一时限、同一项目的数量增减变化的，应当在重新作出税务处理决定时注明原税务处理决定的相关内容。（四）复查发现新的税务违法问题与原税务处理决定没有相关的，只对新发现的税务违法问题作出税务处理决定。（五）原税务处理决定涉及少缴、未缴税款的，应当依法追缴；涉及多收税款的，应当依法退还。（六）原税务处理决定的处罚原则上不再改变，但处罚明显偏重，或者案件原处理单位人员与被处理对象通谋，故意偏轻处罚的，可以改变。案情复杂重大的，组织复查的稽查局应当会同主管税务局有关机构进行审议，并根据审议情况作出复查结论。”

《税收执法督察规则》（国家税务总局令第 29 号）第三十九条规定：“除第三十八条规定外，对其他不符合税收法律、行政法规、规章和上级税收规范性文件的税收执法行为，按下列原则作出执法督察处理决定：

（一）执法主体资格不合法的，依法予以撤销；（二）未履行法定职责的，责令限期履行法定职责；（三）事实不清、证据不足的，依法予以撤销，并可以责令重新作出执法行为；（四）未正确适用法律依据的，依法予以变更或者撤销，并可以责令重新作出执法行为；（五）严重违反法定程序的，依法予以变更或者撤销，并可以责令重新作出执法行为；（六）超越职权或者滥用职权的，依法予以撤销；（七）其他不符合税收法律、行政法规、规章和上级税收规范性文件的，依法予以变更或者撤销，并可以责令重新作出执法行为。”

2.《行政处罚法》相关规定

《行政处罚法》第七十五条规定：“行政机关应当建立健全对行政处罚的监督制度。县级以上人民政府应当定期组织开展行政执法评议、考核，加强对行政处罚的监督检查，规范和保障行政处罚的实施。行政机关实施行政处罚应当接受社会监督。公民、法人或者其他组织对行政机关实施行政处罚的行为，有权申诉或者检举；行政机关应当认真审查，发现有错误的，应当主动改正。”第七十六条规定：“行政机关实施行政处罚，有下列情形之一，由上级行政机关或者有关机关责令改正，对直接负责的主管人员和其他直接责任人员依法给予处分：（一）没有法定的行政处罚依据的；（二）擅自改变行政处罚种类、幅度的；（三）违反法定的行政处罚程序的；（四）违反本法第二十条关于委托处罚的规定的；（五）执法人员未取得执法证件的。行政机关对符合立案标准的案件不及时立案的，依照前款规定予以处理。”

（二）关于撤销、违法决定的规定

1.《行政复议法》及其司法解释的规定

《行政复议法》第二十八条规定：“行政复议机关负责法制工作的机构应当对被申请人作出的具体行政行为进行审查，提出意见，经行政复议机关的负责人同意或者集体讨论通过后，按照下列规定作出行政复议决定：

（一）具体行政行为认定事实清楚，证据确凿，适用依据正确，程序合法，内容适当的，决定维持；（二）被申请人不履行法定职责的，决定其在一定期限内履行；（三）具体行政行为有下列情形之一的，决定撤销、变更或者确认该具体行政行为违法；决定撤销或者确认该具体行政行为违法的，可以责令被申请人在一定期限内重新作出具体行政行为：1. 主要事实不清、证据不足的；2. 适用依据错误的；3. 违反法定程序的；4. 超越或者滥用职权的；5. 具体行政行为明显不当的。（四）被申请人不按照本法第二十三条的规定提出书面答复、提交当初作出具体行政行为的证据、依据和其他有关材料的，视为该具体行政行为没有证据、依据，决定撤销该具体行政行为。行政复议机关责令被申请人重新作出具体行政行为的，被申请人不得以同一的事实和理由作出与原具体行政行为相同或者基本相同的具体行政行为。”

《行政复议法实施条例》第四十五条规定：“具体行政行为有行政复议法第二十八条第一款第（三）项规定情形之一的，行政复议机关应当决定撤销、变更该具体行政行为或者确认该具体行政行为违法；决定撤销该具体行政行为或者确认该具体行政行为违法的，可以责令被申请人在一定期限内重新作出具体行政行为。”第四十六条规定：“被申请人未依照行政复议法第二十三条的规定提出书面答复、提交当初作出具体行政行为的证据、依据和其他有关材料的，视为该具体行政行为没有证据、依据，行政复议机关应当决定撤销该具体行政行为。”

2. 《行政诉讼法》及其司法解释的规定

《行政诉讼法》第七十条规定：“行政行为有下列情形之一的，人民法院判决撤销或者部分撤销，并可以判决被告重新作出行政行为：（一）主要证据不足的；（二）适用法律、法规错误的；（三）违反法定程序的；（四）超越职权的；（五）滥用职权的；（六）明显不当的。”

《行政诉讼法》第七十一条规定：“人民法院判决被告重新作出行政行为的，被告不得以同一的事实和理由作出与原行政行为基本相同的行政行为。”

《行政诉讼法》第七十四条规定：“行政行为有下列情形之一的，人民法院判决确认违法，但不撤销行政行为：（一）行政行为依法应当撤销，但撤销会给国家利益、社会公共利益造成重大损害的；（二）行政行为程序轻微违法，但对原告权利不产生实际影响的。行政行为有下列情形之一，不需要撤销或者判决履行的，人民法院判决确认违法：（一）行政行为违法，但不具有可撤销内容的；（二）被告改变原违法行政行为，原告仍要求确认原行政行为违法的；（三）被告不履行或者拖延履行法定职责，判决履行没有意义的。”

《最高人民法院关于适用〈中华人民共和国行政诉讼法〉的解释》（法释〔2018〕1号）第九十六条规定：“有下列情形之一，且对原告依法享有的听证、陈述、申辩等重要程序性权利不产生实质损害的，属于行政诉讼法第七十四条第一款第二项规定的“程序轻微违法”：（一）处理期限轻微违法；（二）通知、送达等程序轻微违法；（三）其他程序轻微违法的情形。”

《最高人民法院关于执行〈中华人民共和国行政诉讼法〉若干问题的解释》（法释〔2000〕8号）第五十七条规定：“有下列情形之一的，人民法院应当作出确认被诉具体行政行为违法或者无效的判决：（一）被告不履行法定职责，但判决责令其履行法定职责已无实际意义的；（二）被诉具体行政行为违法，但不具有可撤销内容的；（三）被诉具体行政行为依法不成立或者无效的。”

（三）关于法律责任的规定

《行政处罚法》第八十条规定：“行政机关使用或者损毁查封、扣押的财物，对当事人造成损失的，应当依法予以赔偿，对直接负责的主管人员和其他直接责任人员依法给予处分。”第八十一条规定：“行政机关违法实施检查措施或者执行措施，给公民人身或者财产造成损害、给法人或者其他组织造成损失的，应当依法予以赔偿，对直接负责的主管人员和其他直接责任人员依法给予处分；情节严重构成犯罪的，依法追究刑事责任。”

《行政复议法》第二十九条规定：“申请人在申请行政复议时可以一并提出行政赔偿请求，行政复议机关对符合国家赔偿法的有关规定应当给予赔偿的，在决定撤销、变更具体行政行为或者确认具体行政行为违法时，应当同时决定被申请人依法给予赔偿。申请人在申请行政复议时没有提出行政赔偿请求的，行政复议机关在依法决定撤销或者变更罚款，撤销违法集资、没收财物、征收财物、摊派费用以及对财产的查封、扣押、冻结等具体行政行为时，应当同时责令被申请人返还财产，解除对财产的查封、扣押、冻结措施，或者赔偿相应的价款。”

《行政诉讼法》第七十六条规定：“人民法院判决确认违法或者无效的，可以同时判决责令被告采取补救措施；给原告造成损失的，依法判决被告承担赔偿责任。”第七十八条第一款规定：“被告不依法履行、未按照约定履行或者违法变更、解除本法第十二条第一款第十一项规定的协议的，人民法院判决被告承担继续履行、采取补救措施或者赔偿损失等责任。”

《最高人民法院关于执行〈中华人民共和国行政诉讼法〉若干问题的解释》（法释〔2000〕8号）第五十八条规定：“被诉具体行政行为违法，但撤销该具体行政行为将会给国家利益或者公共利益造成重大损失的，人民法院应当作出确认被诉具体行政行为违法的判决，并责令被诉行政机关采取相应的补救措施；造成损害的，依法判决承担赔偿责任。”

《中华人民共和国国家赔偿法》（以下简称《国家赔偿法》）第四条规定：“行政机关及其工作人员在行使行政职权时有下列侵犯财产权情形之一的，受害人有取得赔偿的权利：（一）违法实施罚款、吊销许可证和执照、责令停产停业、没收财物等行政处罚的；（二）违法对财产采取查封、扣押、冻结等行政强制措施的；（三）违法征收、征用财产的；（四）造成财产损害的其他违法行为。”第五条规定：“属于下列情形之一的，国家不承担赔偿责任：（一）行政机关工作人员与行使职权无关的个人行为；（二）因公民、法人和其他组织自己的行为致使损害发生的；（三）法律规定的其他情形。”

【指导建议】

行政行为是行政机关行使行政职权、进行行政管理的行为。根据行政法一般原理，行政行为一经成立，即产生行政法律效果，具有公定力、确定力、拘束力和执行力。虽然行政行为的作出是单方面的，但约束力却是双方面的。下面对税务稽查案件被撤销一系列法律问题进行梳理，从四个方面进行讨论：

（一）具体行政行为的违法要素

具体行政行为是行政行为中特别重要的一种类型，简单地说就是行政机关行使行政权力，然后对相关公民、法人、组织等作出的单方行为。

根据《行政诉讼法》第七十条、《行政复议法》第二十八条以及《税收执法督察规则》第三十九条等的规定，不符合税收法律、行政法规、规章和上级税收规范性文件的税收行政行为，即为违法。

具体行政行为的违法要素有：

1. 行政主体违法

行政主体违法，又称行政主体越权，是指行政机关超越法定权利范围、限度而作出超越自己行政职权范围的行政行为。关于行政主体越权的具体表现，可以表现为如下几类：①无权限，是指越权主体实施了根本就不具有的职权的行为；②纵向越权，是指上下级行政机关之间，上级或下级超越权限行使了另一方的行政职权；③横向越权，又称事务越权，是指行政机关超越了本机关主管范围而行使了其他行政机关的职权；④地域越权，是行政机关超越管辖地域范围而作出的行政行为。

2. 事实依据违法

事实依据违法主要包括：①事实不清、证据不足；②依据不真实的证据作出的具体行政行为；③依据没有关联性的证据作出具体行政行为；④依据刑讯逼供等非法手段获取的证据作出具体行政行为。

3. 适用法律依据违法

适用法律依据违法主要包括：①将行为人合法的行为认定为违法的行为；②应适用甲法，却适用了乙法；③应适用甲法的某些条款，却适用了甲法的其他条款；④适用了尚未生效或已经失效的法律、法规；⑤适用了被处理行为地以外的地方性法规及地方政府规章。

4. 违反法定程序

程序是行政主体在开展行政活动时所遵守的步骤、顺序、方式与时限。法定程序赋予这些方法和形式以权利义务的法律属性，要求行政机关行使职权时必须遵守，成为判断行政行为是否正确合法的重要标准。

5. 明显不合理

明显不合理，又称为显失公平、滥用职权，均指行政机关在行使行政裁量权时明显违背了正常人正常的理性，明显超越了合理性的界限。滥用职权与明显不合理为一体两面，滥用职权侧重于客观层面，明显不合理侧重于主观层面，均为行为违法的表现，本质上均指行政机关行使行政裁量作出的具体行政行为明显逾越了合理性的限度，构成了对法定职权的恣意行使。

根据《税务稽查案件办理程序规定》（国家税务总局令第52号）、《重大税务案件审理办法》（国家税务总局令第51号）、《税务稽查案件复查暂行办法》（国税发〔2000〕54号）等规定，税务机关应着重审查的内容也是这五个方面，对可能出现的行政行为违法问题进行自我纠错。

（二）行政行为撤销的条件

行政行为的约束力只存在于行政行为的存续期间。行政机关虽然受行政行为的约束，但在特定条件下可以在法律救济程序之外自行撤销或者废止行政行为。这里讨论的行政行为撤销的条件，是指有权国家机关据以撤销行政行为、使之失去法律效力的法定情形。这些情形有两种：一是行政行为合法要件缺损，包括行政主体不合法、行政行为内容不合法、行政程序违反法律规定等；二是行政行为不适当，包括行政行为具有不合理、不公正、不合乎政策、风俗、习惯等。

1. 行政行为撤销的情形

根据《行政复议法》第二十八条、《行政诉讼法》第七十条、《行政处罚法》第七十六条的规定，行政行为撤销的情形有：①主要事实不清、证据不足的；②适用法律、法规错误的；③违反法定程序的；④超越职权的；⑤滥用职权的；⑥明显不当的。

结合《税收执法督察规则》（国家税务总局令第29号）第三十九条的规定，税务行政案件违法应当撤销的情形有：

（1）执法主体资格不合法的，依法予以撤销。

执法主体资格不合法，是指违反《税收征收管理法》及其实施细则等规定，行使了超越税务机关法定权限范围和限度的权利，例如税务局和稽查局职权划分不清，扩大稽查局的管辖权，执法人员不具备执法资格或者持有执法证件未备案，行使证据保全的调查取证权、限制人身自由权，对专属于个人及其所扶养家属维持生活必需的住房和用品的行使税收保全权，超出违法追究时限行政处罚等。

（2）事实不清、证据不足的，依法予以撤销，并可以责令重新作出执法行为。

目前我国还没有证据法，税务机关事实不清、证据不足，是指违反《税收征收管理法》《行政复议法》《行政诉讼法》及其司法解释、《税务稽查案件办理程序规定》等有关证据方面的条款规定，对违法事实认识不清，提取的证据不能足以证明违法事实。例如，收集的证据不具有合法性、真实性、关联性，证据不充分，不能有效地证明违法事实存在。适用推定规则提取的证据，没有考虑是否有相反的证据足以推翻，取得的《询问（调查）笔录》被认定为传闻证据等。

（3）未正确适用法律依据的，依法予以变更或者撤销，并可以责令重新作出执法行为。

税务行政行为未正确适用法律依据，比较突出地表现在法律的适用以及法律规范的援引存在错误、适用或者援引法律规范与法律事实之间没有关联性、不适用上位法作执法依据、适用的法律规范与上位法相冲突、对税法作出的具体解释违背立法精神和原则等等。

（4）严重违反法定程序的，依法予以变更或者撤销，并可以责令重新作出执法行为。

以税务稽查案件的办理为例：根据《税收征收管理法实施细则》第八十五条的规定，国家税务总局制定了《税务稽查案件办理程序规定》（国家税务总局令第52号），负责选案、检查、审理、执行的人员的职责应当明确，并相互分离、相互制约，规范稽查程序和执法行为。税务稽查行政行为程序违法，主要表现在文书的制作与送达、办案时限、中止与终结、变更检察人员的检查期间、履行相关手续、处罚听证、执法权限的申请与审批、回避与保密、提请重大案件审理等方面。

前述问题中关于税务行政行为救济手段告知错误，因告知的内容为诉权，不会导致行政行为被撤销。违反法定程序导致行政行为被撤销，指的是行政机关违反作出具体行政行为所依据的实体法律、法规、规章中的法定程序。诉权告知属于行政诉讼法中规定的行政机关的义务，并不是行政机关作出行政行为时的依据。因此，当事人与行政机关之间的行政争议的可诉性、起诉期限等诉权问题均由法律来规定。法律一经公布，就具有法律效力，当事人不能以其本人不知法为借口而不遵守法律，这是一个普遍接受的法律原则。因此，并不是行政机关不进行诉权告知或告知错误，当事人就不能获得诉权。换言之，仅以行政机关不进行诉权告知或告知错误为由要求撤销行政机关所作出的行政行为并不会得到法院支持。

（5）超越职权或者滥用职权的，依法予以撤销。

经税务检查部门调查终结后，未经行政机关负责人审查批准作出处理、处罚决定或者税收保全、强制执行决定。在对案件处理中滥用自由裁量权，税务行政行为明显不合理，税收款额的计算错误或者处罚畸重畸轻。

2. 行政行为违法，但不撤销的情形

根据《行政诉讼法》第七十四条、《最高人民法院关于适用〈中华人民共和国行政诉讼法〉的解释》（法释〔2018〕1号）第九十六条的规定，行政行为确认违法但不撤销行政行为的情形有：

（1）行政行为依法应当撤销，但撤销会给国家利益、社会公共利益造成重大损害的。

实务案例

案例1－1－1

因涉嫌骗取出口退税被税务稽查立案后暂缓退税争议案

［常熟市华锦进出口有限公司与江苏省常熟市国家税务局
二审行政判决书〔2017〕苏05行终313号］

本案中，常熟市国税局稽查局立案查处的涉嫌税款已经由常熟华锦公司申请办理了退税，但常熟布国税局作出的熟国税通〔2016〕1003号《税务事项通知书》导致常熟华锦公司无法及时申请出口退税。为此，上述人诉称：“被上诉人从2016年4月份开始在无证据、无通知且未立案调查的情况下就对上诉人暂缓办理退税，直到2016年10月23日才作出暂缓退税通知，且作出该通知前未听取上诉的陈述、申辩，明显违反法定程序，应予撤销。”

经开庭审理，二审法院作出了二审行政判决：“行政行为一般认为是要式的法律行为，即行政机关作出行政行为，应当出具正式的文书并送达。本案中常熟国税局在作出〔2016〕1003号《税务事项通知书》前事实上已经实施了暂缓退税行为，但未向常熟华锦公司说明暂缓退税行为的依据、理由，未听取常熟华锦公司的陈述、申辩，违反了行政行为要式性要求、正当程序原则和行政权力运行公开原则，构成程序违法。《行政诉讼法》第七十四条第一款第（一）项规定，行政行为依法应当撤销，但撤销会给国家利益、社会利益造成重大损害的，人民法院判决确认违法，但不撤销行政行为。本案被上诉人作出暂缓退税行为因程序违法应当予以撤销，但该行为是为国家税收安全而采取的保障性措施，一旦被撤销会给国家税收利益造成重大损失。故本院依法适用确认违法判决，在此予以释明。”

（2）行政行为程序轻微违法，但对原告权利不产生实际影响的。

对原告依法享有的听证、陈述、申辩等重要程序性权利不产生实质损害的，“程序轻微违法”是指：①处理期限轻微违法；②通知、送达等程序轻微违法；③其他程序轻微违法的情形。

以两个司法判例为例，人民法院在裁判文书主文中阐述如下：

【判例1－1－1】 “即使税务机关延期审批手续方面存在缺陷，也仅属于税务机关内部审批程序上的轻微瑕疵，并不最终影响对南森公司违法事实的定性并作出处理决定和处罚决定，也没有侵害南森公司的合法权利，该瑕疵行为符合《行政诉讼法》第七十四条第一款第二项、《最高人民法院关于适用〈中华人民共和国行政诉讼法〉的解释》第九十六条‘行政行为程序轻微违法，但对原告权利不产生实际影响的’‘且对原告依法享有的听证、陈述、申辩等重要程序性权利不产生实质损害’的规定，不影响对南森公司税务违法行为的实体处理结果，不能就此认为该局违反法定程序并撤销60号处理决定。”

【判例1－1－2】 “被告未提供任何证据证明其在公告送达前已经依法履行了除公告以外的其他送达方式且均无法送达，被告应承担举证不能的法律后果，即被告未采取法定其他送达方式就径行采取公告送达。因此，被告送达《税务行政处罚决定书》的行政程序，违反了《中华人民共和国税收征收管理法实施细则》（以下简称《税收征收管理法实施细则》）第一百零六条第二项规定的适用公告送达的前提条件，即‘采用本章规定的其他送达方式无法送达’，属于行政程序轻微违法。”

（三）重新作出行政行为的情形

撤销效力是使得事件的状态回到原行政行为作出前，而重新作出行政行为，应该看行政行为的发起缘由是否还在。

责令或者判决重新作出具体行政行为是决定撤销的一种补充。撤销决定是对行政机关具体行政行为合法性的否定，可能导致行政法律关系的消灭，但是具体行政行为的撤销与行政法律关系的存废之间有必然联系。有的具体行政行为被撤销，可能引起行政法律关系内容的变更，但是具体问题没有解决；有的具体行政行为被撤销后，行政法律关系也随之消失。凡属前一种情况的，复议机关决定或者人民法院判决应撤销被诉具体行政行为的同时，责令行政机关重新作出具体行政行为。这样既可以纠正原违法的具体行政行为，同时又可以使行政机关重新作出合法的具体行政行为，以维护保障正常的行政管理秩序，稳定合法扣行政法律关系。

被告重新作出的具体行政行为，必须纠正原违法的具体行政行为。根据《行政复议法》第二十八条和《行政诉讼法》第七十一条的规定，行政机关不得以同一的事实和理由作出与原具体行政行为基本相同的具体行政行为。所谓“同一事实和理由”，是指行政机关重新作出的行政行为依据的主要证据、事实和理由，与被撤销的行政行为所依据的主要证据、事实和理由基本相同，从而造成重新作出的行政行为直接与复议机关生效的复议决定或者人民法院的生效判决认定的事实和理由相抵触的情形。如果生效复议决定或者判决仅仅是以事实不清、主要证据不足为由撤销原行政行为，行政机关重新作出行政行为时，依据新的证据，补充认定相关事实，完善决定理由，重新作出与原行政行为处理结果相同的行政行为，不属于以“同一事实和理由”作出与原行政行为基本相同行政行为的情形。

但在这里，需要特别指出两个问题：①决定或者判决被告重新作出具体行政行为，被告重新作出的具体行政行为的事实和理由部分只要改变了其中的一部分，即不属于《行政复议法》和《行政诉讼法》规定的“同一的事实和理由”。“同一的事实和理由”中的“事实”，是指具体行政行为所认定的事实；“理由”，是指具体行政行为的证据和所依据的规范性文件。②以违反法定程序为由，决定或者判决撤销行政机关具体行政行为的，行政机关重新作出具体行政行为时，不受《行政复议法》和《行政诉讼法》的限制。

以两个司法判例为例，人民法院在裁判文书主文中阐述如下：

【判例1－1－3】 “被告作出的本案税务处理决定，系经两次复议撤销原税务处理决定后第三次作出的处理决定。相比此前两次处理决定，本案税务处理决定无论是对原告居乐公司应调整的应纳税所得额的认定，还是最后决定对原告追缴的企业所得税及加收的滞纳金，数额均有所不同，实际上是大幅减少了追缴原告企业所得税及加收滞纳金的数额，故不属于以同一的事实和理由作出与原具体行政行为相同或者基本相同的具体行政行为。原告认为被告重新作出的税务处理决定违反了《行政复议法》第二十八条第二款‘行政复议机关责令被申请人重新作出具体行政行为的，被申请人不得以同一的事实和理由作出与原具体行政行为相同或者基本相同的具体行政行为’的规定，理由不成立，不予支持。”

【判例1－1－4】 “云梦县税务局于2017年12月18日作出的云地税稽罚（2017）5号《税务行政处罚决定书》（下称《5号税务处罚决定》），经云梦县人民政府行政复议审理已于2018年4月23日决定予以撤销并责令重作。云梦县人民政府云政复（2018）3－8号《行政复议决定书》明确认定，《5号税务处罚决定》处罚程序违法，处罚事实认定不清、证据不足，将福泽公司欠缴税款的违法行为定性为‘偷税’缺乏足够的证据支撑，并认为福泽公司欠缴税款的行为不构成‘偷税’，云梦县税务局适用《税收征收管理法》第六十三条关于‘偷税’的规定来进行处罚属于适用法律依据错误等。该行政复议决定发生法律效力后，云梦县税务局在重新作出行政行为时应当根据行政复议决定据以撤销原行政行为的主要事实和法律上的理由，予以调查清楚后重新作出认定，并按照生效行政复议决定的指引对原行政行为适用法律法规的错误问题予以纠正。”“关于云梦县税务局再审申请称其《5号税务处罚决定》的事实和理由是被处罚人‘以少申报、零申报方式作出虚假申报’，《1号税务处罚决定》所依据的事实和理由是‘在账簿上少列、不列收入和进行虚假纳税申报’，重新作出行政处罚所依据的事实和理由已发生改变的问题。本院经审查认为，所谓‘主要事实或者理由有改变’，应当是指对作出原行政行为适用法律规范所要求的法律要件事实作出了实质性的改变，或者变更原行政行为适用的法律从而导致案件定性发生了改变。如果重新作出的行政行为仅仅只是对不影响案件定性和处理结果的枝节性事实作出改变，这个改变对原行政行为的定性、法律适用和处理结果均不产生实际影响的，则仍属于以同一事实和理由作出与原行政行为基本相同的行政行为的情形。”

（四）行政行为被撤销的法律后果

根据《国家赔偿法》《行政复议法》《行政诉讼法》《行政处罚法》等法律规定，如果行政行为的撤销是由于行政主体的违法行为引起的，而为了公共利益的需要，必须使行政行为的撤销效力追溯到行为作出之日起，则行政相对人因为撤销而遭受的一切损失应当由行政主体予以赔偿。如果行政行为的撤销是因为行政相对人的过错，或双方共同过错引起的，行政行为撤销的效力通常应追溯到行为作出之日。行政相对人因此获得的所有利益都应当被收回；其因此遭受的所有损失由其自身承担。如果行政行为的撤销是因为行政机关工作人员与行使职权无关的个人行为而使行政相对人遭受的损失，国家不承担赔偿责任。

同时，行政机关违法实施检查措施或者执行措施，给行政相对人财产造成损失的，应当对直接负责的主管人员和其他直接责任人员依法给予处分；情节严重构成犯罪的，依法追究刑事责任。

相反地，对于具体行政行为被撤销后，行政机关有损失应如何处理，现行法律法规没有十分明确的规定。而司法审判实践中常常出现行政机关也存在经济损害的情形。针对个别判例，人民法院认为，可以对《最高人民法院关于执行〈中华人民共和国行政诉讼法〉若干问题的解释》（法释〔2000〕8号）第五十八条规定中的“对造成损害的”规定进行扩充理解，加以适用。该规定是“被诉具体行政行为违法，但撤销具体行政行为将会给国家利益或者公共利益造成重大损失的，人民法院应当作出确认被诉具体行政行为违法的判决，并责令被诉行政机关采取相应的补救措施；造成损害的，依法判决承担相应赔偿责任。”对“造成损害的”进行扩充理解，可以认为这种“损害”既包括行政机关对相对人造成的损害，也包括相对人对行政机关造成的损害。这样一来，就确立了只要有损害，就应判决相关人承担相应赔偿责任的原则。

【司法判例】

·因涉嫌骗取出口退税被税务稽查立案后暂缓退税争议案［常熟市华锦进出口有限公司与江苏省常熟市国家税务局二审行政判决书〔2017〕苏05行终313号］。来源：中国裁判文书网。

§1 02

稽查局对管辖范围内纳税人具有税务检查权，都应当作立案的案源处理吗？

【要点导读】

在税务稽查案源的分类处理中，可能会在选择案源的处理方式上存在意见分歧、选择不当、处理错误等问题，故而提出一些疑问，例如：

（1）税务稽查案件如果遇到无法进一步开展检查的情况，可否在案源处理环节就作“暂存待查”的处理？

（2）主管税务机关推送的案源信息不完整、质量不高、难以判断违法性质的，稽查局可否选择“立案前检查”处理方式？

（3）涉及发票协查问题时，出于防范税务风险的考虑，税务机关可否一律作立案处理？

（4）税务稽查部门发现的纳税人在注销前的税收违法行为，可否作立案处理？

【关键词解释】

暴力虚开，是指虚开企业甚至不需要编造任何“经营行为”，比如伪造合同、进行虚假资金支付等，而简单粗暴地对外虚开增值税发票。

【实务问题】

税务稽查案源，即归口到税务稽查局的税收违法案件的来源。根据案件来源信息的不同，税务稽查案源有九种，包括推送案源、上级交办案源、督办案源、检举案源、协查案源、转办案源、自选案源、安排案源和其他案源。针对不同的案源，存在复杂的情况，如果一律采取“立案”的处理方式，可能会出现案件无法撤案或无法结案的尴尬局面，为此，国家税务总局在金税系统中设置了七种案源处理的方式，即立案处理、暂存待查处理、退回或者补正处理、转办处理、调查核实处理、并案处理和立案前检查处理。

税务稽查部门在对案源信息进行分类处理工作中，由于案源管理人员的业务能力不足或者其他一些主客观原因，可能会导致甄别、分析、判断案源信息和选择案源处理方式存在意见分歧、处理错误等问题，其中，比较突出的疑问有：

（一）税务稽查案件如果遇到无法开展检查的情况，可否在案源处理环节就作“暂存待查”的处理?

实务中，可能会存在一些税务案件无法开展检查，例如，举报中心收到群众检举，将案件移交给了稽查局。稽查局经初步了解得知，该案件存在因企业走逃、联系不到实际控制人及财务负责人等，致使税务稽查无法送达法律文书、无法调查取证、无法追缴税款等情况。稽查局对这类税务稽查案源，一旦作出立案处理，即进入完整的稽查程序，若稽查工作无法推进下去，也很难撤销案源。为此，为避免出现案件久拖不决的情况，在案源处理环节就可作“暂存待查”的处理。

（二）主管税务机关推送的案源信息不完整、质量不高、难以判断违法性质的，稽查局可否选择“立案前检查”处理方式?

在日常税务征管过程中，税务机关对经风险评估认为存在较高风险的纳税人，如果能够方便及时进行税务处理的，一般都会在征管中就进行处理处罚，不会推送给稽查局。但是，若发现纳税人风险指标比较高，嫌疑较大，为了及时纠正纳税人违法行为，防止税收流失，税务机关没有进行调查核实，就可能将案件推送给稽查局。稽查局对主管税务机关推送的案源信息不完整、质量不高、难以判断违法性质的，能否选择“立案前检查”处理方式？对于这一问题，实务中争议较大，也因此出现了案件查办质量不高的情况，浪费了稽查资源。

（三）涉及发票协查问题时，出于防范税务风险的考虑，税务机关可否一律作立案处理？

涉及发票协查问题，如果不立案检查则可能导致国家税款的流失，稽查局无法承担由此而产生的不利后果。为此，税务稽查出于防范税务风险考虑，一律作立案处理，但却可能导致在案件的后续处理中被认为存在越权、滥权等违法行为。其表现主要有：

（1）仅涉及协助取证、调查协查对象的征管资料和证明材料等事项的案件，经立案后检查未发现其他税收违法行为的，稽查局不能作出相关税务决定，对被查对象只能通过送达《税务事项通知书》方式结案。

（2）在未取得确凿证据证明虚开增值税专用发票的情况下，如果仅以委托方开具的《已证实虚开通知单》作为立案依据，对受票方纳税人开展检查，在检查中发现受票方有真实的货物交易，但不能确定取得并抵扣增值税发票的行为属于“虚开”，仅以违反《增值税暂行条例》第九条规定为理由，作出不予抵扣增值税，需要调整增值税进项税额，并由此补缴增值税的税务处理。受票方纳税人对此表示强烈不满。

（3）涉及暴力虚开增值税专用发票的案件，通过立案处理后，税务稽查工作实质上很难进行下去，原因有三：一是稽查程序被无奈延长。暴力虚开案件的被查对象通常是发现时已经走逃了，稽查局例行的《税务检查通知书》等相关法律文书的送达只能采取公告送达的方式，且需要在公告送达30日后方为生效，而调取账簿资料、询问当事人等其他程序也无法得到保障。二是证据提取变得非常困难甚至无权提取。暴力虚开案件的一般表现为无人、无钱、无场地，税务登记信息虚假，纳税申报异常等，往往需要税警联合办案，冲破重重阻碍才能获取有效证据，认定违法犯罪的事实。三是案件处理名不正言不顺。税收相关法律法规对暴力虚开案件的稽查局管辖权没有明确的授权，针对犯罪分子虚开增值税专用发票的违法行为进行征税于法无据，如果对其作出税务处理处罚决定而追缴税款，甚至加收滞纳金或者进行行政处罚，其合法性将会受到质疑。

实务案例

案例1－2－1
无货开具增值税专用发票案

某市稽查局接到公安部门转过来的案源信息，作出立案处理，经检查发现属于暴力虚开案件，在公安机关的要求下，作出了税务处理决定。其作出的《税务处理决定书》，全文引述如下：

国家税务总局××市税务局第一稽查局
税务处理决定书

×税一稽处〔2019〕××号

××××有限公司（纳税人识别号略）：

我局对你单位设立之日至2018年12月31日期间的涉税情况进行检查，发现违法事实及处理决定如下：

一、违法事实

经核实，你公司2018年×月中旬纳税征期结束后未进行纳税申报，主管税务机关根据“金三”实名登记信息，多次电话联系企业有关人员，但均无法接通，后赴企业登记地址进行实地核查，确认企业注册地址为虚构信息，故证实你公司已走逃（失联）。

检查人员通过主管税务机关在“金三”系统查询你公司2018年度自登记以来纳税申报情况，系统显示你公司未进行申报。检查人员通过主管税务机关查询你公司2018年共计领购增值税专用发票××份，开具有效增值税专用发票××份（发票号码：略），金额×××××××元，税额××××××元，价税合计×××××××元。你公司开具的增值税专用发票未申报纳税。

检查人员通过主管税务机关和工商管理部门查询你公司银行账户信息，发现其均未登记公司账户信息。故检查人员履行相关手续对你公司开具增值税专用发票上所载银行账号（中国工商银行股份有限公司××××支行，账号：略）进行查询。经查，中国工商银行股份有限公司××××支行无此账户信息。发票销售单位的账号虚假，无销售货物资金流的真实证明资料，证明发票开具的内容虚假。

检查人员通过实地核查企业的注册登记信息和生产经营地址，询问所在地村委会工作人员，发现其登记注册经营地址根本没有你公司实际生产经营。检查人员通过“金三”系统查询其法定代表人和财务负责人联系方式，拨打法人和财务负责人的电话号码，发现无人接听或已停机。实地核查生产经营场地虚假，证明没有货物生产、场地和设备；无生产能耗和委托加工信息；未进行纳税申报，无法证明有货物购进，进一步证明发票开具的销售行为虚假。

综上，你公司的经营销售行为是无货开具增值税专用发票的违法行为。你公司开具与经营业务情况不符的发票，根据《国家税务总局关于〈走逃（失联）企业涉嫌虚开增值税专用发票检查问题〉的通知》（税总发〔2016〕172号）第二条第二款“直接走逃失踪不纳税申报，或虽然申报但通过填列增值税纳税申报表相关栏次，规避税务机关审核比对，进行虚假申报的”和第五款“已查实全部或部分交易资金信息不真实的（如利用银行账户回流资金）、大宗交易未付款或虚假现金支付的等”及《中华人民共和国发票管理办法》（以下简称《发票管理办法》）第二十二条第二款第一项“为他人、为自己开具与实际经营业务情况不符的发票”的规定，认定你公司开具增值税专用发票25份的行为属于虚开增值税专用发票的行为，虚开金额××××××××元，税额×××××××元，价税合计×××××××元。

二、处理决定

你公司开具增值税专用发票25份，是以虚开发票牟取非法利益为目的，没有真实生产经营业务，本质上并没有增值税应税行为的发生，因此不产生相应的增值税纳税义务。根据《发票管理办法》第二十二条第二款和第三十七条之规定，你公司开具发票的行为是虚开增值税专用发票的违法行为，且涉嫌犯罪，应移送公安机关。

若同我局在税务处理上有争议，应自收到本决定之日起六十日内依法向国家税务总局××市税务局申请行政复议。

2019年×月××日

（四）税务稽查部门发现的纳税人在注销前的税收违法行为，可否作立案处理?

企业办理工商注销登记以后，法人主体资格即告消亡。一般情况下，企业应当同时注销税务登记。这时，在金税系统上就没有该企业的相关信息，税务稽查部门的自选案源信息和安排案源信息等都不体现该企业。这时，稽查局对已经依法注销的企业可不进行案源的立案处理。当然，也不需要对其作出税务处理和处罚等行政行为。但是，如果在企业注销后，又发现其在注销前的税收违法行为，该怎么办？如果该行为已涉嫌犯罪，可否按规定程序将有关线索移交公安处理?

【文件规定】

（一）关于立案处理的规定

《税务稽查案源管理办法（试行）》（税总发〔2016〕71号）第二十三条规定："符合下列情形之一的，确认为需要立案检查的案源：（一）督办、交办事项明确要求立案检查的案源；（二）案源部门接收并确认的高风险纳税人风险信息案源，以及按照稽查任务和计划要求安排和自选的案源；（三）举报受理部门受理的检举内容详细、线索清楚的案源；（四）协查部门接收的协查案源信息涉及的纳税人状态正常，且存在下列情形之一的案源：1. 委托方已开具《已证实虚开通知单》并提供相关证据的；2. 委托方提供的证据资料能够证明协查对象存在税收违法嫌疑的；3. 协查证实协查对象存在税收违法行为的；（五）转办案源涉及的纳税人状态正常，且税收违法线索清晰的案源；（六）经过调查核实（包括协查）发现纳税人存在税收违法行为的案源；（七）其他经过识别判断后应当立案的案源；（八）上级稽查局要求立案检查的案源。"

《税收违法案件发票协查管理办法（试行）》（税总发〔2013〕66号）第十五条规定："有下列情形之一的，受托方应当按照《税务稽查工作规程》有关规定立案检查：（一）委托方已开具《已证实虚开通知单》的；（二）委托方提供的证据资料证明协查对象有税收违法嫌疑的；（三）受托方检查发现协查对象有税收违法嫌疑的；（四）上级税务局稽查局要求立案检查的。"

《国家税务总局关于〈进一步改进和规范税收违法案件协查工作〉的通知》（税总发〔2017〕26号）第二条规定："委托方通过协查信息管理系统（以下简称"协查系统"）、纸质发函、派人参与方式发起的委托协查，应属于稽查部门立案的税收违法案件协查。未经立案的，一律不得发起委托协查。"

《国家税务总局关于〈进一步改进和规范税收违法案件协查工作〉的通知》（税总发〔2017〕26 号）附件 1《要素协查方法操作指引（暂行）》第二条规定：“受托方收到委托方发出《已证实虚开通知单》的协查函，应根据相关规定报送稽查局领导审批后，进行立案处理。”

（二）关于暂存待查处理的规定

《税务稽查案源管理办法（试行）》（税总发〔2016〕71 号）第二十一条规定：“符合下列情形之一的，作暂存待查处理：（一）纳税人状态为非正常或者注销的督办、交办案源信息，经督办、交办部门同意可以作暂存待查处理；（二）纳税人状态为非正常、注销或者税收违法线索不清晰的检举案源信息可以作暂存待查处理；（三）纳税人走逃而无法开展检查的可以作暂存待查处理；（四）其他不宜开展检查又无法退回的情形。”

（三）关于调查核实处理的规定

《税务稽查案源管理办法（试行）》（税总发〔2016〕71 号）第二十二条规定：“符合下列情形之一的特殊案源，经稽查局负责人批准进行调查核实（包括协查）：（一）督办、交办的工作任务只涉及协助取证等事项，通过调查核实（包括协查）可以完成，经督办、交办部门同意的；（二）检举案源信息线索较明确但缺少必要证明资料，举报受理部门认为需要通过调查核实（包括协查）确认的；（三）协查案源信息不符合《税收违法案件发票协查管理办法（试行）》规定的直接立案条件的，应当根据协查要求及时安排调查核实（包括协查）；（四）其他特殊案源信息，存在一定疑点线索但缺少必要证明资料，需要通过进一步调查核实（包括协查）确认的。”

（四）关于立案前检查处理的规定

《税务稽查案件办理程序规定》（国家税务总局令第 52 号）第十三条第二款规定：“必要时，依照法律法规的规定，稽查局可以在立案前进行检查。”

（五）关于民事权利能力与义务的规定

《中华人民共和国民法典》（以下简称《民法典》）第五十七条规定："法人是具有民事权利能力和民事行为能力，依法独立享有民事权利和承担民事义务的组织。"第五十九条规定："法人的民事权利能力和民事行为能力，从法人成立时产生，到法人终止时消灭。"

《民法典》第六十七条规定："法人合并的，其权利和义务由合并后的法人享有和承担。""法人分立的，其权利和义务由分立后的法人享有连带债权，承担连带债务，但是债权人和债务人另有约定的除外。"

《民法典》第七十五条第一款规定："设立人为设立法人从事的民事活动，其法律后果由法人承受；法人未成立的，其法律后果由设立人承受，设立人为二人以上的，享有连带债权，承担连带债务。"

【指导建议】

税务稽查案源处理是税务稽查案件查办的首要环节，要求案源处理做到及时、准确。一般情形下，稽查局案源管理部门对收集的案源信息按照信息来源将案源划分为推送、督办、交办等九类，对其进行识别和判断，然后根据案源类型、纳税人状态、线索清晰程度、税收风险等级等因素进行处理。建立案源分配机制。规定了案源立案审批的层级和程序，建立案源管理集体审议会议制度，强化了案源处理结果应用。

下面针对上述四个实务问题，逐一进行分析。

（一）"暂存待查"处理的适用范围

"暂存待查"，顾名思义，就是案件暂时搁置不启动立案或者其他检查程序。对选择暂存待查处理的方式，一般来讲都是因为不具备开展检查的条件但又无法退回到移送案源部门，待相关信息资料收集齐全达到可以立案的条件时，再作立案处理。根据《税务稽查案源管理办法（试行）》（税总发〔2016〕71 号）第二十一条的规定，作暂存待查处理的情形包括：①纳税人状态为非正常或者注销的督办、交办案源信息，经督办、交办部门同意可以作暂存待查处理；②纳税人状态为非正常、注销或者税收违法线索不清晰的检举案源信息可以作暂存待查处理；③纳税人走逃而无法开展检查的可以作暂存待查处理；④其他不宜开展检查又无法退回的情形。由此可以看出，判断是否适用暂存待查处理方式，需要考虑两个因素：一是纳税人状态，二是案源能否退回。在税务稽查案源处理实务中，避免出现随意选择暂存待查处理方式，因为这种处理方式的弊端就是存在消极稽查的嫌疑，若非受到条件限制，一般不会采取这种方式。具体来讲，可以适用暂存待查的案源有推送案源、检举案源、督办案源、交办案源、协查案源、转办案源等六种案源。需要提醒注意三点：一是检举案源无论遇到什么情况都是不可退回的，因而检举案源的处理方式有立案检查、调查核实、暂存待查、并案、转办等五种。二是推送案源和转办案源只有在纳税人已走逃而无法开展检查的情况下才能选择暂存待查处理方式，如果能够开展检查的，采取退回处理；三是自选案源、安排案源不适用暂存待查处理方式，其案源处理方式只有立案检查这一种。

（二）“立案前检查”处理的适用范围

立案前检查处理，是指对待查对象经初步分析，认为案情复杂、疑难、重大，有必要进行立案前检查的，提请立案前检查审批、移交检查部门实施立案前检查，并根据检查结果进行处理的过程。

根据《税务稽查案件办理程序规定》（国家税务总局令第 52 号）第十三条第二款的规定，必要时，依照法律法规的规定，稽查局可以在立案前进行检查。此时需要具备 4 个条件：①案源处理意见为“立案检查”；②“必要”指的是“案情复杂、疑难、重大”，对于何为“复杂”“疑难”“重大”，应当由各稽查局结合当地的实际情况和具体的稽查案件请款进行确定；③需要经过案源管理集体审议，并经稽查局局长审批；④立案前检查的实施由检查部门人员来完成，而非选案部门人员。

需要提醒注意的是，“立案前检查”与“调查核实”有着本质的区别。根据《税务稽查案源管理办法（试行）》（税总发〔2016〕71 号）第二十二条的规定，作调查核实（包括协查）处理的情形包括：①督办、交办的工作任务只涉及协助取证等事项，通过调查核实（包括协查）可以完成，经督办、交办部门同意的；②检举案源信息线索较明确但缺少必要证明资料，举报受理部门认为需要通过调查核实（包括协查）确认的；③协查案源信息不符合《税收违法案件发票协查管理办法（试行）》规定的直接立案条件的，应当根据协查要求及时安排调查核实（包括协查）；④其他特殊案源信息，存在一定疑点线索但缺少必要证明资料，需要通过进一步调查核实（包括协查）确认的。即判断是否适用调查核实（包括协查）处理方式，需要考虑两个因素：一是不需要作立案处理，仅仅涉及协助取证等事项；二是不符合立案条件，通过调查核实补充证据资料，以判断是否可以立案。具体来说，可以适用暂存待查的案源有督办案源、交办案源、检举案源、协查案源和转办案源。自选案源、安排案源和推送案源不适用调查核实处理方式。

为此，“立案前检查”与“调查核实”在案源处理结束后的结果也有不同，前者是检查结束后有两种结果，即不予立案或者立案。而后者核实后也有两种结果，但与前者不同，即立案或者向案源信息部门（督办机关、交办机关、检举部门、协查部门、转办部门）进行反馈。

（三）发票协查的案源处理方式

对发票协查案件，根据《国家税务总局关于〈进一步改进和规范税收违法案件协查工作〉的通知》（税总发〔2017〕26 号）的规定，委托方发起的委托协查，应属于稽查部门立案的税收违法案件协查。未经立案的，一律不得发起委托协查。根据《税务稽查案源管理办法（试行）》（税总发〔2016〕71 号）第二十三条的规定，协查部门接收的协查案源信息涉及的纳税人状态正常，确认为需要立案检查的案源，必须同时符合如下三种情形之一：①委托方已开具《已证实虚开通知单》并提供相关证据的；②委托方提供的证据资料能够证明协查对象存在税收违法嫌疑的；③协查证实协查对象存在税收违法行为的。因此，判断受托方立案的标准有两个：一是纳税人状态正常，对纳税人状态非正常、走逃（失联）和注销而无法开展检查的，应当作暂存待查或者调查核实处理。二是能够证明协查对象存在税收违法嫌疑，这里有三个证明途径：①委托方开具了《已证实虚开通知单》并提供相关证据；②委托方提供了能够证明协查对象存在税收违法嫌疑的证据资料；③协查证实协查对象存在税收违法行为，例如通过立案前检查处理或者调查核实处理之后发现的。故而，对委托协查案件，应当分成两种类型：调查取证类和确定虚开类。对调查取证类，不需要走立案程序，经过调查核实后，将协助调查的结果反馈给委托局。对确定虚开类，则必须立案处理，因为这时委托方已经取得了确凿的证据证明发票虚开的违法事实，并且已经经过审理程序，向受票方提供了能够证明违法事实的证据，受托方立案后的检查仅是出于对受票方企业作进一步处理的需要。

对于暴力虚开案件的案源处理，从国家税务总局的一系列文件来看，并没有明确规定可以不作立案处理。但是，从执法主体的合法性上来讲，由于暴力虚开的违法主体没有发生法律规定的纳税义务，税务机关没有征税权，则应属无权作立案处理。《税收征收管理法》第二条规定："凡依法由税务机关征收的各种税收的征收管理，均适用本法"；第四条第一款、第三款规定："法律、行政法规规定负有纳税义务的单位和个人为纳税人，纳税人、扣缴义务人必须依照法律、行政法规的规定缴纳税款、代扣代缴、代收代缴税款"。也就是说，税务机关管理的对象是纳税人，管理的行为是纳税人缴纳税款。违反《税收征收管理法》的情形是纳税人没有依法缴税。从这个意义来说，暴力虚开案件的违法行为人就不具备"纳税人"和"缴纳税款"这两个因素，因为：首先，纳税人必须要有纳税义务，而纳税义务的判断标准是发生了应税行为，如税法所规定的销售货物或者加工、修理修配劳务（以下简称劳务），销售服务、无形资产、不动产以及进口货物取得经营收入。其次，应当缴纳税款，即发生了税法规定的纳税义务的履行义务。

国家税务总局稽查局原局长郭晓林（现国家税务总局深圳市税务局党委书记、局长）于2019年7月31日在公安部召开的新闻发布会上，详细介绍了当前虚开骗税案件主要特点："空壳企业"成为虚开发票攫取非法利益的主要载体。对外虚开发票的源头企业，主要是不进行任何经营活动的"空壳企业"，而这些"空壳企业"大多是不法分子通过骗用、租用、借用、盗用他人的身份信息，为实施虚开而注册成立的。"暴力虚开"成为虚开团伙大肆违法犯罪的主要方式。这些企业在短期存续领票开票之后，进行虚假纳税申报或者不进行申报即走逃失联。

由此得出这样的结论："暴力虚开"企业的经营活动就是通过卖票获得非法收入，不属于税法所说的经营收入，没有发生税法所规定的纳税义务。"暴力虚开"企业不是纳税人，税务机关对其没有管辖权，自然就不应该对其不缴税款进行处理。

但是，从"暴力虚开"违法行为的社会危害性上，严重干扰了税收征管秩序和增值税发票管理秩序，为用票企业提供了骗取国家税款的便利条件，导致了国家税收流失的严重后果。如果不对其严厉打击，对遵纪守法的纳税人是不公平的，对国家也是不负责任的。为此，必须要由税务、公安、银行、海关等部门联合执法，以惩治不法之徒。考虑到税务系统对发票管理承担不可推卸的责任，税务稽查具有资源优势，国家税务总局在"金三"系统设置了协查信息管理系统，用于对发票进行协查管理。因此，目前税务系统对"暴力虚开"案件还是采取稽查立案处理，经过检查后发现有证据表明是"暴力虚开"违法行为的，经重大案件审理后，报税务局局长批准，向公安机关移送。对税务稽查程序中应该如何进行下去，建议在检查环节完成后形成《税务稽查工作底稿》《税务稽查报告》，连同相关证据资料移交给审理部门，审理部门经过案件审理、集体审理和重大案件审理后，形成《审理报告》，制作《涉嫌犯罪案件移送书》，经税务局局长批准，移送公安机关。审理环节没有决定性文书，案件办结。至于前面举例的稽查局制作《税务处理决定书》，实际上就是为了迎合公安机关的要求，没有任何现实意义，也无法发送给违法行为人，在实务中不建议如此操作。

（四）纳税人状态为注销的案源处理方式

通常情况下，对已注销的纳税人开展税务稽查是通过举报、协查等确定稽查案源的。对注销企业开展税务稽查，基层的税务稽查人员有畏难情绪，在思想上存有很多疑问，例如：税务机关对已注销的“纳税人”是否具有税务检查权？检查中，若发现其存续期间少缴税款，能否具有追缴税款权，向谁追缴税款以及如何追缴？等等。再如：税务稽查中，都有哪些注销行为是为了避税而进行的？如果存在这种情况，税务稽查应该怎样进行处理？等等。关于注销企业如何开展税务稽查以及如何进行税务处理，我们另外单独讨论。这里，仅就纳税人状态为注销的案源如何处理展开讨论。

根据《税务稽查案源管理办法（试行）》（税总发〔2016〕71号）的规定，如果纳税人状态为注销的，应当作暂存待查处理。这里所说的“注销”，是指工商登记的注销。对于仅办理了税务登记注销而没有办理工商登记注销的，在法律上，该纳税人的权利义务没有消亡，是可以作稽查立案处理的。但实务中，纳税人状态为注销从税务稽查的角度来看，应有两种形态：一是可以进一步开展检查的；二是不可以进一步开展检查的。对于第一种形态，建议将案件作转办处理，移交给主管税务机关，作进一步检查处理。根据《民法典》第五十七条、第五十九条、第六十七条、第七十五条的规定，纳税人注销后，其民事权利能力和民事行为能力消亡，若以合并或分立方式注销的，其民事权利能力和民事行为由合并后或者分立后的法人享有和承担。但是，注销前应当有未完成的义务（例如欠税），应当由投资人或者股东承担连带债务。因此，对注销的纳税人，有欠缴税款行为，可以由主管税务机关向连带责任人进行追缴，如果不能追缴的，可以向人民法院起诉。而对于第二种形态，则作暂存待查处理，当条件允许可以开展税务稽查时，再作转办处理。

那么，在企业注销后，如果发现纳税人存在逃税等犯罪嫌疑，可否将案件移送公安机关进行处理？我国《刑法》对单位犯逃税罪规定了“双罚制”，即对单位判处罚金，对直接负责的主管人员和其他直接责任人员，依照逃税罪的规定处罚。单位犯逃税罪应追究相关人员的个人刑事责任，《刑法》已作明确规定。稽查局可以根据《税收征收管理法》第七十七条、《发票管理办法》第三十七条、《刑法》第二百零一条、第二百零五条等规定，违法行为涉嫌犯罪的，稽查局应当依法移交司法机关追究刑事责任。

§1 03

纳税人状态为注销就不能进行税务检查了吗？此时税务机关应当向谁追缴税款？

【要点导读】

企业注销后，纳税义务是否就此消亡？税务稽查能否对其存续期间的税收违法问题进行检查？一直以来，这样的问题在稽查局内部、稽查局与纳税人之间都有很大争议。其中存疑的问题主要有：

（1）企业注销后，是否连同纳税义务一并消亡？税务机关还有税收管理权吗？

（2）已注销的个体工商户和个人独资企业，税务稽查应该以谁为被查对象？

（3）破产注销的纳税人有欠缴税款的情况，税务机关能否对其追缴税款和税务行政处罚？

（4）公司已破产清算，税务机关可否因其涉嫌逃税罪将其移送公安机关？

【关键词解释】

税务登记，是税务机关对纳税人的经济活动进行登记并据此对纳税人实施税务管理的一种法定制度。税务登记又称纳税登记，它是税务机关对纳税人实施税收管理的首要环节和基础工作，是征纳双方法律关系成立的依据和证明，也是纳税人必须依法履行的义务。

注销，即撤销、消除。如：注销营业执照。

注销税务登记，是指纳税人发生解散、破产、撤销以及其他情形，不能继续履行纳税义务时，向税务机关申请办理终止纳税义务的税务登记管理制度。办理注销税务登记后，该当事人不再接受原税务机关的管理。

【实务问题】

在税收征管实务中，遇到纳税人因上述原因依法办理了工商登记注销和税务登记注销，在税务管理上需要走税款清算程序，在票清税结后，依申请为其办理注销税务登记。该企业从此终止一切经营活动，也不再产生纳税义务。但是，如果出现纳税人只办理了工商登记注销手续而没有同时注销税务登记，或者注销了税务登记后工商登记没有注销，或者工商、税务登记都注销了，但是在上述各种注销情况发生以后仍然有持续经营行为，有依法应当履行的纳税义务，或者虽然纳税义务不再发生，但是注销前有税收违法行为没有被发现，这时，税务机关该如何进行税务处理？尤其是案件被移交给了稽查局之后，稽查局能否对注销企业开展税务检查？稽查局有没有税款追缴权？应当由谁来承当缴纳税款的责任？等等。在税务局与稽查局之间、稽查局内部、稽查局与纳税人之间，这一系统问题争议较大，甚至发生了有些案件因纳税人不服稽查局的税务处理、处罚决定而向人民法院起诉，最终导致税务机关败诉的情况。

实务中，与企业注销有关的税款追缴和税务行政处罚等争议较大的问题主要有：

（一）企业注销后，是否连同纳税义务一并消亡？税务机关还有税收管理权吗？

税务稽查实务中，有一些纳税人自认为手段高明，采取掩耳盗铃的手法，对税务注销登记有错误的下面认识，以为税务注销以后就不会承担税法方面责任。

实务案例

案例 1-3-1

税务注销后未依法进行工商登记注销

2005 年 3 月 21 日，大族公司以项目结束、公司解散为由，经福安市地税局稽查局审批注销税务登记。2005 年 11 月 15 日，大族公司因在期限内未申报 2004 年度年检，被宁德市工商行政管理局吊销营业执照。

此后，福安市地税局稽查局接到举报，于 2007 年 8 月 6 日对大族公司偷税案立案。查明大族公司在开发“莲南居住小区”项目并销售 111 套宅基地中，实际销售收入在 1 378.35 万元以上，共应交税款 978 628.5 元以上，至少应补税款 353 683.5 元（其中，2003 年度，该公司实际销售宅基地预收款收入 106.3 万元，共应交税款 74 410 元，全部未申报纳税，偷税比例达 100%）。2008 年 7 月 12 日，福安市地方税务局对大族公司作出应补缴营业税、土地增值税等税款及滞纳金共计 511 320.19 元，罚款 642 237.75 元的行政处罚。

一审法院认为：被告人郑某系福建大族房地产开发有限公司的法定代表人，作为单位直接负责的主管人员，在经营过程中采取欺骗、隐瞒手段进行虚假纳税申报，逃避缴纳税款 353 686.50 元，数额较大，并且占应纳税额的 10% 以上，其行为已构成逃税罪，判处有期徒刑一年，并处罚金人民币 150 000 元。二审法院裁定维持原判。

关于此案，争议焦点是：在大族公司已经被税务注销、工商吊销的情况下，稽查局还有税款征收权和行政处罚权吗？

（二）已注销的个体工商户和个人独资企业，税务稽查应该以谁为被查对象？

如果对已注销的企业开展税务稽查，其中最重要的问题是以谁作为缴税主体。如果发生责任主体错误，则作出的税务处理决定在法律上会被认为无效的行政行为，纳税人（被查对象）可以拒绝履行行政决定。那么，遇到已注销的个体工商户和个人独资企业，税务稽查应该以谁为被查对象?

实务案例

案例1－3－2
税务处理决定是否存在处理主体错误的问题

一、二审查明，2015年5月11日，市稽查局决定对壶关县帮运加油二站涉嫌偷税问题进行立案调查，并于次日向加油站送达《税务检查通知书》。2015年12月29日，作出长国税稽处〔2015〕66号税务处理决定和长国税稽罚〔2015〕62号税务行政处罚决定，并于同日进行送达。市国税局经复议审查，于2016年4月21日作出长国税复决字〔2016〕1号行政复议决定，维持了市稽查局作出的上述税务处理决定及税务行政处罚决定。壶关县帮运加油二站系个人独资企业，投资人是李某某，该加油站成立于2007年12月13日，于2015年8月13日注销。

一审认为，李某某作为加油站的投资人，应当以其个人所有财产对个人独资企业存续期间所欠税款承担无限连带责任。市稽查局于2015年12月29日针对加油站作出税务行政处理决定，但该加油站已于2015年8月13日被工商登记机关注销登记，李某某应当对加油站存续期间的税务问题承担法律责任。在加油站注销登记后，市稽查局仍认定该站为处理对象，系认定责任主体错误，依法应予撤销；市国税局未予纠正，亦属错误，复议决定也应依法予以撤销。

二审认为，在该加油站已注销的情况下，市稽查局仍以被注销企业为主体作出行政处理决定，于法无据。至于注销行为合法与否，不属本案审查范围。一审判决认定事实清楚，适用法律正确。故判决：驳回上诉，维持原判。

（三）破产注销的纳税人有欠缴税款的情况，税务机关能否对其追缴税款和税务行政处罚？

对于税务机关能否在企业破产注销后对其进行税务处理与行政处罚，可以借助一个司法判例，来看一下人民法院的观点。

实务案例

案例 1－3－3

丁某某与国家税务总局北京市税务局稽查局税务行政复议诉讼案

一审行政判决书［（2018）京 0102 行初 881 号］ 针对被诉处罚决定是否合法的问题，在判决书中，人民法院认为：“《中华人民共和国民法通则》（下称《民法通则》）第三十六条第二款规定，法人的民事权利能力和民事行为能力从法人成立时产生，到法人终止时消灭。《中华人民共和国公司登记管理条例》（下称《公司登记管理条例》）第三条第一款规定，公司经公司登记机关依法登记，领取《企业法人营业执照》，方取得企业法人资格。第四十四条规定，经公司登记机关注销登记，公司终止。《行政处罚法》第三条规定，公民、法人或者其他组织违反行政管理秩序的行为，应当给予行政处罚的，依照本法由法律、法规或者规章规定，并由行政机关依照本法规定的程序实施。没有法定依据或者不遵守法定程序的，行政处罚无效。本案中，十三维公司已于 2012 年 5 月 16 日经公司登记机关注销登记，其企业法人资格彻底消灭，作为责任承担主体的法律地位已不存在，其不应再作为行政处罚的被处罚对象。故被诉处罚决定将十三维公司列为被处罚对象，属于缺乏相应的事实和证据支持，应当予以撤销。”

二审行政判决书［（2020）京 02 行终 1464 号］ 关于企业注销后纳税主体的认定的争议问题，在判决书中，人民法院认为：“丁某某作为某公司的唯一股东，在公司清算时作为该公司的清算组负责人，理应按照《中华人民共和国公司法》（以下简称《公司法》）的规定如实进行公司清算，其中当然包括清缴所欠税款以及清算过程中产生的税款，并在公司清算结束后，制作清算报告并报送公司登记机关，申请注销公司登记。但丁某某在《企业注销登记申请书》《注销清算报告》中签字确认“公司债权债务已清理完毕，各项税款及职工工资已结清”，由此致使某公司于2012年5月16日经原工商登记部门核准予以注销。”“根据《公司法》第二十条的规定，公司股东应当遵守法律、行政法规和公司章程，依法行使股东权利，不得滥用股东权利损害公司或者其他股东的利益；不得滥用公司法人独立地位和股东有限责任损害公司债权人的利益。《税收征收管理法实施细则》第五十条规定，纳税人有解散、撤销、破产情形的，在清算前应当向其主管税务机关报告；未结清税款的，由其主管税务机关参加清算。《最高人民法院关于适用〈中华人民共和国公司法〉若干问题的规定（二）》（2014年修正）第十九条规定，有限责任公司的股东、股份有限公司的董事和控股股东，以及公司的实际控制人在公司解散后，恶意处置公司财产给债权人造成损失，或者未经依法清算，以虚假的清算报告骗取公司登记机关办理法人注销登记，债权人主张其对公司债务承担相应赔偿责任的，人民法院应依法予以支持。”“丁某某作为某公司唯一的股东，应当按照上述规定对某公司欠缴税款及滞纳金承担相应的法律责任。北京税务稽查局将丁某某作为追缴税款的责任主体，并根据对某公司的查处及解缴情况，与对丁某某所作追缴处理决定进行相应的退抵，亦无不当。”

该案一审否认了税务机关对十三维公司的行政处罚权以及税务处理权，而二审确认出资人丁某某个人对某公司欠缴税款及滞纳金承担连带责任，且税务机关有权追缴。

（四）公司已破产清算，税务机关可否因其涉嫌逃税罪将其移送公安机关?

企业因破产进行清算，税务机关作为税收债权人可以主张行使税收优先权。但是，在实务中，税务机关对企业破产清算的某些情况可能并不知情，甚至有的企业没有走清算程序就注销了工商登记，这就会导致税务机关事后对其进行追偿的情况。为此，如果企业相关责任人员涉嫌犯罪，税务机关能否将案件移送公安机关？对此，一些稽查局提出了异议。

实务案例

案例 1－3－4
温州市瓯海区人民检察院指控被告人余某某犯逃税罪案

［浙江省温州市瓯海区人民法院刑事判决书（2016）浙 0304 刑初 51 号］

本案中，对于破产企业犯逃税罪能否追究法定个人刑事责任的争议问题，人民法院认为：“我国刑法对单位犯逃税罪规定了‘双罚制’，即对单位判处罚金，对直接负责的主管人员和其他直接责任人员，依照逃税罪的规定处罚。由此可见，单位犯逃税罪应追究相关人员的个人刑事责任，刑法已作明确规定。”“被告人余某某担任安胜公司的法定代表人，指使公司财务人员分内账和外账记录公司财务账本，以此进行虚假的纳税申报逃避缴纳税款，其在安胜公司逃税犯罪中起决定、批准、指挥等作用，依法应认定为直接负责的主管人员。”“安胜公司于 2010 年至 2012 年期间的逃税事实已构成犯罪，被告人余某某作为直接负责的主管人员，其行为亦已构成逃税罪，依法应追究被告人余某某的刑事责任。”

【文件规定】

（一）关于登记、注销（解散）的规定

《民法典》第五十四条规定：“自然人从事工商业经营，经依法登记，为个体工商户。个体工商户可以起字号。”

《民法典》第五十八条第一款规定：“法人应当依法成立。”

《民法典》第六十八条规定：“有下列原因之一并依法完成清算、注销

登记的，法人终止：（一）法人解散；（二）法人被宣告破产；（三）法律规定的其他原因。”“法人终止，法律、行政法规规定须经有关机关批准的，依照其规定。”

《民法典》第六十九条规定：“有下列情形之一的，法人解散：（一）法人章程规定的存续期间届满或者法人章程规定的其他解散事由出现；（二）法人的权力机构决议解散；（三）因法人合并或者分立需要解散；（四）法人依法被吊销营业执照、登记证书，被责令关闭或者被撤销；（五）法律规定的其他情形。”

《民法典》第七十二条第三款规定：“清算结束并完成法人注销登记时，法人终止；依法不需要办理法人登记的，清算结束时，法人终止。”

《民法典》第七十三条规定：“法人被宣告破产的，依法进行破产清算并完成法人注销登记时，法人终止。”

《民法典》第七十八条规定：“依法设立的营利法人，由登记机关发给营利法人营业执照。营业执照签发日期为营利法人的成立日期。”

《民法典》第八十八条规定：“具备法人条件，为适应经济社会发展需要，提供公益服务设立的事业单位，经依法登记成立，取得事业单位法人资格；依法不需要办理法人登记的，从成立之日起，具有事业单位法人资格。”

《公司登记管理条例》第四十四条规定：“经公司登记机关注销登记的，公司终止。”

《民法典》第一百零三条规定：“非法人组织应当依照法律的规定登记。”“设立非法人组织，法律、行政法规规定须经有关机关批准的，依照其规定。”

《民法典》第一百零六条规定：“有下列情形之一的，非法人组织解散：（一）章程规定的存续期间届满或者章程规定的其他解散事由出现；（二）出资人或者设立人决定解散；（三）法律规定的其他情形。”

《民法典》第一百零七条规定：“非法人组织解散的，应当依法进行清算。”

（二）承担债务责任的规定

1. 个体工商户

《民法典》第五十六条规定：“个体工商户的债务，个人经营的，以个人财产承担；家庭经营的，以家庭财产承担；无法区分的，以家庭财产承担。”

2. 法人

《民法典》第五十九条规定：“法人的民事权利能力和民事行为能力，从法人成立时产生，到法人终止时消灭。”

《民法典》第六十条规定：“法人以其全部财产独立承担民事责任。”

《民法典》第六十一条第二款规定：“法定代表人以法人名义从事的民事活动，其法律后果由法人承受。”

《民法典》第六十二条第一款规定：“法定代表人因执行职务造成他人损害的，由法人承担民事责任。”

《民法典》第六十七条规定：“法人合并的，其权利和义务由合并后的法人享有和承担。”“法人分立的，其权利和义务由分立后的法人享有连带债权，承担连带债务，但是债权人和债务人另有约定的除外。”

《民法典》第七十四条规定：“法人可以依法设立分支机构。法律、行政法规规定分支机构应当登记的，依照其规定。”“分支机构以自己的名义从事民事活动，产生的民事责任由法人承担；也可以先以该分支机构管理的财产承担，不足以承担的，由法人承担。”

《民法典》第八十三条第二款规定：“营利法人的出资人不得滥用法人独立地位和出资人有限责任损害法人债权人的利益；滥用法人独立地位和出资人有限责任，逃避债务，严重损害法人债权人的利益的，应当对法人债务承担连带责任。”

《公司法》第三条规定：“公司是企业法人，有独立的法人财产，享有法人财产权。公司以其全部财产对公司的债务承担责任。”“有限责任公司的股东以其认缴的出资额为限对公司承担责任；股份有限公司的股东以其认购的股份为限对公司承担责任。”

《公司法》第十四条规定：“公司可以设立分公司。设立分公司，应当向公司登记机关申请登记，领取营业执照。分公司不具有法人资格，其民事责任由公司承担。”

《公司法》第二十条规定：“公司股东滥用公司法人独立地位和股东有限责任，逃避债务，严重损害公司债权人利益的，应当对公司债务承担连带责任。”

《公司法》第一百八十九条规定：“清算组成员应当忠于职守，依法履行清算义务。清算组成员不得利用职权收受贿赂或者其他非法收入，不得侵占公司财产。清算组成员因故意或者重大过失给公司或者债权人造成损失的，应当承担赔偿责任。”

《最高人民法院关于适用〈中华人民共和国公司法〉若干问题的规定（二）》（2014 年修正）第十九条规定：“有限责任公司的股东、股份有限公司的董事和控股股东，以及公司的实际控制人在公司解散后，恶意处置公司财产给债权人造成损失，或者未经依法清算，以虚假的清算报告骗取公司登记机关办理法人注销登记，债权人主张其对公司债务承担相应赔偿责任的，人民法院应依法予以支持。”

3. 个人独资企业、合伙企业

《民法典》第一百零四条规定：“非法人组织的财产不足以清偿债务的，其出资人或者设立人承担无限责任。法律另有规定的，依照其规定。”

《民法典》第七十五条第一款规定：“设立人为设立法人从事的民事活动，其法律后果由法人承受；法人未成立的，其法律后果由设立人承受，设立人为二人以上的，享有连带债权，承担连带债务。”

《民法典》第一百七十八条第一款规定：“二人以上依法承担连带责任的，权利人有权请求部分或者全部连带责任人承担责任。”

《个人独资企业法》第二十八条规定：“个人独资企业解散后，原投资人对个人独资企业存续期间的债务仍应承担偿还责任，但债权人在五年内未向债务人提出偿债请求的，该责任消灭。”

《合伙企业法》第二条第二、第三款规定：“普通合伙企业由普通合伙人组成，合伙人对合伙企业债务承担无限连带责任。本法对普通合伙人承担责任的形式有特别规定的，从其规定。”“有限合伙企业由普通合伙人和有限合伙人组成，普通合伙人对合伙企业债务承担无限连带责任，有限合伙人以其认缴的出资额为限对合伙企业债务承担责任。”

《合伙企业法》第九十一条规定：“合伙企业注销后，原普通合伙人对合伙企业存续期间的债务仍应承担无限连带责任。”

《合伙企业法》第九十二条第二款规定：“合伙企业依法被宣告破产的，普通合伙人对合伙企业债务仍应承担无限连带责任。”

（三）关于税务登记与税款征收的规定

《税收征收管理法》第四条规定：“法律、行政法规规定负有纳税义务的单位和个人为纳税人。纳税人、扣缴义务人必须依照法律、行政法规的规定缴纳税款、代扣代缴、代收代缴税款。”

《税收征收管理法》第五条第一款规定：“国务院税务主管部门主管全国税收征收管理工作。各地国家税务局和地方税务局应当按照国务院规定的税收征收管理范围分别进行征收管理。”

《税收征收管理法》第十五条第一款规定：“企业，企业在外地设立的分支机构和从事生产、经营的场所，个体工商户和从事生产、经营的事业单位（以下统称从事生产、经营的纳税人）自领取营业执照之日起三十日内，持有关证件，向税务机关申报办理税务登记。税务机关应当自收到申报之日起三十日内审核并发给税务登记证件。”

《税收征收管理法实施细则》第十五条规定：“纳税人发生解散、破产、撤销以及其他情形，依法终止纳税义务的，应当在向工商行政管理机关或者其他机关办理注销登记前，持有关证件向原税务登记机关申报办理注销税务登记；按照规定不需要在工商行政管理机关或者其他机关办理注册登记的，应当自有关机关批准或者宣告终止之日起15日内，持有关证件向原税务登记机关申报办理注销税务登记。”“纳税人因住所、经营地点变动，涉及改变税务登记机关的，应当在向工商行政管理机关或者其他机关申请办理变更或者注销登记前或者住所、经营地点变动前，向原税务登记机关申报办理注销税务登记，并在30日内向迁达地税务机关申报办理税务登记。”“纳税人被工商行政管理机关吊销营业执照或者被其他机关予以撤销登记的，应当自营业执照被吊销或者被撤销登记之日起15日内，向原税务登记机关申报办理注销税务登记。”

《税收征收管理法》第四十八条规定：“纳税人有合并、分立情形的，应当向税务机关报告，并依法缴清税款。纳税人合并时未缴清税款的，应当由合并后的纳税人继续履行未履行的纳税义务；纳税人分立时未缴清税款的，分立后的纳税人对未履行的纳税义务应当承担连带责任。”

《税收征收管理法》第五十二条规定：“因税务机关的责任，致使纳税人、扣缴义务人未缴或者少缴税款的，税务机关在三年内可以要求纳税人、扣缴义务人补缴税款，但是不得加收滞纳金。”“因纳税人、扣缴义务人计算错误等失误，未缴或者少缴税款的，税务机关在三年内可以追征税款、滞纳金；有特殊情况的，追征期可以延长到五年。”“对偷税、抗税、骗税的，税务机关追征其未缴或者少缴的税款、滞纳金或者所骗取的税款，不受前款规定期限的限制。”

《税收征收管理法》第三十二条规定：“纳税人未按照规定期限缴纳税款的，扣缴义务人未按照规定期限解缴税款的，税务机关除责令限期缴纳外，从滞纳税款之日起，按日加收滞纳税款万分之五的滞纳金。”

《税收征收管理法实施细则》第十六条规定：“纳税人在办理注销税务登记前，应当向税务机关结清应纳税款、滞纳金、罚款，缴销发票、税务登记证件和其他税务证件。”

《税收征收管理法实施细则》第四十九条规定：“承包人或者承租人有

独立的生产经营权，在财务上独立核算，并定期向发包人或者出租人上缴承包费或者租金的，承包人或者承租人应当就其生产、经营收入和所得纳税，并接受税务管理；但是，法律、行政法规另有规定的除外。发包人或者出租人应当自发包或者出租之日起30日内将承包人或者承租人的有关情况向主管税务机关报告。发包人或者出租人不报告的，发包人或者出租人与承包人或者承租人承担纳税连带责任。”

（四）关于税收代位权、撤销权的规定

《民法典》第五百三十五条规定：“因债务人怠于行使其债权或者与该债权有关的从权利，影响债权人的到期债权实现的，债权人可以向人民法院请求以自己的名义代位行使债务人对相对人的权利，但是该权利专属于债务人自身的除外。代位权的行使范围以债权人的到期债权为限。债权人行使代位权的必要费用，由债务人负担。相对人对债务人的抗辩，可以向债权人主张。”

《税收征收管理法》第五十条规定：“欠缴税款的纳税人因怠于行使到期债权，或者放弃到期债权，或者无偿转让财产，或者以明显不合理的低价转让财产而受让人知道该情形，对国家税收造成损害的，税务机关可以依照合同法第七十三条、第七十四条的规定行使代位权、撤销权。税务机关依照前款规定行使代位权、撤销权的，不免除欠缴税款的纳税人尚未履行的纳税义务和应承担的法律责任。”

《企业破产法》第三十一条规定：“人民法院受理破产申请前一年内，涉及债务人财产的下列行为，管理人有权请求人民法院予以撤销：（一）无偿转让财产的；（二）以明显不合理的价格进行交易的；（三）对没有财产担保的债务提供财产担保的；（四）对未到期的债务提前清偿的；（五）放弃债权的。”

（五）关于申请人民法院强制执行的规定

《行政强制法》第十三条规定：“行政强制执行由法律设定。法律没有

规定行政机关强制执行的，作出行政决定的行政机关应当申请人民法院强制执行。”

《行政强制法》第五十四条规定：“行政机关申请人民法院强制执行前，应当催告当事人履行义务。催告书送达十日后当事人仍未履行义务的，行政机关可以向所在地有管辖权的人民法院申请强制执行；执行对象是不动产的，向不动产所在地有管辖权的人民法院申请强制执行。”

《最高人民法院关于适用〈中华人民共和国行政诉讼法〉的解释》（法释〔2018〕1号）第一百五十六条规定：“没有强制执行权的行政机关申请人民法院强制执行其行政行为，应当自被执行人的法定起诉期限届满之日起三个月内提出。逾期申请的，除有正当理由外，人民法院不予受理。”

（六）关于追究刑事责任的规定

《最高人民检察院关于涉嫌犯罪单位被撤销、注销、吊销营业执照或者宣告破产的应如何进行追诉问题的批复》（高检发释字〔2002〕4号）规定：“涉嫌犯罪的单位被撤销、注销、吊销营业执照或者宣告破产的，应当根据刑法关于单位犯罪的相关规定，对实施犯罪行为的该单位直接负责的主管人员和其他直接责任人员追究刑事责任，对该单位不再追诉。”

（七）关于税务稽查职责与终结检查或终结执行的规定

《税务稽查案件办理程序规定》（国家税务总局令第52号）第四条规定：“税务稽查由稽查局依法实施。稽查局主要职责是依法对纳税人、扣缴义务人和其他涉税当事人履行纳税义务、扣缴义务情况及涉税事项进行检查处理，以及围绕检查处理开展的其他相关工作。稽查局具体职责由国家税务总局依照《税收征收管理法》《税收征收管理法实施细则》和国家有关规定确定。”第三十四条规定：“有下列情形之一，致使检查确实无法进行的，经稽查局局长批准后，终结检查：（一）被查对象死亡或者被依法宣告死亡或者依法注销，且有证据表明无财产可抵缴税款或者无法定税收义务承担主体的；（二）被查对象税收违法行为均已超过法定追究期限的；（三）法律、行政法规或者国家税务总局规定的其他可以终结检查的。”第五十七条规定：“当事人确无财产可供抵缴税款、滞纳金、罚款或者依照破产清算程序确实无法清缴税款、滞纳金、罚款，或者有其他法定终结执行情形的，经税务局局长批准后，终结执行。”

【指导建议】

根据《民法典》第六十八条、第六十九条、第一百零六条的规定，企业注销是指依法登记设立的企业发生存续期间届满或者企业章程规定的其他解散事由出现、因企业合并或者分立需要解散、依法宣告破产或者被吊销营业执照、登记证书以及被责令关闭或者被撤销等原因，办理注销工商登记后，其企业经营实体消灭。依照《税收征收管理法实施细则》第十五条的规定，办理注销税务登记的情形有三种：①纳税人发生解散、破产、撤销以及其他情形，依法终止纳税义务的；②纳税人因住所、经营地点变动而涉及改变税务登记机关的；③纳税人被工商行政管理机关吊销营业执照或者被其他机关予以撤销登记的。

对于已经注销的纳税人，无论其是主动注销还是被动注销，只要不是经人民法院确认其注销行为无效的，从法律意义上来说，其实体已经消亡。但是，其纳税义务并非从此不再发生，而且注销企业以往发生的没有履行的纳税义务也不会随着纳税主体的消亡而得到豁免。为此，税务机关仍要履行相应的行政职责，捍卫税法的尊严，维护国家的税收利益。

（一）税务机关对国家税收“债权”可以依法追缴

企业注销，税务机关追缴税款的权利不会因此而丧失。

1. 工商营业登记、税务登记与纳税主体资格之间没有必然的因果关系，纳税义务由法律设定

（1）税务登记与纳税主体资格没有必然的联系。

纳税人主体资格应先于税务登记而存在，甚至会先于工商登记而存

在。根据《民法典》第五十四条、第五十八条、第七十四条、第七十八条、第八十八条、第一百零三条和《税收征收管理法》第四条、第十五条的规定，个体工商户、营利法人、具备法人条件的非营利法人、非法人组织等依法登记成立，非营利法人和特殊法人可选择登记或不需要登记。负有纳税义务的单位和个人是由法律、行政法规规定的，但特殊纳税人也可以不需要税务登记，例如非从事生产经营的纳税人、一些特殊的个人所得税的纳税人等。同时，根据《税收征收管理法实施细则》第十五条的规定，对注销税务登记的，在程序和期限上区分为办理工商登记的纳税人和按规定不需要办理工商登记的纳税人、被吊销营业执照的纳税人等。因此，从《民法典》和《税收征收管理法》及其实施细则的规定来看，并没有把税务登记与纳税主体资格联系起来。

（2）注销税务登记与纳税主体的消亡之间也没有必然的因果关系。

注销税务登记的前提是纳税人终止了生产、经营活动，是纳税人纳税义务终止后的程序。税务登记是赋予纳税人权利以及权利限制的征管措施，例如可以申请退税、减税、免税、领购发票等，不是终止纳税人履行纳税义务的强制性手段，更不是纳税人权利、义务产生的依据。民商法和《税收征收管理法》等相关法律没有限制纳税人注销后的民事行为，只要纳税人没有终止生产经营活动，其纳税义务就不会解除。相反的，如果纳税人终止了生产经营活动，即使不办理工商和税务登记注销，其税法上规定的纳税义务也不再发生。因此，纳税义务的消灭或终止是税务登记注销的前提，而非工商注销、税务注销登记的法律后果。

2. 税务机关追缴税款与纳税人实施了税收违法行为与违法责任有关，与违法行为实施后的法律程序无关

税务机关征收税款权是《税收征收管理法》赋予的权利，与纳税人实施了应税行为有关。根据《税收征收管理法》第五条、第五十二条的规定，税务机关负责其税收征收管理范围内的征收管理工作。对纳税人发生应缴未缴税款的行为，在税款追征期内具有征税权。根据《税收征收管理

法实施细则》第十六条的规定，纳税人负有注销税务登记前的申报资料、结清税款、滞纳金和罚款、缴销发票等义务。纳税人办理注销前欠缴税款的，无论是否已经办理了注销税务登记、注销工商登记，其违法事实都已经发生，税务机关对国家税收“债权”可以依法追缴。同样，纳税人办理注销税务登记之后发生应税行为的，税务机关仍有税款征收权。

3. 工商登记没有注销，企业的法人主体地位依然存在，仅税务登记注销不影响税务行政处理处罚权

注销工商登记虽然不会使税务机关丧失税务管理权，却会因企业法律主体的消亡而不能直接对注销后的“企业”实施管理，因为此时“企业”已经不复存在。但是，如果“企业”仅注销了税务登记而没有注销工商登记，则税务机关可以行使完整的税收管理权。

针对案例 1－3－1，稽查局在大族公司税务登记已注销、营业执照被吊销后仍对其作出了补缴税款、加收滞纳金并处罚款的税务处理、处罚决定，符合法律规定。根据《民法典》第五十八条第一款、第五十九条和《公司登记管理条例》第四十四条的规定，法人公司应当依法设立和终止，经公司登记机关注销登记的，公司的民事权利能力和民事行为能力消灭。根据《最高人民法院关于企业法人营业执照被吊销后，其民事诉讼地位如何确定的复函》（法经〔2000〕24 号函）的规定，吊销企业法人营业执照是工商行政管理机关依据国家工商行政法规对违法的企业法人作出的一种行政处罚。企业法人被吊销营业执照后，应当依法进行清算，清算程序结束并办理工商注销登记后，该企业法人才归于消灭。因此，企业法人被吊销营业执照后至被注销登记前，该企业法人仍应视为存续。由此可见，大族公司被吊销工商营业执照后没有及时办理注销登记手续，其法人主体资格依旧存续，而税务注销登记并不会对公司法人的主体资格产生影响，稽查局仍然可以对其追缴税款和处以罚款。最终，该案一审、二审法院都追究了法定代表人犯逃税罪的刑事责任。

（二）税收债权可以比照适用民事债权的实现方式

从税收实体关系角度看，税收是一种公法上的债权债务关系，国家享有的对纳税人应纳税款的国家“债权”，纳税人欠缴税款，即为国家之债的债务人。国家税收债权应和普通民事债权相同甚至更应该受到保护，通过追缴方式清偿税收债务。对因注销而少缴税款的纳税人，税务机关应区分责任人的不同情形进行追缴。

1. 向纳税人、扣缴义务人、纳税担保人追缴税款

根据《民法典》第七十二条、第七十三条、第一百零七条规定的规定，纳税人解散的，应当依法进行清算。根据《民法典》第六十条、第六十七条、第七十四条和《公司法》第三条、第十四条以及《税收征收管理法》第四十八条的规定，纳税人是法人的，以其全部财产对公司的债务承担责任。

在具体执行中，应区分四种情形：①法人公司经清算有剩余财产的，税务机关可以向公司法人追缴税款；②法人公司财产不足抵缴税款的，税务机关不能向有限责任公司和股份有限责任公司的股东追缴税款；③法人设立的分支机构以法人的名义从事民事活动，税务机关可以向公司法人追缴税款，也可以先以该分支机构管理的财产承担（不足以承担的，由法人承担）；④法人合并的，税务机关可以向合并后的法人追缴税款。

这里需要解释一下：根据《公司法》第三条的规定，有限责任公司的股东以其认缴的出资额为限对公司承担责任，股份有限公司的股东以其认购的股份为限对公司承担责任。也就是说，公司作为独立法人，应当独立承担民事责任。公司承担民事责任的范围是其所有的全部财产，包括股东在公司设立时所认缴的出资。当公司发生债务责任时，股东对公司的债务所承担的责任体现为股东对公司的出资，股东须以其全部投资（也仅以该投资额为限）对公司债务承担责任。股东在依照有关法律和公司章程的规定履行出资义务后，对公司行为将不再承担责任。公司存续期间产生的税

收债务，如果公司注销后仍然未缴纳，则该税收债务的实质上就是《公司法》规定的应清缴的税款。但是，在该税款没有清缴的情况下，如果公司将剩余财产分给了股东，那么，税务机关有权要求公司股东以分回的财产抵缴税款（当然，此时股东仍然只需以分回的财产为限承担有限责任）。

2. 向连带责任人追缴税款

《民法典》第一百七十八条第一款对连带责任作出了原则性的规定。连带责任，是指依照法律规定或者当事人约定，2 人或者 2 人以上的当事人对共同产生的不履行民事义务的民事责任承担全部责任，并因此引起内部债务关系的一种民事责任。连带责任的意义在于增加责任主体的数量，加强对受损害人的保护，确保受损害人获得赔偿。

连带责任具有以下特点：①主体为 2 人或者 2 人以上，即不依照法律规定或者按照当事人约定履行民事义务的主体为 2 人或者 2 人以上的民事主体；②权利人有权要求责任人中的任何一个人承担全部的或部分的责任，每个连带责任人也都负有清偿全部债务的义务，任何一个债务人在全部债务清偿前都不能免除清偿的责任；③任何一个连带债务人对债权作出全部清偿的，都将导致连带责任消灭；④连带责任是法定责任，连带责任人之间不能约定改变责任的性质，对于内部责任份额的约定对外不发生效力。

纳税人注销后，税务机关无法向纳税人追缴税款的，根据《民法典》第五十六条、第六十七条、第七十五条、第八十三条、第一百零四条，《公司法》第二十条、第一百八十九条，以及《税收征收管理法》第四十八条，《税收征收管理法实施细则》第四十九条，《个人独资企业法》第二十八条，《合伙企业法》第二条、第九十一条、第九十二条的规定，税务机关可以向应当对债务承担连带责任的人追缴税款。

在具体执行中，应区分七种情形：①法人分立的，税务机关可以向分立后的法人追缴税款，但是债权人和债务人另有约定的除外；②承包人或者承租经营发包人或者出租人不向主管税务机关报告的，税务机关可以向发包人或者出租人追缴税款；③个体工商户个人经营的，税务机关可以向个人追缴税款；家庭经营的，税务机关可以向家庭追缴税款；④个人独资企业财产不足以清偿债务的，税务机关可以在5年内向出资人追缴税款（法律另有规定的，依照其规定）；⑤合伙企业的财产不足以清偿债务的，税务机关可以向普通合伙人追缴税款；⑥因法人公司股东滥用权力，税务机关可以向公司股东追缴税款；⑦因清算组成员故意或者造成重大过失的，税务机关可以向清算组追缴税款。

针对案例1-3-2，该案的核心争议是被诉处理决定是否存在处理主体错误的问题。二审法院认为，注销登记后，企业法人资格彻底消灭，不能再以企业名义从事任何生产经营活动或承担任何债权债务。那么，已注销的个体工商户和个人独资企业，税务稽查应当向谁追缴税款？根据上述规定，个人独资企业的出资人和个体工商户的个人或者家庭应当承担“无限责任”，税务稽查应当向个人追缴税款。这里的“无限责任”，同样指企业存续期间产生的债务的无限责任。对于税收债务，个体工商户和个人独资企业在承担无限责任的情况下，不以其分回的财产为限额承担责任，而是在其分回的财产不足以偿还税收债务的，还要以其个人财产进行偿还。

（三）税务机关依法追缴的税收“债权”仅限于税款和滞纳金

纳税人依法注销工商登记后，其纳税主体资格随即消灭，未履行的纳税义务可否因缺乏法律上的承担主体而终止？

税收是依法律设定的公法债权，这种债权的发生具有经常性，是法律直接设定的，只要满足条件，债权将自然成立。即，税收债权在纳税义务产生时即成立，企业注销并不影响税收债权的存在。由于税收债权是在企业存续期间，产生纳税义务时就已经存在的，受到法律保护，所以纳税主体的消亡不必然导致国家丧失税款追缴权。至于税款滞纳金，根据《税收征收管理法》第三十二条的规定，只要纳税人、扣缴义务人有未履行纳税义务、欠缴税款的行为，税务机关除向其追缴税款外，从滞纳税款之日起，还应按日加收滞纳税款万分之五的滞纳金。

需要说明的是，税务机关虽然没有丧失对税款及滞纳金的追缴权，但是仍会因纳税人的法律主体消亡而不能对注销后的“企业”直接实施管理，税务行政相对人（即事实上的缴税人）会发生变化，追缴的金额也可能会因连带责任人的偿债责任限制和偿债能力而受到影响。

但是，与纳税义务不同的是，向纳税人进行行政处罚则会因纳税主体的消亡而实际上无法实施。根据《民法典》第五十九条规定，法人的民事权利能力和民事行为能力从法人成立时产生，到法人终止时消灭。行政罚款是行政机关依权力设定的公法债权，这种债权具有偶然性，并且要具有一定的形式（例如作出明确的处罚决定，债权才能成立），故罚款债权要在向相对人作出罚款决定后才能成立。由于企业注销，就会缺少行政处罚的具体相对人，从而无法出具相应罚款的处罚决定书。这时，罚款债权一直到企业注销都未产生。因此，在企业注销后，罚款债权既然无法产生，自然不存在对注销的企业再罚款的情况了。当然，在企业注销后，行政机关不能再对企业进行罚款处罚的情形并不是绝对的，行政罚款也有例外事由（例如，企业属于不合法注销的，按照行政诉讼法的规定，可以撤销工商部门的注销决定。此时，企业在法律上还原到未注销状态，行政机关可以对企业进行罚款等处罚。再如，扣缴义务人未缴已扣、已收税款的，即使纳税人已经注销，但对扣缴义务人可以追缴税款和处以罚款）。

针对案例1-3-3，丁某某不服北京市税务局稽查局对其追缴税款和处以罚款，向人民法院起诉；一审和二审人民法院对稽查局向丁某某个人追缴税款的处理决定认定合法的观点一致，认为北京税务稽查局将丁某某作为追缴税款的责任主体，对其所作的追缴处理决定“亦无不当”，但对于该局向十三维公司进行税务行政处罚，人民法院不予认可，认为十三维公司已经公司登记机关注销登记，其企业法人资格彻底消灭，作为责任承担主体的法律地位已不存在，不应再作为行政处罚的被处罚对象。因此，被诉处罚决定将十三维公司列为被处罚对象不适当，应当予以撤销。

（四）对注销企业追缴税款，应当由税务机关行使税收征管权力

税务机关具有法律赋予的税款征收权。企业注销后，如果发生存续期间未履行的纳税义务，税务机关可以运用税收征管手段进行追缴。

1. 由税务局追缴税款，更符合法律规定

根据《税收征收管理法》第五条、第三十二条、第五十二条的规定，税务局具有对纳税人、扣缴义务人的税款征收权和加收滞纳金的权力。对注销后企业检查发现存在不履行纳税义务的违法行为的，税务局可以向负有连带责任的人进行追缴，在执法程序上没有严格的限制性要求。如果负有连带责任者不承担连带责任，给国家税款造成损失，税务局可以根据《行政强制法》第十三条、第五十四条以及《最高人民法院关于适用〈中华人民共和国行政诉讼法〉的解释》（法释〔2018〕1 号）第一百五十六条的规定，对出资人的个人财产、个体工商户的家庭财产或者合伙人财产等申请人民法院强制执行。如果有怠于行使其债权或者放弃到期债权等情况的，税务局还可以申请人民法院行使税收优先权和撤销权。而对于税务稽查，根据《税务稽查案件办理程序规定》第四条的规定，税务稽查的行政相对人包括三种人，即纳税人、扣缴义务人和其他涉税当事人。税务稽查的范围包括履行纳税义务、扣缴义务情况及涉税事项。虽然税务稽查没有将检查纳税人以外应当承担税收债务连带责任的人排除在外，但是，在税务稽查程序中，难以实现将负有连带责任的人归类为其他涉税当事人进行立案查处。在执法程序中，也有严格的立案、检查、审理和执行等各环节的具体要求。为此，若要开展对注销后企业的稽查，首先需要在案源处理环节查清有无税收违法行为、税收违法行为的实施主体是谁、法律责任的承担主体是谁，尤其需要搞清楚应当向谁追缴税款，需要采取什么手段追缴税款。当这一切都搞清楚了，才可以进行立案处理，否则将会出现执法错误的问题。而且，根据《税务稽查案源管理办法（试行）》（税总发〔2016〕71 号）的规定，纳税人状态为注销的，作暂存待查处理。根据

《税务稽查案件办理程序规定》第三十四条、第五十七条的规定，被查对象依法注销，且有证据表明无财产可抵缴税款或者无法定税收义务承担主体的，经稽查局局长批准后，终结检查。依照破产清算程序确实无法清缴税款、滞纳金、罚款的，经税务局局长批准后，终结执行。而在实务中，要想在符合这些终结检查和终结执行条件的情况下对案件作终结处理，其实是一件很难的事情。

2. 企业注销前涉嫌税收违法犯罪的，应当依法移交公安机关

根据《民法典》第六十一条、第六十二条的规定，法定代表人以法人名义从事的民事活动，其法律后果由法人承受。法定代表人因执行职务给他人造成损害的，由法人承担民事责任。不过，这里所说的法人承担的责任只能是民事责任。根据《最高人民检察院关于涉嫌犯罪单位被撤销、注销、吊销营业执照或者宣告破产的应如何进行追诉问题的批复》（高检发释字〔2002〕4号）的规定，涉嫌犯罪的单位被撤销、注销、吊销营业执照或者宣告破产的，应当根据刑法关于单位犯罪的相关规定，对实施犯罪行为的该单位直接负责的主管人员和其他直接责任人员追究刑事责任，对该单位不再追诉。

为此，经过税务检查，发现已注销企业因欠缴存续期间税款认定其偷税或者虚开发票的，根据《刑法》第二百零一条和第二百零五条的规定，涉嫌构成逃税罪或者虚开增值税专用发票罪的，税务机关应当告知其法定代表人或者其他直接责任人员，如果有证据证明法定代表人指使企业财务人员采取欺骗、隐瞒手段或者虚开增值税专用发票导致不缴、少缴税款的，就涉嫌犯罪，税务机关应当将其移送公安机关。不过，也可以考虑是否还有争取不予起诉、免于刑事责任的争辩空间。例如，根据《刑法》第二百零一条的规定，纳税人偷税的，经税务机关依法下达追缴通知后，补缴应纳税款，缴纳滞纳金；已受行政处罚的，不予追究刑事责任，五年内因逃避缴纳税款受过刑事处罚或者被税务机关给予二次以上行政处罚的除外。因此，税务机关追缴税款时，违法犯罪嫌疑人还有机会避免被追究更加严重的法律责任。需要说明的是：由于不予追究刑事责任的条件之一是“已

受行政处罚的"，因企业已经注销而无法对其进行行政处罚，在这种情况下，也应该属于"已受行政处罚"。再如，根据《刑法》第三十七条规定，"对于犯罪情节轻微不需要判处刑罚的，可以免予刑事处罚"是一条关于定罪免刑的规定，因为如果犯罪情节轻微且犯罪人能够认罪、悔罪，对其没有判处刑罚的必要；如果法定代表人能够积极组织税款、滞纳金等，也可以不予追究或者免予追究其刑事责任。但是，对于构成税务违法犯罪、应予追究刑事责任的人员，税务机关应当及时向公安机关移送。

【参考文献与司法判例】

·孙丽英．税务稽查风险问题分析与应对指导［M］．北京：经济科学出版社，2013。

·丁某某与国家税务总局北京市税务局稽查局其他一审行政判决书［〔2018〕京0102行初881号］。来源：中国裁判文书网。

·丁某某与国家税务总局北京市税务局等二审行政判决书［〔2020〕京02行终1464号］。来源：中国裁判文书网。

·温州市瓯海区人民检察院指控被告人余某某犯逃税罪案［浙江省温州市瓯海区人民法院刑事判决书〔2016〕浙0304刑初51号］。来源：中国裁判文书网。

§1 04

税务行政处罚的违法行为追究时效是“二年”还是“五年”？

【要点导读】

在以往的税务稽查案件处理中，税企双方在税务行政处罚的追究年限、处罚幅度和自由裁量权等方面存有一些争议，比较突出的疑问主要有：

（1）税务行政处罚的违法行为追究时效是“二年”还是“五年”？

（2）在偷税案件中，对纳税人所作出的罚款倍数可否掌握在三至五倍的幅度？

（3）纳税人主动补缴以前纳税期应缴的税款，稽查局还能对这部分补缴的税款进行处罚吗？

（4）不进行行政处罚，就应当送达《不予税务行政处罚决定书》吗？

【实务问题】

税务机关是国家税收征收管理机关，有权依法对违反税收法律的当事人作出罚款、没收违法所得、停止出口退税权等法律、法规、规章规定的其他行政处罚。2021 年 7 月 15 日起，新修正的《中华人民共和国行政处罚法》（下称《行政处罚法》）开始施行。税务机关在作出税务行政处罚决定的过程中，要重视《行政处罚法》与《税收征收管理法》的法律适用原则，尊重行政相对人的意见，以审慎、科学的态度对待每一个案件，做到程序合法合规，事实认定清楚，决定处理适当。在制作相关税务执法文书时，正确运用相关条款，避免出现超越执法权限、滥用处罚裁量权、处罚程序违法等侵害纳税人合法权益的情况发生。

在以往的税务稽查案件处理中，税企双方在税务行政处罚决定上存有一些争议问题，比较突出的表现有：

（一）税务行政处罚的违法行为追究时效是“二年”还是“五年”？

实践中，关于税务行政处罚的违法行为追究时效是“二年”还是“五年”，税务稽查部门的观点也不一致，因为《行政处罚法》规定的是“二年”，而《税收征收管理法》规定的是“五年”。从“新法优于旧法”的原则来看，应当按照《行政处罚法》的规定，税务行政处罚的追究时限应当是“二年”；但若从“特别法优于一般法”的原则来看，应当按照《税收征收管理法》的规定，税务行政处罚的追究时限应当是“五年”。另外，对违法行为发现的理解也不相同：有的认为应是检查通知书送达之日，有的认为应是检查结束之日，有的认为应是内部审理完毕之日，有的认为应是税务行政处罚事项告知书送达之日，等等。在实务中，也产生了执行上的分歧。

（二）在偷税案件中，对纳税人所作出的罚款倍数可否掌握在三至五倍的幅度？

在税务行政处罚中，罚款倍数的确定是税务机关行使其税收执法权的重要体现，是税务机关一项法定的自由裁量权，但这一自由裁量权的行使应当受到合法性和合理性的约束与限制。从一些税务稽查部门办理的偷税案件来看，虽然《税收征收管理法》第六十三条第一款中对定性为偷税的纳税人所处罚款为不缴或少缴的税款的50%到五倍，但实际执行中却较多地适用三至五倍的罚款幅度。税务稽查部门认为，50%到五倍的罚款幅度是其行使裁量权合法性之所在。在查处纳税人偷税案件中对纳税人作出的罚款倍数只要不超过税款金额的五倍，均符合合法性的要求。也正是由于法律所赋予税务机关的权限过于“自由”，税务机关恣意执法的问题往往被其合法性理由所掩盖。

（三）纳税人主动补缴以前纳税期应缴的税款，稽查局还能对这部分补缴的税款进行处罚吗？

在税收征管实践中，一些税务人员对于《税收征收管理法》中所规定的罚款幅度有一定误解，认为税务机关不能低于法定的处罚幅度下限实施处罚。实际上，《税收征收管理法》所规定的幅度只是“标准幅度”，是在纳税人不具有任何从宽情节的情况下所应适用的处罚幅度。如果纳税人具有“减轻”处罚情节，税务机关不仅可以而且应当在法定处罚幅度最低限以下实施处罚。例如，纳税人有主动纠正违法行为的情节，税务机关对其减轻处罚是可以的，以体现税务机关从粗放式执法到精确执法的变化，有利于鼓励纳税人主动自查自纠，提高纳税人对税收制度的认可和遵从。

（四）不进行行政处罚，就应当送达《不予税务行政处罚决定书》吗？

根据《税务稽查案件办理程序规定》（国家税务总局令第 52 号）第四十二条的规定，经审理，“有税收违法行为，应当作出税务行政处罚决定的，制作税务行政处罚决定书”；“税收违法行为轻微，依法可以不予税务行政处罚的，制作不予税务行政处罚决定书”。因此，如果稽查局经审理决定不予税务行政处罚的，应当制作《不予税务行政处罚决定书》。但是，在税务稽查实务中的某些情况下应当追缴税款、加收滞纳金，但是否应当进行行政处罚，没有法律依据。这时，稽查部门就出现了意见分歧：一种意见认为，如果没有对被查对象进行处罚，就应当送达《不予税务行政处罚决定书》；另一种意见认为，不予处罚没有法律依据，处罚也没有法律依据，此时送达《不予税务行政处罚决定书》不妥。

以下实例为某稽查局对未发现有主观恶意取得增值税专用发票的行为作出的《不予税务行政处罚决定书》。

国家税务总局××××税务局稽查局
不予税务行政处罚决定书

×税稽不罚〔2019〕×××××号

××××有限公司：

经我局（所）对你公司属期2015年1月1日至2015年12月31日期间的涉税情况进行检查，你单位存在以下违法事实：你公司于2015年5月1日从××××有限公司取得的19份增值税专用发票（发票代码：略，发票号码：略），开票金额1 896 905元，税额322 473.81元，为虚开的增值税专用发票。

上述行为违反《中华人民共和国增值税暂行条例》（中华人民共和国国务院令第538号，以下简称《增值税暂行条例》）第九条规定。鉴于上述税收违法行为目前检查未发现有主观恶意取得增值税专用发票的行为，依照《税收征收管理法》《行政处罚法》第二十七条第二款、第三十八条第一款第（二）项规定，现决定不予行政处罚。

如对本决定不服，可以自收到本决定书之日起六十日内依法向国家税务总局平潭综合实验区税务局申请行政复议，或者自收到本决定书之日起六个月内依法向人民法院起诉。

2019年7月26日

【文件规定】

（一）关于税务行政处罚权的规定

《行政处罚法》第六十一条规定："行政处罚决定书应当在宣告后当场

交付当事人；当事人不在场的，行政机关应当在七日内依照《中华人民共和国民事诉讼法》（以下简称《民事诉讼法》）的有关规定，将行政处罚决定书送达当事人。”“当事人同意并签订确认书的，行政机关可以采用传真、电子邮件等方式，将行政处罚决定书等送达当事人。”

《税务稽查案源管理办法（试行）》（税总发〔2016〕71 号）第四十二条规定：“经审理，区分下列情形分别作出处理：（一）有税收违法行为，应当作出税务处理决定的，制作税务处理决定书；（二）有税收违法行为，应当作出税务行政处罚决定的，制作税务行政处罚决定书；（三）税收违法行为轻微，依法可以不予税务行政处罚的，制作不予税务行政处罚决定书；（四）没有税收违法行为的，制作税务稽查结论。”

《税务稽查案件办理程序规定》（国家税务总局令第 52 号）第四十五条第一款规定：“不予税务行政处罚决定书应当包括以下主要内容：（一）被查对象或者其他涉税当事人姓名或者名称、有效身份证件号码或者统一社会信用代码、地址。没有统一社会信用代码的，以税务机关赋予的纳税人识别号代替；（二）检查范围和内容；（三）税收违法事实及所属期间；（四）不予税务行政处罚的理由及依据；（五）申请行政复议或者提起行政诉讼的途径和期限；（六）不予行政处罚决定书的文号、制作日期、税务机关名称及印章。”

（二）关于税务行政处罚追究时效的规定

《行政处罚法》第三十六条规定：“违法行为在二年内未被发现的，不再给予行政处罚；涉及公民生命健康安全、金融安全且有危害后果的，上述期限延长至五年。法律另有规定的除外。前款规定的期限，从违法行为发生之日起计算；违法行为有连续或者继续状态的，从行为终了之日起计算。”

《税收征收管理法》第八十六条规定：“违反税收法律、行政法规应当给予行政处罚的行为，在五年内未被发现的，不再给予行政处罚。”

《全国人大常委会法制工作委员会关于提请明确对行政处罚追诉时“两年未被发现”认定问题的函的研究意见》（法工委复字〔2004〕27号）规定：“任何机关只要启动调查、取证和立案程序，均可视为‘发现’；群众举报后被认定属实的，发现时效以举报时间为准。”

（三）关于偷税处罚幅度与自由裁量权的规定

《税收征收管理法》第六十三条第一款规定：“纳税人伪造、变造、隐匿、擅自销毁账簿、记账凭证，或者在账簿上多列支出或者不列、少列收入，或者经税务机关通知申报而拒不申报或者进行虚假的纳税申报，不缴或者少缴应纳税款的，是偷税。对纳税人偷税的，由税务机关追缴其不缴或者少缴的税款、滞纳金，并处不缴或者少缴的税款百分之五十以上五倍以下的罚款；构成犯罪的，依法追究刑事责任。”

《行政处罚法》第五条第二款规定：“设定和实施行政处罚必须以事实为依据，与违法行为的事实、性质、情节以及社会危害程度相当。”

《国家税务总局关于发布〈税务行政处罚裁量权行使规则〉的公告》（国家税务总局公告2016年第78号）第五条规定：“行使税务行政处罚裁量权，应当遵循以下原则：（一）合法原则。在法律、法规、规章规定的种类和幅度内，依照法定权限，遵守法定程序，保障当事人合法权益。（二）合理原则。符合立法目的，考虑相关事实因素和法律因素，作出的行政处罚决定与违法行为的事实、性质、情节、社会危害程度相当，与本地的经济社会发展水平相适应。（三）公平公正原则。对事实、性质、情节及社会危害程度等因素基本相同的税收违法行为，所适用的行政处罚种类和幅度应当基本相同。（四）公开原则。按规定公开行政处罚依据和行政处罚信息。（五）程序正当原则。依法保障当事人的知情权、参与权和救济权等各项法定权利。（六）信赖保护原则。非因法定事由并经法定程序，不得随意改变已经生效的行政行为。（七）处罚与教育相结合原则。预防和纠正涉税违法行为，引导当事人自觉守法。”

《国家税务总局关于发布〈税务行政处罚裁量权行使规则〉的公告》（国家税务总局公告2016年第78号）第二十二条规定："税务机关按照一般程序实施行政处罚，应当在执法文书中对事实认定、法律适用、基准适用等说明理由。"

（四）关于从轻或者减轻行政处罚的规定

《行政处罚法》第三十条规定："已满十四周岁不满十八周岁的未成年人有违法行为的，应当从轻或者减轻行政处罚。"

《行政处罚法》第三十一条规定："尚未完全丧失辨认或者控制自己行为能力的精神病人、智力残疾人有违法行为的，可以从轻或者减轻行政处罚。"

《行政处罚法》第三十二条规定："当事人有下列情形之一，应当从轻或者减轻行政处罚：（一）主动消除或者减轻违法行为危害后果的；（二）受他人胁迫或者诱骗实施违法行为的；（三）主动供述行政机关尚未掌握的违法行为的；（四）配合行政机关查处违法行为有立功表现的；（五）法律、法规、规章规定其他应当从轻或者减轻行政处罚的。"

《国家税务总局关于发布〈税务行政处罚裁量权行使规则〉的公告》（国家税务总局公告2016年第78号）第十五条规定："当事人有下列情形之一的，应当依法从轻或者减轻行政处罚：（一）主动消除或者减轻违法行为危害后果的；（二）受他人胁迫有违法行为的；（三）配合税务机关查处违法行为有立功表现的；（四）其他依法应当从轻或者减轻行政处罚的。"

《国家税务总局关于发布〈税务行政处罚裁量权行使规则〉的公告》（国家税务总局公告2016年第78号）第二十一条规定："对情节复杂、争议较大、处罚较重、影响较广或者拟减轻处罚等税务行政处罚案件，应当经过集体审议决定。"

（五）关于不予行政处罚的规定

《行政处罚法》第三十条规定："不满十四周岁的未成年人有违法行为的，不予行政处罚，责令监护人加以管教。"

《行政处罚法》第三十一条规定："精神病人、智力残疾人在不能辨认或者不能控制自己行为时有违法行为的，不予行政处罚，但应当责令其监护人严加看管和治疗。"

《行政处罚法》第三十三条规定："违法行为轻微并及时改正，没有造成危害后果的，不予行政处罚。初次违法且危害后果轻微并及时改正的，可以不予行政处罚。""当事人有证据足以证明没有主观过错的，不予行政处罚。法律、行政法规另有规定的，从其规定。""对当事人的违法行为依法不予行政处罚的，行政机关应当对当事人进行教育。"

《行政处罚法》第五十七条规定："调查终结，行政机关负责人应当对调查结果进行审查，根据不同情况，分别作出如下决定：（一）确有应受行政处罚的违法行为的，根据情节轻重及具体情况，作出行政处罚决定；（二）违法行为轻微，依法可以不予行政处罚的，不予行政处罚；（三）违法事实不能成立的，不予行政处罚；（四）违法行为涉嫌犯罪的，移送司法机关。""对情节复杂或者重大违法行为给予行政处罚，行政机关负责人应当集体讨论决定。"

《国家税务总局关于发布〈税务行政处罚裁量权行使规则〉的公告》（国家税务总局公告2016年第78号）第十一条规定："法律、法规、规章规定可以给予行政处罚，当事人首次违反且情节轻微，并在税务机关发现前主动改正的或者在税务机关责令限期改正的期限内改正的，不予行政处罚。"

《国家税务总局关于发布〈税务行政处罚裁量权行使规则〉的公告》（国家税务总局公告2016年第78号）第十四条规定："当事人有下列情形之一的，不予行政处罚：（一）违法行为轻微并及时纠正，没有造成危害后果的；（二）不满十四周岁的人有违法行为的；（三）精神病人在不能辨认或者不能控制自己行为时有违法行为的；（四）其他法律规定不予行政处罚的。"

《国家税务总局关于发布〈税务行政处罚"首违不罚"事项清单〉的公告》（国家税务总局公告2021年第6号）规定："对于首次发生下列清单中所列事项且危害后果轻微，在税务机关发现前主动改正或者在税务机关责令限期改正的期限内改正的，不予行政处罚。"同时，并以列表的形式列举了《税务行政处罚"首违不罚"事项清单》，规定："①纳税人未按照税收征收管理法及实施细则等有关规定将其全部银行账号向税务机关报送；②纳税人未按照税收征收管理法及实施细则等有关规定设置、保管账簿或者保管记账凭证和有关资料；③纳税人未按照税收征收管理法及实施细则等有关规定的期限办理纳税申报和报送纳税资料；④纳税人使用税控装置开具发票，未按照税收征收管理法及实施细则、发票管理办法等有关规定的期限向主管税务机关报送开具发票的数据且没有违法所得；⑤纳税人未按照税收征收管理法及实施细则、发票管理办法等有关规定取得发票，以其他凭证代替发票使用且没有违法所得；⑥纳税人未按照税收征收管理法及实施细则、发票管理办法等有关规定缴销发票且没有违法所得；⑦扣缴义务人未按照税收征收管理法及实施细则等有关规定设置、保管代扣代缴、代收代缴税款账簿或者保管代扣代缴、代收代缴税款记账凭证及有关资料；⑧扣缴义务人未按照税收征收管理法及实施细则等有关规定的期限报送代扣代缴、代收代缴税款有关资料；⑨扣缴义务人未按照《税收票证管理办法》的规定开具税收票证；⑩境内机构或个人向非居民发包工程作业或劳务项目，未按照《非居民承包工程作业和提供劳务税收管理暂行办法》的规定向主管税务机关报告有关事项。"

《国家税务总局关于发布〈第二批税务行政处罚"首违不罚"事项清单〉的公告》（国家税务总局公告2021年第33号）第一条规定："对当事人首次发生清单中所列事项且危害后果轻微，在税务机关发现前主动改正或者在税务机关责令限期改正的期限内改正的，不予行政处罚。税务违法行为造成不可挽回的税费损失或者较大社会影响的，不能认定为‘危害后果轻微’。”第四条规定：“对适用税务行政处罚‘首违不罚’的当事人，主管税务机关应采取签订承诺书等方式教育、引导、督促其自觉守法，对再次违反的当事人应严格按照规定予以行政处罚。”同时，以列表的形式列举了《第二批税务行政处罚“首违不罚”事项清单》，规定：“对于首次发生下列清单中所列事项且危害后果轻微，在税务机关发现前主动改正或者在税务机关责令限期改正的期限内改正的，不予行政处罚。①纳税人使用非税控电子器具开具发票，未按照税收征收管理法及实施细则、发票管理办法等有关规定将非税控电子器具使用的软件程序说明资料报主管税务机关备案且没有违法所得；②纳税人未按照税收征收管理法及实施细则、税务登记管理办法等有关规定办理税务登记证件验证或者换证手续；③纳税人未按照税收征收管理法及实施细则、发票管理办法等有关规定加盖发票专用章且没有违法所得；④纳税人未按照税收征收管理法及实施细则等有关规定将财务、会计制度或者财务、会计处理办法和会计核算软件报送税务机关备查。”

【指导建议】

针对实务中存在的上述与税务行政处罚有关的存疑问题，可从以下三个方面展开讨论。

（一）关于税务行政处罚追究时效的问题

根据《行政处罚法》《税收征收管理法》以及《全国人大常委会法制工作委员会关于提请明确对行政处罚追诉时“两年未被发现”认定问题的函的研究意见》（法工委复字〔2004〕27 号）的规定，税务行政处罚追究时效应当明确三个问题：

1. 违法行为追究时效是“二年”还是“五年”

根据《行政处罚法》第三十六条第一款和《税收征收管理法》第八十

六条的规定，违法行为未被发现不再给予行政处罚的年限，分别规定了“二年”和“五年”，一旦超过这个年限，则不再给予行政处罚。税务实践中，应当适用哪部法律？我们来看一下《中华人民共和国立法法》（以下简称《立法法》）第九十二条的规定：“同一机关制定的法律、行政法规、地方性法规、自治条例和单行条例、规章，特别规定与一般规定不一致的，适用特别规定；新的规定与旧的规定不一致的，适用新的规定。”同时，第九十四条还规定：“法律之间对同一事项的新的一般规定与旧的特别规定不一致，不能确定如何适用时，由全国人民代表大会常务委员会裁决。”

就违法行为追究时效而言，《税收征收管理法》与《行政处罚法》属于同一位阶的法律；《税收征收管理法》为“特别规定”，《行政处罚法》为“一般规定”；《税收征收管理法》是“旧的规定”，而《行政处罚法》是“新的规定”。但是，这里不存在《立法法》第九十四条“不能确定如何适用”的情形，因为适用“特别规定优于一般规定”的前提是因为“一般规定”规定了除外事项的，应当适用“特别规定”。很明显，《行政处罚法》规定了除外事项，即“法律另有规定的除外”。因此，税务行政处罚的追究时效应当按照《税收征收管理法》的规定：在五年内未被发现的，不再给予行政处罚。

2. 如何判断违法行为的“发生之日”与“终了之日”

对于税务行政处罚追究时效的起点，根据《行政处罚法》第三十六条第二款的规定：“发现违法行为的期限，从违法行为发生之日起计算；违法行为有连续或者继续状态的，从行为终了之日起计算。”根据《税收征收管理法》第三十一条的规定：“纳税人、扣缴义务人按照法律、行政法规规定或者税务机关依照法律、行政法规的规定确定的期限，缴纳或者解缴税款。”由此可以看出，违法行为的“发生之日”是违法行为确定之日，即违法行为所属税款属期纳税申报期截止日的次日。一般情况下，违法行为发生之日也是行为终了之日，但是，若违法行为有连续或继续状态的，就应按行为终了之日计算发现时效的起点。其中，“连续状态”和“继续状态”不同：“连续状态”是指有多个违法行为，而这多个违法行为基于一个故意，侵犯同一客体，在客观上表现为同样或类似的行为方式，因此，在税务行政处罚中，对连续状态违法行为的追究时效要从最后一个单独行为“终了”之日起算；而“继续状态”是指一个违法行为在时间上延续，连续状态的核心在于只有一个违法行为，而且该违法行为的状态持续存在。需要提醒注意的是，违法行为与违法行为所造成的危害后果并非一回事，后者的持续状态与行政处罚的时效无关，违法行为造成的危害后果所处的持续状态不应视为违法行为的继续状态，也不能因此予以行政处罚。

3. “发现”时效是作出处罚决定时还是启动调查时

根据《全国人大常委会法制工作委员会关于提请明确对行政处罚追诉时“两年未被发现”认定问题的函的研究意见》（法工委复字〔2004〕27号）规定，只要启动调查、取证和立案程序，均可视为“发现”；群众举报后被认定属实的，发现时效以举报时间为准。就是说，这个“发现”，要根据具体案件来判断：如果是举报案件，若被认定属实的，以稽查局收到举报材料的时间作为发现时效；若是公安机关立案后移交的案件，以公安立案的时间作为发现时效；若是其他来源的案件，以税务稽查立案的时间为发现时效；如果稽查局在立案前开展了调查核实或者立案前检查，以送达税务检查通知书的时间为发现时效。

（二）关于偷税罚款倍数裁量权问题

对偷税罚款倍数畸高的处理虽然具有合法性，但往往因其不具有合理性，会加重社会矛盾，导致税法不公，而侵害纳税人的合法权益。因此，稽查局的处罚裁量权也应当受到合理性因素的考察和约束。

根据《行政处罚法》第五条和《税收征收管理法》的相关规定，税务行政处罚裁量权，是税务机关根据法律、法规和规章的规定，综合考虑税收违法行为的事实、性质、情节及社会危害程度，选择处罚种类和幅度并作出处罚决定的权力。税务行政处罚裁量基准，是税务机关为规范行使行政处罚裁量权而制定的细化量化标准，其中包括违法行为、处罚依据、裁量阶次、适用条件和具体标准等内容。

《国家税务总局关于发布〈税务行政处罚裁量权行使规则〉的公告》（国家税务总局公告2016年第78号）第五条规定，行使税务行政处罚裁量权应当遵循七项原则，即合法原则、合理原则、公平公正原则、程序正当原则、信赖保护原则和处罚与教育相结合原则。为此，按照《税务行政处罚裁量权行使规则》第二十二条的要求，税务机关在向纳税人作出《税务行政处罚事项告知书》及《税务行政处罚决定书》时，必须说明对裁量基准规则的适用情况，必须援引裁量基准规则的具体规定，这实际上是要求税务机关不仅要对处罚的合法性进行说明，也要对处罚的合理性进行说明。

为全面贯彻《行政处罚法》《税收征收管理法》及其实施细则等有关法律法规及《法治政府建设实施纲要（2015—2020年）》精神，《国家税务总局关于规范税务行政裁量权工作的指导意见》（国税发〔2012〕65号）要求各省根据总局文件制定本地区统一适用的税务行政处罚裁量基准。例如，一些省份规定，应当对纳税人处以三至五倍罚款的情形主要包括：①纳税人不缴或者少缴税款金额在1 000万元以上的；②五年内被税务机关发现实施两次以上偷税行为的；③纳税人逃避、拒绝、阻碍税务机关检查造成严重后果的；④纳税人违法行为造成严重社会影响的。以“海南国托科技有限公司与海南省地方税务局第一稽查局申诉案”［最高人民法院民事裁定书〔2015〕行监字第2031号］为例，最高人民法院认为：“国托公司自2002年至2010年间，多年反复实施偷税，违反税法情节较严重，涉税种数较多、数额巨大。第一稽查局基于上述情形，决定对其不缴、少缴营业税、城建税、房产税、土地增值税、城镇土地使用税和企业所得税的行为，处予不缴、少缴税款五倍的罚款，决定罚款的额度并未超出上述法律规定的幅度，符合法律规定且具有合理性。”

总之，税务机关在查处企业或个人的偷税案件时，应当严格遵循其辖区内的税务行政处罚裁量基准，如果不存在诸如上述几种情形的，则不应作出三至五倍罚款的处理。

（三）关于不予、从轻或者减轻税务行政处罚问题

1. 从轻或者减轻行政处罚

根据《行政处罚法》第三十二条、《国家税务总局关于发布〈税务行政处罚裁量权行使规则〉的公告》（国家税务总局公告 2016 年第 78 号）第十五条的规定，从轻或者减轻处罚的情形包括：①主动消除或者减轻违法行为危害后果的；②受他人胁迫或者诱骗实施违法行为的；③主动供述行政机关尚未掌握的违法行为的；④配合行政机关查处违法行为有立功表现的；⑤已满十四周岁不满十八周岁的未成年人有违法行为的；⑥尚未完全丧失辨认或者控制自己行为能力的精神病人、智力残疾人有违法行为的；⑦法律、法规、规章规定其他应当从轻或者减轻行政处罚的。其中，第⑥项为可以从轻或者减轻行政处罚，其余均为应当从轻或者减轻行政处罚。

对于纳税人主动补缴以前纳税期应缴的税款，属于“主动消除或者减轻违法行为危害后果的”情形，税务机关根据其减轻违法行为危害后果的程度酌情进行从轻或者减轻行政处罚。所谓“从轻”，即在《税收征收管理法》或者《发票管理办法》规定的处罚幅度内减低处罚比例或者金额，但不得突破幅度下限。“减轻”则可以突破处罚幅度下限，但不可减到零。

2. 不予税务行政处罚

根据《税收征收管理法》第八十六条及《行政处罚法》第三十条、第三十一条、第三十三条、第五十七条的规定，不予行政处罚的情形包括：①违反税收法律、行政法规应当给予行政处罚的行为，在五年内未被发现的，不再给予行政处罚；②违法行为轻微并及时纠正，没有造成危害后果

的；③不满十四周岁的未成年人有违法行为的；④精神病人、智力残疾人在不能辨认或者不能控制自己行为时有违法行为的；⑤初次违法且危害后果轻微并及时改正的（即“首违不罚”）；⑥当事人有证据足以证明没有主观过错的（即“无过错不罚”）；⑦其他法律规定不予行政处罚的。

在这里，需要强调两点：

（1）“首违不罚”与“无过错不罚”是有区别的。

①“首违不罚”，是指“初次违法且危害后果轻微并及时改正的，可以不予处罚”。近年来，国家税务总局陆续下文，对“首违不罚”制度进行了具体规定，其中，《国家税务总局关于发布〈税务行政处罚裁量权行使规则〉的公告》（国家税务总局公告 2016 年第 78 号）第十一条规定，法律、法规、规章规定可以给予行政处罚，当事人首次违反且情节轻微，并在税务机关发现前主动改正的或者在税务机关责令限期改正的期限内改正的，不予行政处罚。该条款规定的“首违不罚”的对象是“当事人”，包括纳税人、扣缴义务人及其他涉税当事人。而国家税务总局关于发布《税务行政处罚“首违不罚”事项清单》的公告（国家税务总局公告 2021 年第 6 号）和国家税务总局关于发布《第二批税务行政处罚“首违不罚”事项清单》的公告（国家税务总局公告 2021 年第 33 号），则明确了“首违不罚”的对象是纳税人、扣缴义务人。“首违不罚”的基本原则是依法可以给予行政处罚，但对符合条件的当事人不予行政处罚的，仅指 14 个事项。

适用“首违不罚”时要注意：

一是适用的前提是依据法律、法规、规章规定可以给予行政处罚，这里强调“可以处”，而不是“处”。

二是结论是“可以不予行政处罚”。《行政处罚法》第三十三条第二款规定：“初次违法且危害后果轻微并及时改正的，可以不予行政处罚。”这个“可以”，意味着一般情形下税务机关对符合条件的当事人不予行政处罚，但是在特别情形下也可以予以行政处罚。比如说，虽然当事人存在初次违法、危害后果轻微且及时改正的情形，但由于调查过程中存在拒不配合的情节，那么税务机关也可以作出行政处罚。

三是要同时符合三个条件：第一，首次发生清单中所列事项；第二，危害后果轻微；第三，改正的情形有两种：一是在税务机关发现前主动改正；二是在税务机关责令限期改正的期限内改正。

四是如果纳税人、扣缴义务人再次发生清单中所列税收违法行为，税务机关将严格依照法律、行政法规等的规定，给予相应的税务行政处罚。

五是税务违法行为造成不可挽回的税费损失或者较大社会影响的，不能认定为“危害后果轻微”。

六是主管税务机关应采取签订承诺书等方式教育、引导、督促其自觉守法。

②“无过错不罚”，是指“有证据足以证明没有主观过错的，不予行政处罚”。适用该条款前提也是依法可以行政处罚的，结论是“不予行政处罚”，而非“可以”。

对当事人不予行政处罚，要同时符合三个条件：第一，对违法行为没有主观过错；第二，能举出证据证明，且举证责任在当事人方；第三，证据要充分，要达到合理合法，达到让正常心智的普通人能够相信的程度。同时，若有法律、行政法规另有规定的，从其规定。

（2）法律明确不予行政处罚的，应当制作《不予税务行政处罚决定书》并送达当事人。

根据《税务稽查案件办理程序规定》（国家税务总局令第52号）第四十五条第一款的规定，《不予税务行政处罚决定书》包括的内容应有“不予税务行政处罚的理由及依据”，即必须有法条明确规定不予税务行政处罚。

同时，《国家税务总局关于修订部分税务执法文书的公告》（国家税务总局公告2021年第23号）所附附件中《不予税务行政处罚决定书》的使用说明如下：“税务机关对违法行为轻微，依法可以不予行政处罚的案件；

或者违反税收法律、行政法规应当给予行政处罚的行为，五年后发现的案件作出决定时使用；或者其他依法不予处罚情形的。”为此，税务机关对于依法不予行政处罚的情形，应当经审理作出不予行政处罚的决定，这时需要制作《不予税务行政处罚决定书》并送达当事人。对法律、法规没有规定是否应当进行行政处罚的（例如：因计税依据明显偏低又无正当理由，税务机关核定应纳税额的；善意取得虚开增值税专用发票少缴税款的；非主观故意导致少缴税款的），税务机关不能制作并送达《不予税务行政处罚决定书》。

另外，对当事人的违法行为依法不予行政处罚的，税务机关还应当通过下达责令改正通知书、行政指导书或者约谈告诫等方式对当事人进行教育。

最后，还要注意程序问题。根据《国家税务总局关于发布〈税务行政处罚裁量权行使规则〉的公告》（国家税务总局公告 2016 年第 78 号）第二十一条的规定，拟对税收违法行为减轻或者不予处罚的案件，应当经过集体审议决定。

【参考文献与司法判例】

· 刘天永. 当前偷税案件中税务机关行使罚款倍数裁量权的合理性考量［EB/OL］.（2018-09-21）［2022-12-12］https：//www. sohu. com/a/255266148_665862。

· 海南国托科技有限公司与海南省地方税务局第一稽查局申诉民事裁定书［〔2015〕行监字第 2031 号］。来源：中国裁判文书网。

§1 05

公安机关侦查过程中，税务机关能否同时作出补税罚款决定？

【要点导读】

税务稽查部门与公安机关是两个独立的执法主体，都需要各自依职权和法定程序开展执法活动。税务稽查部门对涉嫌犯罪案件的移送有许多存疑的问题，归纳如下：

（1）公安机关侦查过程中，税务机关能否同时作出补税决定？

（2）人民法院已作出刑事判决并没收违法所得，税务机关可否再追征税款？

（3）公安机关启动侦查程序之后，税务机关能否作出税务行政处罚决定？

（4）人民法院未判处罚金，税务机关可否再处罚款？

【关键词解释】

违法所得，是指违法行为人因其违法行为所获得的金钱或其他财物。《行政处罚法》所称违法所得，是指实施违法行为所取得的款项，特指金钱。

非法财物，是指当事人非法所得的财物。就性质来讲，这些财物不属于当事人所有，而是被其非法占有，一般指金钱之外的财产。

【实务问题】

因涉税违法问题经公安机关侦查的案件大致有三种情形：第一种情形是公安机关先行立案侦查的案件，发现有涉税违法问题的，公安机关将其中涉税问题移交给税务机关，税务机关对移交的案件进行初步检查后认为有涉嫌偷逃税款问题，遂立案查处。第二种情形是税务机关与公安机关成立“专案组”联合办理案件，税务稽查与公安机关取证可同步进行，对提取的证据也可进行证据转换，认定的违法手段和案件事实基本一致。第三种情形是税务机关立案检查后，由于纳税人涉嫌危害税收征管罪，需要向公安机关移送涉嫌犯罪案件。公安机关受理移送案件后，需要对税务机关移送的案件材料包括证据进行审查，同时开展进一步的侦查工作；认为构成犯罪的，移交至检察院，进入公诉程序。

在以上三种情形中，无论采取哪种情形，税务稽查部门与公安机关都是两个独立的执法主体，需要各自依职权和法定程序进行执法活动。税务稽查部门应当独立作出税务处理决定和行政处罚决定，包括罚款和没收违法所得，而公安机关则可以没收非法财产。案件经人民法院审理后，认为构成犯罪的，被判处刑罚的同时，还有可能会并处罚金，这就存在一个税警合作、行刑衔接的问题。除了案件移交、证据共享、案情分析论证等一些工作上的衔接以外，实务中几则典型的税企争议诉讼案件集中反映出下面几个问题：

（一）公安机关侦查过程中，税务机关能否同时作出补税决定？

通常情况下，启动公安侦查的涉税违法案件，公安机关都会对税务机关提出作出税务处理决定的要求，如果因一些客观原因无法作出税务处理决定的，也会要求提供税务稽查报告，以作为认定税收违法行为的证据。但在实务中，对案件移送公安机关后，税务机关作出了补缴税款的税务处理决定，却可能导致税企双方发生争议。

实务案例

案例 1 -5 -1

虚开专票移交公安后，税务机关是否还能作出补税决定争议案

［新疆维吾尔自治区巴音郭楞蒙古自治州人民法院行政判决书
〔2018〕新 28 行再 2 号］

被查对象麦博尔公司的经营负责人与中间人商定，以“票货分离”方式（即麦博尔公司要票不要货）取得增值税专用发票，将增值税专用发票全部认证抵扣了增值税。稽查局在查明以上事实后，作出税务处理决定书，认定麦博尔公司虚构货物，让他人为自己虚开专用发票抵扣税款，造成少缴税款，是偷税行为，追缴麦博尔公司少缴税款并加收滞纳金。麦博尔公司补缴税款并缴纳滞纳金后，向税务局提出了行政复议申请。税务局经复议，维持了稽查局的税务处理决定。麦博尔公司不服，依法提起了行政诉讼。

为此，税务稽查部门认为，税务处理决定是涉税犯罪案件处理的前置程序，只有税务机关进行税务处理以后，才能决定是否启动刑事程序；否则，司法机关无定罪量刑的依据。《税务处理决定书》是对被申请人违法事实、数额的认定和追缴应纳税款、滞纳金的法律文书，其实质是追缴税款通知书，既是对案件的处理结论，也是司法机关追究刑责的依据。

而麦博尔公司认为，“依据《税收征收管理法》第六十三条中规定的‘并处罚款’的司法解释是‘必须同时’，不得选择性适用，且并处罚款的前提是依据同一事实。稽查局不并处罚款的目的，就是为了非法剥夺我公司的陈述权、申辩权、听证权、诉讼权。本案明显事实不清，证据不足，我公司行使上述任何权利足以推翻本案中的事实认定，不用缴纳任何款项。稽查局的行为没有法律规范依据，属重大且明显违法情形。”

（二）人民法院已作出刑事判决并没收违法所得，税务机关可否再追征税款？

没收违法所得是行政处罚的种类之一。根据《行政处罚法》第二十八

条第二款的规定，当事人有违法所得，除依法应当退赔的外，应当予以没收。由税务机关没收违法所得的情形包括《税收征收管理法》第七十一条的规定，《发票管理办法》第三十五条、第三十七条、第三十九条、第十一条的规定，涉及违法开具发票、非法印制发票、虚开发票等行为。而税务机关追征税款是行使税款征收权，是对纳税人、扣缴义务人发生未缴或者少缴税款的行为要求其补缴税款的执法活动。因此，正常情况下，税务机关追征税款不受没收违法所得的影响，税务机关可以再追征税款。但在实务中，关于这个问题却引起了税企争议。

实务案例

案例 1 –5 –2

刑事判决已追缴违法所得而税务局又追征税款案

［湖南省桃江县人民法院行政判决书〔2019〕湘 0922 行初 63 号］

稽查局对科嘉公司作出税务处理决定，认定该公司构成虚开增值税专用发票罪，经侦以税款为标的物扣押了税款。

法院作出判决：判处罚金，免予刑事处罚，扣押税款已由经侦上缴国库，但未经主管税务机关按规定上缴国库。故决定：补缴增值税；按日加收滞纳金。

税务处理决定送达后，科嘉公司未在规定的时间内补缴税款。益阳国税务稽查局对科嘉公司作出《税收强制执行决定书》，决定从科嘉公司在中国工商银行股份有限公司开立的账户中扣缴税款和滞纳金，缴入国库。

科嘉公司认为，稽查局作出的税务处理决定及税务强制执行决定无事实依据与法律依据。本案经法院判决，对公安扣押的税款予以追缴并已上缴国库。稽查局依据判决内容又以同样的事实对原告作出处理，要求原告补缴增值税并支付滞纳金，并以未缴纳为由强制执行。科嘉公司因此要求稽查局撤销税务处理决定及《税收强制执行决定书》，返还所扣划款项。

（三）公安机关启动侦查程序之后，税务机关能否作出税务行政处罚决定？

通常情况下，涉嫌税收违法犯罪案件的发现起始于税务稽查部门的检查，即稽查局先行取得对涉税违法行为的调查权与处罚权。在行政执法的过程中，若发现违法行为涉嫌犯罪，对需要或可能需要刑事处罚的，应当将案件移送司法机关。相关法律应当对行政执法与刑事司法程序如何衔接作出具体规定，以避免对同一违法行为科以性质相同的处罚。实务中，税企双方对案件移送公安后再行处罚问题争议不断，引发行政诉讼，甚至有的案件直接导致了税务机关败诉。

实务案例

案例 1－5－3
案件移送公安后再行处罚争议案

［甘肃省天水市中级人民法院行政判决书〔2016〕甘 05 行初 31 号］

稽查局、公安局对税务局告知的辰宏药业有限公司涉嫌虚开增值税专用发票一案分别立案检查、侦查。稽查局对该案调查后，认为涉嫌犯罪，将案件材料向公安局进行了移送。在公安局对该案刑事侦查阶段，稽查局对辰宏药业作出《税务行政处罚决定书》，并根据《发票管理办法》第三十七条的规定，对辰宏药业虚开发票的行为处以 50 万元的罚款。辰宏药业不服税务行政处罚决定，提起行政诉讼。

稽查局认为，应综合考虑本案的特殊性。税务局与稽查局分属不同的执法主体；公安局被告知对本案立案的对象是税务局，并非稽查局；将本案全案移送公安局的主体是税务局，并非稽查局；一审判决认定稽查局已知公安机关对辰宏药业涉嫌虚开增值税专用发票一案进行了立案侦查的情况，缺乏书证；稽查局作出的行政处罚决定执行的是税务局重大税务案件审理委员会的决定，该决定依法应当执行，并且作出予以税务行政处罚决定的时间是在税务局移送公安局之前。

（四）人民法院未判处罚金，税务机关可否再处罚款?

罚款与罚金，分属两个不同的法律领域。根据《行政处罚法》第九条的规定，罚款是行政处罚的种类之一；根据《刑法》第三十四条的规定，罚金是附加刑种类之一，属于财产刑。

二者有以下区别：①两者的法律性质不相同：罚款属于行政处罚，而罚金则是一种刑事处罚；②两者的执行机关不相同：罚款一般是由行政机关决定，而罚金则是由法院按照法律规定进行判决；③两者适用的对象有所不用：罚款一般适用于违反行政法律法规，但尚不构成犯罪，而罚金则主要适用于违反刑法；④两者的概念不相同；⑤两者所需缴纳的金额有所不同；⑥两者的法律依据不相同：罚款所依据的法律是《行政诉讼法》和《行政诉讼法》，罚金所依据的法律是《刑法》和《刑事诉讼法》。

二者的相同之处包括：①都是对金钱所有权的剥夺，都属于对行为人的一种经济制裁；②都可以独立适用，但不可以交叉重叠（人民法院未判处罚金的，税务机关可以再处罚款。但在实务中，税企双方对税务机关再处罚款问题仍存有异议）。

实务案例

案例1－5－4
人民法院未判处罚金而税务机关再处罚款争议案

［河南省高级人民法院行政裁定书〔2018〕豫行申2127号］

市稽查局在税务稽查时发现天一公司有涉嫌虚开增值税专用发票的嫌疑，并将相关材料移交公安机关。现该刑事案件已由市中级人民法院终审刑事判决，认定天一公司法定代表人在经营中虚开增值税专用发票，构成虚开增值税专用发票罪；天一公司系单位犯罪，追究直接责任人责任，对其判处有期徒刑，对天一公司则未作出罚金处罚。同年，市稽查局对天一公司作出《税务行政处罚事项告知书》《税务行政处罚决定书》，对天一公司虚开增值税发票的行为处以罚款。天一公司不服处罚决定，向税务局提起行政复议申请。税务局经审查后，维持了市稽查局作出的税务行政处罚决定。天一公司不服市稽查局作出的税务行政处罚决定及市税务局作出维持部分的税务行政复议决定，遂诉至法院。

天一公司认为，对同一违法犯罪行为，原则上只能给予一次人身罚和财产罚，不得重复适用。司法机关对同一违法犯罪行为作出处理后，行政机关如在移送公安机关前未作出有关人身权和财产权行政处罚的，则不再对同一违法行为作出该类处罚。法律未授权已向司法机关移送的案件给予行政处罚，更未授权对已经判处刑罚的案件给予行政处罚。在人民法院作出终审生效刑事判决，且相关刑事处罚已实际执行的情况下，市稽查局作出罚款的行政处罚决定不符合上述法律规定，属程序违法，适用法律错误。

【文件规定】

（一）关于税收优先权的规定

《税收征收管理法》第四十五条第二款规定：“纳税人欠缴税款，同时又被行政机关决定处以罚款、没收违法所得的，税收优先于罚款、没收违法所得。”

《税收征收管理法实施细则》第八十四条第三款规定：“有关机关不得将其履行职责过程中发现的税款、滞纳金自行征收入库或者以其他款项的名义自行处理、占压。”

《刑法》第二百一十二条规定：“犯本节第二百零一条至第二百零五条规定之罪，被判处罚金、没收财产的，在执行前，应当先由税务机关追缴税款和所骗取的出口退税款。”

《最高人民检察院 最高人民法院 国家税务局关于印发〈关于办理偷税、抗税案件追缴税款同意由税务机关缴库的规定〉的通知》（高检会

〔1991〕31号）规定：“根据《中华人民共和国刑法》第一百二十一条规定的精神，偷税、抗税构成犯罪的，应当按照税收法规补税。这部分税款属于国家应征税款的一部分，对其处理不能按一般赃款对待，不宜由人民检察院或者人民法院追缴后直接上交地方财政，应当由税务机关依法征收，并办理上交国库手续。”“税务机关移送人民检察院处理的偷税、抗税犯罪案件，移送前可先行依法追缴税款，将所收税款的证明随案移送人民检察院。”“人民检察院直接受理的偷税、抗税案件，已追缴的税款，应当由税务机关办理补缴税款手续。案件提起公诉时，将所收税款的证明随卷移送人民法院。”“偷税、抗税案件经人民法院判决应当予以追缴或退回的税款，判决生效后，由税务机关依据判决书收缴或退回。对被告人和其他当事人以及有关单位，拒绝依据判决书缴纳或划拨税款的，由人民法院强制执行。”

（二）关于行政处罚与行刑衔接的规定

1. 案件移送要求的规定

《税收征收管理法》第七十七条第一款规定：“纳税人、扣缴义务人有本法第六十三条、第六十五条、第六十六条、第六十七条、第七十一条规定的行为涉嫌犯罪的，税务机关应当依法移交司法机关追究刑事责任。”

《发票管理办法》第三十七条规定：“违反本办法第二十二条第二款的规定虚开发票的，由税务机关没收违法所得；虚开金额在1万元以下的，可以并处5万元以下的罚款；虚开金额超过1万元的，并处5万元以上50万元以下的罚款；构成犯罪的，依法追究刑事责任。”“非法代开发票的，依照前款规定处罚。”

《行政处罚法》第二十七条规定：“违法行为涉嫌犯罪的，行政机关应当及时将案件移送司法机关，依法追究刑事责任。对依法不需要追究刑事责任或者免予刑事处罚，但应当给予行政处罚的，司法机关应当及时将案件移送有关行政机关。”

《行政处罚法》第五十七条第一款规定："调查终结，行政机关负责人应当对调查结果进行审查，根据不同情况，分别作出如下决定：（一）确有应受行政处罚的违法行为的，根据情节轻重及具体情况，作出行政处罚决定；（二）违法行为轻微，依法可以不予行政处罚的，不予行政处罚；（三）违法事实不能成立的，不予行政处罚；（四）违法行为涉嫌犯罪的，移送司法机关。"

《行政执法机关移送涉嫌犯罪案件的规定》（国务院令第 310 号）第三条规定："行政执法机关在依法查处违法行为过程中，发现违法事实涉及的金额、违法事实的情节、违法事实造成的后果等，根据刑法关于破坏社会主义市场经济秩序罪、妨害社会管理秩序罪等罪的规定和最高人民法院、最高人民检察院关于破坏社会主义市场经济秩序罪、妨害社会管理秩序罪等罪的司法解释，以及最高人民检察院、公安部关于经济犯罪案件的追诉标准等规定，涉嫌构成犯罪，依法需要追究刑事责任的，必须依照本规定向公安机关移送。"

《行政处罚法》第八条第二款规定："违法行为构成犯罪，应当依法追究刑事责任的，不得以行政处罚代替刑事处罚。"

《行政执法机关移送涉嫌犯罪案件的规定》（国务院令第 310 号）第十一条第一款规定："行政执法机关对应当向公安机关移送的涉嫌犯罪案件，不得以行政处罚代替移送。"

2. 适用"一事不再罚"与"择一从重"原则

《行政处罚法》第二十九条规定："对当事人的同一个违法行为，不得给予两次以上罚款的行政处罚。同一个违法行为违反多个法律规范应当给予罚款处罚的，按照罚款数额高的规定处罚。"

《税务行政处罚裁量权行使规则》（总局公告 2016 年第 78 号）第十三条规定："对当事人的同一个税收违法行为不得给予两次以上罚款的行政处罚。当事人同一个税收违法行为违反不同行政处罚规定且均应处以罚款的，应当选择适用处罚较重的条款。"

《行政执法机关移送涉嫌犯罪案件的规定》（国务院令第310号）第十条规定：“行政执法机关对公安机关决定不予立案的案件，应当依法作出处理；其中，依照有关法律、法规或者规章的规定应当给予行政处罚的，应当依法实施行政处罚。”

《中共中央办公厅 国务院办公厅转发国务院法制办等部门〈关于加强行政执法与刑事司法衔接工作的意见〉的通知》（中办发〔2011〕8号）第一条第（三）项规定：“行政执法机关在移送案件时已经作出行政处罚决定的，应当将行政处罚决定书一并抄送公安机关、人民检察院；未作出行政处罚决定的，原则上应当在公安机关决定不予立案或者撤销案件、人民检察院作出不起诉决定、人民法院作出无罪判决或者免予刑事处罚后，再决定是否给予行政处罚。”

《国家税务总局关于进一步做好税收违法案件查处有关工作的通知》（税总发〔2017〕30号）规定：“在涉嫌犯罪移送时已经作出行政处理、处罚决定的，应当认真对照司法机关处理结果，审视已作的决定；在涉嫌犯罪移送时未作出行政处罚决定的，原则上应当在公安机关决定不予立案或者撤销案件、人民检察院作出不起诉决定、人民法院作出无罪判决或者免予刑事处罚后，再决定是否给予行政处罚，但司法程序不影响税务处理决定的作出。”

《最高人民法院关于司法机关对当事人虚开增值税专用发票罪立案之后刑事判决之前，税务机关又以同一事实以偷税为由对同一当事人能否作出行政处罚问题的答复》（〔2008〕行他字第1号）规定：“税务机关在发现涉嫌犯罪并移送公安机关进行刑事侦查后，不再针对同一违法行为作出行为罚和申诫罚以外的行政处罚。”“刑事被告人构成涉税犯罪并被处以人身和财产的刑罚后，税务机关不应再作出罚款的行政处罚。”

3. 适用处罚折抵原则

《行政处罚法》第三十五条第二款规定：“违法行为构成犯罪，人民法院判处罚金时，行政机关已经给予当事人罚款的，应当折抵相应罚金；行政机关尚未给予当事人罚款的，不再给予罚款。”

最高人民法院《关于执行〈中华人民共和国刑事诉讼法〉若干问题的解释》第三百五十九条第三款规定：“行政机关对被告人就同一事实已经处以罚款的，人民法院判处罚金时应当予以折抵。”

《行政执法机关移送涉嫌犯罪案件的规定》（国务院令第310号）第十一条第三款规定：“依照行政处罚法的规定，行政执法机关向公安机关移送涉嫌犯罪案件前，已经依法给予当事人罚款的，人民法院判处罚金时，依法折抵相应罚金。”

【指导建议】

行政执法与刑事司法衔接工作一直都是实践操作中的一大难题。由于相关法律、法规及司法解释对行刑衔接的规定比较分散而且没有具体操作性的规定，常常使税务机关在行政执法中出现程序性错误甚至滥用权力的问题，所作出的具体行政行为被法院撤销或经复议后被予以撤销。另外，在一些行政执法领域，有案不移、有案难移、以罚代刑的问题仍然比较突出。做好行政执法与刑事司法衔接工作，事关依法行政和公正司法，事关经济社会秩序维护，事关人民群众切身利益保障。

关于前述行政执法与刑事司法衔接中税企争议的问题，我们从以下两个方面进行讨论。

（一）追缴税款优先于没收违法所得

1. 税务部门具有征收税款独立执法权

（1）追缴税款是税务机关的法定职权。

《税收征收管理法》第六十三条第一款规定：“对纳税人偷税的，由税务机关追缴不缴或者少缴的税款、滞纳金，并处不缴或者少缴的税款百分之五十以上五倍以下罚款。”同时，根据《税收征收管理法》第十四条和《税收征收管理法实施细则》第九条的规定，税务机关包括省以下税务局稽查局，稽查局专司偷税、逃避追缴欠税、骗税、抗税案件的查处。为此，《税务稽查案件办理程序规定》第四十二条第（一）项规定：“经审理有税收违法行为，应当作出税务处理决定的，制作税务处理决定书。由此可见，追缴税款是税务机关的法定职权，对纳税人偷税行为追缴税款是稽查局的专属职权。

根据《税收征收管理法》第七十七条第一款和《刑法》第二百零一条的规定，纳税人、扣缴义务人有偷税行为涉嫌犯罪的，税务机关应当依法移交司法机关追究刑事责任。为此，纳税人于税务机关下达追缴通知后是否补缴税款、缴纳滞纳金，是决定是否追究纳税义务人刑事责任的事实基础之一，应当在移送公安机关前先行作出税务处理决定。

（2）税务机关追缴税款与处以罚款不必然同时作出。

税务处理决定是税务机关依据《税收征收管理法》及其实施细则的规定，向纳税人送达要求其在规定的期限内执行的书面决定。税务行政处罚是税务机关对违反税收法规、规章的行为作出的税款征收等处理决定，并依照税收法律、法规有关规定，依法对纳税人、扣缴义务人、纳税担保人及其他与税务行政处罚有直接利害关系的当事人违反税收法律、法规、规章的规定进行处罚的行政行为。

在案例1－5－1中，被查对象认为，《税收征收管理法》第六十三条的规定是指追缴税款与处以罚款必须同时作出，不得选择性适用。下面，我们看看人民法院在裁判文书中的阐述。

一审法院认为：“稽查局通过法律赋予的权利对原告进行税务稽查、作出税务处理决定是其职权范围内的行为，该局也是对原告偷税行为进行监督管理的专门机构，应当由其作出关于追缴税款的处理决定后，才能将追缴的税款收缴并上交国库，因此，被告巴州国税稽查局作出处理决定符合法律规定。另，被告巴州国税稽查局所适用的法律也正确，均适用于原告的该行为。原告主张被告作出处理决定同时必须作出处罚决定，但是行政处理与行政处罚是两种行政行为，行政处理受《税收征收管理法》规范，行政处罚受《行政处罚法》规范，行政处理决定并不受行政处罚的影响，因此原告的此主张不成立。”

再审法院认为：“根据《关于办理偷税、抗税案件追缴税款统一由税务机关缴库的规定》，税务部门办理与刑事案件相关的税收案件时，应当按照税法的相关规定独立作出征收税款的行政行为。”

由此可以得出结论：税务机关对纳税人作出补缴税款的处理决定不同于税务行政处罚，不会与税务案件的司法审查或者裁判产生冲突，税务案件移送或者公安机关已经开始立案侦查不影响税务机关作出补税的决定。

2. 没收涉税违法行为的违法所得也是税务机关的法定职权

根据《行政处罚法》第二十八条第二款的规定，行政机关有权没收违法所得。根据《税收征收管理法》第七十一条、《发票管理办法》第三十五条、第三十七条、第三十九条、第十一条等的规定，由税务机关没收违法所得。为此可见，税收违法行为或违法犯罪应当没收违法所得的，由税务机关作出，而非公安机关。还有，人民法院可以判决没收违法所得，必须是接到检察院没收违法所得的申请，其对应的情形一般为犯有贪污罪、受贿罪等刑事案件，对涉税违法犯罪案件只有没收财产而没有没收违法所得的规定。因而，在实际执法中，相对于涉税违法案件而言，无论是公安机关与税务机关成立“专案组”联合办理案件还是公安机关先行立案侦查，都不应该出现由公安机关没收违法所得的情况，也不可能由人民法院作出没收违法所得的刑事判决。

案例1－5－2反映了现实中存在越位执法、重复执法的问题。该案被执行人科嘉公司对下列事实不服：本案经法院判决，对公安扣押的税款予以追缴并已上缴国库，稽查局依据判决内容又以同样的事实对原告作出处理，要求原告补缴增值税并支付滞纳金，以未缴纳为由仍强制执行。

该案件的案情是这样的：科嘉公司以取得虚开的增值税专用发票抵扣税款，人民法院判决该公司构成虚开增值税专用发票罪，对直接责任人免予刑事处罚。由于该税款已由经侦以税款为标的物扣押，不再追缴。然而，稽查局认为该扣押的款项系违法所得而非税款，遂作出税务处理决定和强制执行决定，从科嘉公司的开户银行的账户里扣缴了相同金额的税款。该案是公安机关立案侦查在先，后经检察院起诉、人民法院作出刑事判决，稽查局才启动的税务稽查。根据《关于办理偷税、抗税案件追缴税款同意由税务机关缴库的规定》（高检会〔1991〕31 号）的规定，人民检察院直接受理的偷税、抗税案件，已追缴的税款，应当由税务机关办理补缴税款手续。所以，从程序上来说，应该是人民法院将该案移交给税务机关，由税务机关追缴税款并加收滞纳金，按规定上缴国库，公安机关无权将该税款作为标的物扣押。另外，根据《税收征收管理法实施细则》第八十四条第三款规定，公安机关不得将其履行职责过程中发现的税款、滞纳金自行征收入库或者以其他款项的名义自行处理、占压。根据《关于办理偷税、抗税案件追缴税款统一由税务机关缴库的规定》，偷税、抗税构成犯罪的，应当按照税收法规补税。这部分税款属于国家应征税款的一部分，对其处理不能按一般赃款对待，不宜由人民检察院或者人民法院追缴后直接上交地方财政，应当由税务机关依法征收，并办理上交国库手续。从增值税计算原理来看，以虚开的增值税专用发票抵扣的税款应认定为不缴或者少缴的税款，而非违法所得，将以税款为标的物扣押理解为没收违法所得也是不对的。

最后，人民法院平衡了这种尴尬的关系，在判决书中作出了这样的表述：

“依据《最高人民法院 最高人民检察院 国家税务局关于办理偷税、抗税案件追缴税款统一由税务机关缴库的规定》（高检会〔1991〕31 号）第四条‘偷税、抗税案件经人民法院判决应当予以追缴或退回的税款，判决生效后，由税务机关依据判决书收缴或退回。对被告人和其他当事人以及有关单位，拒绝依据判决书缴纳或划拨税款的，由人民法院强制执行’，本案被告具有依生效的刑事判决书追缴税款的职责，但生效的刑事判决中查明的公安机关扣押的科嘉公司退缴的税款应予以追缴，上缴国库，并被判决没收违法所得577 273元，二者数额一致，实同为科嘉公司虚开增值税抵扣的税款577 273元。该部分税款实际已经上缴国库，被告再向原告作出税务处理决定，要求补缴，缺乏事实依据和法律依据。至于该款项在税务机关及司法机关之间如何划转以保证国家税收足额入库，则属于税务机关与司法机关依据法律、法规进行处理的问题。”

3. 税收优先于罚款、没收违法所得

根据《税收征收管理法》第四十五条第二款、《刑法》第二百一十二条和《关于办理偷税、抗税案件追缴税款统一由税务机关缴库的规定》（高检会〔1991〕31号）等文件的规定，无论是税务机关立案检查在先还是公安机关与税务机关同时立案，还是案件已经由人民法院作出刑事判决，欠缴税款均应由税务机关先行追缴。如果纳税人欠缴税款，同时又被行政机关决定处以罚款、没收违法所得或者判处罚金、没收财产的，在执行前，应当先由税务机关追缴税款。

（二）行政罚款与判处罚金不能交叉重叠

行政处罚与刑罚处罚是两种不同性质的法律制裁方法。行政处罚是行政机关依法对实施了违反行政法律规范的违法行为人进行的法律制裁，刑罚处罚是人民法院对犯罪行为人进行的处以附加刑的经济制裁。相较于行政违法行为，刑事违法行为具有更为严重的社会危害性。当行政违法行为的危害性上升，达到刑事处罚的标准，此时，就存在某一违法行为既违反行政法，又违反刑法，行政违法行为转化为刑事违法行为（如《税收征收管理法》第七十七条所涉的纳税人偷税、欠税且妨碍追缴、骗取出口退税等）。因此，需要从立法、司法上正确处理行政处罚与刑法处罚的关系。

（三）行政处罚应遵循“一事不再罚”“择一从重”原则

《行政处罚法》第二十九条和《税务行政处罚裁量权行使规则》（总局公告2016年第78号）第十三条的规定包括两个原则：第一，同一个违法行为，不得给予两次以上罚款的行政处罚，即“一事不再罚”原则（对于其他种类的处罚，还要看单行法律、法规的规定。例如：《税收征收管理法》第六十六条规定，以假报出口或者其他欺骗手段，骗取国家出口退税款，由税务机关追缴其骗取的退税款，并处骗取税款一倍以上五倍以下的罚款，在规定期间内停止为其办理出口退税；再如，《发票管理办法》第三十七条规定，违反规定虚开发票的，由税务机关没收违法所得，可以并处罚款。对于罚款之外的处罚种类，可以并罚)。第二，同一个违法行为违反多个法律规范应当给予罚款处罚的，按照罚款数额高的规定处罚，即“择一从重”原则。从重处罚是指行政机关在法定的处罚方式和幅度内，对行政违法行为人在罚款方式上选择数额较高的处罚方式或者在允许的幅度内选择上限或者接近于上限进行的处罚。

为此，税务机关在检查中发现某一纳税人存在同一个违法行为违反多个法律规范应当给予罚款处罚的，不能给予两次以上罚款的行政处罚，应当按照罚款数额高的规定处罚。

例如，某公司在没有合法凭证的前提下，以非法手段取得增值税普通发票列支广告费用 48 万元，进行了税款抵扣，且该年度企业账面亏损 100 万元。税务机关在日常检查中发现后，应该调整亏损额。根据《税收征收管理法》第六十四条规定，该行为属于“编造虚假计税依据”的违法行为，税务机关除责令限期改正外，可并处 5 万元以下的罚款。根据《发票管理办法》第三十七条规定，该行为又属于“虚开发票”的行为，由税务机关没收违法所得，并处 5 万元以上 50 万元以下的罚款。为此，税务机关应当依据《行政处罚法》第二十九条的规定，对本案当事人依《税收征收管理法》或《发票管理法》中选择罚款数额高的规定处以一次罚款。

再如，税务稽查部门在检查中发现一纳税人经税务机关通知申报而拒不申报，有重大偷税行为，已构成逃税罪。根据《税收征收管理法》第六十三条第一款规定，该行为属于“经税务机关通知申报而拒不申报”的违法行为，税务机关追缴其不缴或者少缴的税款、滞纳金，并处不缴或者少缴的税款百分之五十以上五倍以下的罚款。又因其触犯了《刑法》第二百零一条之规定，判处有期徒刑或者拘役，并处罚金。为此，税务机关的行政处罚与司法机关的刑事处罚应选择其一，不得重叠。罚款与罚金在适用上的衔接应当遵循的原则为：罚款在先，罚款折抵罚金；罚金在先，不再罚款。

（四）税务行政处罚与刑事处罚应遵循“先刑后行”原则

根据《行政处罚法》第二十七条、《行政执法机关移送涉嫌犯罪案件的规定》（国务院令第310号）第三条的规定，税务机关对违法行为涉嫌构成犯罪的，应当及时将案件移送司法机关，依法追究刑事责任。

在司法实践中，对既有违反《税收征收管理法》或者《发票管理办法》应当给予罚款的税务行政处罚，又有违反《刑法》应当判处罚金的刑罚处罚，税务机关可否行政处罚，应当区分两种情况。

1. 税务机关在行政执法程序中未作出行政处罚决定

这时，有两种结果，一种是不能行政处罚，一种是可以行政处罚。

（1）税务机关未作出行政处罚决定，又不能行政处罚。

①在违法行为既需要进行行政处罚，也需要进行刑事处罚的情况下，行政执法机关在行政程序中应当及时将涉嫌税收违法犯罪案件移送司法机关，优先进行刑事处罚。

《行政处罚法》第八条第二款和《行政执法机关移送涉嫌犯罪案件的规定》（国务院令第310号）第十一条第一款强调，不得以行政处罚代替刑事处罚。《行政处罚法》第二十七条又将原规定的“应当”修改为“应当及时”移送司法机关，其意即行政执法机关发现行政相对人的行政违法行为涉嫌构成犯罪的，应当中止行政执法程序，将案件立即移送给司法机关追究刑事责任。

《行政处罚法》第五十七条第一款规定，调查终结后，“作出行政处罚决定”与“已构成犯罪移送司法机关”是并列的调查终结的情形，两者不应当并处。刑事处罚是法院依最严格法定程序作出的，较之于行政处罚更具有正当性，具有优先适用性。

《中共中央办公厅 国务院办公厅转发国务院法制办等部门〈关于加强行政执法与刑事司法衔接工作的意见〉的通知》（中办发〔2011〕8 号）第一条第（三）项、《国家税务总局关于进一步做好税收违法案件查处有关工作的通知》（税总发〔2017〕30 号）规定：“未作出行政处罚决定的，原则上应当在公安机关决定不予立案或者撤销案件、人民检察院作出不起诉决定、人民法院作出无罪判决或者免予刑事处罚后，再决定是否给予行政处罚。”

综上，对涉税犯罪案件应当移送司法机关，由司法机关优先进行刑罚处罚，而不是税务机关在移送前就进行行政罚款。

需要提醒注意的是，并非所有涉嫌税收违法犯罪案件都不能在移送前进行行政罚款。行政处罚前置程序是对纳税人有利的保护程序，是逃避缴纳税款处理的一般程序原则。对纳税人违反《税收征收管理法》的规定偷税的，依《刑法》第二百零一条的规定判断是否应当追究刑事责任时，应当考虑是否具备处罚阻却事由，即“经税务机关依法下达追缴通知后，补缴应纳税款，缴纳滞纳金，已受行政处罚的，不予追究刑事责任”，在此种情形之下，税务机关对纳税人进行行政处罚，是决定能否追究其刑事责任的事实基础，故而应当在移送公安机关前先行作出税务行政处罚决定。

②公安机关对违法行为是否构成犯罪进行侦查过程中，行政机关未作出行政处罚的，则不能再针对同一违法行为作出罚款的行政处罚。

这里既包括税务机关启动调查在先、公安机关立案侦查在后，也包括公安机关与税务机关依各自职权同时进行案件调查的情形。

根据《关于司法机关对当事人虚开增值税专用发票罪立案之后刑事判决之前，税务机关又以同一事实以偷税为由对同一当事人能否作出行政处罚问题的答复》（〔2008〕行他字第 1 号）、《中共中央办公厅 国务院办公厅转发国务院法制办等部门〈关于加强行政执法与刑事司法衔接工作的意见〉的通知》（中办发〔2011〕8 号）第一条第（三）项和《国家税务总局关于进一步做好税收违法案件查处有关工作的通知》（税总发〔2017〕30号）的规定：“税务机关在发现涉嫌犯罪并移送公安机关进行刑事侦查后，不再针对同一违法行为作出行为罚和申诫罚以外的行政处罚。”“未作出行政处罚决定的，原则上应当在公安机关决定不予立案或者撤销案件、人民检察院作出不起诉决定、人民法院作出无罪判决或者免予刑事处罚后，再决定是否给予行政处罚。”

在案例1－5－3中，被查对象认为，公安机关立案时间与税务机关行政案件立案时间相同，税务机关在获知公安机关已经立案的情况下，再将涉嫌犯罪案件移送公安机关，且在公安机关已经立案、税务机关移送前对其作出行政处罚，程序严重违法。

对此，人民法院在裁判文书中这样阐述：

“根据以上规定，对涉嫌犯罪的行为，公安机关立案后，依法应由司法机关作出处理；如公安机关认为犯罪事实显著轻微，不需要追究刑事责任不予立案的、或行政执法机关先予立案调查后在向公安机关移送案件之前，行政执法机关可依法对违法行为作出行政处罚。但本案被告在已知公安机关对陇西县辰宏药业有限公司涉嫌虚开增值税专用发票一案进行了立案侦查的情况下，依法定程序应等待司法机关对本案的处理结果，再决定是否对该公司作出行政处罚。而本案被告在司法机关对该涉嫌犯罪行为未作出最后处理之前，就对原告陇西县辰宏药业有限公司作出定国税稽罚〔2016〕16号税务行政处罚决定，违反了以上法律、法规规定，其处罚程序违法，依法应予以撤销。”

为此，无论是税务机关向公安机关移送的案件还是公安机关在移送案件之前就已经立案的案件，税务机关在公安机关启动立案侦查之前未进行行政处罚的，就不能再行处罚，要等待司法机关对案件的处理结果，再决定是否作出行政处罚。

③刑事程序已经判处罚金的，无论处罚多少，行政机关在行政程序中未作出行政处罚决定的，均不能再处以罚款。

对司法机关已经给予行为人刑罚处罚，行政机关不能再给予其同质行政处罚。

《关于司法机关对当事人虚开增值税专用发票罪立案之后刑事判决之前，税务机关又以同一事实以偷税为由对同一当事人能否作出行政处罚问题的答复》（〔2008〕行他字第1号）规定："刑事被告人构成涉税犯罪并被处以人身和财产的刑罚后，税务机关不应再作出罚款的行政处罚。"同时，根据《行政处罚法》第三十五条第二款规定，违法行为构成犯罪，人民法院判处罚金时，行政机关尚未给予当事人罚款的，不再给予罚款。也就是说，关于"罚金吸收罚款"的规定也反映出通过司法程序作出的刑事处罚对行政处罚具有吸收作用。因此，若被告人已经被处以限制人身和财产的刑罚，税务机关不应再处以罚款的行政处罚。

（2）税务机关未作出行政处罚决定，但可以行政处罚。

在刑事程序之后还需要行政处罚的，即人民法院作出无罪判决或者免予刑事处罚或者未作出刑罚罚金的，司法机关应将案件移送税务机关。这时，税务机关可以再处罚款。

《行政处罚法》第二十七条和《关于司法机关对当事人虚开增值税专用发票罪立案之后刑事判决之前，税务机关又以同一事实以偷税为由对同一当事人能否作出行政处罚问题的答复》（〔2008〕行他字第1号）规定，对当事人行为不构成犯罪依法不需要追究刑事责任或者免予刑事处罚，但应当给予行政处罚的，司法机关应当及时将案件移送给税务机关，税务机关可依法追究当事人的行政违法责任。

在案例1-5-4中，稽查局在人民法院对天一公司未作出罚金处罚后作出《税务行政处罚事项告知书》《税务行政处罚决定书》，天一公司对此处罚决定不服，向税务局提起行政复议申请，并向人民法院提起诉讼。人民法院在裁判文书中这样阐述：

"当一个行为被不同的法律规定了不同性质的责任，则意味着该行为需要不同的责任予以纠正、惩罚或预防，或该行为引起了不同的法律后果，需要不同性质的责任予以填补，此时只要不是承担同一性质的责任，就不应当认为是‘一事多罚’。针对虚开增值税发票的行为，由于刑事处罚中只作出人身罚，并未涉及财产的处罚，故不影响行政处罚中再次依法作出财产处罚，此并不违背‘一事不再罚’的原则。”

2. 税务机关在行政执法程序中已经作出行政处罚决定

在这种情况下，人民法院判处罚金时应当予以折抵。

《关于加强行政执法与刑事司法衔接工作的意见》（中办发〔2011〕8号）第一条第（三）项规定：“行政执法机关在移送案件时已经作出行政处罚决定的，应当将行政处罚决定书一并抄送公安机关、人民检察院。”

《行政处罚法》第三十五条第二款、《最高人民法院关于执行〈中华人民共和国刑事诉讼法〉若干问题的解释》第三百五十九条第三款和《行政执法机关移送涉嫌犯罪案件的规定》（国务院令第310号）第十一条第三款规定，人民法院判处罚金时，对行政机关对被告人就同一事实已经处以的罚款，应当予以折抵。

为此，税务机关在案件移送公安机关前已经作出行政处罚的，不停止执行；已经依法给予当事人罚款的，人民法院判处罚金时，依法折抵相应罚金。

【司法判例】

·巴音郭楞蒙古自治州国家税务局稽查局与巴音郭楞蒙古自治州国家税务局、巴州麦博尔工贸有限责任公司不服税务征收处理决定再审案［新疆维吾尔自治区巴音郭楞蒙古自治州人民法院行政判决书〔2018〕新28行再2号］。来源：中国裁判文书网。

·益阳科嘉轻工机械制造有限公司与国家税务总局益阳市税务局稽查局税务行政管理（税务）一审行政判决书［湖南省桃江县人民法院行政判决书〔2019〕湘0922行初63号］。来源：中国裁判文书网。

·陇西县辰宏药业有限公司与甘肃省定西市国家税务局稽查局行政处

罚案［甘肃省天水市中级人民法院行政判决书〔2016〕甘05行初31号］。来源：中国裁判文书网。

·三门峡天一实业有限公司、河南省三门峡市国家税务局稽查局税务行政管理（税务）再审审查与审判监督行政裁定书［河南省高级人民法院行政裁定书〔2018〕豫行申2127号］。来源：中国裁判文书网。

§1 06

《民法典》关于民事责任优先的原则能否对抗《税收征收管理法》的税收优先权？

【要点导读】

税务稽查在处理税收违法案件时，如果遇到涉及税收优先权问题，往往会发生税务机关与其他债权权利人之间的争议。与税收优先权有关的存疑问题主要有：

（1）稽查局作出税务处理决定与行政处罚决定后，纳税人因资金支付能力不足，可否先接受税务行政处罚？

（2）税款滞纳金是一般债权还是与税款一样的优先债权？

（3）确定税收债权的发生时间是纳税义务发生时间，还是税务部门作出税务处理决定或刊登欠税公告时间？

（4）破产程序中确认债权优先性时，应适用的规范依据是《税收征收管理法》还是《企业破产法》？

（5）《民法典》规定了财产优先承担民事责任原则，当纳税人既有民事赔偿责任又有应补缴税款的行政责任时，应当先履行哪个责任？

【实务问题】

所谓税收优先权，是指税务机关征收税款与其他债权的实现发生冲突时，税款的征收原则上优先于其他债权的实现。在税务稽查实务中，由于纳税人发生欠缴税款的税收违法行为，税务稽查应当对其进行处理处罚，一旦涉及税收优先权问题，往往会发生税务机关与其他债权权利人之间的争议。

（一）稽查局作出税务处理决定与行政处罚决定后，纳税人因资金支付能力不足，可否先接受税务行政处罚?

纳税人因违反税收法律、法规被稽查局检查发现后，如果认为其违法事实清楚、证据充分，纳税人对违法行为的认定没有异议，稽查局根据《税收征收管理法》的相关规定，作出税务处理决定和税务行政处罚决定。纳税人按照稽查局的决定自动履行税款、滞纳金和罚款的缴纳义务。但是，实务中可能会出现纳税人资金支付能力不足的情况，就可能提出可否选择性支付（如果不能完成税款补缴义务，会发生按日加收欠缴税款万分之五的滞纳金；但是，若不能在限期内缴纳罚款，将产生按罚款金额百分之三的罚金。相比之下，加处的罚金远远高于滞纳金的金额），即提出先缴罚金后缴税款的申请。这时，稽查局可否同意纳税人的请求？如果纳税人提交税款的延期申请，稽查局可否按照《税收征收管理法》的规定依法批准？

（二）税款滞纳金是一般债权还是与税款一样的优先债权?

对于税款滞纳金的清偿顺序问题，一些稽查局认为，欠缴税款的滞纳金应当列入破产债权并以优先债权清偿，其理由分为两点。一是根据《税收征收管理法》第三十二条的规定，纳税人未按照规定期限缴纳税款的，扣缴义务人未按照规定期限解缴税款的，税务机关除责令限期缴纳外，从滞纳税款之日起，按日加收滞纳税款万分之五的滞纳金。《税收征收管理办法实施细则》第七十五条规定，《税收征收管理法》第三十二条规定的加收滞纳金的起止时间为法律、行政法规规定或者税务机关依照法律、行政法规的规定确定的税款缴纳期限届满次日起至纳税人、扣缴义务人实际缴纳或者解缴税款之日止。纳税人欠缴税款的滞纳金应计算至税款实际缴纳之日止。二是根据《关于税收优先权包括滞纳金问题的批复》（国税函〔2008〕1084号）的相关规定，滞纳金与税款都具有税收优先权，滞纳金也是优先债权，优先于普通债权清偿，应列入优先债权清偿。

另外，滞纳金与税款一并受偿，也有现实基础。在税收征管实际中，税务部门使用全国统一征管平台，在征收纳税人欠缴的税款时，系统会直接将欠税税款本金和滞纳金在欠税缴纳之日合并计算征收，而无法先征收入库作为优先债权的税款本金，然后再延后入库作为普通债权的滞纳金。为此，一些税务机关提出了关于税款滞纳金的征收方案，即认可税款本金为优先破产债权，税款滞纳金只能作为普通破产债权清偿。但在实际征收中，还是将税款滞纳金与税款一起清偿，且滞纳金的加收时间从确认欠缴税款之日起，到欠税税款清偿之日止。他们认为，这样可以避免如滞纳金延后清偿，将会产生从欠税缴纳之日起到滞纳金实际缴纳时止这段时间内的新滞纳金，给破产重整中的企业增加新的税收负担。

（三）确定税收债权的发生时间是纳税义务发生时间，还是税务部门作出税务处理决定或刊登欠税公告时间？

税收优先权的产生时间直接关系到在税收债权与担保物权发生冲突时，税收债权能否优先受偿的关键因素就是债权发生的时间顺序。税收优先权的产生时间，系《税收征收管理法》第四十五条规定的“纳税人欠缴的税款发生时”。税收征管实务中，关于税收优先权的产生时间，存在四种不同的观点。第一种观点认为，税收优先权的产生时间就是欠税行为的发生时间，而欠税发生时间是指纳税人的行为或财产符合税收构成要素，自动产生税款的时间，即税法规定的纳税义务发生时间。第二种观点认为，欠税行为发生的时间会由于税种的不同而不同，应该认为是课税核定之日优先权才产生。例如，《国家税务总局关于贯彻〈中华人民共和国税收征收管理法〉及其实施细则若干具体问题的通知》（国税发〔2003〕47号）的规定，纳税人应缴纳税款的期限届满之次日即是纳税人欠缴税款的发生时间，即纳税期限确定的时间。第三种观点认为，根据《税收征收管理法》和《税务稽查案件办理程序规定》（国家税务总局令第52号），纳税人欠缴税款的认定需要符合法定情形，并且需要税务机关按照办案程序作出决定，因此，纳税人欠税行为发生的时间应该是税务机关作出税务处理决定的时间。第四种观点认为，根据《税收征收管理法》第四十五条第三款的规定，纳税人发生欠税行为的，税务机关应当对纳税人欠缴税款的情况定期予以公告。那么，欠税公告发布时才能认定优先权产生，即欠税公告是纳税人欠缴税款的发生时间。

实务案例

案例1－6－1

农业银行绍兴越城支行与绍兴金宝利纺织有限公司破产债权确认纠纷案

［浙江省绍兴市柯桥区人民法院民事判决书〔2016〕浙0603民初10874号］

2014年11月5日，原告（中国农业银行绍兴越城支行）向管理人申报了1 410万元有抵押担保的债权。2014年11月26日，管理人作出《债权审查确认单》，记载有：管理人拟确认原告债权总额为1 410万元，其中，有财产担保债权金额为1 410万元［编者注：该债权额予以审核认定，但是绍兴市国税局（本案第三人）其中37 419 373.07元税收优先权优先于原告有财产担保的债权］。2014年11月27日，原告对“国税局税收优先权优于原告有财产担保的债权”提出书面异议，但未获答复。

担保债权的情况：两次均以被告（绍兴金宝利纺织有限公司）名下房屋及土地作为抵押物与原告签订《最高额抵押合同》，第一次合同签订时间为2010年10月26日，并办理了编号为绍县房地产（2010）第0730号的《房地产抵押登记证明书》，共取得二笔贷款，分别于2013年6月18日、9月11日归还。第二次合同签订时间为2013年6月4日，取得编号为绍县房地产（2013）第1391号的《房地产抵押登记证明书》，记载的抵押设立日期为 2013 年 6 月 4 日。抵押房地产之国有土地使用证同时记载："注销该宗抵押登记"（落款时间为 2013 年 6 月 5 日），再次取得二笔借款，合计 1 410 万元。

税务机关作出税务处理及发出欠税公告：2012 年 5 月 31 日，原绍兴县国家税务局向被告作出《税务处理决定书》（绍县国税处〔2012〕5 号）。根据该决定书，该局于 2010 年 8 月 25 日至 2011 年 12 月 9 日对被告 2006 年 1 月 1 日至 2010 年 7 月 31 日的纳税情况进行了检查，认定被告存在以下违法事实：2006 年 1 月到 2010 年 7 月期间，尚欠缴应追回违规出口退税 33 714 135.87 元。2010 年 6 月、7 月，应补提销项税3 705 237.20 元。2014 年 10 月 10 日，原绍兴县国家税务局在绍兴市国家税务局官网上刊登 2014 年度第三季度欠税公告，税款所属期起止期间均为 2014 年 4 月。2015 年 1 月 14 日，原绍兴县国家税务局在绍兴市国家税务局官网刊登 2014 年度第四季度欠税公告，税款所属期起止期间为 2006 年 1 月至 2010 年 7 月，税款属性为稽查部门查补罚没。2016 年 10 月 13 日，柯桥国税在绍兴市国税局官网刊登 2016 年度第三季度欠税公告。

该案争议的焦点是：原告的案涉抵押权及其债权和第三人的案涉税收债权发生时间如何确定？原告主张，税收债权应当以税务部门作出处罚决定或刊登欠税公告作为税收发生准据时间，否则其无法知晓被告之欠税情况；被告及第三人则均认为应当以实际欠缴而应缴时间为税收债权发生准据时间。同时，原告主张，前后二次抵押登记是连续的，应视为同一个抵押权；但被告及第三人均认为，前后二次抵押应为各自独立的抵押，原告仅能依据在后之抵押登记主张抵押权。第三人答辩称：第三人对被告欠税情况公告与否，不能影响其债权之优先性，公告与否仅是为了督促纳税人及时纳税，而非作为欠税发生时间的认定依据。原告对被告的欠税情况不知情，系原告自身疏忽所致，与第三人无关。

（四）破产程序中确认债权优先性时，应适用的规范依据是《税收征收管理法》还是《企业破产法》？

企业破产程序中，存在一个破产债权的清偿顺序问题：对税收债权优先于无担保债权而言，在有担保债权的情况下，税收是否具有优先性，除了取决于债权发生的时间顺序之外，还要考虑法律规定的除外事项，即如果担保债权的发生时间在税收债权之后，但是该担保债权属于“特定财产”的，相比发生在其之前的税收债权就具有优先性。在实务中，确定破产债权清偿顺序时，税务机关与担保债权的权利人之间往往就这一问题而产生争议。在破产程序中，保证担保物权人优先受偿的权利，是各国破产法普遍接受的一项原则。

仍以案例 1－6－1 为例。原告（中国农业银行绍兴越城支行）诉称：本案的清偿顺序应适用的规范依据是《税收征收管理法》第四十五条，还是《企业破产法》第一百零九条、第一百一十三条？原告认为，《税收征收管理法》第四十五条与《破产法》第一百零九条、第一百一十三条存在冲突，本案应当适用《企业破产法》第一百零九条、第一百一十三条。而被告及第三人则认为，本案并不存在法律适用冲突，上述法律规范均应适用，且应当根据《税收征收管理法》确定上述二笔债权之优先性。

（五）《民法典》规定了财产优先承担民事责任原则，当纳税人既有民事赔偿责任又有应补缴税款的行政责任时，应当先履行哪个责任？

纳税人经依法设立后，取得了民事主体资格，在生产、经营中发生税法所规定的纳税义务，又成了税务行政相对人的主体。在社会实践中，纳税人因各种原因发生一些行为，有可能会同时出现应当承担民事责任、行政责任和刑事责任的情况：例如，纳税人销售的货物因产品质量、价格、交货时间、售后服务等原因违约产生应当赔偿购货方损失的民事责任；企业实际控制人指使财务人员将取得的销货款作账外处理，因而没有进行纳税申报缴纳税款，此时又产生了不缴税款的应当被税务机关定性为偷税对其追缴税款、加收滞纳金并处罚款的行政责任；如果该纳税人没有在限期内补缴税款，还发生了应当被判处逃税罪并处罚金的刑事责任。这时，如果纳税人的财产不足以同时承担民事责任、行政责任和刑事责任，对于哪个责任应该优先，税企双方、税务机关内部都会产生意见分歧。

另外，遗产继承人继承遗产的同时也继承了税收债务，如果所得遗产不足以清偿应当缴纳的税款，继承人必须优先缴纳税款么？那么，如果放弃遗产继承，还需要缴税吗？

【文件规定】

（一）关于民事责任优先的规定

《民法典》第一百八十七条规定："民事主体因同一行为应当承担民事责任、行政责任和刑事责任的，承担行政责任或者刑事责任不影响承担民事责任；民事主体的财产不足以支付的，优先用于承担民事责任。"

《民法典》第四十三条规定："财产代管人应当妥善管理失踪人的财产，维护其财产权益。""失踪人所欠税款、债务和应付的其他费用，由财产代管人从失踪人的财产中支付。""财产代管人因故意或者重大过失造成失踪人财产损失的，应当承担赔偿责任。"

《民法典》第一千一百五十九条规定："分割遗产，应当清偿被继承人依法应当缴纳的税款和债务；但是，应当为缺乏劳动能力又没有生活来源的继承人保留必要的遗产。"

《民法典》第一千一百六十一条规定："继承人以所得遗产实际价值为限清偿被继承人依法应当缴纳的税款和债务。超过遗产实际价值部分，继承人自愿偿还的不在此限。""继承人放弃继承的，对被继承人依法应当缴纳的税款和债务可以不负清偿责任。"

《民法典》第一千一百六十二条规定："执行遗赠不得妨碍清偿遗赠人

依法应当缴纳的税款和债务。”

《民法典》第一千一百六十三条规定：“既有法定继承又有遗嘱继承、遗赠的，由法定继承人清偿被继承人依法应当缴纳的税款和债务；超过法定继承遗产实际价值部分，由遗嘱继承人和受遗赠人按比例以所得遗产清偿。”

（二）关于税收优先权的规定

《税收征收管理法》第四十五条第一、第二款规定：“税务机关征收税款，税收优先于无担保债权，法律另有规定的除外；纳税人欠缴的税款发生在纳税人以其财产设定抵押、质押或者纳税人的财产被留置之前的，税收应当先于抵押权、质权、留置权执行。”“纳税人欠缴税款，同时又被行政机关决定处以罚款、没收违法所得的，税收优先于罚款、没收违法所得。”“税务机关应当对纳税人欠缴税款的情况定期予以公告。”

《国家税务总局关于贯彻〈中华人民共和国税收征收管理法〉及其实施细则若干具体问题的通知》（国税发〔2003〕47 号）第七条规定：“征管法第四十五条规定：‘纳税人欠缴的税款发生在纳税人以其财产设定抵押、质押或者纳税人的财产被留置之前的，税收应当先于抵押权、质权、留置权执行’，欠缴的税款是纳税人发生纳税义务，但未按照法律、行政法规规定的期限或者未按照税务机关依照法律、行政法规的规定确定的期限向税务机关申报缴纳的税款或者少缴的税款，纳税人应缴纳税款的期限届满之次日即是纳税人欠缴税款的发生时间。”

《国家税务总局关于税收优先权包括滞纳金问题的批复》（国税函〔2008〕1084 号）规定：“按照《税收征收管理法》的立法精神，税款滞纳金与罚款两者在征收和缴纳时顺序不同，税款滞纳金在征缴时视同税款管理，税收强制执行、出境清税、税款追征、复议前置条件等相关条款都明确规定滞纳金随税款同时缴纳。税收优先权等情形也适用这一法律精神，《税收征收管理法》第四十五条规定的税收优先权执行时包括税款及其滞纳金。”

《最高人民法院关于税务机关就破产企业欠缴税款产生的滞纳金提起的债权确认之诉应否受理问题的批复》(法释〔2012〕9号)规定:“税务机关就破产企业欠缴税款产生的滞纳金提起的债权确认之诉,人民法院应依法受理。依照《企业破产法》《税收征收管理法》的有关规定,破产企业在破产案件受理前因欠缴税款产生的滞纳金属于普通破产债权。对于破产案件受理后因欠缴税款产生的滞纳金,人民法院应当依照《最高人民法院关于审理企业破产案件若干问题的规定》第六十一条规定处理。”

《最高人民法院关于适用〈中华人民共和国企业破产法〉若干问题的规定(三)》第三条规定:“破产申请受理后,债务人欠缴款项产生的滞纳金,包括债务人未履行生效法律文书应当加倍支付的迟延利息和劳动保险金的滞纳金,债权人作为破产债权申报的,人民法院不予确认。”

(三)关于担保债权的规定

《民法典》第三百八十六条规定:“担保物权人在债务人不履行到期债务或者发生当事人约定的实现担保物权的情形,依法享有就担保财产优先受偿的权利,但是法律另有规定的除外。”

《民法典》第三百九十四条规定:“为担保债务的履行,债务人或者第三人不转移财产的占有,将该财产抵押给债权人的,债务人不履行到期债务或者发生当事人约定的实现抵押权的情形,债权人有权就该财产优先受偿。”“前款规定的债务人或者第三人为抵押人,债权人为抵押权人,提供担保的财产为抵押财产。”

(四)关于破产债权的规定

《企业破产法》第一百零九条规定:“对破产人的特定财产享有担保权的权利人,对该特定财产享有优先受偿的权利。”

《企业破产法》第一百一十三条规定:“破产财产在优先清偿破产费用和共益债务后,依照下列顺序清偿:(一)破产人所欠职工的工资和医疗、伤残补助、抚恤费用，所欠的应当划入职工个人账户的基本养老保险、基本医疗保险费用，以及法律、行政法规规定应当支付给职工的补偿金；（二）破产人欠缴的除前项规定以外的社会保险费用和破产人所欠税款；（三）普通破产债权。”“破产财产不足以清偿同一顺序的清偿要求的，按照比例分配。”“破产企业的董事、监事和高级管理人员的工资按照该企业职工的平均工资计算。”

【指导建议】

税款优先原则是指税款的征收入库不受其他一般债权行使的限制，它体现了国家所拥有的税收权力上的一种优先权。税款优先原则体现了国家的政治权力优先于一部分经济权力，在一定程度上体现了税收的强制性。在税务稽查实务中，要想准确把握和深刻理解税收优先原则，应当注意以下四个方面。

（一）税收优先权的含义

根据《税收征收管理法》第四十五条的规定，税务机关征收税款，税收具有优先权，从以下三个方面的关系上作出了不同的规定。

1. 税收与担保债权之间的关系

税收优先于无担保债权，法律另有规定的除外。无担保债权是指未设定担保的债权，即债权人没有要求债务人以其财产设定抵押、质押等担保方式，以保证该债权的实现。如果纳税人既没有缴纳税款，又没有偿还对他人的未设定担保的债务，在这种情况下，应当首先保证国家税款的征收，即国家税款的征收要优先于未设定担保的第三人的债权，体现了公权优先的原则。

2. 国家税收与抵押权、质押权和留置权的关系

抵押是指债务人或者第三人不转移财产的占有，将该财产作为债权的担保。债务人不履行债务时，债权人有权以该财产折价或者以拍卖、变卖

该财产的价款优先受偿。

质押是指债务人或者第三人将其动产移交债权人占有，将该动产作为债权的担保。债务人不履行债务时，债权人有权以该动产折价或者以拍卖、变卖该动产的价款优先受偿。

留置是指因保管合同、运输合同、加工承揽合同使债权人占有债务人的动产，债务人不履行债务时，债权人有权留置该财产，以该财产折价或者以拍卖、变卖该财产的价款优先受偿。

为了保证国家税收，同时为了保证交易的安全，保护正当债权人的利益，对国家税款与纳税人以其财产设定担保的债权，作出以下规定：纳税人欠缴的税款发生在纳税人以其财产设定抵押、质押或者纳税人的财产被留置之前的，税收应当优先于抵押权、质权、留置权执行。即纳税人虽然以其财产设定了抵押、质押或者纳税人的财产被留置，但是纳税人欠缴税款的情形是在其财产被设定抵押、质押或被留置之前就发生了，那么国家税款的征收应当优先于设定担保的债权的实现，即以二者发生的先后为标准确定二者的清偿顺序。

3. 税款与罚款和没收违法所得之间的关系

国家税款优先于罚款和没收违法所得。税收直接关系到国家的财政收入，关系到经济和社会的发展。因此，为了优先保证国家税收，规定纳税人欠缴税款，同时又被行政机关决定处以罚款、没收违法所得的，税收优先于罚款、没收违法所得。

回到前述“实务问题（一）”：破产企业既有应补缴的税款，也有滞纳金和罚款时，可否优先缴纳罚款？根据《税收征收管理法》第四十五条第二款的规定，税收优先于罚款、没收违法所得，即必须先缴纳税款，而不能选择先缴纳罚款。如果纳税人因资金支付能力不足，根据《税收征收管理法》第三十一条第二款的规定，“纳税人因有特殊困难，不能按期缴纳税款的，经省、自治区、直辖市税务局批准，可以延期缴纳税款，但是最长不得超过三个月。”适用这个条款时，要注意两点要求：第一，延期纳税的前提是纳税人因有特殊困难而不能按期缴纳税款（比如因自然灾害等不可抗力事件），至于哪些情况属于特殊困难，未作具体规定；第二，不是一经纳税人申请就可以延期纳税，延期纳税必须经省、自治区、直辖市税务局批准。

（二）破产前欠缴税款的滞纳金是普通债权，不具有优先权

根据《最高人民法院关于税务机关就破产企业欠缴税款产生的滞纳金提起的债权确认之诉应否受理问题的批复》（法释〔2012〕9号）的规定，破产企业欠缴税款产生的滞纳金分为两种情形：一种是破产案件受理前因欠缴税款产生的滞纳金，是指企业破产清算前存续期间因未履行纳税义务而产生的欠缴税款，按日应当加收的滞纳金，该滞纳金不以税务机关检查为前提，只要发生了欠税行为，就产生了滞纳金（该滞纳金属于破产债权，但不具有优先权，其清偿顺序按照与无担保债权一样的普通债权处理）；另一种是破产案件受理后因欠缴税款产生的滞纳金，是指企业进入破产清算后发生的新的纳税义务（例如，因清理资产而应缴纳税款等，如果破产企业管理人没有代理企业缴纳税款，就产生了新的欠税行为，由此而产生滞纳金）。根据《最高人民法院关于适用〈中华人民共和国企业破产法〉若干问题的规定（三）》第三条的规定，该滞纳金不属于破产债权。税务机关可以按照《税收征收管理法》第三十二条和《税收征收管理办法实施细则》第七十五条的规定，在追缴税款的同时加收滞纳金。

再来看前述“实务问题（二）”：依据《国家税务总局关于税收优先权包括滞纳金问题的批复》（国税函〔2008〕1084号）的规定，滞纳金与税款都具有税收优先权，滞纳金也是优先债权。国家税务总局的这个回函所说的优先权不能与企业破产前发生的滞纳金混为一谈，此滞纳金只是在税收强制执行、出境清税、税款追征、复议前置等环节中出现的这些措施都在税务机关的征管职权范围内，并没有包括破产债权清偿顺序（破产清偿顺序不是由国家税务总局决定的）。因此，不能以这个回函作为依据来

确定破产债权的清偿顺序，更不能认为该滞纳金优先于普通债权清偿，应列入优先债权清偿。

补充说明一下：由于罚款是税务机关作出的行政行为，是对企业破产受理后的行为作出的处罚，故不属于税收债权。

（三）税收债权的发生时间应以税法规定的纳税期限为准据

《税收征收管理法》第三十一条第一款规定："纳税人、扣缴义务人按照法律、行政法规规定或者税务机关依照法律、行政法规的规定确定的期限，缴纳或者解缴税款。"《税收征收管理法实施细则》第八十三条规定："《税收征收管理法》第五十二条规定的补缴和追征税款、滞纳金的期限，自纳税人、扣缴义务人应缴未缴或者少缴税款之日起计算。"《国家税务总局关于贯彻〈中华人民共和国税收征收管理法〉及其实施细则若干具体问题的通知》（国税发〔2003〕47 号）第七条规定："欠缴的税款是纳税人发生纳税义务，但未按照法律、行政法规规定的期限或者未按照税务机关依照法律、行政法规的规定确定的期限向税务机关申报缴纳的税款或者少缴的税款，纳税人应缴纳税款的期限届满之次日即是纳税人欠缴税款的发生时间。"根据以上规定，税收债权的发生时间应以税法规定的纳税期限为准据。根据税收实体法规定，以各税种的纳税期限来确定。例如，增值税的以 1 个季度为纳税期限的，自期满之日起 15 日内申报纳税，期满后的次日即为税收债权的发生时间。

对于《税收征收管理法》第四十五条第三款的规定，税务机关应当对纳税人欠缴税款的情况定期予以公告，其目的是使有关当事人在经济往来中能够及时了解对方的纳税情况，保护自己的利益。根据《税收征收管理法》第四十六条的规定："纳税人有欠税情形而以其财产设定抵押、质押的，应当向抵押权人、质权人说明其欠税情况。抵押权人、质权人可以请求税务机关提供有关的欠税情况。"为此，纳税人有向担保权利人告知欠税情况的义务，担保权利人也可以向税务机关了解纳税人的欠税情况。

比如，案例1－6－1的争议焦点之一是案涉抵押权及其债权和案涉税收债权发生时间如何确定（前述“实务问题三”）。原告主张，税收债权应当以税务部门作出处罚决定或刊登欠税公告作为税收发生准据时间，否则其无法知晓被告之欠税情况；被告及第三人则均认为，应当以实际欠缴而应缴时间为税收债权发生准据时间。对此，人民法院在判决书中认为：

“税收债权的发生时间应当以纳税人纳税义务发生时间来确定，该时间系法定时间，而不是由税务机关核定的纳税期限或欠税公告刊登时间及处理决定作出时间来确定。具体到本案，第三人税收债权的上述二部分构成分别发生在2006年1月至2010年7月，以及2010年6月、7月，此应为第三人税收债权的发生时间。同时，税务机关是否刊登欠税公告，并不影响纳税人的欠税事实及应履行的纳税义务，亦不影响担保物权人通过向税务机关查询或要求纳税人说明情况等方式获悉纳税人之欠税情况。具体到本案，原告并未举证证明其在与被告发生案涉借贷及抵押关系之时，有要求被告说明欠税情况或向第三人进行查询等调查行为或第三人对其查询要求存有懈怠之情形，显然，对该等交易风险的存在与发生，其自身存有责任。”

对该案的争议，原告的另一个主张是：前后二次抵押登记是连续的，应视为同一个抵押权。对此，人民法院认为：

“原告仅能依据在后之抵押登记主张抵押权，案涉对同一抵押物的二次抵押登记实为两个不同的抵押权，而非同一个抵押权。理由如下：其一，原告二次抵押登记所依据之合同均是在不同时间签订的，均是独立的；其二，原告第一次抵押登记是在2010年10月26日，第二次抵押登记是在2013年6月6日，且系在前日先行办理注销前次抵押登记后再行办理的，虽在时间上存有连续，然不动产物权自登记时设立，二次抵押登记均是独立的，不能据此认定其系同一个抵押权。其三，就原告之主债权而言，应当是以2014年5月签订的两份《流动资金借款合同》为债权发生依据，即便双方在2012年亦曾发生两次金额相同的借贷关系，且2014年

5 月发生的两笔借贷系对 2012 年两笔借贷之‘转贷’，但不能否定这是两次不同的四笔借贷之事实及相应的法律评价。且根据原告提供的证据显示，2012 年的两笔借贷均已在 2013 年归还。因此，本院确认原告之案涉债权发生时间为 2014 年 5 月 27 日、28 日，其抵押权设立时间为 2013 年 6 月 4 日。”

（四）民事责任优先原则与税收优先权原则并不冲突

1. 担保在前的债权优先于欠缴税款

根据《民法典》第三百八十六条、第三百九十四条和《企业破产法》第一百零九条、第一百一十三条的规定，担保债权人依法享有优先受偿的权利。同时，《税收征收管理法》第四十五条规定，税收优先于无担保债权，但法律另有规定的除外。

为此，应当注意两种情形：

一是税收优先于无担保债权，但法律另有规定的，其他债权也可以优先于税收。例如，《企业破产法》第一百一十三条关于破产财产清偿顺序的规定，将国家税款规定在破产企业所欠职工工资和劳动保险费用之后，以更加强调保护职工的利益。

二是税收优先于发生在其后的担保债权，但法律另有规定的，担保债权可以优先于发生在先的税收债权。例如，《企业破产法》第一百零九条规定，担保权的权利人享有优先受偿的权利。该条款在《企业破产法》中被称为“别除权”，是指在破产程序中，对于破产人的特定财产享有担保物权的权利人，可以不依照破产程序而对该特定财产优先受偿。在债务人被宣告破产以后，债务人的所有财产都成为破产财产，由管理人占有和管理，并由管理人按照债权人会议通过的破产财产分配方案，将其分配给破产债权人。但是，对破产财产中的特定财产享有担保物权的权利人可以不受破产程序的约束，在破产程序开始以后，就可以直接向破产管理人请求就该特定财产行使优先受偿权，并在无担保的破产债权人按照破产财产分配方案受偿之前随时进行清偿。值得注意的是，作为别除权的基础性权利，无论是抵押权还是质权、留置权，其标的物必须为特定物，非特定物不能成为别除权的标的物。

案例1-6-1的争议焦点之二就是破产企业债务的清偿顺序能否按照《企业破产法》第一百零九条和第一百一十三条的规定，对发生在税收债权之后的担保债权作为特定财产优先受偿（前述“实务问题（四)”）。针对这个问题，人民法院认为：

“从本案原告与第三人各自案涉债权的发生时间看，被告管理人作出原告之案涉债权为有财产担保之债权，并认定第三人之案涉税收债权优先于原告的上述有财产担保债权的债权审核结果，符合法律规定。理由如下：

“其一，原告的案涉有财产担保债权发生时间及其抵押权的设立时间均晚于第三人的案涉税收债权，该要件事实符合《税收征收管理法》第四十五条第一款关于税收债权优先于担保物权的规定，故应当适用《税收征收管理法》第四十五条之规定，确定二者案涉债权优先性之先后顺位。

“其二，从立法规范、沿革、目的、体系及精神看，本案中《税收征收管理法》第四十五条第一款之规定应当作为本案认定原告与第三人各自案涉债权的优先性之依据。第一、从规范本身看，税收债权优先于担保物权系附有条件，即税收债权需发生在担保物权设定之前。第二、从立法沿革看，《税收征收管理法》自1992年颁行，经过1995年、2001年及2013年三次修订，其第四十五条之规定自2001年修订增加后，在2013年对《税收征收管理法》进行修订时对该条规定予以保留，从中亦可知立法目的之一贯性。第三、从立法目的、精神及体例看，该条规定旨在防范当事人之间通过恶意串通，而对纳税人的责任财产设定不当之负担，损害国家利益。就其精神而言，实为善意债权人提供税法之特别保护。具体而言，当事人之间的交易以信用为基础，而及时并积极履行纳税义务是当事人信用之基础。设定物上担保之目的在于补足相对方之信用，保障债权人之权利。若债务人或担保人本身存在欠缴税款之情形，则说明其本身存在信用不足。《税收征收管理法》亦为当事人设有相应途径，获悉相对方是否存在欠税情形。此种制度设计已为当事人进行交易时评估相对方之信用提供保护。因此，从上述立法目的、精神及体例看，《税收征收管理法》第四十五条之规定并无损害担保物权人利益之目的与结果，却是为债权人在规避交易风险上提供了税法上的特别保护。

“其三，《税收征收管理法》第四十五条第一款的规定与《企业破产法》第一百零九条及第一百一十三条的规定并无冲突。第一，《企业破产法》第一百零九条规定对破产人的特定财产享有担保权的权利人，对该特定财产享有优先受偿的权利。此等优先受偿的权利之优先性如何，尚应根据担保权利之性质、顺位等因素来具体确定。根据《物权法》第一百七十条之规定：‘担保物权人在债务人不履行到期债务或者发生当事人约定的实现担保物权的情形，依法享有就担保财产优先受偿的权利，但法律另有规定的除外。’《税收征收管理法》第四十五条第一款的规定应当为《物权法》第一百七十条规定的除外情形。就本案而言，原告的案涉债权对于案涉抵押物优先受偿之权利劣后于第三人的税收债权，并不违背《物权法》及上述《企业破产法》第一百零九条之规定。第二、如上所述，税收债权优先于担保物权系负有条件的特别规定，《企业破产法》第一百一十三条关于破产债权清偿顺序的规定系对破产债权清偿顺序的一般性规定，《企业破产法》的上述一般性规定并无排除适用《税收征收管理法》第四十五条第一款之本意及解释之可能。立法既已对特定情形下的税收债权作出优先于担保物权的特别安排，应当予以维护。”

2. 财产优先承担民事责任的重要前提是同一个违法行为导致

《民法典》第一百八十七条确立了民事责任优先性的规则，根据该法条的规定，发生民事、行政、刑事责任竞合时，三种责任并行，责任人同时承担三种责任。只有行为人的财产不足以支付的时候，才出现民事责任优先的问题。

法律责任可以分为刑事责任、行政责任和民事责任。刑事责任指违反刑事法律而应当承担的法定的不利后果。行政责任指违反行政法律或者行政法规而应当承担的法定的不利后果。民事责任指自然人、法人或者非法人组织违反民事法律、违约或者因法律规定的其他事由而依法承担的不利后果。

因同一行为而产生了民事责任行政责任和刑事责任，就产生了法律责任竞合。例如，缺陷产品造成的致害行为，就可依据侵权责任法承担民事责任，依据产品质量法承担行政责任构成犯罪的，还要依法承担刑事责任。经营者的一个违法行为导致了民事、行政、刑事责任竞合的情形。

最后分析一下前述“实务问题（五）”：纳税人销售货物时，因产品质量、价格、交货时间、售后服务等原因违约产生应当赔偿购货方损失的民事责任，企业实际控制人指使财务人员将取得的销货款作账外处理，因而没有进行纳税申报缴纳税款，此时又产生了不缴税款的应当被税务机关定性为偷税对其追缴税款、加收滞纳金并处罚款的行政责任。如果该纳税人没有在限期内补缴税款，还发生了应当被判处逃税罪并处罚金的刑事责任。那么，由于纳税人此时既有民事赔偿责任，又有应补缴税款的行政责任，应当先履行哪个责任？从这个举例来说，纳税人发生的三个责任是同一实体应当承担的责任，但这三种责任不是责任竞合的情形，虽然三个责任具有时间上的连续性，但民事责任之后的行政责任和刑事责任的发生都是新的违法行为导致，不是民事责任直接引发的法律后果，不是一个违法行为引发的三个责任，故不能适用民事责任优先性的规则。

适用民事责任优先性的规则，必须同时满足三个条件：一是一个违法行为，如果发生新的违法行为，则不符合财产民事责任优先的原则；二是发生了三种法律责任，即民事、行政和刑事责任；三是行为人的财产不足以支付，如果足以支付的，三种责任并存，没有顺序优位。

税款优先原则还体现在遗产继承和财产所有人失踪过程中。根据《民法典》第四十三条的规定，失踪人所欠税款、债务和应付的其他费用，由财产代管人从失踪人的财产中支付。根据《民法典》第一千一百五十九条至第一千一百六十三条的规定，分割遗产应当清偿被继承人依法应当缴纳的税款和债务；但是，应当为缺乏劳动能力又没有生活来源的继承人保留必要的遗产。继承人以所得遗产实际价值为限清偿被继承人依法应当缴纳的税款和债务。超过遗产实际价值部分，继承人自愿偿还的不在此限。继承人放弃继承的，对被继承人依法应当缴纳的税款和债务可以不负清偿责任。如果同时有多个继承人，既有法定继承又有遗嘱继承、遗赠的，由法定继承人清偿被继承人依法应当缴纳的税款和债务；超过法定继承遗产实际价值部分，由遗嘱继承人和受遗赠人按比例以所得遗产清偿。

【参考文献与司法判例】

（1）孙丽英．税务稽查风险问题分析与应对指导［M］．北京：经济科学出版社，2013。

（2）中国农业银行股份有限公司绍兴越城支行与绍兴金宝利纺织有限公司破产债权确认纠纷一审民事判决书［〔2016〕浙0603民初10874号］。来源：中国裁判文书网。

第二部分

税务稽查执法程序争议问题分析

《中华人民共和国行政诉讼法》(节选)

第六条　人民法院审理行政案件，对行政行为是否合法进行审查。

第六十九条　行政行为证据确凿，适用法律、法规正确，符合法定程序的，或者原告申请被告履行法定职责或者给付义务理由不成立的，人民法院判决驳回原告的诉讼请求。

第七十条　行政行为有下列情形之一的，人民法院判决撤销或者部分撤销，并可以判决被告重新作出行政行为:

（一）主要证据不足的;

（二）适用法律、法规错误的;

（三）违反法定程序的;

（四）超越职权的;

（五）滥用职权的;

（六）明显不当的。

§2 01

税务稽查中的程序瑕疵是否构成违反法定程序？

【要点导读】

在税务稽查案件查办中，税务部门的程序瑕疵是否影响对被行政相对人违法行为事实的认定以及处罚？是否应当因此撤销相关行政行为？实务中，如果存在一些程序瑕疵，税企双方容易产生分歧，例如：

（1）税务检查时未着装、佩戴标识，是否属于程序违法？《税务检查通知书》送达回证只有一名检查人员签字，是否违反程序的相关规定？

（2）税务检查中，调取账册资料超期未归还，是否属于程序违法？

（3）税务稽查时限延长有何具体要求？多次延长办案期限是否违法？

（4）实际控制人已被羁押，是否需要中止检查，待中止事由消除后再恢复稽查工作？

（5）违反重大税务案件审理规定，先经过重大税务案件审理后举行听证，是程序轻微违法吗？

（6）经重大税务案件审理的案件，税务局是否有权作出《税务处理决定书》？

【关键词解释】

调账，即调账检查，是指将纳税人、扣缴义务人账簿、凭证等有关资料调回税务机关进行检查的一种税务检查方法。调账检查时，需要注意四个方面：一是调账检查的范围，既包括账簿、凭证，又包括报表和其他有关资料；既包括以前会计年度的账簿资料，又包括当年的账簿资料；二是调账检查的批准权限，由设区的市、自治州以上税务局（分局）局长批准；三是账簿等资料的归还时间，对以前会计年度的账簿等资料，应在3个月内完整归还被检查人，对当年的账簿等资料，应在30日内完整归还；四是在进行调账检查时，必须依法给纳税人、扣缴义务人开付清单。

违反法定程序，这里指违反法律、法规、规章明文规定的行政机关在行政执法过程中必须遵循的步骤、方式、顺序和时间等的行为。“法定程序”，指法定行政程序，不包含各种诉讼所涉及的法定程序。

【实务问题】

程序合法是税务机关作出行政行为必须遵循的一个重要的法律原则，税收执法行为的程序性事项是复议审查和司法审查的重要内容。如果违反了法定程序，则有可能会侵害到行政相对人的合法权益，其所作出的行政行为将会被认定违法或者被撤销。在税务稽查案件查办中，税务部门的程序瑕疵是否影响对被行政相对人违法行为事实的认定及处罚，是否应当撤销相关行政行为，是税务稽查部门和税务稽查人员非常关心的问题。实务中，如果存在一些程序瑕疵的现象，税企双方容易产生分歧。

（一）税务检查时未着装、佩戴标识，是否属于程序违法？《税务检查通知书》送达回证只有一名检查人员签字，是否违反程序的相关规定？

一般而言，对于税务稽查案件，税务稽查人员在税务检查前会通知被查对象税务检查的时间、需要准备的资料等。在实施检查时都会着装、佩戴标识，出示税务检查证和税务检查通知书，告知其权利和义务，必要时还会佩带执法记录仪。在检查过程中，税务稽查人员会与被查对象进行充分的沟通，以增进了解、宣传税法、解除顾虑，争取得到被查对象的积极配合，有效地开展税务检查工作。税务稽查人员着装、佩戴标识，既是亮明身份的需要，也是税务执法的程序性要求，更是对纳税人的尊重和权益的保护。当然，也有相反的情况，比如对于一些特殊案件，为了避免实施税务稽查时打草惊蛇和方便取得第一手资料，在预先通知有碍检查的条件下，需要采取突击检查的方式，如果要求税务稽查人员着装、佩戴标识，就不方便开展工作。另外，一些规模较大、社会影响程度较高的企业会提出不希望税务稽查人员着装、佩戴标识，以免对其产生不利的影响。因此，税务稽查人员是否着装、佩戴标识，会根据案情的需要进行选择。但是，在税务稽查实务中，个别纳税人会对税务稽查人员不着装、不佩戴标识进入企业开展税务稽查提出质疑，认为税务稽查程序违法。

《税务检查通知书》送达回证只有一名检查人员签字的情况，在税务稽查实务中还是时有发生的，但表现不一。有的是在文书上只有一人签名，有的是一人代笔签上两个人的名字，还有的是用私章代替签名，更有甚者，有的文书上竟然没有签名。根据相关法律法规的规定，在行政机关执法过程中，必须至少是二人执法，执法人员在相关文书上签名是表明执法人员在执法现场的有力证据。不仅需要两个人的签名，而且不得一人代签。税务稽查程序中的相关文书等资料是证明其执法合法性的证据，稽查局负有举证责任。如果不能证明税务稽查中系二人以上执法，其行政行为将面临被撤销的法律后果。

（二）税务检查中，调取账册资料超期未归还，是否属于程序违法？

调账权与场地检查权都是税务机关运用税务检查权的方式，但是从《税收征收管理法》及其实施细则的规定来看，调账权的运用是受到限制的，须经税务局局长批准，而且要在规定的时限内完整归还。因此，对调账权的运用需要注意执法主体的合法性和执法程序的合法性。

在税务稽查实践中，税务稽查人员很愿意采取调账的方式进行检查，因为调账检查的好处很多。例如，可以排除纳税人的干扰，提高税务检查的工作效率；可以聘请其他技术人员参与检查，有利于案情研究等。

在调账权运用的过程中，还是有一些异议。实务中主要存疑的问题有：一是税务稽查超期调账，能否导致其行政处罚无效？二是调账超过法定期限怎么办？可否通过重复调账弥补调账时间不足的问题？例如，因税务稽查人员的工作疏忽导致调取的账簿资料超过法定期限没有归还；因检查工作还没有结束，税务稽查人员担心调取的账簿资料归还后有可能会灭失而不想归还；因个别纳税人对税务稽查人员归还的资料拒绝接收而无法归还等。三是可否用《调取账簿资料清单》提取电子证据？调取电子证据应该使用哪个执法文书？例如，稽查局在查处税务稽查案件时，私自拷贝企业的电子账册，使用了当事人签章确认的《提取证据专用收据》，或者《调取账簿资料清单》《税务事项通知书》《责成提供涉税资料通知书》等。

（三）税务稽查时限延长有何具体要求？多次延长办案期限是否违法？

税务稽查程序包括选案、检查、审理、执行四个环节，每个环节都有具体的工作内容和程序性的要求，并且明确规定了案件的办理期限，以避免稽查活动被人为地延误，出现案件久拖不决的情况。然而，稽查实务中也的确存在由于各种原因导致需要延长税务稽查时间的情况，例如：案情比较重大或者复杂，需要充足的时间进行调查取证；纳税人规模较大、经营活动较多、经营范围较广、经营方式多变的，审核涉税资料的时间较长；被查对象不予配合，需要协查取证，影响办案进度；实施检查时遇到被查对象当事人被限制人身自由或者账簿资料被公安机关调走等情况，需要暂时停止检查；审理环节因案件定性争议较大、纳税人要求举行听证、提请重大案件审理等环节比较费时；执行环节遇到被查对象不主动履行，稽查局需要采取税收强制执行措施；被查对象没有财产可以抵缴税款又无法定税收义务承担主体，需要申请税务局局长批准终结执行。稽查中的各种复杂情况，都会使案件办理周期不可控，使结案变得较为困难。因此，对一个具体的税务稽查案件而言，不可避免地会出现延长检查时间的问题。那么，税务稽查可否延长检查时间，可以延长多长时间，是60天还是几年？可否多次延长检查时间？对这些问题，纳税人可能不解，认为既然税务稽查相关文件规定了税务稽查期限，超出这个期限就是程序违法，而稽查局违反法定程序作出的税务决定，就可以申请复议机关或者人民法院决定撤销。

（四）实际控制人已被羁押，是否需要中止检查，待中止事由消除后再恢复稽查工作？

税务稽查实务中会遇到这样的情况，案件的来源是公安机关转办的案件，由于公安机关在案件转办前就已经启动了立案程序，随着侦查工作的不断深入，发现被查企业涉嫌危害税收征管罪，于是，公安机关因刑事案件查封扣押了该企业的付款单、银行转账收款凭证、银行对账单、票据、计算机等物品，并对企业的实际控制人进行了羁押，同时又将案件线索转交给稽查局，由稽查局对涉税问题进行查处。因此，稽查局进行了立案处理，向被查企业送达了《税务事项通知书》，通知其在限期内提供纳税申报表、财务、会计报表以及账簿、有关合同、有关收款情况及其他涉税资料。被查企业认为，实际控制人已被羁押，无法对其进行询问，该企业客观上也无法提供相关凭证，税务文书的送达签收和盖章等手续也无法完成。这时，稽查局应当先根据税收相关法律法规的规定中止检查，待中止事由消除后，再恢复税务稽查工作。

（五）违反重大税务案件审理规定，先经过重大税务案件审理后举行听证，是程序轻微违法吗？

重大税务案件审理，是稽查局对达到所属税务局重大税务案件标准的税收违法案件，在规定期限内提请所属税务局重大税务案件审理委员会进行审理，并按照重大税务案件审理委员会作出的审理意见书进行相应案件的处理。税务行政处罚听证，是税务机关在作出行政处罚决定之前，应当告知被查对象拟作出的行政处罚内容及事实、理由、依据，并告知其依法享有的陈述、申辩、要求听证等权利。实务中，对于需要提请重大税务案件审理的案件，应该在提请前举行听证程序还是在提请后作出重大税务案件审理决定时举行听证程序，税务稽查部门存有异议：如果先举行听证，案件经过重大税务案件审理后作出加重处罚决定的，是否还应当再举行一次听证程序？如果后举行听证，重大税务案件审理决定已经作出，但举行听证时被查对象又拿出新的证据，该怎么办？还要再提请一次重大税务案件审理吗？如果出现顺序错误，稽查局会不会被认为严重违反法定程序？

（六）经重大税务案件审理的案件，税务局是否有权作出《税务处理决定书》？

税务稽查实务中，对达到重大案件标准而提请主管税务机关审理委员会审理的案件，最终是以稽查局的名义还是以主管税务机关的名义制作并送达《税务处理决定书》，一直是存有争议的。2015 年 2 月 1 日起施行的《重大税务案件审理办法》（国家税务总局令第 34）号第三十四条规定，稽查局应当按照重大税务案件审理意见书制作税务处理处罚决定等相关文书，加盖稽查局印章后送达执行。在此之前，绝大部分稽查局已经统一以自己的名义制作并送达《税务处理决定书》。但仍有司法判例存在以主管税务机关的名义制作并送达《税务处理决定书》的情况。作为被告的税务机关往往认为，《重大税务案件审理办法》对税务局和稽查局的职责划分只是税务机关内部的工作指引，稽查局要在所属税务局领导下开展工作，故由税务局作出行政处理决定并无不当。

【文件规定】

（一）关于行政行为无效、违法等规定

《行政处罚法》第三十八条第二款规定：“违反法定程序构成重大且明

显违法的，行政处罚无效。”

《最高人民法院关于行政诉讼证据若干问题的规定》（法释〔2002〕21号）第五十七条第（一）项规定：“严重违反法定程序收集的证据材料不能作为定案依据。”

《行政诉讼法》第七十四条规定：“行政行为有下列情形之一的，人民法院判决确认违法，但不撤销行政行为：（一）行政行为依法应当撤销，但撤销会给国家利益、社会公共利益造成重大损害的；（二）行政行为程序轻微违法，但对原告权利不产生实际影响的。”“行政行为有下列情形之一，不需要撤销或者判决履行的，人民法院判决确认违法：（一）行政行为违法，但不具有可撤销内容的；（二）被告改变原违法行政行为，原告仍要求确认原行政行为违法的；（三）被告不履行或者拖延履行法定职责，判决履行没有意义的。”

《最高人民法院关于适用〈中华人民共和国行政诉讼法〉的解释》（法释〔2018〕1号）第九十六条规定：“有下列情形之一，且对原告依法享有的听证、陈述、申辩等重要程序性权利不产生实质损害的，属于行政诉讼法第七十四条第一款第二项规定的‘程序轻微违法’：（一）处理期限轻微违法；（二）通知、送达等程序轻微违法；（三）其他程序轻微违法的情形。”

（二）关于二人以上执法要求的规定

《行政处罚法》第四十二条规定：“行政处罚应当由具有行政执法资格的执法人员实施。执法人员不得少于两人，法律另有规定的除外。”“执法人员应当文明执法，尊重和保护当事人合法权益。”

《税收征收管理法》第五十九条规定：“税务机关派出的人员进行税务检查时，应当出示税务检查证和税务检查通知书，并有责任为被检查人保守秘密；未出示税务检查证和税务检查通知书的，被检查人有权拒绝检查。”

《税务稽查案件办理程序》（国家税务总局令第 52 号）第十五条规定："检查前，稽查局应当告知被查对象检查时间、需要准备的资料等，但预先通知有碍检查的除外。""检查应当由两名以上具有执法资格的检查人员共同实施，并向被查对象出示税务检查证件、出示或者送达税务检查通知书，告知其权利和义务。"

《国家税务总局关于印发〈优化税务执法方式 全面推行"三项制度"实施方案〉的通知》（税总发〔2019〕31 号）第二条规定："税务执法人员执法时要按规定着装、佩戴标识，着装、佩戴标识可能有碍执法的除外；在进行税务检查、调查取证、采取强制措施和强制执行、送达执法文书等执法活动时，必须主动出示税务检查证，向当事人和相关人员表明身份；在税务执法时，要出具执法文书，主动告知当事人执法事由、执法依据、权利义务等内容。"

《国家税务总局关于发布〈税务检查证管理办法〉的公告》（国家税务总局公告 2018 年第 44 号）第二条第一款、第五条第二款、第十六条规定："税务检查证是具有法定执法权限的税务人员，对纳税人、扣缴义务人及其他当事人进行检查时，证明其执法身份、职责权限和执法范围的专用证件。""稽查部门专用税务检查证，适用于稽查人员开展稽查工作，由稽查部门归口管理。""税务人员出示税务检查证时，可以告知被检查人或其他当事人通过扫描二维码查验持证人身份。"

（三）关于调账及文书适用范围的规定

1. 调账及时限要求

《税收征收管理法》第五十八条规定："税务机关调查税务违法案件时，对与案件有关的情况和资料，可以记录、录音、录像、照相和复制。"

《税收征收管理法实施细则》第二十六条第一款规定："纳税人、扣缴义务人会计制度健全，能够通过计算机正确、完整计算其收入和所得或者代扣代缴、代收代缴税款情况的，其计算机输出的完整的书面会计记录，可视同会计账簿。”

《税收征收管理法》第五十四条第（一）项规定：“税务机关有权检查纳税人的账簿、记账凭证、报表和有关资料，检查扣缴义务人代扣代缴、代收代缴税款账簿、记账凭证和有关资料。”

《税收征收管理法实施细则》第八十六条规定：“税务机关行使《税收征收管理法》第五十四条第（一）项职权时，可以在纳税人、扣缴义务人的业务场所进行；必要时，经县以上税务局（分局）局长批准，可以将纳税人、扣缴义务人以前会计年度的账簿、记账凭证、报表和其他有关资料调回税务机关检查，但是税务机关必须向纳税人、扣缴义务人开付清单，并在3个月内完整退还；有特殊情况的，经设区的市、自治州以上税务局局长批准，税务机关可以将纳税人、扣缴义务人当年的账簿、记账凭证、报表和其他有关资料调回检查，但是税务机关必须在30日内退还。”

《税务稽查案件办理程序规定》（国家税务总局令第52号）第十八条规定：“调取账簿、记账凭证、报表和其他有关资料时，应当向被查对象出具调取账簿资料通知书，并填写调取账簿资料清单交其核对后签章确认。”“调取纳税人、扣缴义务人以前会计年度的账簿、记账凭证、报表和其他有关资料的，应当经县以上税务局局长批准，并在3个月内完整退还；调取纳税人、扣缴义务人当年的账簿、记账凭证、报表和其他有关资料的，应当经设区的市、自治州以上税务局局长批准，并在30日内退还。”“退还账簿资料时，应当由被查对象核对调取账簿资料清单，并签章确认。”

《国家税务总局关于贯彻〈中华人民共和国税收征收管理法〉及其实施细则若干具体问题的通知》（国税发〔2003〕47号）第十六条规定：“对采用电算化会计系统的纳税人，税务机关有权对其会计电算化系统进行查验；对纳税人会计电算化系统处理、储存的会计记录及其他有关的纳税资料，税务机关有权进入其电算化系统进行检查，并可复制与纳税有关的电子数据作为证据。”

《税务稽查案件办理程序规定》（国家税务总局令第 52 号）第十六条第二款规定："对采用电子信息系统进行管理和核算的被查对象，检查人员可以要求其打开该电子信息系统，或者提供与原始电子数据、电子信息系统技术资料一致的复制件。被查对象拒不打开或者拒不提供的，经稽查局局长批准，可以采用适当的技术手段对该电子信息系统进行直接检查，或者提取、复制电子数据进行检查，但所采用的技术手段不得破坏该电子信息系统原始电子数据，或者影响该电子信息系统正常运行。"

2. 文书适用范围

《国家税务总局关于印发全国统一税收执法文书式样的通知》（国税发〔2005〕179 号）附件中《调取账簿资料清单》的适用范围规定："检查人员在调取和退还账簿资料时使用。"

《国家税务总局关于修订部分税务执法文书的公告》（总局公告 2021 年第 23 号）附件中《提取证据专用收据》的适用范围规定："税务稽查人员或者其他税收执法人员在提取证据材料原件时使用。""证据原件的提取范围应当包括但不限于以下类型：伪造、变造、虚开的发票及其他税款抵扣、出口退税等凭证；伪造、变造的金融票据及其他收付款凭证；伪造、变造的账簿、凭证及有关资料；不提取原件可能导致灭失或者被转移、藏匿的其他证据材料。"

（四）关于税务稽查时限与中止检查的规定

《行政处罚法》第六十条规定："行政机关应当自行政处罚案件立案之日起九十日内作出行政处罚决定。法律、法规、规章另有规定的，从其规定。"

《税务稽查案件办理程序规定》（国家税务总局令第 52 号）第四十七条规定："稽查局应当自立案之日起 90 日内作出行政处理、处罚决定或者无税收违法行为结论。案情复杂需要延期的，经税务局局长批准，可以延长不超过 90 日；特殊情况或者发生不可抗力需要继续延期的，应当经上一级税务局分管副局长批准，并确定合理的延长期限。”“但下列时间不计算在内：（一）中止检查的时间；（二）请示上级机关或者征求有权机关意见的时间；（三）提请重大税务案件审理的时间；（四）因其他方式无法送达，公告送达文书的时间；（五）组织听证的时间；（六）纳税人、扣缴义务人超期提供资料的时间；（七）移送司法机关后，税务机关需根据司法文书决定是否处罚的案件，从司法机关接受移送到司法文书生效的时间。”

《税务稽查案件办理程序规定》（国家税务总局令第52号）第三十三条规定：“有下列情形之一，致使检查暂时无法进行的，经稽查局局长批准后，中止检查：（一）当事人被有关机关依法限制人身自由的；（二）账簿、记账凭证及有关资料被其他国家机关依法调取且尚未归还的；（三）与税收违法行为直接相关的事实需要人民法院或者其他国家机关确认的；（四）法律、行政法规或者国家税务总局规定的其他可以中止检查的。”

（五）关于税务重大案件审理的规定

《行政处罚法》第五十七条第二款、第六十五条规定：“对情节复杂或者重大违法行为给予行政处罚，行政机关负责人应当集体讨论决定。”“听证结束后，行政机关应当根据听证笔录，依照本法第五十七条的规定，作出决定。”

《重大税务案件审理办法》（国家税务总局令第51号）第十八条规定：“重大税务案件应当自批准受理之日起30日内作出审理决定，不能在规定期限内作出审理决定的，经审理委员会主任或其授权的副主任批准，可以适当延长，但延长期限最多不超过15日。”“补充调查、请示上级机关或征求有权机关意见、拟处理意见报上一级税务局审理委员会备案的时间不计入审理期限。”

《重大税务案件审理办法》（国家税务总局令第51号）第十四条、第十五条第一款规定：“稽查局应当在内部审理程序终结后5日内，将重大税务案件提请审理委员会审理。”“当事人按照法律、法规、规章有关规定要求听证的，由稽查局组织听证。”“稽查局提请审理委员会审理案件，应当提交以下案件材料：（一）重大税务案件审理案卷交接单；（二）重大税务案件审理提请书；（三）税务稽查报告；（四）税务稽查审理报告；（五）听证材料；（六）相关证据材料。”

《重大税务案件审理办法》（国家税务总局令第51号）第三十五条第一款规定：“稽查局应当按照重大税务案件审理意见书制作税务处理处罚决定等相关文书，加盖稽查局印章后送达执行。”

【指导建议】

违反法定程序作为行政行为撤销或确认违法的理由之一，主要是因为行政机关在行政执法过程中如果违反了法定程序，极有可能会侵害到行政相对人的合法权益，因此在税务行政复议或者行政诉讼中，税务机关执法行为被撤销的一个主要原因就是法定程序的违反。税务稽查部门在执法活动中的程序违法事项多见于文书送达程序、履行告知义务、各类时限处理及保障纳税人救济权利等方面。下面就前述税企双方之间存有分歧的六个问题进行逐一分析。

（一）关于二人执法问题

根据《行政处罚法》第四十二条、《税收征收管理法》第五十九条、《税务稽查案件办理程序》（国家税务总局令第52号）第十五条和《税务检查证管理办法》的规定，税务稽查人员执法不得少于两人，应当出示税务检查证和税务检查通知书。稽查人员开展稽查工作用以证明其执法身份、职责权限和执法范围的专用证件是税务检查证。同时，根据《国家税务总局关于修订部分税务执法文书的公告》（国家税务总局公告2021年第23号）附件《税务文书送达回证》格式中也明确要由“送达人签名或盖章”，根据《国家税务总局关于印发全国统一税收执法文书式样的通知》（国税发〔2005〕179号）和《国家税务总局关于发布税务稽查执法文书式样的公告》（国家税务总局公告2012年第2号）的规定，税务文书除了现场笔录和勘验笔录外的其他文书并无不允许盖私章的规定。为此，若发生在税务文书送达回证上没有签名、只签一个人的名字或者一个人代笔签两个人的名字都属于程序违法，但不会因此而导致税务稽查处理决定或者处罚决定撤销。理由有两个：一是证明二人以上人员执法的方式可以有很多种，例如在《税务检查证出示证明》上注明二人以上执法人员的姓名及税务检查证号码，并由被检查单位盖章或签名，或者通过执法记录仪进行录像记录现场执法情况等，都可以认定程序合法。二是根据《行政诉讼法》第七十四条第一款第（一）项的规定，行政行为依法应当撤销，但撤销会给国家利益、社会公共利益造成重大损害的，人民法院判决确认违法，但不撤销行政行为。对税务文书送达回证上一人签名的，但有其他证据能够证明二人以上人员执法的，属于本条款规定程序违法，但不撤销的行政行为。

对于纳税人质疑税务稽查人员检查时未穿着正式的工作服，进而认为程序违法的问题，现行法律没有相关规定。根据《国家税务总局关于印发〈优化税务执法方式全面推行“三项制度”实施方案〉的通知》（税总发〔2019〕31号）第二条的规定，税务执法人员执法时要按规定着装、佩戴标识，可能有碍执法的除外。为此，税务稽查人员着装、佩戴标识不是法定要求，可以根据执法需要进行选择。一般认为，不着装、佩戴标识没有损害当事人的实质性权力，不确认为程序违法。

（二）关于税务检查中调取账册资料超限问题

调账检查是当今税务稽查的主要检查手段，调账权运用不当将会导致税务稽查工作前功尽弃，纳税人违法行为有可能无法得到应有的惩罚，对提高纳税人纳税遵从度产生不利的影响。针对调取账册资料超限等容易产生分歧的诸多问题，应结合税收相关法律法规的规定，依法定职权和法定程序开展税务稽查，确保调账权运用的合法性和规范性。

1. 关于税务稽查超期调账能否导致行政处罚无效的问题

所谓的超期调账，就是违反了《税收征收管理法实施细则》关于调账期间的规定，对以前年度的账簿、凭证等涉税资料调账时间超过了三个月，或者对当年的账簿、凭证等涉税资料调账时间超过了30天即为超期。《税收征收管理法实施细则》关于调账权运用的相关的规定，是国家运用法律手段在赋予税务机关检查权的同时又对被查对象的财产权给予保护，税务机关在执法中必须遵守法定程序。根据《行政处罚法》第三十八条第二款的规定，违反法定程序构成重大且明显违法的，行政处罚无效。即行政处罚从作出之日起失去效力。根据《最高人民法院关于行政诉讼证据若干问题的规定》（法释〔2002〕21号）第五十七条第（一）项规定："严重违反法定程序收集的证据材料不能作为定案依据。"为此，税务机关超期调账是不遵守法定程序的行为，但是最终是否会导致税务机关作出的行政处罚是无效，则要看这个行政行为是否侵害了相对人的合法权益，所提取的账簿资料是否最终被作为证据或者主要证据。如果对相对人依法享有的听证、陈述、申辩等重要程序性权利不产生实质损害的，则应当根据《最高人民法院关于适用〈中华人民共和国行政诉讼法〉的解释》（法释〔2018〕1号）第九十六条规定，超期调账属于程序轻微违法而不确认为无效。

2. 关于调账超过法定期限如何处理和能否重复进行的问题

税务稽查中有多种原因导致出现超期调账的问题，归纳起来，主要是税务机关和纳税人两个方面的原因。如果是税务机关的原因，超期调账是违反法定程序的，但是否是"严重"的违反法定程序，是否属于影响证据效力的违法情形，则需要由法院视案情予以裁量。对纳税人原因导致税务机关调取的账簿资料超过法定期限不能归还的，例如纳税人走逃、注销或拒绝接收等，这时税务机关应当提取相关的证据来证明确实无法归还的事实，提取和固定证据时，首先应履行归还手续，例如实地归还并送达《调取账簿资料清单》，对归还的过程进行全程录像，并制作《现场笔录》；或者使用《税务事项通知书》告知被查对象取回的时间及地点等，并同时可以采取制作询问笔录、证人证言、现场笔录，以及公证、录像等手段。对纳税人拒绝接收的，税务机关可以依据《税收征收管理法》第七十条的规定对其进行行政处罚，该处罚可以在税务稽查期间进行。送达文书的方式，在其他送达方式无法送达的情况下，可以采用公告送达。因纳税人原因而导致超期调账的，不影响税务机关提取证据的合法有效。

对能否重复调账的问题，尽管现行《税收征收管理法》并没有禁止二次调账，但是从法治意义上来说，在公法和私法的领域，适用的法律原则是不同的，前者强调公权力限制原则，后者强调私法自治原则。由于税务机关的执法行为是公共权力的行使，应当适用严格的“法无授权不得行”、“法不允许即违法”的原则，而非公民行为所适用的宽容的“法无禁止即合法”原则。也就是说，税务机关在没有法律授权可以重复调账的情况下，是严格禁止重复调账的，对同一账簿、凭证及相关资料，同一机关、同一案件只能调取一次。

为避免调账超过法定期间，税务机关可以通过两种途径进行解决：一是增加税务检查人员数量。由于调账检查是在税务机关进行，检查人数是不受限制的，可以视案情的需要适当增加税务检查人员，提高检查的速度。二是对调取的账簿、凭证等涉税资料可以采取分期调账的方式进行。对当年的账簿资料与以前年度的账簿资料分开调取，对以前年度的账簿资料也可以采取分期调账。不过，这里需要注意调账的审批权与调账时间的选择，对调取当年的账簿、凭证等涉税资料的，需要符合“特殊情况”的要求。同时还要注意防止纳税人转移、销毁账簿资料等情况发生。

3. 关于《调取账簿资料清单》的适用范围是否包括电子证据的问题

首先应该明确的是，调账是检查权的运用，调账检查是一种检查方法，而不是取证手段。调取被查对象的账簿资料，其目的是对其涉税处理情况进行检查，从中发现有无不如实核算和不及时、足额申报缴纳税款的情况。调账检查过程中，为防止证据毁损或灭失，税务机关可以采取复制或提取证据原件的方式提取和固定证据，但不能以调账清单代替取证文书。根据《国家税务总局关于印发全国统一税收执法文书式样的通知》（国税发〔2005〕179 号）的规定，《调取账簿资料清单》的适用范围为检查人员在调取和退还账簿资料时使用，因此，《调取账簿资料清单》不适用于提取电子证据原件。

4. 对拷贝企业的电子账册的合法性问题

根据《税收征收管理法实施细则》第二十六条第一款的规定，"企业账簿、记账凭证、报表和其他材料"指的应是书面纸质材料且为原件，但电子账册系电子数据，拷贝企业的电子账册是对原件的复制过程，不适用《税收征收管理法实施细则》第八十六条及《税务稽查案件办理程序规定》（国家税务总局令第 52 号）第十八条的规定调取账簿的程序要求。税务机关拷贝电子账册数据应当符合《税收征收管理法》第五十八条、《国家税务总局关于贯彻〈中华人民共和国税收征收管理法〉及其实施细则若干具体问题的通知》（国税发〔2003〕47 号）第十六条及《税务稽查案件办理程序规定》（国家税务总局令第 52 号）第十六条第二款的规定，适用证据提取的程序性要求：提取证据原件的，使用《提取证据专用收据》和《提取证据资料清单》；拷贝电子账册的，制作《检查纳税人电子信息系统审批表》，经稽查局局长批准后，将涉税电子数据信息复制、备份到 2 个以上有足够存储容量的有形存储介质中，分别用于检查和证据备份，并要求提供电子数据的个人、单位的法定代表人（或者负责人）、财务负责人或者经单位授权的其他人员对有形存储介质中涉税电子数据信息的制作情况和一致性进行确认，由电子数据提供人对其中一份有形存储介质进行签封。

（三）关于延长税务稽查时限的问题

根据《行政处罚法》第六十条和《税务稽查案件办理程序规定》（国家税务总局令第 52 号）第四十七条的规定，税务稽查时限为 90 日内。

这里需要注意六个问题：

（1）时限的起止时点。时限的起点是立案之日，即《税务稽查立案审批表》经稽查局长签批的时间，而不是送达《税务检查通知书》的时间；止点是作出行政处理、处罚决定或者无税收违法行为结论的时间，即决定性文书经稽查局长签批的时间，而不是《税务处理决定书》《税务行政处罚决定》《不予税务行政处罚决定》《税务稽查结论》等文书送达的时间。

（2）因案情复杂需要延期，由稽查局提出申请，经税务局局长批准，而不是经稽查局局长批准。

（3）延长不超过90日，特殊情况或者发生不可抗力需要继续延期的，应当经上一级税务局分管副局长批准，并确定合理的延长期限。

（4）下列时间不计算在内：①中止检查的时间；②请示上级机关或者征求有权机关意见的时间；③提请重大税务案件审理的时间；④因其他方式无法送达，公告送达文书的时间；⑤组织听证的时间；⑥纳税人、扣缴义务人超期提供资料的时间；⑦移送司法机关后，税务机关需根据司法文书决定是否处罚的案件，从司法机关接受移送到司法文书生效的时间。其中，根据《重大税务案件审理办法》（国家税务总局令第51号）第十八条的规定，重大税务案件应当自批准受理之日起30日内作出审理决定，不能在规定期限内作出审理决定的，经审理委员会主任或其授权的副主任批准，可以适当延长，但延长期限最多不超过15日。同时，补充调查、请示上级机关或征求有权机关意见、拟处理意见报上一级税务局审理委员会备案的时间不计入审理期限。

（5）延长案件办理时限需要填制《延长稽查案件办理时限审批表》，有两种情况：一是在检查环节需延长案件办理时限的，由检查部门在办理时限届满之前提出申请；二是在审理环节需延长案件办理时限的，由审理部门在办理时限届满之前提出申请。

（6）“日内”，含本数，并且是指工作日，不含法定节假日。

由此可以看出，自2021年8月11日起，税务稽查案件办理时限为90日内，案情复杂的经批准可以延长，但不得超过90日。特殊情况或者发生不可抗力的，经批准还可以延长，但必须是在合理的时限内。对于多次申请延长的，如果在时限内，应该是可以的。若出现税务稽查办理超出时限的，根据《最高人民法院关于适用〈中华人民共和国行政诉讼法〉的解释》（法释〔2018〕1号）第九十六条规定，对行政相对人依法享有的听证、陈述、申辩等重要程序性权利不产生实质损害，属于程序轻微违法而不予撤销。

（四）关于中止检查的问题

根据《税务稽查案件办理程序规定》（国家税务总局令第52号）第三十三条的规定，致使检查暂时无法进行的，经稽查局局长批准后，中止检查，并列举了四种情形。实务中，依据该条款规定中止检查的，需要注意四个问题：一是“当事人被有关机关依法限制人身自由”，这里所说的“当事人”，既可以是实际控制人，也可以是法定代表人，还可以是主要负责人。而税务文书送达回证的签收人可以是法定代表人、财务负责人或者负责信件收发的人员。二是“账簿、记账凭证及有关资料被其他国家机关依法调取且尚未归还”，应当区分情况。所谓“尚未归还”，可以通过部门协作进行证据转换，即由调取资料的其他国家机关对资料进行复制，并在复制件上注明“与原件核对一致，原件存于我处”，加盖该国家机关的印章。三是“与税收违法行为直接相关的事实需要人民法院或者其他国家机关确认的”，指的是税务案件的事实认定依赖于先于稽查程序的民事或者刑事诉讼程序。四是条款所列情形不必然“致使检查暂时无法进行”时，不中止检查。

为此，实际控制人被羁押和银行转账收款凭证、银行对账单等被公安机关查封扣押，只要不影响稽查局对案件事实的核实和认定，以及不侵害被查企业依法享有的质证、陈述、申辩的权利，税务检查工作就可以不中止进行。

（五）关于提请重大税务案件审理与举行听证的顺序问题

下面举两个行政审判实例，以说明关于提请重大税务案件审理与举行听证的顺序问题。

【判例 2－1－1：宁波埃斯科光电有限公司、宁波市国家税务局稽查局其他二审行政判决书［（2018）浙02行终180号］】 人民法院认为："被告举行听证的时间是2017年9月5日，而原宁波市国税局重大税务案件审理委员会于2017年8月14日就已作出《重大税务案件审理委员会审理意见书》，故存在先集体讨论后进行听证，此举势必使听证流于形式，应认定为重大程序违法。""根据行政诉讼法的相关规定，具体行政行为合法需要满足行政主体具有行政职权、行政行为作出程序合法、认定事实清楚、适用法律正确等4项条件。经审查，具体行政行为不能满足前一顺序条件的，即可予以撤销。被诉行政处罚决定由于欠缺作出程序合法条件，依法应予撤销。"

【判例 2－1－2：聚善堂（福建）医药集团有限公司与福建省漳州市国家税务局稽查局税务行政管理（税务）一审行政判决书［（2016）闽06行初91号］】 人民法院认为："被告在提请重审委员会审理案件之前，在其内部审理程序环节就应当向原告送达《税务行政处罚事项告知书》，以便听取原告的陈述申辩意见，并将当事人的陈述、申辩情况在《税务稽查审理报告》中载明，《税务稽查审理报告》应提交重审委员会，由重审委员会依法审理并作出正确审理意见。如果被告在重审委员会作出审理意见后才告知原告，原告提出的陈述申辩意见是否成立则只能由被告作出判断，而重审委员会并不知晓，该情况显然与重大税务案件应经重审委员会审理的精神相悖。"

根据《行政处罚法》第五十七条第二款、第六十五条及《重大税务案件审理办法》（国家税务总局令第51号）第十四条、第十五条第一款的规定，提请重大税务案件审理委员会审理需提交的材料中包含有听证材料。实务中，涉及拟处罚事项的，在提请重大税务案件审理委员会审理前，应当由稽查局或者跨区域稽查局审理部门依法履行行政处罚告知程序、听证程序。

（六）关于经重大税务案件审理的案件作出《税务处理决定书》的主体问题

《重大税务案件审理办法》的立法目的旨在为推进税务机关科学民主决策，强化内部权力制约，保护纳税人合法权益，税务机关作为税收法律关系中比较强势的一方，应依法依规执行税收法律法规及相关政策的文件规定，确保所做的税收行政行为程序和实体合法。根据《行政诉讼法》第六十三条第三款的规定，人民法院审理行政案件，参照规章。作为部门规章的《重大税务案件审理办法》（国家税务总局令第51号）具有法律适用的合法性。为此，应根据《行政诉讼法》第三十五条第一款的规定，应当按照重大税务案件审理意见书，以稽查局的名义制作税务处理处罚决定等相关文书，送达执行。只有这样，才符合行政机关作出行政行为应遵循程序合法的基本原则。税务局对稽查局的领导并不代表税务局可以代行稽查局的法定职权，以免损害行政相对人程序法上的权利。

【司法判例】

·宁波埃斯科光电有限公司、宁波市国家税务局稽查局其他二审行政判决书［〔2018〕浙02行终180号］。来源：中国裁判文书网。

·聚善堂（福建）医药集团有限公司与福建省漳州市国家税务局稽查局税务行政管理（税务）一审行政判决书［〔2016〕闽06行初91号］。来源：中国裁判文书网。

§2 02

纳税人以被查封资产作为担保物申请纳税担保，稽查局可否不受理？

【要点导读】

税务稽查部门在执法中可能会由于各种程序性错误而影响税务稽查案件查办的效率和质量。下面列举几个有关纳税担保和税收强制措施的争议问题：

（1）纳税人以被查封资产作为担保物申请纳税担保，稽查局可否不予受理？

（2）税务机关可否冻结个体工商户经营者的个人银行存款账户？

（3）稽查局在依据复议机关决定重新作出税务处理决定之前冻结纳税人银行存款，有无不当？

（4）稽查局超时解除税收强制措施，属于严重违反法定程序吗？

【关键词解释】

纳税担保，是指经稽查局同意或者确认，纳税人或者其他自然人、法人、经济组织以保证、抵押、质押的方式，为纳税人应当缴纳的税款及滞纳金提供担保的行为。纳税担保包括纳税保证、纳税抵押和纳税质押。

纳税抵押，是指纳税人或纳税担保人不转移对《纳税担保试行办法》第十五条所列财产的占有，将该财产作为税款及滞纳金的担保。纳税人逾期未缴清税款及滞纳金的，税务机关有权依法处置该财产以抵缴税款及滞纳金。纳税人或者纳税担保人为抵押人，税务机关为抵押权人，提供担保的财产为抵押物。

纳税质押，是指经税务机关同意，纳税人或纳税担保人将其动产或权利凭证移交税务机关占有，将该动产或权利凭证作为税款及滞纳金的担保。纳税人逾期未缴清税款及滞纳金的，税务机关有权依法处置该动产或权利凭证以抵缴税款及滞纳金。纳税质押分为动产质押和权利质押。

税收强制措施，是指稽查局依法对从事生产、经营的纳税人采取的行政强制措施。税收强制措施包括冻结存款和查封、扣押商品、货物或者其他财产。

【实务问题】

为保障纳税人的合法权益和维护国家的税收利益，税务稽查在实施检查或者执行过程中，发现纳税人有逃避纳税义务的行为或者欠缴税款的纳税人或者他的法定代表人需要出境，以及纳税人、扣缴义务人、纳税担保人等与稽查局发生纳税争议，《税收征收管理法》规定了纳税人可以提供纳税担保或者稽查局可以采取税收保全措施（为了与《行政强制法》相协调，以下改为税收强制措施，法条原文引用除外）。但是，稽查局在相关执法过程中，由于法律文件的具体条款规定不够清晰、明确和具体，一些税务稽查人员存在执法随意等情况，在很多问题上产生了税企争议，例如擅自要求固定工商业户提供纳税担保，并收取纳税保证金；未让纳税人提供纳税担保，就采取税收强制措施；纳税人在责令限期缴纳税款期间并没有明显的转移、隐匿应纳税的商品、货物及其他财产或者应纳税收入的迹象，而对其采取税收强制措施；查封纳税人家人正在居住的住房，且大大超过税款、滞纳金、罚款；对“扣缴义务人”及其他当事人也采取了税收强制措施；未告知纳税人有纳税担保权，就采取扣货措施；扣押违法当事人货物，没有其法人代表签字；纳税人已缴清税款，未在1日内解除扣押。

税务稽查部门在执法中由于各种程序性错误而引起税企争议，进而影响了税务稽查案件查办的效率和质量，由此导致税务稽查案件败诉的情形时有发生。下面选取几个税企争议问题，以提示税务稽查人员在未来的工作中做到精确执法。

（一）纳税人以被查封资产作为担保物申请纳税担保，稽查局可否不予受理？

根据《税收征收管理法》相关规定，纳税人可以在缴纳税款和提供纳税担保方式中任选其一。如果选择以财产作为担保物申请纳税担保的，应当先向稽查局提交担保申请，填写《纳税担保书》和《纳税担保财产清单》，经稽查局审核确认后方为有效。实务中，一些纳税人按照稽查局的要求提出纳税担保申请，却收到了稽查局不予受理纳税担保申请的回复。为此，有纳税人提出疑问：什么样的情况才是可以受理的？稽查局是否有故意推诿或者粗暴执法的问题？

下面列举两个稽查局不予受理纳税担保申请的司法判例。

【判例 2－2－1：海南国托科技有限公司与海南省地方税务局第一稽查局申诉民事裁定书［（2015）行监字第 2031 号］】 裁判要旨：“虽然国托公司对 13 号《处理决定书》和 1 号《变更处理决定书》认定的其税收违法行为有异议，但并没有根据上述法律规定先依照税务机关的纳税决定缴纳或者解缴税款及滞纳金。国托公司虽然以其名下‘八里银海’项目的第六号整栋楼提供纳税担保，但由于该项目上不仅设置有银行抵押权，还已被第一稽查局查封，因此，第一稽查局作出琼地税一稽复函〔2013〕1 号《关于给海南国托科技有限公司纳税担保申请的复函》（以下简称 1 号《复函》），认定国托公司提供的纳税担保抵押物不符合条件，不予受理国托公司提出的纳税担保申请。”

【判例 2－2－2：湖北荆大精密钢管实业有限公司与荆州市地方税务局稽查局行政决定、荆州人民政府行政复议一案一审行政判决书［（2016）鄂 1002 行初 7 号］】 裁判要旨：“2015 年 9 月 3 日，原告向被告市税务稽查局邮寄《纳税担保书》，纳税担保人为原告公司的44名股东，担保形式为‘股权担保’。被告市税务稽查局9月7日收到。2015年9月24日，被告市税务稽查局作出《对〈纳税担保书〉的回复》，不同意接受原告提供的纳税担保。”“被告市政府（2015）31号《决定书》和20号、23号《告知书》认为，原告提供的股权担保材料不齐全，不符合国家税务总局《纳税担保试行办法》第二十五条第三款之规定。原告认为，这种认定系适用法律、法规错误。《纳税担保试行办法》第二十五条第三款规定的权利凭证范围用‘等’字涵盖了担保法第七十五条、七十六条规定的权利凭证质押的全部内容，《纳税担保试行办法》第二十五条和担保法第七十五条、七十六条的规定并无冲突。因此，股权包含在《纳税担保试行办法》第二十五条第三款规定的权利凭证‘等’字的范围内。”

（二）税务机关可否冻结个体工商户经营者的个人银行存款账户？

由于疫情的影响以及各种资金信贷的压力，导致我国目前整体的消费力下降，对个体工商户的经营者影响很大。在这种大变局、市场大洗牌下，出现了大量个体户被淘汰的困境。尽管如此，仍有一些个体工商户在市场夹缝中探寻着、支撑着、经营着，当然其中也不乏成功者。个体工商户在经营过程中不同于其他的企业组织形式：个体工商户在我国司法实践中是以营业执照上的经营者为当事人，即使经营者的个人账户未和个体工商户的账户混合，如果发生欠缴税款的情况，税务机关将直接冻结经营者的个人存款账户。对此，一些税务稽查人员认为，不能对个体工商户的经营者的个人银行存款账户实施冻结，因为税务稽查的对象是经营实体，从税法规定来看，纳税主体是经营实体而非经营者个人，在没有证据证明经营者个人账户与经营实体的财产混同的情况下，稽查局冻结经营者个人账户银行存款没有法律授权，会因此而产生执法风险，甚至会导致被追究法律责任的后果。

（三）稽查局在依据复议机关决定重新作出税务处理决定之前冻结纳税人银行存款，有无不当？

根据《税收征收管理法》的规定，纳税人与稽查局发生纳税争议，可以在缴清税款、滞纳金或者提供纳税担保被稽查局确认后，向税务机关申请税务行政复议。若复议决定撤销原税务处理决定并责令稽查局重新作出税务处理决定的情况下，稽查局在未作出新的税务处理决定前，一般不会对纳税人采取税收强制措施。但是，在税务稽查实务中，有的稽查局担心纳税人会利用这个空当转移财产，即使能够及时作出税务处理决定，也会因无财产可抵缴税款而导致税款流失。因此，就先行冻结了纳税人的银行存款。这种做法是否可行？

实务案例

案例 2－2－1
某国税稽查局冻结盛升公司银行存款是否合理

某国税稽查局对盛升公司 2007 年 12 月 1 日至 2014 年 12 月 31 日的纳税情况进行检查，于 2015 年 3 月 25 日作出银国税稽处〔2015〕33 号《税务处理决定书》，盛升公司对该决定书不服，申请行政复议。2015 年 7 月 15 日，宁夏回族自治区国家税务局作出宁国税复决字〔2015〕1 号《行政复议决定书》，撤销某国税稽查局作出的银国税稽处〔2015〕33 号《税务处理决定书》，并责令银川市国税局在收到复议决定书之日起 60 日内重新作出具体行政行为。2015 年 8 月 28 日，某国税稽查局作出银国税稽冻〔2015〕11 号冻结存款决定书，决定对盛升公司以前纳税期的税款采取税收保全措施，冻结盛升公司在中国建设银行银川北门支行的存款 730 000 元。2015 年 9 月 9 日，某国税稽查局作出银国税稽处〔2015〕133 号《税务处理决定书》，责令盛升公司自收到该决定书之日起 15 日内到银川市兴庆区北区国家税务局缴纳企业所得税 384 526.82 元，从滞纳税款之日起按日加收滞纳税款万分之五的滞纳金。

（四）稽查局超时解除税收强制措施，属于严重违反法定程序吗？

税务稽查中的时限要求，除了内部管理的需要之外，对行政相对人的执法时限，一般都是出于保护行政相对人的合法权益和维护国家税收秩序的考虑。如果法律法规明确规定了时限要求，税务稽查人员执法中没有遵守这些规定，就是程序违法的行政行为。这种行为既可能被确定为程序轻微违法，也可能被确定为严重违反法定程序，判断的标准就是看这一违法的行政行为有没有侵害行政相对人依法享有的陈述、申辩、听证等合法权益。对稽查局采取税收强制措施时出现超时解除的情况，可能会被确定为严重违反法定程序，进而导致纳税人申请损失赔偿的法律后果。

实务案例

案例 2－2－2

某企业有权因县国税局超时解除税收保全措施而要求赔偿吗

7月22日，县国税局接到了某企业职工的署名举报信和署名举报电话，举报该企业有明显的不正常转移货物的迹象。经查实，该企业确有此行为。为此，县国税局于7月26日上午8时对该企业采取了税收保全措施，查封了该企业10件总价值6万元的高级皮衣，并向该企业开具了查封商品、货物、财产清单。双方人员均在清单上签了字，并加盖了各自单位的公章。

7月27日，该企业缴清了税款。7月28日下午5时，县国税局解除了对该企业的税收保全措施。7月28日，该企业向县人民法院提起行政诉讼，要求撤销县国税局的《税务处理决定书》和《税务行政处罚决定书》；对县国税局超时解除税收保全措施，致使该企业无法正常营业所造成的经济损失50万元人民币予以赔偿；要求县国税局在县有线电视台对其公开道歉。

【文件规定】

（一）关于纳税担保适用条件的规定

《税收征收管理法》第三十八条第一款规定："税务机关有根据认为从事生产、经营的纳税人有逃避纳税义务行为的，可以在规定的纳税期之前，责令限期缴纳应纳税款；在限期内发现纳税人有明显的转移、隐匿其应纳税的商品、货物及其他财产或者应纳税的收入的迹象的，税务机关可以责成纳税人提供纳税担保。"

《税收征收管理法》第四十四条规定："欠缴税款的纳税人或者他的法定代表人需要出境的，应当在出境前向税务机关结清应纳税款、滞纳金或者提供担保。未结清税款、滞纳金，又不提供担保的，税务机关可以通知出境管理机关阻止其出境。"

《税收征收管理法实施细则》第七十四条规定："欠缴税款的纳税人或者其法定代表人在出境前未按照规定结清应纳税款、滞纳金或者提供纳税担保的，税务机关可以通知出入境管理机关阻止其出境。阻止出境的具体办法，由国家税务总局会同公安部制定。"

《税收征收管理法》第八十八条第一款规定："纳税人、扣缴义务人、纳税担保人同税务机关在纳税上发生争议时，必须先依照税务机关的纳税决定缴纳或者解缴税款及滞纳金或者提供相应的担保，然后可以依法申请行政复议；对行政复议决定不服的，可以依法向人民法院起诉。"

《税收征收管理法实施细则》第一百条规定："《税收征收管理法》第八十八条规定的纳税争议，是指纳税人、扣缴义务人、纳税担保人对税务机关确定纳税主体、征税对象、征税范围、减税、免税及退税、适用税率、计税依据、纳税环节、纳税期限、纳税地点及税款征收方式等具体行政行为有异议而发生的争议。"

《税收征收管理法实施细则》第六十一条规定："《税收征收管理法》

第三十八条、第八十八条所称担保，包括经税务机关认可的纳税保证人为纳税人提供的纳税保证，以及纳税人或者第三人以其未设置或者未全部设置担保物权的财产提供的担保。”“纳税保证人，是指在中国境内具有纳税担保能力的自然人、法人或者其他经济组织。”“法律、行政法规规定的没有担保资格的单位和个人，不得作为纳税担保人。”

（二）关于纳税担保申请与确认的规定

《税收征收管理法实施细则》第六十二条规定：“纳税担保人同意为纳税人提供纳税担保的，应当填写纳税担保书，写明担保对象、担保范围、担保期限和担保责任以及其他有关事项。担保书须经纳税人、纳税担保人签字盖章并经税务机关同意，方为有效。”“纳税人或者第三人以其财产提供纳税担保的，应当填写财产清单，并写明财产价值及其他有关事项。纳税担保财产清单须经纳税人、第三人签字盖章并经税务机关确认，方为有效。”

《税务行政复议规则》第三十三条第三款规定：“申请人提供担保的方式包括保证、抵押和质押。作出具体行政行为的税务机关应当对保证人的资格、资信进行审查，对不具备法律规定资格或者没有能力保证的，有权拒绝。作出具体行政行为的税务机关应当对抵押人、出质人提供的抵押担保、质押担保进行审查，对不符合法律规定的抵押担保、质押担保，不予确认。”

《纳税担保试行办法》（国家税务总局令第 11 号）第十五条规定：“下列财产可以抵押：（一）抵押人所有的房屋和其他地上定着物；（二）抵押人所有的机器、交通运输工具和其他财产；（三）抵押人依法有权处分的国有的房屋和其他地上定着物；（四）抵押人依法有权处分的国有的机器、交通运输工具和其他财产；（五）经设区的市、自治州以上税务机关确认的其他可以抵押的合法财产。”

《纳税担保试行办法》（国家税务总局令第 11 号）第十七条规定：“下

列财产不得抵押：（一）土地所有权；（二）土地使用权，但本办法第十六条规定的除外；（三）学校、幼儿园、医院等以公益为目的的事业单位、社会团体、民办非企业单位的教育设施、医疗卫生设施和其他社会公益设施；（四）所有权、使用权不明或者有争议的财产；（五）依法被查封、扣押、监管的财产；（六）依法定程序确认为违法、违章的建筑物；（七）法律、行政法规规定禁止流通的财产或者不可转让的财产；（八）经设区的市、自治州以上税务机关确认的其他不予抵押的财产。”

《纳税担保试行办法》（国家税务总局令第11号）第十九条规定：“纳税人提供抵押担保的，应当填写纳税担保书和纳税担保财产清单。纳税担保书应当包括以下内容：（一）担保的纳税人应缴纳的税款及滞纳金数额、所属期间、税种名称、税目；（二）纳税人履行应缴纳税款及滞纳金的期限；（三）抵押物的名称、数量、质量、状况、所在地、所有权权属或者使用权权属；（四）抵押担保的范围及担保责任；（五）税务机关认为需要说明的其他事项。”“纳税担保财产清单应当写明财产价值以及相关事项。纳税担保书和纳税担保财产清单须经纳税人签字盖章并经税务机关确认。”

《纳税担保试行办法》（国家税务总局令第11号）第二十五条第二至第四款规定：“动产质押包括现金以及其他除不动产以外的财产提供的质押。”“汇票、支票、本票、债券、存款单等权利凭证可以质押。”“对于实际价值波动很大的动产或权利凭证，经设区的市、自治州以上税务机关确认，税务机关可以不接受其作为纳税质押。”

《纳税担保试行办法》（国家税务总局令第11号）第二十六条规定：“纳税人提供质押担保的，应当填写纳税担保书和纳税担保财产清单并签字盖章。纳税担保书应当包括以下内容：（一）担保的税款及滞纳金数额、所属期间、税种名称、税目；（二）纳税人履行应缴纳税款、滞纳金的期限；（三）质物的名称、数量、质量、价值、状况、移交前所在地、所有权权属或者使用权权属；（四）质押担保的范围及担保责任；（五）纳税担保财产价值；（六）税务机关认为需要说明的其他事项。”“纳税担保财产清单应当写明财产价值及相关事项。”“纳税质押自纳税担保书和纳税担保财产清单经税务机关确认和质物移交之日起生效。”

（三）关于税收强制措施条件的规定

《税收征收管理法》第三十八条规定：“税务机关有根据认为从事生产、经营的纳税人有逃避纳税义务行为的，可以在规定的纳税期之前，责令限期缴纳应纳税款；在限期内发现纳税人有明显的转移、隐匿其应纳税的商品、货物以及其他财产或者应纳税的收入的迹象的，税务机关可以责成纳税人提供纳税担保。如果纳税人不能提供纳税担保，经县以上税务局（分局）局长批准，税务机关可以采取下列税收保全措施：（一）书面通知纳税人开户银行或者其他金融机构冻结纳税人的金额相当于应纳税款的存款；（二）扣押、查封纳税人的价值相当于应纳税款的商品、货物或者其他财产。”“纳税人在前款规定的限期内缴纳税款的，税务机关必须立即解除税收保全措施；限期期满仍未缴纳税款的，经县以上税务局（分局）局长批准，税务机关可以书面通知纳税人开户银行或者其他金融机构从其冻结的存款中扣缴税款，或者依法拍卖或者变卖所扣押、查封的商品、货物或者其他财产，以拍卖或者变卖所得抵缴税款。”“个人及其所扶养家属维持生活必需的住房和用品，不在税收保全措施的范围之内。”

《税收征收管理法》第五十五条规定：“税务机关对从事生产、经营的纳税人以前纳税期的纳税情况依法进行税务检查时，发现纳税人有逃避纳税义务行为，并有明显的转移、隐匿其应纳税的商品、货物以及其他财产或者应纳税的收入的迹象的，可以按照本法规定的批准权限采取税收保全措施或者强制执行措施。”

《税务稽查案件办理程序规定》（国家税务总局令第 52 号）第二十八条规定：“税务机关有根据认为从事生产、经营的纳税人有逃避纳税义务行为，可以在规定的纳税期之前，责令限期缴纳应纳税款；在限期内发现纳税人有明显的转移、隐匿其应纳税的商品、货物及其他财产或者应纳税收入迹象的，可以责成纳税人提供纳税担保。如果纳税人不能提供纳税担保，经县以上税务局局长批准，可以依法采取税收强制措施。”“检查从事生产、经营的纳税人以前纳税期的纳税情况时，发现纳税人有逃避纳税义务行为，并有明显的转移、隐匿其应纳税的商品、货物以及其他财产或者应纳税收入迹象的，经县以上税务局局长批准，可以依法采取税收强制措施。”

（四）关于税收强制措施期限的规定

《行政强制法》第二十五条第一款、第二款规定：“查封、扣押的期限不得超过三十日；情况复杂的，经行政机关负责人批准，可以延长，但是延长期限不得超过三十日。法律、行政法规另有规定的除外。”“延长查封、扣押的决定应当及时书面告知当事人，并说明理由。”

《行政强制法》第二十八条第一款规定：“有下列情形之一的，行政机关应当及时作出解除查封、扣押决定：（一）当事人没有违法行为；（二）查封、扣押的场所、设施或者财物与违法行为无关；（三）行政机关对违法行为已经作出处理决定，不再需要查封、扣押；（四）查封、扣押期限已经届满；（五）其他不再需要采取查封、扣押措施的情形。”

《行政强制法》第三十二条规定：“自冻结存款、汇款之日起三十日内，行政机关应当作出处理决定或者作出解除冻结决定；情况复杂的，经行政机关负责人批准，可以延长，但是延长期限不得超过三十日。法律另有规定的除外。”“延长冻结的决定应当及时书面告知当事人，并说明理由。”

《行政强制法》第六十九条规定：“本法中十日以内期限的规定是指工作日，不含法定节假日。”

《税收征收管理法实施细则》第六十八条规定：“纳税人在税务机关采取税收保全措施后，按照税务机关规定的期限缴纳税款的，税务机关应当自收到税款或者银行转回的完税凭证之日起1日内解除税收保全。”

《税收征收管理法实施细则》第八十八条规定："依照《税收征收管理法》第五十五条规定，税务机关采取税收保全措施的期限一般不得超过6个月；重大案件需要延长的，应当报国家税务总局批准。"

《税收征收管理法实施细则》第一百零九条规定："《税收征收管理法》及本细则所规定期限的最后一日是法定休假日的，以休假日期满的次日为期限的最后一日；在期限内有连续3日以上法定休假日的，按休假日天数顺延。"

《税务稽查案件办理程序规定》（国家税务总局令第52号）第三十条规定："按照本规定第二十八条第二款采取查封、扣押措施的，期限一般不得超过6个月；重大案件有下列情形之一，需要延长期限的，应当报国家税务总局批准：（一）案情复杂，在查封、扣押期限内确实难以查明案件事实的；（二）被查对象转移、隐匿、销毁账簿、记账凭证或者其他证据材料的；（三）被查对象拒不提供相关情况或者以其他方式拒绝、阻挠检查的；（四）解除查封、扣押措施可能使纳税人转移、隐匿、损毁或者违法处置财产，从而导致税款无法追缴的。""除前款规定情形外采取查封、扣押、冻结措施的，期限不得超过30日；情况复杂的，经县以上税务局局长批准，可以延长，但是延长期限不得超过30日。"

《税务稽查案件办理程序规定》（国家税务总局令第52号）第六十条第二款规定："本规定所称'以上''日内'，均含本数。"

（五）关于损失赔偿的规定

《税收征收管理法》第三十九条规定："纳税人在限期内已缴纳税款，税务机关未立即解除税收保全措施，使纳税人的合法利益遭受损失的，税务机关应当承担赔偿责任。"

《税收征收管理法》第四十三条规定："税务机关滥用职权违法采取税收保全措施、强制执行措施，或者采取税收保全措施、强制执行措施不当，使纳税人、扣缴义务人或者纳税担保人的合法权益遭受损失的，应当依法承担赔偿责任。”

《税收征收管理法实施细则》第七十条规定：“《税收征收管理法》第三十九条、第四十三条所称损失，是指因税务机关的责任，使纳税人、扣缴义务人或者纳税担保人的合法利益遭受的直接损失。”

【指导建议】

在税务稽查实务中，税务执法程序违法事项多见于送达程序、履行告知义务、审核相关条件、各类时限处理以及保障纳税人救济权利等方面。稽查局在税收执法过程中应重视自身执法程序的合法性审查，否则就会面临执法行为被撤销或确认违法的后果。稽查局在纳税担保与税收强制措施执法活动中均见违反法定程序情形，最终承担被确认违法败诉的不利法律后果。针对上述三个实务问题，从以下三个方面提出指导建议。

（一）稽查局对纳税担保申请材料负有审查和批准义务

根据《税收征收管理法》第三十八条、第四十四条和第八十八条第一款的规定，纳税人、扣缴义务人适用纳税担保的情形有三种：①稽查局有根据认为从事生产、经营的纳税人有逃避纳税义务行为，在规定的纳税期之前责令其限期缴纳应纳税款，在限期内发现纳税人有明显的转移、隐匿其应纳税的商品、货物以及其他财产或者应纳税收入的迹象，责成纳税人提供纳税担保的；②欠缴税款、滞纳金的纳税人或者其法定代表人需要出境的；③纳税人、扣缴义务人、纳税担保人同稽查局在纳税上发生争议而未缴清税款及滞纳金，需要申请行政复议的。

根据《税收征收管理法实施细则》第六十二条、《税务行政复议规则》第三十三条第三款以及《纳税担保试行办法》第十五条、第十七条、第十九条、第二十五条、第二十六条等相关条款的规定，具有审查的职责和义务，对不符合法律规定的抵押担保、质押担保，不予确认。同时，对于纳税人提供的担保申请，稽查局有法定职责告知纳税人所需的材料和程序，对纳税人的纳税担保申请调查核实后，以是否符合实质条件为判断标准作出确认与否的决定，对符合要求的纳税担保，应当履行签字盖章手续。

1. 对纳税人提供的担保财产，稽查局应当审查是否属于可供纳税担保的范围

在判例2－2－1中，海南国托科技有限公司与海南省地方税务局第一稽查局申诉民事裁定书所述国托公司以其名下“八里银海”项目的第六号整栋楼提供纳税担保，由于该项目上不仅设置有银行抵押权，还已被第一稽查局查封，根据《纳税担保试行办法》第十七条第（五）项的规定，依法被查封、扣押、监管的财产不得抵押。为此，二审法院考虑到查封与担保的不可重复性，支持了稽查局不予受理纳税担保申请的决定。不过，其中也有值得商榷的地方：由于纳税人提供可供抵押的财产是“八里银海”项目的第六号整栋楼，是不可能分割的财产，稽查局如果能够做进一步的调查，判断该项财产在剔除查封等他项权利后的余值足以保障税款，也可以考虑同意抵押担保。

2. 对纳税人提供的纳税担保申请，稽查局应当审查担保材料是否符合要求

在判例2－2－2中，湖北荆大精密钢管实业有限公司与荆州市地方税务局稽查局一审行政判决书所述44名股东以股权担保被认为股权担保材料不齐全，不符合国家税务总局《纳税担保试行办法》第二十五条第三款之规定，因而稽查局不予受理。一审法院认为：“与《担保法》的质押规定相比较，《纳税担保试行办法》对纳税质押只规定了质押物交付的质押情形，没有规定出质登记的质押情形，根据《担保法》的规定，股份、股票可以质押，但要依法办理出质登记，属于出质登记的质押情形，所以，需要办理出质登记的质押不在《纳税担保试行办法》规定的纳税质押之列。《纳税担保试行办法》第二十五条第三款对纳税质押中的权利质押作了明确规定，汇票、支票、本票、债券、存款单等权利凭证可以质押，这些权利凭证都是可以移交税务机关占有，而依法需要办理出质登记的股票、股

份不在之列。”这里还需要补充说明一个理由：之所以不能以股权作为质押物，除了需要办理出质登记手续之外，更重要的是稽查局考虑到纳税担保的财产必须便于变现，具有可执行性。根据《纳税担保试行办法》第二十五条第四款的规定，股权属于实际价值波动很大的权利凭证，可以不接受其作为纳税质押。

当然，对纳税人提交的纳税担保材料不符合形式要件的，也不应当成为稽查局不予确认担保的理由。具体要看实际情况，若纳税人在提交纳税担保申请时没有填写纳税担保书、纳税担保财产清单及提供抵押或者质押登记的证明，稽查局就此作出不予确认纳税担保的决定，难免有不作为之嫌。纳税人提交的纳税担保申请形式要件不符合规定，稽查局应书面告知纳税人需要准备的相关材料，给予纳税人补正材料的机会。通过向纳税人送达《税务事项通知书》的方式，要求其限期内提供抵押或者质押财产评估报告，并办理财产登记、填写《纳税担保书》《纳税担保财产清单》。稽查局不能以没有法定的职责和义务主动告知设定纳税担保需要准备相关材料和证据材料，只负责审查其提交的材料是否符合纳税担保的相关规定为理由，难以得到纳税人的认可。

（二）稽查局采取税收强制措施应当符合适用条件和时限要求

采取税收强制措施，是法律赋予税务机关的一种强制权力。在税务稽查实务中，由于纳税人的某些行为可能导致税务机关不能及时足额征收税款，稽查局采取一种临时性的限制措施，避免纳税人处理或者转移商品货物或其他财产。法律规定了稽查局采取税收强制措施的适用条件、范围、程序和时限要求。

下面，结合“实务问题（二）”“实务问题（三）”“实务问题（四）”，逐一分析如下。

1. 税收强制措施的适用对象是已办理税务登记的从事生产、经营的纳税人

根据《税收征收管理法》第三十八条、第五十五条的规定，稽查局采

取税收强制措施的适用条件有两种情形：一是稽查局有根据认为从事生产、经营的纳税人有逃避纳税义务行为的，可以在规定的纳税期之前，责令其限期缴纳应纳税款；在限期内发现纳税人有明显的转移、隐匿其应纳税的商品、货物以及其他财产或者应纳税的收入的迹象的，稽查局可以责成纳税人提供纳税担保。如果纳税人不能提供纳税担保，经县以上税务局（分局）局长批准，稽查局可以采取税收强制措施。二是稽查局对从事生产、经营的纳税人以前纳税期的纳税情况依法进行税务检查时，发现纳税人有逃避纳税义务行为，并有明显的转移、隐匿其应纳税的商品、货物及其他财产或者应纳税的收入的迹象的，稽查局可以按照《税收征收管理法》规定的批准权限采取税收保全措施。

这里要强调的是，采取强制措施，必须同时符合三个要件：①已办理税务登记；②从事生产、经营；③纳税人。对没有办理税务登记的，根据《税收征收管理法》第三十七条的规定，税务机关也具有采取税收强制措施的权力，但这种情形不在税务稽查的范围之内。对非从事生产、经营的，《税收征收管理法》没有赋予税务机关采取税收保全措施权，也不能申请人民法院行使。至于纳税人，既可以是自然人，也可以是企业。

由此可以判断，个体工商户属于稽查局采取税收强制措施权的适用对象。但是，在前述“实务问题（二）”中，税务稽查人员争议的问题不是稽查局能否冻结个体工商户的银行存款账户，而是能否冻结个体工商户的经营者个人的银行存款账户。关于这个问题，《行政强制法》《税收征收管理法》及其实施细则的规定都不明确。那么，我们可以从个体工商户的工商营业执照来分析。一般情况下，个体工商户的组成形式都是个人经营。我国司法实践中，个体工商户也是以营业执照上的经营者为当事人。根据《民法典》第五十六条第一款的规定，个体工商户的债务，个人经营的，以个人财产承担；家庭经营的，以家庭财产承担；无法区分的，以家庭财产承担。因此，即使经营者的个人银行存款账户未和个体工商户的银行存款账户相混合，税务机关也有权直接冻结经营者的个人存款账户。

2. 税收强制措施的税款所属期既可以是当期发生的税款，也可以是以前纳税期的税款

《税收征收管理法》第三十八条规定，稽查局采取税收强制措施的税款所属期是当期发生的税款。第五十五条规定，稽查局采取税收强制措施的税款所属期是以前纳税期的税款。只要稽查局发现纳税人发生了法条所规定的可以采取税收强制措施的前提条件，即“有逃避纳税义务行为，并有明显的转移、隐匿其应纳税的商品、货物以及其他财产或者应纳税的收入的迹象的”，就具备了行使税收强制措施的条件。当然，这里要强调两点：一是要有具备这个前提条件的证据证明；二是经县以上税务局（分局）局长批准。在前述“实务问题（三）”中，纳税人与稽查局发生纳税争议后，向税务机关申请了税务行政复议，复议决定撤销稽查局的《税务处理决定书》并责成稽查局重新作出税务处理决定，稽查局在尚未重新作出处理决定前，采取了税收强制措施，并不违反《税收征收管理法》的规定。冻结银行存款是对纳税义务人财产处分权的一种限制，并未剥夺财产的所有权。二审法院认为，“被上诉人税务稽查局依法具有对辖区内涉税违法行为进行查处和采取税收保全措施的职权。根据本案查明的事实，在被上诉人对上诉人盛升公司进行税务检查期间，上诉人工商注册经营地点出租给他人经营其他业务，其法定代表人董某某不参与实际经营，实际控制人储某某已被公安机关刑事拘留。被上诉人认定上诉人有逃避纳税义务的行为及有转移、隐匿其应纳税的商品、货物的迹象的证据充分。本案中，被上诉人作出的涉案税收保全措施，由银川市国税局局长批准，向上诉人送达《冻结存款决定书》时，上诉人法定代表人董某某拒绝签收，送达回证上注明见证人及稽查人员的签字，该批准及送达行为符合相关法律规定。”

3. 采取税收强制措施的期限与解除期限不可超期

根据《行政强制法》第二十五条、第三十二条，《税收征收管理法实施细则》第八十八条和《税务稽查案件办理程序规定》（国家税务总局令

第 52 号）第二十八条、第三十条的规定，采取税收强制措施的期限分两种情形：①采取查封、扣押措施的，又分为两个期限。一是税款所属期是以前纳税期的，期限一般不得超过 6 个月。重大案件符合法定情形，需要延长期限的，应当报国家税务总局批准。这是因为考虑到稽查局在检查纳税人以前纳税期时，发现纳税人有逃避纳税义务行为，并有明显的转移隐匿其应纳税的商品、货物以及其他财产或者应税的收入的迹象。此时，稽查局对纳税人以前纳税期的税款尚未有定论，为避免税款流失，作为一种应急手段，依法采取税收强制措施。等待定论时可能需要的时间较长，因此，根据《税收征收管理法实施细则》第八十八条的规定，税收强制措施的期限一般不超过 6 个月，超过期限的，应自动解除税收强制措施。二是税款所属期是当期的，期限不得超过 30 日。情况复杂的，经县以上税务局局长批准，可以延长，但是延长期限不得超过 30 日。②采取冻结存款、汇款措施的，期限不得超过 30 日。情况复杂的，经县以上税务局局长批准，可以延长，但是延长期限不得超过 30 日。

同时，根据《行政强制法》第二十八条第一款、《行政强制法》第三十二条和《税收征收管理法实施细则》第六十八条的规定，应当解除查封、扣押或者解除冻结存款、汇款的，稽查局应当自期限届满、收到税款或者银行转回的完税凭证之日起 1 日内解除税收强制措施。如何理解这里的“1 日内”，法律法规没有明确——有的人认为是当日，有的人认为是 24 小时。根据《行政强制法》第六十九条、《税收征收管理法实施细则》第一百零九条以及《税务稽查案件办理程序规定》（国家税务总局令第 52 号）第六十条第二款的规定来分析，“1 日内”应该是当日内，并且是指工作日，不含法定节假日。在前述“实务问题（四）”中，“7 月 27 日，该企业缴清了税款。7 月 28 日下午 5 时，县国税局解除了对该企业的税收保全措施。”因此，人民法院认定，应由“县国税局承担超过税收保全措施期限致使该企业遭受的损失”。对损失赔偿问题，《税收征收管理法》第三十九条、第四十三条和《税收征收管理法实施细则》第七十条都作出了明确的规定。

【司法判例】

·海南国托科技有限公司与海南省地方税务局第一稽查局申诉民事裁定书［〔2015〕行监字第2031号］。来源：中国裁判文书网。

·湖北荆大精密钢管实业有限公司与荆州市地方税务局稽查局行政决定、荆州人民政府行政复议一案一审行政判决书［〔2016〕鄂1002行初7号］。来源：中国裁判文书网。

·银川盛升物资有限公司与银川市国税局税务行政管理行政二审判决书［〔2016〕宁01行终34号］。来源：中国裁判文书网。

§2 03

纳税人不履行已经送达的税务处理决定，稽查局应当对其采取税收强制措施还是税收强制执行？

【要点导读】

实务中，一些税务稽查人员对采取税收强制措施和税收强制执行存在认识上的不足，出现了两种强制手段的适用界限不清、强制执行范围模糊和违反法定程序等现象。导致稽查局执法失效或者税企争议较大的问题主要有：

(1) 纳税人不履行已经送达的税务处理决定，稽查局应当对其采取税收强制措施还是税收强制执行？

(2) 采取税收强制执行措施但未履行催告程序，会不会对纳税人权利、义务产生实质影响？

(3) 对于不从事生产经营的自然人纳税义务人在限期内不缴纳税款和滞纳金的行为，稽查局能否直接采取强制执行措施？

【关键词解释】

税收强制执行，是指稽查局依法对当事人实施的行政强制执行。税收强制执行包括划拨存款、依法拍卖或者变卖抵税财物。

【实务问题】

税务稽查中的税收强制执行，是在纳税人、扣缴义务人、纳税担保人等行政相对人在限期内不履补缴税款、滞纳金和罚款的情况下，为了维护税法的严肃性和国家征税的权利所采取的税收强制手段。实务中，一些税务稽查人员对采取税收保全措施（为了与《行政强制法》相协调，以下改为税收强制措施，法条原文引用除外）和税收强制执行存在认识上的不足，出现了两种强制手段的适用界限不清、强制执行范围模糊和违反法定程序等现象，严重损害了行政相对人的合法权益，也给国家税收利益造成了损失。导致稽查局执法失效或者税企争议较大的主要问题有：

（一）纳税人不履行已经送达的税务处理决定，稽查局应当对其采取税收强制措施还是税收强制执行？

在税务稽查执行过程中，一些被执行人不自动履行税务处理决定，稽查局为了履职尽责而被动地采取了税收强制手段。但是，对于应当采取税收强制措施还是税收强制执行，税企双方出现了意见分歧。其中一部分稽查局认为，根据《税收征收管理法》第五十五条的规定，税务机关可以按照规定的批准权限采取税收强制措施或者强制执行措施。这也就是说，稽查局有采取两种强制手段的选择权，可以首先选择税收强制措施，冻结银行存款账户或者查封、扣押财产，而不必直接选择税收强制执行。这样做的好处是既能保证国家的税款、滞纳金等税收利益不会被行政相对人转移，又不会对行政相对人的财产造成损失，尤其是在采取查封、扣押财产的情况下，能够延续其财产的使用功能并保全其财产的价值，同时也避免了出现后续因无法拍卖、变卖其财产而导致无法执行的尴尬局面。如果采取税收强制措施后行政相对人不能按期履行缴税等义务的，稽查局还可以再采取税收强制执行。

（二）采取税收强制执行措施但未履行催告程序，会不会对纳税人权利、义务产生实质影响？

告知义务是税务稽查执法中应当高度重视的一项工作内容，纳税人的知情权、陈述权和申辩权应当受到法律的保护。但是在具体的实务中，还会出现不依法依规进行处理的情况。下面举两个实务案例，说明一下。

实务案例

案例2－3－1
催告书作出的主体不适格案

［泰州市姜堰区吉庆烟花爆竹专营有限公司与
国家税务总局泰州市税务局第二稽查局、泰州市姜堰区税务局
再审行政裁定书〔2019〕苏行申1799号］

人民法院经审理查明："2017年12月29日，原姜堰区国税局作出姜国税强催〔2017〕002号催告书，催告吉庆公司缴纳税款1 282 732.77元及滞纳金，缴纳罚款30 000元，依据为税务处理决定和税务处罚决定，并告知逾期未履行的，将依据《税收征收管理法》第四十条、《行政强制法》第三十四条的规定强制执行。2018年1月5日吉庆公司提出陈述和申辩。2018年1月18日，时任税务局局长朱某同意办理税收强制执行决定书。2018年1月23日原姜堰区国税局稽查局作出姜国税稽强扣〔2018〕001号《税收强制执行决定书》（以下简称1号税收强制执行决定），内容为根据《税收征收管理法》第四十条规定，经税务局局长批准，决定从2018年1月23日起从吉庆公司在姜堰农村商业银行城中支行的存款账户中扣缴以下款项，缴入国库：税款1 282 732.77元，滞纳金1 121 542.46元，罚款30 000元，合计2 434 275.23元，并告知如不服可向税务局申请复议或向法院提起诉讼。吉庆公司对1号税收强制执行决定不服，向税务局申请复议。2018年5月10日，原姜堰区国税局作出姜堰国税复决〔2018〕1号

《税务行政复议决定书》（以下简称复议决定），维持1号税务强制执行决定。吉庆公司不服，提起本案诉讼，请求撤销1号税收强制执行决定及复议决定。”

实务案例

案例2－3－2
稽查局在税务行政强制执行前没有履行催告义务案

［银川盛升物资有限公司与银川市国税局税务行政管理
行政二审判决书〔2016〕宁01行终33号］

人民法院经审理查明：“2015年10月15日，经市国税局局长审批，被告于2015年11月2日制作银国税扣通〔2015〕002号《扣缴税收款项通知书》，向原告的开户银行中国建设银行银川北门支行送达，从该银行扣缴原告被冻结账户资金600 848.94元缴入国库。被告同时制作银国税稽解冻通〔2015〕002号《解除冻结存款通知书》，解除对原告存款账户资金的冻结，向该银行送达。同日，被告向原告法定代表人陆某送达银国税强扣〔2015〕002号《税收强制执行决定书》。”

为此，原告请求人民法院撤销复议机关作出的《行政复议决定书》和稽查局作出的《税务处理决定书》。

（三）对于不从事生产经营的自然人纳税义务人在限期内不缴纳税款和滞纳金的行为，稽查局能否直接采取强制执行措施？

税务稽查实务中，对纳税人在限期内不缴纳税款和滞纳金的行为，可否采取强制执行措施？其中存在两个比较突出的争议性观点。第一个观点是稽查局具有强制执行权，但是由于某种原因（例如，税务稽查中发现纳税人没有可供执行的纳税财产，认为纳税人可能已经将财产转移），稽查局依自己的职权无法调查其财产的去向，这时，可否申请人民法院强制执行？一些稽查局认为，根据《行政诉讼法》第九十七条的规定，纳税人对稽查局作出的税务处理决定，在法定期限内不提起诉讼又不履行的，稽查局可以申请人民法院强制执行。为此，稽查局向人民法院提出了强制执行税务处理决定的申请。第二个观点是稽查局没有强制执行权，例如，根据《税收征收管理法》第三十八条、第四十条的规定，稽查局只能对从事生产经营的纳税人、扣缴义务人和纳税担保人在限期内不缴纳税款和滞纳金的行为采取税收强制执行措施，对其他行政相对人没有强制执行权。这时，可否由稽查局直接采取税收强制执行措施？一些稽查局认为，如果对此放任不管，势必助长这些纳税人无视税法的嚣张气焰，为了挽回国家的税收损失，可以由稽查局对其强制执行。况且，《税收征收管理法》第六十八条规定："纳税人、扣缴义务人在规定期限内不缴或者少缴应纳或者应解缴的税款，经税务机关责令限期缴纳，逾期仍未缴纳的，税务机关除依照本法第四十条的规定采取强制执行措施追缴其不缴或者少缴的税款外，可以处不缴或者少缴的税款百分之五十以上五倍以下的罚款。"该条款没有对纳税人、扣缴义务人是否是从事生产、经营作出限制。于是，稽查局向税务局局长提出了税收强制执行申请。

【文件规定】

（一）关于税收强制执行条件的规定

《行政强制法》第三十四条规定："行政机关依法作出行政决定后，当事人在行政机关决定的期限内不履行义务的，具有行政强制执行权的行政机关依照本章规定强制执行。"

《税收征收管理法》第三十八条规定："税务机关有根据认为从事生产、经营的纳税人有逃避纳税义务行为的，可以在规定的纳税期之前，责令限期缴纳应纳税款；在限期内发现纳税人有明显的转移、隐匿其应纳税的商品、货物以及其他财产或者应纳税的收入的迹象的，税务机关可以责成纳税人提供纳税担保。如果纳税人不能提供纳税担保，经县以上税务局（分局）局长批准，税务机关可以采取下列税收保全措施：（一）书面通知纳税人开户银行或者其他金融机构冻结纳税人的金额相当于应纳税款的存款；（二）扣押、查封纳税人的价值相当于应纳税款的商品、货物或者其他财产。”“纳税人在前款规定的限期内缴纳税款的，税务机关必须立即解除税收保全措施；限期期满仍未缴纳税款的，经县以上税务局（分局）局长批准，税务机关可以书面通知纳税人开户银行或者其他金融机构从其冻结的存款中扣缴税款，或者依法拍卖或者变卖所扣押、查封的商品、货物或者其他财产，以拍卖或者变卖所得抵缴税款。”“个人及其所扶养家属维持生活必需的住房和用品，不在税收保全措施的范围之内。”

《税收征收管理法》第四十条规定：“从事生产、经营的纳税人、扣缴义务人未按照规定的期限缴纳或者解缴税款，纳税担保人未按照规定的期限缴纳所担保的税款，由税务机关责令限期缴纳，逾期仍未缴纳的，经县以上税务局（分局）局长批准，税务机关可以采取下列强制执行措施：（一）书面通知其开户银行或者其他金融机构从其存款中扣缴税款；（二）扣押、查封、依法拍卖或者变卖其价值相当于应纳税款的商品、货物或者其他财产，以拍卖或者变卖所得抵缴税款。”“税务机关采取强制执行措施时，对前款所列纳税人、扣缴义务人、纳税担保人未缴纳的滞纳金同时强制执行。”“个人及其所扶养家属维持生活必需的住房和用品，不在强制执行措施的范围之内。”

《税收征收管理法》第四十一条规定：“本法第三十七条、第三十八条、第四十条规定的采取税收保全措施、强制执行措施的权力，不得由法定的税务机关以外的单位和个人行使。”

《税收征收管理法》第六十八条规定：“纳税人、扣缴义务人在规定期限内不缴或者少缴应纳或者应解缴的税款，经税务机关责令限期缴纳，逾期仍未缴纳的，税务机关除依照本法第四十条的规定采取强制执行措施追缴其不缴或者少缴的税款外，可以处不缴或者少缴的税款百分之五十以上五倍以下的罚款。”

《税收征收管理法》第八十八条规定：“纳税人、扣缴义务人、纳税担保人同税务机关在纳税上发生争议时，必须先依照税务机关的纳税决定缴纳或者解缴税款及滞纳金或者提供相应的担保，然后可以依法申请行政复议；对行政复议决定不服的，可以依法向人民法院起诉。”“当事人对税务机关的处罚决定、强制执行措施或者税收保全措施不服的，可以依法申请行政复议，也可以依法向人民法院起诉。”“当事人对税务机关的处罚决定逾期不申请行政复议也不向人民法院起诉、又不履行的，作出处罚决定的税务机关可以采取本法第四十条规定的强制执行措施，或者申请人民法院强制执行。”

《税收征收管理法实施细则》第六十四条规定：“税务机关执行《税收征收管理法》第三十七条、第三十八条、第四十条的规定，扣押、查封价值相当于应纳税款的商品、货物或者其他财产时，参照同类商品的市场价、出厂价或者评估价估算。”“税务机关按照前款方法确定应扣押、查封的商品、货物或者其他财产的价值时，还应当包括滞纳金和扣押、查封、保管、拍卖、变卖所发生的费用。”

《行政处罚法》第七十二条规定：“当事人逾期不履行行政处罚决定的，作出行政处罚决定的行政机关可以采取下列措施：（一）到期不缴纳罚款的，每日按罚款数额的百分之三加处罚款，加处罚款的数额不得超出罚款的数额；（二）根据法律规定，将查封、扣押的财物拍卖、依法处理或者将冻结的存款、汇款划拨抵缴罚款；（三）根据法律规定，采取其他行政强制执行方式；（四）依照《行政强制法》的规定申请人民法院强制执行。”“行政机关批准延期、分期缴纳罚款的，申请人民法院强制执行的期限，自暂缓或者分期缴纳罚款期限结束之日起计算。”

《行政强制法》第三十七条第一款、第三款规定：“经催告，当事人逾期仍不履行行政决定，且无正当理由的，行政机关可以作出强制执行决定。”“在催告期间，对有证据证明有转移或者隐匿财物迹象的，行政机关可以作出立即强制执行决定。”

《税务行政复议规则》（国家税务总局令第 22 号）第八十五条规定：“申请人、第三人逾期不起诉又不履行行政复议决定的，或者不履行最终裁决的行政复议决定的，按照下列规定分别处理：（一）维持具体行政行为的行政复议决定，由作出具体行政行为的税务机关依法强制执行，或者申请人民法院强制执行；（二）变更具体行政行为的行政复议决定，由行政复议机关依法强制执行，或者申请人民法院强制执行。”

《税务稽查案件办理程序规定》（国家税务总局令第 52 号）第五十条规定：“具有下列情形之一的，经县以上税务局局长批准，稽查局可以依法强制执行，或者依法申请人民法院强制执行：（一）纳税人、扣缴义务人未按照规定的期限缴纳或者解缴税款、滞纳金，责令限期缴纳逾期仍未缴纳的；（二）经稽查局确认的纳税担保人未按照规定的期限缴纳所担保的税款、滞纳金，责令限期缴纳逾期仍未缴纳的；（三）当事人对处罚决定逾期不申请行政复议也不向人民法院起诉、又不履行的；（四）其他可以依法强制执行的。”

（二）关于税收强制执行程序的规定

《行政强制法》第三十五条规定：“行政机关作出强制执行决定前，应当事先催告当事人履行义务。催告应当以书面形式作出，并载明下列事项：（一）履行义务的期限；（二）履行义务的方式；（三）涉及金钱给付的，应当有明确的金额和给付方式；（四）当事人依法享有的陈述权和申辩权。”

《行政强制法》第三十六条规定：“当事人收到催告书后有权进行陈述和申辩。行政机关应当充分听取当事人的意见，对当事人提出的事实、理由和证据，应当进行记录、复核。当事人提出的事实、理由或者证据成立的，行政机关应当采纳。”

《行政强制法》第三十七条规定：“经催告，当事人逾期仍不履行行政决定，且无正当理由的，行政机关可以作出强制执行决定。”“强制执行决定应当以书面形式作出，并载明下列事项：（一）当事人的姓名或者名称、地址；（二）强制执行的理由和依据；（三）强制执行的方式和时间；（四）申请行政复议或者提起行政诉讼的途径和期限；（五）行政机关的名称、印章和日期。”“在催告期间，对有证据证明有转移或者隐匿财物迹象的，行政机关可以作出立即强制执行决定。”

《行政强制法》第三十八条规定：“催告书、行政强制执行决定书应当直接送达当事人。当事人拒绝接收或者无法直接送达当事人的，应当依照《民事诉讼法》的有关规定送达。”

《税务稽查案件办理程序规定》（国家税务总局令第 52 号）第五十二条规定：“作出强制执行决定前，应当制作并送达催告文书，催告当事人履行义务，听取当事人陈述、申辩意见。经催告，当事人逾期仍不履行行政决定，且无正当理由的，经县以上税务局局长批准，实施强制执行。”“实施强制执行时，应当向被执行人送达强制执行决定书，告知其实施强制执行的内容、理由及依据，并告知其享有依法申请行政复议或者提起行政诉讼的权利。”“催告期间，对有证据证明有转移或者隐匿财物迹象的，可以作出立即强制执行决定。”

《国家税务总局关于修订部分税务执法文书的公告》（总局公告 2021 年第 23 号）附件《催告书（行政强制执行适用）》使用说明：“本文书依据《中华人民共和国行政强制法》第三十五条规定制作，是税务机关对当事人在法定期限内不履行行政决定，在依法强制执行前，事先催告当事人履行义务而制作的执法文书。”“当事人陈述申辩：当事人在本催告书规定的期限内提出陈述申辩的，税务机关应当进行复核；当事人自愿放弃陈述申辩权利的，税务机关应当作出相应记录。”

《税收征收管理法》第四十二条规定：“税务机关采取税收保全措施和强制执行措施必须依照法定权限和法定程序，不得查封、扣押纳税人个人及其所扶养家属维持生活必需的住房和用品。”

（三）关于申请人民法院强制执行的规定

《行政强制法》第十三条规定："行政强制执行由法律设定。""法律没有规定行政机关强制执行的，作出行政决定的行政机关应当申请人民法院强制执行。"

《行政强制法》第五十三条规定："当事人在法定期限内不申请行政复议或者提起行政诉讼，又不履行行政决定的，没有行政强制执行权的行政机关可以自期限届满之日起三个月内，依照本章规定申请人民法院强制执行。"

《行政强制法》第五十四条规定："行政机关申请人民法院强制执行前，应当催告当事人履行义务。催告书送达十日后当事人仍未履行义务的，行政机关可以向所在地有管辖权的人民法院申请强制执行；执行对象是不动产的，向不动产所在地有管辖权的人民法院申请强制执行。"

《行政诉讼法》第九十七条规定："公民、法人或者其他组织对行政行为在法定期限内不提起诉讼又不履行的，行政机关可以申请人民法院强制执行，或者依法强制执行。"

《最高人民法院关于适用〈中华人民共和国行政诉讼法〉的解释》（法释〔2018〕1号）第一百五十六条规定："没有强制执行权的行政机关申请人民法院强制执行其行政行为，应当自被执行人的法定起诉期限届满之日起三个月内提出。逾期申请的，除有正当理由外，人民法院不予受理。"

《行政强制法》第五十五条规定："行政机关向人民法院申请强制执行，应当提供下列材料：（一）强制执行申请书；（二）行政决定书及作出决定的事实、理由和依据；（三）当事人的意见及行政机关催告情况；（四）申请强制执行标的情况；（五）法律、行政法规规定的其他材料。""强制执行申请书应当由行政机关负责人签名，加盖行政机关的印章，并注明日期。"

【指导建议】

我国在税收法律法规中赋予了税务机关必要的税收强制执行权，以确保国家征税的有效行使。针对上述提出的实务争议问题，我们从以下三个方面展开讨论：

（一）分清税收强制措施和税收强制执行的适用条件

税收强制措施和税收强制执行在税务稽查执法中极易混淆，必须明确二者的区别与界限。

【判例2-3-1】 2018年9月20日，某公司收到市税务局稽查局下达的《税务行政处理决定书》，要求其自收到决定书之日起15日内，补缴2017年企业所得税250万元及相应的滞纳金。同年9月26日，公司收到市税务局稽查局下达的《税收保全措施决定书》。该决定书称，自2018年9月26日起，冻结公司在建行某分行营业室的存款200万元，责令公司于2018年9月28日前补缴应纳税款。逾期未缴，稽查局将依照《税收征收管理法》第40条规定对公司采取强制执行措施。公司对《税收保全措施决定书》不服，在规定期限内向市税务局申请复议。复议机关经审理认为，本案中，市税务局稽查局本应当直接采取“划拨企业银行存款”的强制执行措施，却采取了“冻结企业存款”的税收保全措施，适用法律错误，遂作出撤销《税收保全措施决定书》的复议决定。

【判例2-3-2】 某市税务局在对一户欠税企业采取查封税收保全措施将近期满时，向上级税务机关报送延期请示。上级税务机关经审核认为，根据《税收征收管理法》及其实施细则有关规定，市税务局作出的有关税收保全措施决定适用法律错误，应立即予以纠正。

这两个判例说明，对纳税人不履行已经送达的税务处理决定，原本应当采取税收强制执行，却发出了《税收保全措施决定书》，导致了适用法律错误的结果。

1. 税收强制执行的适用条件

根据《行政强制法》《税收征收管理法》《行政处罚法》《税务行政复议规则》等法律法规的规定，稽查局采取税收强制执行的适用条件有：①采取税收强制措施后，从事生产、经营的纳税人限期期满仍未缴纳税款的；②设置纳税担保后，纳税担保人限期期满仍未缴纳所担保的税款、滞纳金的；③从事生产、经营的纳税人、扣缴义务人限期期满后仍未缴纳税款、滞纳金的；④申请人、第三人逾期不起诉又不履行行政复议决定的，或者不履行最终裁决的行政复议决定的；⑤当事人对稽查局的处罚决定逾期不申请行政复议也不向人民法院起诉，又不履行的；⑥在催告期间，对有证据证明有转移或者隐匿财物迹象的。

其中，第①种情形适用于属期是当期发生的税款，而且与税收强制措施相衔接，纳税人在规定的限期期满仍未缴纳税款的，稽查局经批准可以对已经采取税收强制措施的税款强制执行。第②种情形适用于属期是以前纳税期的税款，稽查局经批准直接税收强制执行。第④种情形应根据行政复议决定的不同分别处理：行政复议决定为维持具体行政行为的，由稽查局依法强制执行或者申请人民法院强制执行；行政复议决定为变更具体行政行为的，由行政复议机关依法强制执行或者申请人民法院强制执行。

这里需要说明一下，根据《税收征收管理法》第五十五条规定："税务机关对从事生产、经营的纳税人以前纳税期的纳税情况依法进行税务检查时，发现纳税人有逃避纳税义务行为，并有明显的转移、隐匿其应纳税的商品、货物及其他财产或者应纳税的收入的迹象的，可以按照本法规定的批准权限采取税收保全措施或者强制执行措施。"该条款在税务稽查实务中的适用仅限于税收强制措施。对《税务稽查案件办理程序规定》第二十八条和第五十条规定进行比较分析后就可以得出结论，即国家税务总局的观点是《税收征收管理法》第五十五条规定的情形，是指在税务稽查中对纳税人的违法结果尚未形成定论，这时只能采取冻结存款或者查封、扣押相当于应纳税款的商品、货物或者财产等税收强制措施。如果对纳税人的违法结果已经形成定论，并且纳税人没有在《税务处理决定书》送达生效后按照规定的期限缴纳税款、滞纳金，则稽查局应当根据《税收征收管理法》第四十条的规定强制执行。

2. 税收强制措施和税收强制执行的异同

在税务稽查中，税收强制措施与税收强制执行都是税收法律赋予稽查局的强制性权力，在程序中都必须要有责令限期缴纳在先，而且必须经县以上税务局（分局）局长批准，在采取的查封、扣押方式上也基本相似。但是，二者也有一个最本质的区别，就是税收强制措施的目的是防止纳税人转移税款，保障国家税收不会遭受流失，而税收强制执行的目的是挽回国家税收损失，实现欠缴税款足额征收入库，并对相对人进行经济上的惩罚。因而，税收强制措施仅是一种限制性行为，是对纳税义务人财产处分权的一种限制，并未剥夺财产的所有权，其行政行为处于一个暂时性的状态；而税收强制执行作为保证税收得以实现的最后手段，基于行政相对人已确定的税收义务，直接实现对其财产的交付，财产所有权发生了转移。

为此，税收强制措施与税收强制执行有着很多不同。一是适用对象不同：前者仅适用于从事生产经营的纳税人，后者适用于从事生产经营的纳税人、扣缴义务人和纳税担保人。二是实施时间不同：前者是在规定的纳税期之前、责令限期缴纳应纳税款的限期内或者未作出税务处理决定前，后者是在规定的缴纳期限届满、经责令限期缴纳逾期之后。三是范围不同：前者的范围仅限于应纳税款，后者的范围为应纳税款和滞纳金、罚款。四是手段不同：前者采取的手段有冻结存款、汇款和扣押、查封商品、货物或者其他财产，后者采取的手段有从其存款中扣缴税款和扣押、查封、依法拍卖或者变卖商品、货物或者其他财产。五是执行时间不同：前者有严格的时限要求，限期期满，要及时解除。后者没有限期规定。六是前者不可以申请人民法院执行，后者在符合一定条件的情况下可以申请人民法院执行。

（二）采取强制执行措施必须坚持告诫在先、执行在后的原则

结合案例2－3－1、案例2－3－2进行分析，实务中，应当重点关注两个问题：

1. 未正确履行催告义务，当属违反法定程序

《税收征收管理法》第四十二条明确规定税务机关采取税收强制执行措施必须依照法定权限和法定程序，向违法行为当事人催告是稽查局在税务行政强制执行前必须履行的法定程序。稽查局在依法查处税收违法行为时，其行政执法权力受到税收法律法规的约束和监督。

根据《行政强制法》第三十五条至第三十八条以及《税务稽查案件办理程序规定》第五十二条的规定，稽查局在作出税收强制执行决定前，应当事先以书面的形式向当事人履行催告程序，告知其应履行纳税义务的期限、方式、义务金额以及依法享有的陈述权、申辩权以及救济的方式等。当事人进行口头陈述、申辩的，稽查局应当充分听取并认真记录和复核。催告应当适用统一执法文书《催告书（行政强制执行适用）》，并按照文书的使用说明逐项填写，交当事人确认后由当事人签名（盖章）。当事人拒绝接收或者无法直接送达的，应当按照《民事诉讼法》的有关规定送达。为此，税收强制执行必须发生在限期缴纳期满之后，采取强制执行措施必须坚持告诫在先、执行在后的原则。

2. 违反法定程序会对纳税人权利义务产生实质影响

催告程序是给予执法当事人享有合法权益的一种方式，催告程序履行不当和未履行，都是违反法定程序，但是二者的法律后果不同。催告程序履行不当，是指税务机关履行了催告程序，但在履行过程中存在催告主体错误、未当面告知相关权利义务或者使用执法文书不规范等情况。如果没有侵犯当事人合法权益，未最终影响其陈述、申辩或者寻求救济，则应当属于程序轻微违法，根据《行政诉讼法》第七十四条的规定，判定稽查局的行政行为程序轻微违法，但对原告权利不产生实际影响的。为此，在案

例2－3－1中，再审法院在裁定书中认为："稽查局作出的税务事项通知仅针对税款及滞纳金进行催告，亦未载明当事人依法享有的陈述权和申辩权，税务局作出的催告书针对税款、滞纳金及罚款进行了催告，亦载明了当事人依法享有的陈述权和申辩权，但该催告本应由稽查局进行。尽管存在上述瑕疵，但上述催告并未损害吉庆公司的程序权益。因为强制执行程序中催告程序的立法目的是督促当事人在一定期限内自觉履行义务，截至目前，吉庆公司并未履行税务处理决定及税务处罚决定。稽查局作出的税务事项通知及税务局作出的催告书已经起到了催告吉庆公司履行义务的目的，故应当视为税收强制执行决定作出前已经履行了催告程序。稽查局在今后的工作中，应当严格按照法律规定的形式、要求等进行催告，切实避免行政争议。"也就是说，法院的观点是虽然该催告主体不适格，但考虑到催告并未损害当事人的程序性权利，且已经起到催告当事人履行义务的目的，应当视为税收强制执行决定作出前已经履行催告程序，因此稽查局的行为并无不当。

但是，未履行催告程序的，法律后果就很严重。复议机关和人民法院在对税务稽查诉争案件进行审查时，审查的重要内容之一就是稽查局执法行为的程序性事项是否合法，有无侵害当事人的合法权益。稽查局未履行催告义务，不能直接向当事人作出强制执行决定。稽查局在作出强制执行决定前，应当充分保障行政相对人行使陈述、申辩的权利，应当先行通知当事人限期履行税务处理、处罚决定。责令期满后，当事人仍不履行的，稽查局才可以向实施税收强制执行措施。如果未履行催告程序，剥夺了当事人的陈述权、申辩权，其后果将被认定为严重违反法定程序。根据《行政复议法》第二十八条和《行政诉讼法》第七十条的规定，违反法定程序的行政行为应当认定违法并决定或者判决撤销。为此，在案例2－3－2中，二审法院在判决书中认为："上诉人在作出涉案强制执行决定前，未履行法定的书面催告程序，剥夺了被上诉人盛升公司陈述和申辩的权利，在解除涉案税收保全措施时，未向被上诉人送达《解除税收保全措施通知书》，违反法定程序。上诉人提出本案强制执行行为是基于对被上诉人违反相关税务法规的特殊背景所作出的，符合案件执法实际，不存在损害被上诉人合法权益的情形及未履行催告程序和未向被上诉人送达《解除税收保全措施通知书》、未对被上诉人的权利义务产生实质影响的上诉理由不能成立，本院不予支持。”也就是说，法院的观点是稽查局在没有向当事人作出书面催告的情况下，直接向其作出了税收强制执行决定，扣缴其银行存款，严重侵害了当事人陈述、申辩的权利，属于对其权利义务产生了实质影响。

（三）稽查局税收强制执行由法律设定，法律没授予强制执行权的，应当申请人民法院强制执行

针对判例2－3－1、判例2－3－2，可以从以下两个方面进行分析：

1. 法律单独赋予税务机关对其税款征收的强制执行权的，不能申请人民法院强制执行

根据《税收征收管理法》第三十八条、第四十条和第六十八条的规定，法律赋予了税务机关强制执行权，该强制执行的范围是税款和滞纳金，对象是从事生产、经营的纳税人、扣缴义务人和纳税担保人，属于税务机关应当单独行使的职权。与《税收征收管理法》第八十八条第三款规定的情形不同，第八十八条规定的强制执行的范围是罚款，对象是当事人，即不区分是否从事生产、经营，也不区分是纳税人、扣缴义务人、纳税担保人还是其他涉税当事人，也不是只有税务机关可以行使的权力，还可以申请人民法院强制执行。《税收征收管理法》第四十一条还规定，《税收征收管理法》第三十八条、第四十条规定的采取强制执行措施的权力不得由法定的税务机关以外的单位和个人行使。

因此，对从事生产、经营的纳税人、扣缴义务人、纳税担保人，法律赋予了税务机关对其税款征收的强制执行权，同时又属于不得由法定的税务机关以外的单位和个人行使的情形。

另外，《行政强制法》对行政强制执行问题也作了明确规定，该法第

三十四条规定："行政机关依法作出行政决定后，当事人在行政机关决定的期限内不履行义务的，具有行政强制执行权的行政机关依照本章规定强制执行。"对税务机关没有强制执行权的，才需要按照该法第五十三条的规定申请人民法院强制执行。由此可以分析，该法明确了一旦法律授予了税务机关强制执行权，该税务机关就不能主动放弃强制执行权，转由申请人民法院强制执行。人民法院只受理没有行政强制执行权的税务机关作出的决定。如果特别法规定税务机关既可以自己强制执行，也可以申请人民法院强制执行，则应依照特别法的规定执行。

一些稽查局认为，根据《行政诉讼法》第九十七条的规定，纳税人对稽查局作出的税务处理决定在法定期限内不提起诉讼又不履行的，稽查局可以申请人民法院强制执行。但是，该条款在税务稽查实务中是无法运用的，因为依照《税收征收管理法》第八十八条第一款的规定，纳税人提起诉讼之前必须先申请行政复议，对行政复议决定不服的，才可以依法向人民法院起诉。而申请行政复议还要符合前置的条件，即纳税人在缴纳税款或者提供担保之前，没有提起行政复议和行政诉讼的权利。所以，稽查局不能机械地套用《行政诉讼法》第九十七条的规定，该条款只能适用于《行政处罚法》第七十二条和《税收征收管理法》第八十八条第三款的规定，即在当事人不履行税务行政处罚决定的情况下，在法定期限内不提起诉讼又不履行的，稽查局可以申请人民法院强制执行。

2. 法律没有赋予税务机关对其税款征收的强制执行权的，只能申请人民法院强制执行

对税款和滞纳金的强制执行，《税收征收管理法》没有赋予税务机关强制执行权的，是指非从事生产、经营的纳税人、扣缴义务人和纳税担保人。例如，作为纳税人的自然人提供劳务取得所得的，在其非从事生产、经营活动的情况下，稽查局不能对其采取强制执行权。

根据《行政强制法》第十三条的规定，行政强制执行由法律设定。法律没有规定行政机关强制执行的，作出行政决定的行政机关应当申请人民

法院强制执行。该法条规定了两种强制执行途径：一是有法律、法规授权的行政机关可以依法强制执行；二是没有法律、法规授权的行政机关可在法定期限内申请人民法院强制执行。

一些稽查局认为，《税收征收管理法》第六十八条规定的税务机关采取强制执行措施的对象没有界定为必须是从事生产、经营的纳税人、扣缴义务人，这是对该条款的错误理解。该条款明确了税务机关采取强制执行措施追缴税款应当依据《税收征收管理法》第四十条的规定，即稽查局对税款和滞纳金采取强制执行措施的对象只能是从事生产、经营的纳税人、扣缴义务人。稽查局为了维护国家的税收利益，避免税款流失，应当向人民法院申请强制执行。但是，必须注意的是，申请人民法院强制执行，需要依据《行政强制法》第五十三条和《最高人民法院关于适用〈中华人民共和国行政诉讼法〉的解释》（法释〔2018〕1 号）第一百五十六条的规定，自被执行人的法定起诉期限届满之日起三个月内提出。逾期申请的，除有正当理由外，人民法院不予受理。同时，依据《行政强制法》第五十四条、第五十五条的规定，在申请人民法院强制执行前，催告当事人履行义务；催告书送达十日后当事人仍未履行义务的，向人民法院提交申请并提供申请强制执行材料。

【参考文献与司法判例】

· 刘红霞．税收保全 OR 强制执行 如何避免张冠李戴？［EB/OL］．(2019-02-26)　［2022-12-12］http：//www.ctaxnews.com.cn/2019-02/26/content_948748.html。

· 银川盛升物资有限公司与银川市国税局税务行政管理行政二审判决书［〔2016〕宁 01 行终 33 号］。来源：中国裁判文书网。

· 泰州市姜堰区吉庆烟花爆竹专营有限公司与国家税务总局泰州市税务局第二稽查局、泰州市姜堰区税务局再审行政裁定书［〔2019〕苏行申 1799 号］。来源：中国裁判文书网。

§2 04

稽查局可否要求纳税人到税务机关来领取税务文书？通知书类税务文书可诉吗？

【要点导读】

实务中，针对税务稽查案件，稽查局与纳税人产生争议的税务文书主要是对外执法文书，争议的焦点主要有以下几个问题：

（1）税务文书送达方式由谁来决定？在纳税人可以接收税务文书的情况下，稽查局可否要求其到税务机关来领取税务文书？

（2）送达税务文书时的告知事项有哪些？采用什么方式告知？未告知事项，后果会很严重吗？

（3）通知书类税务文书是过程性、阶段性的行政行为吗？纳税人能否以此类文书作为可诉对象？

（4）稽查局作出决定时必须先责令改正吗？可否将责令改正与处罚决定两个文书同时送达？

（5）税务文书使用错误、内容填写错误或者盖错公章等，可否撤销后再重新作出？在文书撤销再重新作出期间，滞纳金怎么办？

【实务问题】

税务稽查实务中，税务文书的制作与送达是一项非常重要的工作，尤其是对外执法文书，是税务稽查部门对税务行政相对人的具体行政行为的直接表现。税务文书能够反映出税务稽查执法主体、执法程序、违法事实认定、适用法律依据等多方面的内容。但是，一些税务稽查人员法律意识淡薄，在作出税务文书时存在各种问题，例如认定的事实阐述不具体、不清晰，适用法律依据不准确，违反法定程序等。从一些司法判例来看，针对税务稽查案件，稽查局与纳税人产生争议的税务文书主要是对外执法文书，争议的焦点主要有以下几个问题：

（一）税务文书送达方式由谁来决定？在纳税人可以接收税务文书的情况下，稽查局可否要求其到税务机关来领取税务文书？

在税务稽查实务中，存在着稽查局为了保证文书的顺利送达，节省工作时间，从税务文书送达的六种方式中随意选择方便的送达方式，在看似细小的环节上引发了税企纠纷。例如：

（1）税务稽查人员给企业的财务负责人打电话，告知其在一定的时间内到稽查局办公室领取税务文书，并嘱咐财务负责人带好公章，在系统勾选文书送达方式时选“其他方式送达”，在送达回证的送达地点一栏填写稽查局办公室房间号。

（2）同一送达事项涉及多个纳税人，且送达地点比较分散，税务稽查人员采取邮寄送达的方式进行送达，且未事前征得被送达人同意。

（3）对企业送达文书时，纳税人拒收税务文书，税务机关未做好旁证记录，而只凭税务稽查人员在《税务稽查执行报告》上的说明用于佐证。

（4）税务稽查人员前往某企业住所地直接送达《决定书》，发现企业住所地已无人员办公，无法送达。同日，市稽查局通过邮政特快专递邮寄该《决定书》，邮件内容未注明邮件内容为涉案《决定书》，该邮件因收件人手机关机无法送达被退回。之后，稽查局通过在该局网站发布公告以及在区国家税务局办税服务大厅公告栏张贴公告的方式，向企业公告送达涉案《决定书》，公告期为 30 日，至公告 30 天期满。区国税局工作人员在市稽查局出具的《税务文书送达回证》见证人栏签名，并加盖区国税局的公章予以确认。

（二）送达税务文书时的告知事项有哪些？采用什么方式告知？未告知事项，后果会很严重吗？

根据《税收征收管理法》和《行政处罚法》的相关规定，税务行政相对人有对税务稽查事项的知情权、陈述权、申辩权和听证权以及寻求救济的权利等。国家税务总局的相关规范性的文件也规定了送达税收文书时应当履行告知义务。但是，在税务稽查过程中，一些税务稽查人员因日常学习力不够、工作疏忽或者文件规定不具有可操作性等，没有向行政相对人告知相关事项，或者告知事项不准确，导致税务行政相对人不予配合税务稽查程序，甚至以未收到税务稽查人员告知、不知情、侵犯其合法权益等理由不履行缴纳税款等义务，由此产生税务争议。例如：

（1）税务稽查人员送达《税务检查通知书》，应当告知纳税人有义务配合税务检查，以及税务检查的时间、应准备的资料、税务检查所属期间、税务检查人员应当保密、回避和不出示税务检查证有权拒绝检查等。但是，有些税务检查人员认为，文书格式上都有文字说明，不一定都要当面说清楚，因此就没有提供能够证明其当面告知上述事项的证据。此时，纳税人认为税务稽查人员剥夺其知情权。

（2）A 公司收到主管税务机关下发的一份《税务事项通知书》，告知 A 公司由于其取得的由 B 公司开具的 20 份增值税发票涉嫌虚开，以抵扣税款 280 万元为由，依据《税收征收管理法》第三十八条的规定通知 A 公司在接到通知书 15 日内到税务局预缴该笔税款，逾期不缴纳，将按照《税收征收管理法》第四十条规定采取强制措施。

（3）由于受到各种条件的限制，稽查局对当事人的相关告知环节无法当面完成，在向被查对象送达税收法律文书时，实际控制人已被公安机关刑事拘留，法定代表人以不参与实际经营为借口拒绝签收税务文书，税务稽查人员只能采取留置送达的方式，在送达回证上注明见证人与稽查人员的签字，并对送达事项进行公证。因为没有当面告知当事人依法享有的陈述权和申辩权，稽查局作出的事务处理决定被提起了行政复议和诉讼。稽查局在答辩状中称：没有当面告知陈述权和申辩权并没有对涉案纳税人造成实质影响，但纳税人应补缴税款的事实存在。鉴于纳税人已经对该税收强制执行提起本案行政诉讼，故该瑕疵并未对有关的救济权利造成实质影响。

（三）通知书类税务文书是过程性、阶段性的行政行为吗？纳税人能否以此类文书作为可诉对象？

税务稽查对外执法文书中，通知类文书有税务事项通知书、责令限期改正通知书、税务检查通知书、税务协助检查通知书、调取账簿资料通知书、税务行政处罚事项告知书、催告书、冻结存款通知书、税务行政处罚听证通知书等，此类文书的基本功能是向税务行政相对人通知有关事项，例如准备资料、提供账簿、行使权力、办理有关事项、缴纳税款等。那么，其性质是过程性、阶段性、对最终处理不产生实质影响的文书，还是具有决定性、外放性并对纳税人权利义务产生影响的文书？在具体的税务稽查实务中，还是存有很多争议。例如：

（1）某国家税务局第三稽查局向甲公司下达了《税务事项通知书》，以甲公司取得的由天津某物贸实业有限公司开具的18份增值税专用发票涉嫌虚开，抵扣税款290余万元为由，依据《税收征收管理法》第三十八条的规定通知甲公司在接到该通知书之日起15日内到宣化区国税局办税服务厅预缴该笔税款。甲公司不服，向人民法院诉称：被告作为执法机关，以通知的形式要求原告预缴巨额税款而不告知其享有的行政复议和诉讼权利，其行为明显违法，请求法院依法撤销《税务事项通知书》。稽查局辩称：该通知书仅是告知原告依法履行缴纳税款义务的催缴税款文书，该催告行为并不增加或减损原告的权利义务，对其没有实际影响，不属于行政诉讼受案范围的通知类文书。

（2）某税务局于2016年10月26日作出〔2016〕1944号《责令限期改正通知书》，认为：游艇会公司违反税收管理，不进行纳税申请，不缴或者少缴应纳税款。依据《税收征收管理法》第六十条、《城镇土地使用税暂行条例》的规定，限游艇会公司于2016年11月9日前纳税申报。游艇会公司不服，向市税务局申请复议，市税务局于2018年6月27日作出地税复不受字〔2018〕2号《不予受理行政复议申请决定书》，对游艇会公司的复议申请不予受理。

（四）稽查局作出决定时必须先责令改正吗？可否将责令改正与处罚决定两个文书同时送达？

在一些税务稽查案件中，因纳税人违反税法规定，应当对其作出税务处理、处罚等决定，那么，是否应当在作出决定前责令限期改正？责令限期改正后，还能否再对其违法行为进行处理、处罚？这关系到实际操作中是否应当送达《责令限期改正通知书》以及何时送达该文书的问题。

例如，根据《税收征收管理法》第六十四条第一款的规定，纳税人、扣缴义务人编造虚假计税依据的，由税务机关责令限期改正，并处五万元以下的罚款。从该条款规定来看，税务机关责令限期改正与处五万元以下的罚款是并行的，即无论对纳税人、扣缴义务人处罚多少，都必须责令限期改正。但是，在税务稽查实务中，具体适用该条款时是税务稽查案件经过审理后作出决定，而此时税收征管系统无法生成《责令限期改正通知书》，该怎么办？有的税务稽查人员认为，可以在送达《税务行政处罚决定书》时当面口头告知。

（五）税务文书使用错误、内容填写错误或者盖错公章等，可否撤销后再重新作出？在文书撤销再重新作出期间，滞纳金怎么办？

税务稽查中涉及使用税务文书。尽管在各种文书格式上有明确的使用说明，但是在具体实务中，还是会出现一些程序违法的问题。主要表现在以下方面：

1. 混淆税务文书种类，不知应该如何适用

例如：在对纳税人实施检查时，既有《税务检查通知书》，又有《税务协助检查通知书》，应当使用哪个文书？在检查后，发现纳税人善意取得发票应当补缴税款的，应该适用《税务事项通知书》还是《税务处理决定书》？要求纳税人补充提供合同、发票、内部管理制度、台账等资料的，需要送达《调取账簿资料通知书》还是《提取证据专用收据》？在检查环节发现纳税人的违法行为已经超过税款追究时限的，应当送达《税务稽查结论》吗？发现纳税人因虚开发票涉嫌犯罪，但依税务稽查职权难以获取充足证据，应当移送公安机关的，能否送达《涉嫌犯罪案件移送书》？

2. 文书填写内容容易出错

例如，《税务文书送达回证》的“受送达人”栏和“受送达人签名或盖章”栏不是一个主体：“受送达人”栏填写的是单位名称、统一社会信用代码，即税务行政相对人（如纳税人、扣缴义务人等）；而“受送达人签名或盖章”栏填写的是具体签收文书的责任人（如法人的法定代表人、其他组织的主要负责人或者该法人、组织的财务负责人、负责收件的人等），实务中容易混淆。又如，《税务行政处罚决定书》中的违法事实部分表述不清楚，有违法事实但未写明违法条款。再如，在送达《税务处理决定书》时，告知复议机关错误。

3. 在税务文书上签名或者盖章容易出错

在税务文书上盖章出错表现在两个方面：一方面是税务行政相对人盖错章，例如没有加盖法人印章，而是以个人名章、财务专用章、发票专用章、部门专用章等代替；另一方面是税务机关用错公章的情况，例如应当加盖跨区域稽查局的章，而加盖了稽查局的章，或者应该加盖稽查局的章而加盖了税务局的章，甚至加盖了税务局处室的章等。

对因使用文书出现的错误，按照有错必纠的原则，税务稽查部门应当经集体审理撤销错误的税务文书；如果需要重新制作文书的，应当重新制作并送达正确的税务文书。但是，从一些司法判例来看，纳税人提出了一

个诉求，就是因税务机关违反法定程序、错误使用税务文书，而人为延长了税务稽查时间，由此而导致加收滞纳金的天数，应当在计算税款滞纳金时扣除。

【文件规定】

（一）关于文书送达方式的规定

《税收征收管理法实施细则》第一百零一条规定：“税务机关送达税务文书，应当直接送交受送达人。”“受送达人是公民的，应当由本人直接签收；本人不在的，交其同住成年家属签收。”“受送达人是法人或者其他组织的，应当由法人的法定代表人、其他组织的主要负责人或者该法人、组织的财务负责人、负责收件的人签收。受送达人有代理人的，可以送交其代理人签收。”

《税收征收管理法实施细则》第一百零二条规定：“送达税务文书应当有送达回证，并由受送达人或者本细则规定的其他签收人在送达回证上记明收到日期，签名或者盖章，即为送达。”

《税收征收管理法实施细则》第一百零三条规定：“受送达人或者本细则规定的其他签收人拒绝签收税务文书的，送达人应当在送达回证上记明拒收理由和日期，并由送达人和见证人签名或者盖章，将税务文书留在受送达人处，即视为送达。”

《税收征收管理法实施细则》第一百零四条规定：“直接送达税务文书有困难的，可以委托其他有关机关或者其他单位代为送达，或者邮寄送达。”

《税收征收管理法实施细则》第一百零五条规定：“直接或者委托送达税务文书的，以签收人或者见证人在送达回证上的签收或者注明的收件日期为送达日期；邮寄送达的，以挂号函件回执上注明的收件日期为送达日期，并视为已送达。”

《税收征收管理法实施细则》第一百零六条规定：“有下列情形之一的，税务机关可以公告送达税务文书，自公告之日起满30日，即视为送达：（一）同一送达事项的受送达人众多；（二）采用本章规定的其他送达方式无法送达。”

《国家税务总局关于发布〈税务文书电子送达规定（试行）〉的公告》（国家税务总局公告2019年第39号）第八条规定：“税务处理决定书、税务行政处罚决定书（不含简易程序处罚）、税收保全措施决定书、税收强制执行决定书、阻止出境决定书以及税务稽查、税务行政复议过程中使用的税务文书等暂不适用本规定。”

《民事诉讼法》第八十八条规定：“送达诉讼文书，应当直接送交受送达人。受送达人是公民的，本人不在的交他的同住成年家属签收；受送达人是法人或者其他组织的，应当由法人的法定代表人、其他组织的主要负责人或者该法人、组织负责收件的人签收；受送达人有诉讼代理人的，可以送交其代理人签收；受送达人已向人民法院指定代收人的，送交代收人签收。”“受送达人的同住成年家属，法人或者其他组织的负责收件的人，诉讼代理人或者代收人在送达回证上签收的日期为送达日期。”

《民事诉讼法》第八十九条规定：“受送达人或者他的同住成年家属拒绝接收诉讼文书的，送达人可以邀请有关基层组织或者所在单位的代表到场，说明情况，在送达回证上记明拒收事由和日期，由送达人、见证人签名或者盖章，把诉讼文书留在受送达人的住所；也可以把诉讼文书留在受送达人的住所，并采用拍照、录像等方式记录送达过程，即视为送达。”

《民事诉讼法》第九十一条规定：“直接送达诉讼文书有困难的，可以委托其他人民法院代为送达，或者邮寄送达。邮寄送达的，以回执上注明的收件日期为送达日期。”

《民事诉讼法》第九十三条规定：“受送达人被监禁的，通过其所在监所转交。”“受送达人被采取强制性教育措施的，通过其所在强制性教育机构转交。”

《民事诉讼法》第九十五条规定："受送达人下落不明，或者用本节规定的其他方式无法送达的，公告送达。自发出公告之日起，经过三十日，即视为送达。"

《行政强制法》第三十八条规定："催告书、行政强制执行决定书应当直接送达当事人。当事人拒绝接收或者无法直接送达当事人的，应当依照《中华人民共和国民事诉讼法》的有关规定送达。"

《最高人民法院关于以法院专递方式邮寄送达民事诉讼文书的若干规定》（法释〔2004〕13 号）第一条规定："人民法院直接送达诉讼文书有困难的，可以交由国家邮政机构（以下简称邮政机构）以法院专递方式邮寄送达，但有下列情形之一的除外：（一）受送达人或者其诉讼代理人、受送达人指定的代收人同意在指定的期间内到人民法院接受送达的；（二）受送达人下落不明的；（三）法律规定或者我国缔结或者参加的国际条约中约定有特别送达方式的。"

《邮政法》第五十五条："快递企业不得经营由邮政企业专营的信件寄递业务，不得寄递国家机关公文。"

（二）关于送达税务文书时告知事项的规定

《税收征收管理法》第八条第四款规定："纳税人、扣缴义务人对税务机关所作出的决定，享有陈述权、申辩权；依法享有申请行政复议、提起行政诉讼、请求国家赔偿等权利。"

《行政处罚法》第四十一条第三款规定："行政机关应当及时告知当事人违法事实，并采取信息化手段或者其他措施，为当事人查询、陈述和申辩提供便利。不得限制或者变相限制当事人享有的陈述权、申辩权。"

《行政处罚法》第四十四条规定："行政机关在作出行政处罚决定之前，应当告知当事人拟作出的行政处罚内容及事实、理由、依据，并告知当事人依法享有的陈述、申辩、要求听证等权利。"

《行政处罚法》第六十二条规定："行政机关及其执法人员在作出行政

处罚决定之前，未依照本法第四十四条、第四十五条的规定向当事人告知拟作出的行政处罚内容及事实、理由、依据，或者拒绝听取当事人的陈述、申辩，不得作出行政处罚决定；当事人明确放弃陈述或者申辩权利的除外。”

《行政强制法》第十八条第（五）项规定：“行政机关实施行政强制措施应当当场告知当事人采取行政强制措施的理由、依据以及当事人依法享有的权利、救济途径。”

《行政强制法》第四十五条第一款规定：“行政机关依法作出金钱给付义务的行政决定，当事人逾期不履行的，行政机关可以依法加处罚款或者滞纳金。加处罚款或者滞纳金的标准应当告知当事人。”

《行政强制法》第三十五条规定：“行政机关作出强制执行决定前，应当事先催告当事人履行义务。催告应当以书面形式作出，并载明下列事项：（一）履行义务的期限；（二）履行义务的方式；（三）涉及金钱给付的，应当有明确的金额和给付方式；（四）当事人依法享有的陈述权和申辩权。”

《税务稽查案件办理程序规定》第十五条第一款规定：“检查前，稽查局应当告知被查对象检查时间、需要准备的资料等，但预先通知有碍检查的除外。”

《税务稽查案件办理程序规定》第三十五条第一款规定：“检查结束前，检查人员可以将发现的税收违法事实和依据告知被查对象。”

《税务稽查案件办理程序规定》第三十九条规定：“拟对被查对象或者其他涉税当事人作出税务行政处罚的，应当向其送达税务行政处罚事项告知书，告知其依法享有陈述、申辩及要求听证的权利。税务行政处罚事项告知书应当包括以下内容：（一）被查对象或者其他涉税当事人姓名或者名称、有效身份证件号码或者统一社会信用代码、地址。没有统一社会信用代码的，以税务机关赋予的纳税人识别号代替；（二）认定的税收违法事实和性质；（三）适用的法律、行政法规、规章及其他规范性文件；

（四）拟作出的税务行政处罚；（五）当事人依法享有的权利；（六）告知书的文号、制作日期、税务机关名称及印章；（七）其他相关事项。”

《税务稽查案件办理程序规定》第五十二条规定：“作出强制执行决定前，应当制作并送达催告文书，催告当事人履行义务，听取当事人陈述、申辩意见。经催告，当事人逾期仍不履行行政决定，且无正当理由的，经县以上税务局局长批准，实施强制执行。”

（三）关于行政复议和行政诉讼范围的规定

《税收征收管理法》第八十八条第一款、第二款规定：“纳税人、扣缴义务人、纳税担保人同税务机关在纳税上发生争议时，必须先依照税务机关的纳税决定缴纳或者解缴税款及滞纳金或者提供相应的担保，然后可以依法申请行政复议；对行政复议决定不服的，可以依法向人民法院起诉。”“当事人对税务机关的处罚决定、强制执行措施或者税收保全措施不服的，可以依法申请行政复议，也可以依法向人民法院起诉。”

《行政复议法》第六条第（一）（二）（十一）项规定：“有下列情形之一的，公民、法人或者其他组织可以依照本法申请行政复议：（一）对行政机关作出的警告、罚款、没收违法所得、没收非法财物、责令停产停业、暂扣或者吊销许可证、暂扣或者吊销执照、行政拘留等行政处罚决定不服的；（二）对行政机关作出的限制人身自由或者查封、扣押、冻结财产等行政强制措施决定不服的；……（十一）认为行政机关的其他具体行政行为侵犯其合法权益的。”

《行政诉讼法》第二条规定：“公民、法人或者其他组织认为行政机关和行政机关工作人员的行政行为侵犯其合法权益，有权依照本法向人民法院提起诉讼。”

《行政诉讼法》第十二条第一款第（十二）项规定：“人民法院受理公民、法人或者其他组织提起的下列诉讼：……（十二）认为行政机关侵犯其他人身权、财产权等合法权益的。”

《行政诉讼法》第四十九条规定："提起诉讼应当符合下列条件：（一）原告是符合本法第二十五条规定的公民、法人或者其他组织；（二）有明确的被告；（三）有具体的诉讼请求和事实根据；（四）属于人民法院受案范围和受诉人民法院管辖。"

《最高人民法院关于适用〈中华人民共和国行政诉讼法〉的解释》（法释〔2018〕1号）第一条第二款第（十）项规定："对公民、法人或者其他组织权利义务不产生实际影响的行为不属于人民法院行政诉讼的受案范围。"

（四）关于程序违法的规定

《行政处罚法》第三十八条第二款规定："违反法定程序构成重大且明显违法的，行政处罚无效。"

《行政诉讼法》第七十条第（三）项规定："行政行为有下列情形之一的，人民法院判决撤销或者部分撤销，并可以判决被告重新作出行政行为：（三）违反法定程序的。"

《行政诉讼法》第七十四条规定："行政行为有下列情形之一的，人民法院判决确认违法，但不撤销行政行为：（一）行政行为依法应当撤销，但撤销会给国家利益、社会公共利益造成重大损害的；（二）行政行为程序轻微违法，但对原告权利不产生实际影响的。""行政行为有下列情形之一，不需要撤销或者判决履行的，人民法院判决确认违法：（一）行政行为违法，但不具有可撤销内容的；（二）被告改变原违法行政行为，原告仍要求确认原行政行为违法的；（三）被告不履行或者拖延履行法定职责，判决履行没有意义的。"

《最高人民法院关于适用〈中华人民共和国行政诉讼法〉的解释》（法释〔2018〕1号）第九十六条规定："有下列情形之一，且对原告依法享有的听证、陈述、申辩等重要程序性权利不产生实质损害的，属于行政诉讼法第七十四条第一款第二项规定的'程序轻微违法'：（一）处理期限轻微违法；（二）通知、送达等程序轻微违法；（三）其他程序轻微违法的情形。”

【指导建议】

税务文书是由国家税务总局制定的统一格式的文书。根据国税总局的相关文件规定，税务文书分为内部管理文书和对外执法文书。税务文书有具体的统一格式、适用范围和使用要求。对外执法文书一般是送达给税务行政相对人，代表税务机关行使法定职权的具体行政行为，不同的税务文书所代表的税务机关的执法权不同，其对行政相对人的权利义务产生的影响也不同，所以不能滥用税务文书。

针对上述提出的实务问题，建议从以下四个方面进行把握：

（一）税务文书送达应当按照法律、法规规定的权限、程序和方式

税务文书送达，是指税务稽查人员将税务文书送达受送达人的业务处理过程。根据《税收征收管理法实施细则》第一百零一条至一百零六条、《行政强制法》第三十八条以及《民事诉讼法》第八十八条、第八十九条、第九十一条、第九十三条、第九十五条的规定，税务文书的送达方式有直接送达、留置送达、委托送达、邮寄送达和公告送达等五种送达方式。随着经济社会发展和技术创新，为进一步便利纳税人办税，减轻征纳双方负担，国家税务总局制定了《关于发布〈税务文书电子送达规定（试行）〉的公告》（国家税务总局公告2019年第39号），补充了税务文书电子送达方式。

1. 税务文书送达方式与顺序

在选择税务文书送达方式时，有以下几点注意事项：

（1）税收文书能够直接送达的，应当采取直接送达的方式。

（2）税收文书无法直接送达的，可以采取其他送达的方式。①受送达

人或者其同住成年家属、代收人、代理人拒绝签收，无法直接送达税务文书的，可以采取留置送达的方式，将税务文书留在受送达人处。②直接送达税务文书有困难的，可以委托其他有关机关或者其他单位代为送达，或者邮寄送达。采用邮寄送达的，税务机关应当通过邮政部门，将税务文书以挂号专递形式寄给受送达人。快递企业不得经营由邮政企业专营的信件寄递业务，不得寄递国家机关公文。③受送达人被监禁的，通过其所在监所转交。受送达人被采取强制性教育措施的，通过其所在强制性教育机构转交。

（3）同一送达事项的受送达人众多、下落不明，或者采用其他送达方式无法送达税务文书的，可以公告送达税务文书。公告送达可以在受送达人住所地、生产经营地或者注册登记地张贴公告，或者通过税务机关门户网站、当地主流新闻媒体发布公告（具体发布渠道根据实际情况选择）。采取公告送达的，可以同时在主管税务机关办税服务大厅张贴公告。张贴公告的，应当使用音像记录设备记录张贴过程。

需要提醒注意的是，如果稽查局采用公告送达方式送达税务文书，需要在符合该送达方式的条件下使用。同时，为了确保公告送达有效，送达机关需要采取把相对人无法知晓送达内容的可能性降低到合理程度的公告方式。从一些司法判例来看，人民法院一般认为，如果某种公告送达方式可以极大概率覆盖受送达人所在人群，进而推定受送达人知晓或应当知晓送达文书的完整内容，这种公告送达方式就可以成立。若仅在办税大厅、税务所等税务内部场所进行公告，则存在送达无效的风险。例如，前述“实务问题（一）”中的第（4）种情形，二审法院在判决书中认定：稽查局作出《决定书》后，虽然采取过直接送达的方式，但在尚未穷尽其他合理送达方式的情况下，通过在被上诉人的办税服务大厅公告栏张贴公告的方式向上诉人公告送达该《决定书》，不符合上述送达程序规定。虽然被上诉人提交了邮政特快专递详情单以证实稽查局在公告送达之前已向上诉人邮寄送达《决定书》，但该邮件内容也未填写，不能证实稽查局已向上诉人邮寄送达《决定书》。因此，稽查局作出的《决定书》不能视为已有效送达。

（4）税务稽查过程中使用的税务文书等，暂不适用税务文书电子送达方式。

2. 税务文书的签收与生效

不同的税务文书，相关的签收与生效的规定也不同。

（1）采用直接送达方式的，税务文书的签收人有三种：一是受送达人本人，受送达人是公民的，签收人是该公民；受送达人是法人或者其他组织的，应当由法人的法定代表人、其他组织的主要负责人签收。二是代收人，由受送达人的同住成年家属或者法人、其他组织的负责收件的人签收。三是代理人，受送达人有代理人的，可以送交其代理人签收。

这里需要注意，《民事诉讼法》对签收人的规定中，代收人不包括法人或者其他组织的财务负责人，而《税收征收管理法实施细则》规定财务负责人可以签收税务文书。在执法中，应尽量考虑这一点，避免出现执法风险。

（2）采用其他送达方式的，应注意保留无法直接送达的证据。其中，采用留置送达的，受送达人或者其他签收人拒绝签收税务文书的，送达人可以邀请有关基层组织或者所在单位的代表到场，说明情况，在送达回证上记明拒收事由和日期，由送达人、见证人签名或者盖章，也可以采用拍照、录像等方式记录送达过程。采用其他送达方式无法送达税务文书而采取公告送达的，应当留存已经采用其他送达方式的证据，例如无法留置送达的《现场笔录》、视频和照片，无法邮寄送达的退件回执等。

（3）税务文书的生效时间不同。送达税务文书应当有送达回证，采用直接送达、留置送达和委托送达应当制作《税务文书送达回证》。受送达人或者其他签收人、见证人在送达回证上记明收到日期，签名或者盖章，即为送达。采用邮寄送达的，挂号函件回执上注明的收件日期为送达日期，并视为已送达。采用公告送达的，自发出公告之日起，经过三十日，即视为送达。发出公告日期以最后张贴或者刊登的日期为准。公告期限自公告次日起算，期限届满即视为送达。期限届满的最后一日是节假日的，以节假日后的第一日为期限届满的日期。

（二）送达税务文书，应当履行税务事项与救济途径的告知义务

根据《税收征收管理法》第八条第四款的规定，纳税人、扣缴义务人对税务机关所作出的决定，享有陈述权、申辩权和依法享有申请行政复议、提起行政诉讼、请求国家赔偿等权利。同时，《行政处罚法》第四十一条第三款、第四十一条第三款、第四十四条、第六十二条和《行政强制法》第十八条第（五）项、第三十五条、第四十五条第一款规定，税务机关应当告知税务行政相对人的事项有三类：一是涉税违法事实；二是税务决定的内容及事实、理由、依据与行政方式；三是依法应享有的陈述权、申辩权、要求听证权和救济途径。为此，《税务稽查案件办理程序规定》第十五条第一款、第三十五条第一款、第三十九条、第五十二条规定了税务稽查检查前、检查结束前、税务行政处罚前、作出强制执行决定前等时间，稽查局应当履行告知义务。

《国家税务总局关于修订部分税务执法文书的公告》（国家税务总局公告 2021 年第 23 号）附件中对税务机关履行告知义务的方式有两种：一种是在文书格式中有明确的告知内容，例如《税务行政处罚事项告知书》《税务行政处罚决定书》《不予税务行政处罚决定书》《税务事项通知书》《税收保全措施决定书》《税收强制执行决定书》《税务处理决定书》《催告书》等。另一种是在文书的使用说明中明确税务机关应当告知的事项，例如《现场笔录》。

前述“实务问题（二）”中的第（1）种情形，税务稽查人员在税务检查前向被查对象送达《税务检查通知书》时，文书格式中有明确的告知内容，包括税务检查期间、被查期间，要求被查对象依法接受检查，如实反映情况，提供有关资料，以及告知被查对象如下事项：税务机关派出的

人员进行税务检查时，应当出示税务检查证和税务检查通知书，并有责任为被检查人保守秘密；未出示税务检查证和税务检查通知书的，被检查人有权拒绝检查。为此，税务稽查人员应当按照文书送达要求告知注意事项。告知的方式没有具体的规定，如果条件允许，建议当场宣读。

前述“实务问题（二）”中的第（2）种情形，《税务事项通知书》文书格式内容包括事实、理由、依据和通知内容。其中，“通知内容”有：办理通知事项的时限、资料、地点、税款及滞纳金的数额、所属期，若同税务机关在纳税上有争议，可以依法申请行政复议或者提起行政诉讼的条件和行使权力的期限，并告知税务复议机关名称。税务稽查人员在送达《税务事项通知书》时，应履行告知义务。

前述“实务问题（二）”中的第（3）种情形，税务文书采取直接送达的方式，应当当面告知被查对象相关事宜，包括案件的基本情况和税务行政行为的方式、履行义务的时限以及依法应享有的权利等。若采取留置送达、邮寄送达、委托送达和公告送达等方式，无法当面告知的原因是行政相对人不予配合所致，此时，行政相对人应承担由此而产生的不利后果。

（三）具体行政行为是否侵犯行政相对人合法权益是判断可诉与否的标准

根据《税收征收管理法》第八十八条、《行政复议法》第六条和《行政诉讼法》第二条、第十二条、第四十九条的规定，税务行政相对人同税务机关在纳税上发生争议时，依照税务机关的纳税决定缴纳、解缴税款及滞纳金或者提供相应的担保后，可以依法申请行政复议；对行政复议决定不服的，可以依法向人民法院起诉。对税务机关的处罚决定、强制执行措施或者税收保全措施不服的，可以依法申请行政复议，也可以依法向人民法院起诉。税务机关的具体行政行为是否可诉的判断标准是对税务行政相对人的权利义务有无产生实际影响。

前述“实务问题（三）”中所述第（1）种情形，税务机关使用《税务事项通知书》通知企业缴纳税款并无不当，问题是出在税务机关未在《税务事项通知书》中告知纳税人享有的法律救济权利及救济途径。根据《税务事项通知书》的“使用说明”中要求，通知事项需要告知被通知人申请行政复议或者提起行政诉讼权利的，应告知被通知人。该案中，税务机关下达的《税务事项通知书》未载明此项法律救济权利及救济途径，不符合《税务事项通知书》的使用要求。因而，人民法院作出判决：“被告以《税务事项通知书》通知原告在接到该通知书十五日内到宣化区国税局办税服务大厅预缴税款，逾期不缴纳将按照《税收征收管理法》第四十条规定采取强制措施，但未明确告知原告享有的权利及救济途径，属程序违法，应予撤销，判决撤销案涉《税务事项通知书》。”

前述“实务问题（三）”中所述第（2）种情形，对于税务机关送达《责令限期改正通知书》是否可诉，海南省高级人民法院在再审裁定书中认为：税务局于2016年10月26日作出1944号通知书限游艇会公司于2016年11月9日前纳税申报的行为是税务机关作出征税决定的过程性、阶段性行政行为，对游艇会公司的权利义务不产生实际影响，并未侵犯其合法权益。

（四）错误使用税务文书可能会导致严重违反法定程序的后果

违反法定程序，这里指的是违反法律、法规、规章明文规定的行政机关在行政执法过程中必须遵循的步骤、方式、顺序和时间等的行为。税务机关制作和送达税务文书不规范，是违反法定程序的行为。根据《行政处罚法》第三十八条第二款、《行政诉讼法》第七十条第（三）项的规定，税务机关的行政行为违反法定程序的，其行政行为无效或者被人民法院判决撤销并可以判决重新作出行政行为。根据《行政诉讼法》第七十四条和《最高人民法院关于适用〈中华人民共和国行政诉讼法〉的解释》（法释〔2018〕1号）第九十六条的规定，行政行为程序轻微违法，但对原告权利不产生实际影响的，人民法院判决确认违法，但不撤销行政行为。

前述“实务问题（四）”所述情形，首先应判断是否存在程序违法的问题，对税务行政处罚应当送达《责令限期改正通知书》，根据《国家税务总局关于修订部分税务执法文书的公告》（国家税务总局公告 2021 年第 23 号）附件《责令限期改正通知书》的使用说明：“适用范围：纳税人、扣缴义务人违反税收法律、法规的规定，税务机关责令其限期改正时使用。”税务机关责令限期改正的情形，具体有《税收征收管理法》第六十条至第六十二条、第六十四条、第七十条和《发票管理办法》第三十五条、第三十六条规定的情形，如：税务行政相对人未按规定办理税务登记、办理纳税申报、设置和保留账簿、拒绝或者阻挠税务检查、编造虚假计税依据、违法开具发票、非法使用或者印制发票等。对于上述情形，根据《税收征收管理法》和《发票管理办法》的规定：责令改正的，应当在税务检查时，当场下达《责令限期改正通知书》，并视改正的情况决定是否进行税务行政处罚；责令限期改正的（如根据《税收征收管理法》第六十四条第一款的规定，纳税人、扣缴义务人编造虚假计税依据的，由税务机关责令限期改正，并处五万元以下的罚款），在稽查局作出税务行政处罚决定的同时要求改正，依法应当对违法行为责令限期改正并处罚款，应当在《税务行政处罚决定书》中责令被查对象限期改正违法行为，无须另行下达《责令限期改正通知书》。

前述“实务问题（五）”所述情形，税务文书使用错误、内容填写错误或者盖错公章等，如果影响到行政相对人依法享有的陈述、申辩、听证或者税务行政复议、行政诉讼等权利的，属于严重违反法定程序。反之，属于程序轻微违法，如果能够纠正的，应当予以纠正。其中，税务文书使用错误，应当分清各种文书的适用范围。例如《税务检查通知书》与《税务协助检查通知书》，前者是针对立案的被查对象在立案前检查或者立案后检查时下发的，后者是针对被查对象的其他涉税当事人或者协查案件的当事人进行调查时下发的。税务稽查中使用的《税务事项通知书》通常是过程性的文书，而《税务处理决定书》则是结论性文书：前者是在税务检查环节下发的文书，由税务检查人员送达；而后者是经过案件审理后移送执行前制作的文书，由执行人员送达。《调取账簿资料通知书》是调取被查对象账簿资料时使用的文书，而《提取证据专用收据》是调取证据原件时使用的文书；如果需要将被查对象的账簿资料原件作为证据的，在下达《调取账簿资料通知书》后还要下达《提取证据专用收据》，并在《调取账簿资料清单》中予以注明。在检查环节发现纳税人的违法行为已经超过税款追究时限的，这时不需要对纳税人进行税务处理，不应当送达《税务稽查结论》，而应当送达《税务事项通知书》。发现纳税人因虚开发票涉嫌犯罪，但依税务稽查职权难以获取充足证据，应当移送公安机关的，可以送达《涉嫌犯罪案件移送书》，但必须依法定程序并经批准。

对于文书内容填写错误的，如果属于笔误，一般不会对行政相对人合法权益产生实质影响。对于存在税务文书告知错误的问题（例如，在送达《税务处理决定书》时告知复议机关有误，进而导致税务局并非行政决定的适格复议机关却又错误地行使了复议权），由于告知复议机关错误并未影响到行政相对人依法享有的税务行政复议权，经纠正，仍可履行税务行政复议程序。但是，税务局作为不适格的复议机关，其行为违反了《税务行政复议规则》的规定，系严重程序违法。《税务行政处罚决定书》对违法事实表述不清的，如果相关证据能够证明案件事实认定清楚、证据确凿的，同样不属于严重违反法定程序。在税务文书上签名或者盖章错误，可能会因税务行政相对人不予认可、税务机关主体不适格或者双主体而被认定为严重违反法定程序。

对于因税务机关执法程序问题导致案件办理被不当延长，由此而产生的滞纳金计算时间问题，应当将此期间扣除。从一些司法判例来看，人民法院一般都持有这个观点。例如，在江苏省南京市中级人民法院行政判决书（2017）苏01行终1120号中，法院认为："被上诉人自2014年7月向雨花园林公司送达《税务检查通知书》，对上诉人纳税行为进行税务检查，至2016年6月作出《税务处理决定书》，历时近2年，其依法启动的调查程序期间应当予以扣除。南京地税稽查局以送达《税务检查通知书》时间作为追征期终期，与税务机关的通行做法相符，且不违反相关法律规定。”由此看来，人民法院的判决是根据《税收征收管理法》第五十二条第一款的规定作出的，即因税务机关原因导致不缴或者少缴税款的，不加收滞纳金。

§2 05

税务行政复议前置制度下逾期缴清税款的，是否必然丧失请求复议权利？

【要点导读】

在一些税务稽查案件中，被查对象对稽查局作出的决定不服，进而向复议机关申请税务行政复议的情况时有发生。在税务行政复议中，存疑的主要问题有：

（1）对于纳税争议案件，超过税务机关规定期限缴清税款的，是否必然丧失税务行政复议权利？

（2）经过行政复议后，对被申请人重新作出的征税行为不服，是否仍然需要遵循纳税前置？

（3）在复议前置程序中，复议机关作出不予受理决定后，当事人能否直接对原行政行为提起行政诉讼？

（4）《税务处理决定书》没有告知丧失复议权的后果，是否不符合法律救济的原则？

【实务问题】

在税收征管中，税务行政相对人（或称被查对象）不服税务机关及其工作人员作出的税务具体行政行为的，可以依法向复议机关提出申请，复议机关经审理，对原税务机关的具体行政行为可以依法作出维持、变更、撤销等决定。在一些税务稽查案件中，稽查局经稽查后会作出相应的税务处理决定、税务行政处罚决定，但被查对象对稽查局作出的决定不服，进而向复议机关申请税务行政复议的情况时有发生。实务中，在具体操作层面，一些税务机关在税务行政复议的范围、时效、管辖等问题上存在意见分歧。同时，纳税人在税务行政复议提起程序中也存在法律认知上的缺陷。由此，就会导致税企双方发生争议，影响了和谐的征纳关系。下面列举几个关于税务行政复议的存疑问题：

（一）对于纳税争议案件，超过税务机关规定期限缴清税款的，是否必然丧失税务行政复议权利？

根据现行《税收征收管理法》的规定，纳税人就纳税争议提请行政复议，必须满足解缴税款、滞纳金或提供担保的条件。因此，稽查局在下达《税务处理决定书》时，都要履行相关的告知义务（例如，告知纳税人若在纳税上有争议，必须先依照本决定的期限缴纳税款及滞纳金或者提供相应的担保，然后可自款项缴清或者提供相应担保被税务机关确认之日起60日内向税务局或者人民政府申请行政复议）。但在实务中，一些纳税人因某种原因未按照《税务处理决定书》限定的时间缴纳税款，但在实际缴纳时并未超过税务行政复议的时限。这时，税务行政复议的受理机关能否受理复议申请？税企双方产生了分歧。纳税人认为，未能按照《税务处理决定书》通知的期限缴纳税款和滞纳金非主观故意而为之（例如筹集资金需要时间等），但已经尽最大努力在可能的最短时间之内筹集资金并全数缴纳了税款和滞纳金，根据《税收征收管理法》的规定，已经依法满足了复议前置的条件。《税收征收管理法》规定了复议前置条件，即必须先依照税务机关的纳税决定缴纳或者解缴税款及滞纳金或者提供相应的担保，然后才可以依法申请行政复议。该条款只规定了“按照纳税决定缴纳或者解缴税款及滞纳金”，并没有规定具体的时限。况且，《行政复议法》也未要求在复议期限的60天内分出缴税期限（一般是15天）。因此，只要在收到《税务处理决定书》之日起不超过60天缴纳税款和滞纳金，都应该具有复议的请求权，复议机关都应该受理，否则，这个救济制度就变成了一种可望而不可即的摆设。而稽查局则认为，根据《税务行政复议规则》第三十三条的规定，纳税人申请行政复议的，必须依照税务机关根据法律、法规确定的税额、期限先行缴纳或者解缴税款和滞纳金，或者提供相应的担保，才可以在缴清税款和滞纳金以后或者所提供的担保得到作出具体行政行为的税务机关确认之日起60日内提出行政复议申请。而纳税人只是按照《税务处理决定书》所确定的金额解缴了税款和滞纳金，但并没有按照《税务处理决定书》中规定的时限解缴税款，并不满足取得复议权的条件。

（二）经过行政复议后，对被申请人重新作出的征税行为不服，是否仍然需要遵循纳税前置？

对纳税争议案件，税务行政相对人向复议机关申请行政复议，复议机关受理后，经审查作出撤销具体行政行为并责令被申请人在一定期限内重新作出具体行政行为时，税务行政相对人对重新作出的征税行为不服的，是否仍应依据《税收征收管理法》第八十八条第一款的规定，先缴纳税款、滞纳金或者提供纳税担保后，才可以申请行政复议？这时应向谁申请？是否是原作出复议决定的税务机关？在实务中，关于这几个问题，争议很大。而且，被申请人重新作出的《税务处理决定书》是否需要告知行政相对人应当向哪个部门申请税务行政复议，以及是否应当遵循纳税前置，在税务部门中也有很多分歧。

（三）在复议前置程序中，复议机关作出不予受理决定后，当事人能否直接对原行政行为提起行政诉讼？

《税收征收管理法》不仅规定了因纳税争议申请税务行政复议的纳税前置制度，也规定了行政诉讼的复议程序前置制度。税务行政相对人在依法申请税务行政复议后，遇到复议机关对复议申请不予答复、不予受理或程序性驳回复议申请时，可否视为已经过复议，即符合复议程序前置制度要求，直接对原行政行为提起行政诉讼？在实务中，复议机关多会作出不予受理的决定。一些纳税人认为，根据我国《行政诉讼法》及相关规定，行政诉讼的受案范围是对公民、法人或者其他组织权利义务产生实际影响的行为，对其产生实际影响的是税务机关作出的税务处理决定，纳税人对该决定申请复议后，复议机关作出不予受理的复议决定是其已履行复议职责并形成的具体结果，纳税人在完成行政复议前置程序之后提起行政诉讼，符合法律规定。而税务机关则认为，纳税人如果要继续维护自己的权益，应当就复议决定提起行政诉讼，而并非直接起诉税务处理决定。如按纳税人所述已完成前置程序，那么，只要提出了复议申请，无论是否经过复议机关的实体审查都视为已经经过复议程序，而允许当事人直接就原行政行为向人民法院提起行政诉讼的话，就意味着行政复议前置程序丧失了其设置的意义。

（四）《税务处理决定书》没有告知丧失复议权的后果，是否不符合法律救济的原则？

作为税务机关的具体行政行为，《税务处理决定书》会对被查对象的权利、义务产生直接影响，因此，我国相关法律规定，税务机关在送达《税务处理决定书》时，应当明确告知其申请行政复议的权利、行政复议机关和行政复议申请期限。具体实务中，由于《税务处理决定书》是统一格式的要式文书，一些相关内容的告知不能具体而准确地列示在文书上面，影响了纳税人行政复议救济权的行使，容易因此而产生分歧。实务中存在此类问题的情形有：①没有明确告知应当向哪个部门提供纳税担保；②没有准确告知复议救济申请的受理机关；③没有告知如不依照税务机关的纳税决定期限缴纳税款或者提供纳税担保即丧失复议权的后果；④没有告知因错误地选择复议机关可扣除复议机关自受理申请至不予受理答复期间的时间。

【文件规定】

（一）关于司法救济的规定

《税收征收管理法》第八十八条第一款、第二款规定：“纳税人、扣缴义务人、纳税担保人同税务机关在纳税上发生争议时，必须先依照税务机关的纳税决定缴纳或者解缴税款及滞纳金或者提供相应的担保，然后可以依法申请行政复议；对行政复议决定不服的，可以依法向人民法院起诉。”“当事人对税务机关的处罚决定、强制执行措施或者税收保全措施不服的，可以依法申请行政复议，也可以依法向人民法院起诉。”

《税收征收管理法实施细则》第一百条规定：“《税收征收管理法》第八十八条规定的纳税争议，是指纳税人、扣缴义务人、纳税担保人对税务机关确定纳税主体、征税对象、征税范围、减税、免税及退税、适用税率、计税依据、纳税环节、纳税期限、纳税地点以及税款征收方式等具体行政行为有异议而发生的争议。”

（二）关于税务行政复议范围与复议前置的规定

《行政复议法》第六条第（一）（二）（十一）项规定：“有下列情形之一的，公民、法人或者其他组织可以依照本法申请行政复议：（一）对行政机关作出的警告、罚款、没收违法所得、没收非法财物、责令停产停业、暂扣或者吊销许可证、暂扣或者吊销执照、行政拘留等行政处罚决定不服的；（二）对行政机关作出的限制人身自由或者查封、扣押、冻结财产等行政强制措施决定不服的；……（十一）认为行政机关的其他具体行政行为侵犯其合法权益的。”

《税务行政复议规则》（国家税务总局令第 21 号）第十四条第（一）（四）（五）项规定：“行政复议机关受理申请人对税务机关下列具体行政行为不服提出的行政复议申请：（一）征税行为，包括确认纳税主体、征税对象、征税范围、减税、免税、退税、抵扣税款、适用税率、计税依据、纳税环节、纳税期限、纳税地点和税款征收方式等具体行政行为，征收税款、加收滞纳金，扣缴义务人、受税务机关委托的单位和个人作出的代扣代缴、代收代缴、代征行为等。……（四）税收保全措施、强制执行措施。（五）行政处罚行为：罚款；没收财物和违法所得；停止出口退税权。”

《税务行政复议规则》（国家税务总局令第21号）第三十三条第一款、第二款规定：“申请人对本规则第十四条第（一）项规定的行为不服的，应当先向行政复议机关申请行政复议；对行政复议决定不服的，可以向人民法院提起行政诉讼。”“申请人按照前款规定申请行政复议的，必须依照税务机关根据法律、法规确定的税额、期限，先行缴纳或者解缴税款和滞纳金，或者提供相应的担保，才可以在缴清税款和滞纳金以后或者所提供的担保得到作出具体行政行为的税务机关确认之日起60日内提出行政复议申请。”

《税务行政复议规则》（国家税务总局令第21号）第八十一条第二款规定：“公民、法人或者其他组织对被申请人重新作出的具体行政行为不服，可以依法申请行政复议，或者提起行政诉讼。”

（三）关于税务行政复议期限的规定

《行政复议法》第九条规定：“公民、法人或者其他组织认为具体行政行为侵犯其合法权益的，可以自知道该具体行政行为之日起六十日内提出行政复议申请；但是法律规定的申请期限超过六十日的除外。”“因不可抗力或者其他正当理由耽误法定申请期限的，申请期限自障碍消除之日起继续计算。”

《行政复议法实施条例》第十五条规定：“行政复议法第九条第一款规定的行政复议申请期限的计算，依照下列规定办理：（一）当场作出具体行政行为的，自具体行政行为作出之日起计算；（二）载明具体行政行为的法律文书直接送达的，自受送达人签收之日起计算；（三）载明具体行政行为的法律文书邮寄送达的，自受送达人在邮件签收单上签收之日起计算；没有邮件签收单的，自受送达人在送达回执上签名之日起计算；（四）具体行政行为依法通过公告形式告知受送达人的，自公告规定的期限届满之日起计算；（五）行政机关作出具体行政行为时未告知公民、法人或者其他组织，事后补充告知的，自该公民、法人或者其他组织收到行政机关补充告知的通知之日起计算；（六）被申请人能够证明公民、法人或者其他组织知道具体行政行为的，自证据材料证明其知道具体行政行为之日起计算。”“行政机关作出具体行政行为，依法应当向有关公民、法人或者其他组织送达法律文书而未送达的，视为该公民、法人或者其他组织不知道该具体行政行为。”

《税务行政复议规则》（国家税务总局令第 21 号）第三十二条规定：“申请人可以在知道税务机关作出具体行政行为之日起 60 日内提出行政复议申请。”“因不可抗力或者被申请人设置障碍等原因耽误法定申请期限的，申请期限的计算应当扣除被耽误时间。”

（四）关于复议权利告知的规定

《行政复议法》第十七条规定：“行政复议机关收到行政复议申请后，应当在五日内进行审查，对不符合本法规定的行政复议申请，决定不予受理，并书面告知申请人；对符合本法规定，但是不属于本机关受理的行政复议申请，应当告知申请人向有关行政复议机关提出。”“除前款规定外，行政复议申请自行政复议机关负责法制工作的机构收到之日起即为受理。”

《行政复议法实施条例》第十七条规定：“行政机关作出的具体行政行为对公民、法人或者其他组织的权利、义务可能产生不利影响的，应当告知其申请行政复议的权利、行政复议机关和行政复议申请期限。”

《行政复议法实施条例》第二十二条规定：“申请人提出行政复议申请时错列被申请人的，行政复议机构应当告知申请人变更被申请人。”

《税务行政复议规则》（国家税务总局令第 21 号）第四十二条规定：

“申请人提出行政复议申请时错列被申请人的，行政复议机关应当告知申请人变更被申请人。申请人不变更被申请人的，行政复议机关不予受理，或者驳回行政复议申请。”

（五）关于行政复议与行政诉讼衔接的规定

《行政诉讼法》第四十四条规定：“对属于人民法院受案范围的行政案件，公民、法人或者其他组织可以先向行政机关申请复议，对复议决定不服的，再向人民法院提起诉讼；也可以直接向人民法院提起诉讼。”“法律、法规规定应当先向行政机关申请复议，对复议决定不服再向人民法院提起诉讼的，依照法律、法规的规定。”

《行政复议法》第十九条规定：“法律、法规规定应当先向行政复议机关申请行政复议、对行政复议决定不服再向人民法院提起行政诉讼的，行政复议机关决定不予受理或者受理后超过行政复议期限不作答复的，公民、法人或者其他组织可以自收到不予受理决定书之日起或者行政复议期满之日起十五日内，依法向人民法院提起行政诉讼。”

《税务行政复议规则》（国家税务总局令第 21 号）第四十三条规定：“申请人向行政复议机关申请行政复议，行政复议机关已经受理的，在法定行政复议期限内申请人不得向人民法院提起行政诉讼；申请人向人民法院提起行政诉讼，人民法院已经依法受理的，不得申请行政复议。”

《税务行政复议规则》（国家税务总局令第 21 号）第五十条规定：“对应当先向行政复议机关申请行政复议，对行政复议决定不服再向人民法院提起行政诉讼的具体行政行为，行政复议机关决定不予受理或者受理以后超过行政复议期限不作答复的，申请人可以自收到不予受理决定书之日起或者行政复议期满之日起 15 日内，依法向人民法院提起行政诉讼。”“依照本规则第八十三条规定延长行政复议期限的，以延长以后的时间为行政复议期满时间。”

【指导建议】

税务行政复议是指纳税人、扣缴义务人、纳税担保人及其他当事人不服税务机关的具体行政行为，依法向税务行政复议机关提出重新处理的申请，税务行政复议机关根据申请人的申请，对原处理决定重新审议，并依法根据不同情况作出维持、变更或撤销裁决的法律制度。它是及时、正确解决税务纠纷的一种有效手段，对于保护纳税人、扣缴义务人及其他当事人的合法权益，维护和监督税务机关依法行使职权，都具有重要意义。针对上述提出的实务问题，可以从以下两个方面进行分析：

（一）税务行政复议的复议前置问题

根据《税收征收管理法》第八十八条的规定，税务行政复议有两种适用情形：一是纳税争议；二是处罚与强制争议。两种情形的税务行政复议制度不同。

1. 对纳税争议案件实行“双前置”的制度设计

根据《税收征收管理法》第八十八条第一款、《税收征收管理法实施细则》第一百条和《税务行政复议规则》（国家税务总局令第21号）第十四条第（一）项、第三十三条的规定，纳税争议是指纳税人、扣缴义务人、纳税担保人对税务机关确定纳税主体、征税对象、征税范围、减税、免税及退税、适用税率、计税依据、纳税环节、纳税期限、纳税地点及税款征收方式等具体行政行为有异议而发生的争议。

发生纳税争议时，实行“双前置”制度，须同时符合两个前置条件：

（1）纳税前置：即依照税务机关的纳税决定缴纳或者解缴税款及滞纳金或者提供相应的担保。

行政复议机关受理申请人对税务机关征税行为不服提出的行政复议申请，申请人申请行政复议的，必须满足纳税前置的两个条件：一是行政相对人依照税务机关根据法律、法规确定的税额、期限缴纳税款、滞纳金或提供相应担保；二是行政相对人解缴税款或提供担保的行为得到作出具体行政行为的税务机关的确认。

对于前述“实务问题（一）”提出的问题，争议焦点是纳税人逾期缴纳税款、滞纳金是否必然丧失税务行政复议权。对此，虽然实务中存有争议，但司法界比较一致的观点是否定的，理由有三：一是《税务行政复议规则》第二款的规定把《税收征收管理法》第八十八条的复议前置条件予以具体化，将“税务机关的纳税决定”解读为“税务机关根据法律、法规确定的税额、期限”。同时，《国家税务总局关于修订部分税务执法文书的公告》（国家税务总局公告2021年第23号）附件《税务处理决定书》统一格式中的内容是：“你（单位）若同我局（所）在纳税上有争议，必须先依照本决定的期限缴纳税款及滞纳金或者提供相应的担保，然后可自上述款项缴清或者提供相应担保被税务机关确认之日起六十日内依法向________申请行政复议。”两个文件规定要求行政相对人必须在《税务处理决定书》的时限内全额解缴税款、滞纳金或提供担保经税务机关确认。这种方案实际上是把复议的申请时限的起算点设置为完税之日的次日。这个规定没有《税收征收管理法》的依据支撑。二是《税收征收管理法》第八十八条的规定是授益性条款，其立法目的是给行政相对人提供了寻求司法救济的渠道。尽管其中规定了纳税前置条件，从其立法本意看，是为了敦促行政相对人缴纳税款和滞纳金，但并不能得出行政相对人在逾期缴纳税款后不享有复议权的结论。《税务行政复议规则》中直接将缴税时限的条件解读为否定性、禁止性的条件，违背了《税收征收管理法》的立法原意。三是《行政复议法》第九条第一款规定，行政相对人申请行政复议的起算时间是知道具体行政行为内容之日，《税务行政复议规则》却把申请时限的起算时间更改为完税之日或者提供担保被税务机关确认之日。只有《行政复议法》和《税收征收管理法》才可以明确规定不予受理复议案件的范围，国家税务总局出台的《税务行政复议规则》作为规章，无权剥夺行政相对人的复议权。由于《税收征收管理法》并没有明确规定行政相对人逾期缴税的情形属于法定不予受理复议案件的事由，因此《税务行政复议规则》的规定超越了自身的立法范围，没有法律依据。

诚然，从鼓励纳税人尽早解缴税款的角度出发，如果税务行政相对人能够在缴税期限内缴纳税款，《税务行政复议规则》的规定对其是有利的。但同时，不能因为纳税人逾期缴纳税款就彻底否定纳税人的复议权。因此，对于虽然已逾期但已经全额缴纳税款及滞纳金的纳税人，其复议申请的起算时间不能从完税之日起算，只要其提请复议时没有超过《行政复议法》所规定的“知道或者应当知道”的申请时限，复议机关都应当受理。

这里需要强调的是，上述观点的一个基本原则是纳税人必须缴纳了税款、滞纳金，而且是在税务行政复议期限内，只是超出了《税务处理决定书》规定的时限。这时，复议机关作出不予受理的复议决定后，如对被申请人作出的原处理决定不服，可以向人民法院起诉。不能将逾期缴税与未缴税混同起来，如果因未缴税而被复议机关作出不予受理决定的，纳税人只能对不予受理复议决定不服提起诉讼，不能对原处理决定进行起诉。

但是，纳税前置制度也有例外规定，根据《税务行政复议规则》第八十一条第二款的规定，税务行政相对人对被申请人重新作出的具体行政行为不服的，不适用纳税前置制度，可以选择申请行政复议，或者提起行政诉讼。这也就是前述“实务问题（二）”提出的问题的答案。对此，司法界选择了有利于行政相对人的文义解释，支持该条文的规定。例如，在银川市中级人民法院在行政裁定书（2019）宁01行终42号中，上述人称：“被上诉人根据该《行政复议决定书》作出涉案《税务处理决定书》。根据《税务行政复议规则》第八十一条第二款‘公民、法人或者其他组织对被申请人重新作出的具体行政行为不服，可以依法申请行政复议，或者提起行政诉讼’的规定，在此种情形下，复议不再是必经的程序，上诉人可以选择复议或直接提起行政诉讼。”法院认为：“针对该重新作出的《税务处理决定书》，上诉人可以选择申请行政复议或者提起行政诉讼。”不过，实务中的确存在重新下达的《税务处理决定书》应如何告知若对本决定不服，可以选择申请税务行政复议或者提起行政诉讼，以及到哪一级税务机关申请复议和到哪一级法院提起行政诉讼的问题。因为《税务处理决定书》是统一格式，不能更改，所以，建议另外制作《税务事项通知书》进行补充说明，与《税务处理决定书》一并送达。

（2）复议前置：即对行政复议决定不服的，可以依法向人民法院起诉。也就是说，行政复议与行政诉讼的衔接采用的是以必经复议为原则。

税务行政相对人对复议机关作出的行政复议决定不服，向人民法院起诉的，应当具备复议前置的条件。结合《行政诉讼法》第四十四条第二款、《行政复议法》第十九条、《税务行政复议规则》（国家税务总局令第21号）第四十三条、第五十条第一款的规定，需要把握五点要求：一是未经过行政复议程序，不可以提起行政诉讼；二是在对行政复议决定不服，才可以提起行政诉讼；三是向行政复议机关申请行政复议，行政复议机关已经受理的，在法定行政复议期限内不得向人民法院提起行政诉讼；四是复议机关决定不予受理或者受理以后超过行政复议期限不作答复的，可以在起诉期限内向人民法院提起行政诉讼；五是向人民法院起诉是可选择项，不是必选程序。

对于前述“实务问题（三）”提出的问题，争议的焦点是对复议申请不予答复、不予受理或程序性驳回复议申请时，可否视为已经过复议，进而直接对原行政行为提起行政诉讼。从人民法院的裁判观点来看，其不支持行政相对人就原行政行为提起诉讼。最高人民法院在裁判文书（2018）最高法行申 947 号中认为：“法律、法规规定复议机关对申请人的复议申请不予答复，或者程序性驳回复议申请的复议前置案件中，复议申请人只能起诉复议机关的不答复或驳回复议申请行为，不能一并或单独对原行政行为提起行政诉讼。理由是，复议前置案件经过复议程序实体处理，才能视为经过复议。复议机关对复议申请不予答复，或程序性驳回复议申请，不能视为已经经过复议，未经复议，当然也就不能一并或单独对原行政行为提起行政诉讼。”青海省西宁市中级人民法院在行政裁定书（2019）青

01 行终 50 号中认为："虽然原告在程序上提起了行政复议申请，但复议决定仅是对是否符合行政复议受理条件作出的新的行政行为，不是对原 23 号处理决定进行的实质性复议审查行为，该不予受理决定并未对原行政行为合法性进行实质性审查，故原告实际并未完成复议前置程序，因此，原告现直接提起要求撤销 23 号处理决定及返还已经缴纳的税款和滞纳金的起诉不符合法律规定，应当依法予以驳回起诉。"

由此可以看出，《行政复议法》第十九条和《税务行政复议规则》第五十条第一款规定，对行政复议机关决定不予受理或者受理后超过行政复议期限不作答复，可以依法向人民法院提起行政诉讼，此时应当区分复议机关是否对原行政行为合法性进行实质性审查。如果因不符合复议受理条件而未进行实质性审查的，不属于该法条所列情形，不能视为已经过税务行政复议。

2. 对处罚与强制争议案件实行选择复议原则

根据《税收征收管理法》第八十八条第二款、《税务行政复议规则》（国家税务总局令第 21 号）第四十三条和《行政诉讼法》第四十四条第一款的规定，税务行政相对人对税务机关的处罚决定、强制执行措施或者税收保全措施不服的，可以依法申请行政复议，也可以依法向人民法院起诉。向行政复议机关申请行政复议，行政复议机关已经受理的，在法定行政复议期限内不得向人民法院提起行政诉讼。向人民法院提起行政诉讼，人民法院已经依法受理的，不得申请行政复议。

综上，对处罚与强制争议案件的救济，要从四个方面把握：一是处罚与强制争议案件不适用纳税前置和复议前置；二是可以选择申请税务行政复议后再提起行政诉讼，也可以直接提起行政诉讼；三是选择申请税务行政复议的，在复议期间不能提起行政诉讼；四是直接提起行政诉讼的，不能再申请行政复议。

另外，再对相关知识延伸一下。仍以"实务问题（二）"为例：对于处罚与强制争议案件，如果行政相对人选择了税务行政复议，而复议机关对复议申请不予答复、不予受理或程序性驳回复议申请时，可否再对原行政行为提起行政诉讼？最高人民法院在裁判文书（2018）最高法行申947号中认为："而在不是法律、法规规定的复议前置案件中，复议机关对申请人的复议申请不予答复，或者程序性驳回复议申请的，申请人只能选择针对复议机关不答复、驳回复议申请的行为或者原行政行为两者之一，提起行政诉讼，不能对两者同时提起行政诉讼。理由是，复议程序和诉讼程序是两个具有承接关系的救济程序，申请人选择起诉复议机关的不予答复、驳回复议申请行为，实质是选择先行对复议进入救济程序，在针对复议机关的复议决定作出处理之前，人民法院对相关行政争议无管辖权，所以不能同时起诉原行政行为；如果复议申请人已选择直接起诉原行政行为，实质是放弃复议程序的救济，同时又起诉复议机关不予答复、驳回复议申请行为的，人民法院则无法既判决复议机关限期对被诉行政行为作出实质的复议决定，同时又由自己对被诉原行政行为的合法性进行实体审理并作出判决。"

（二）税务行政复议前的告知义务问题

《行政复议法》第六条第（十一）项、第十七条和《行政复议法实施条例》第十七条分别规定了行政相对人的权利、作出行政决定的税务机关的告知义务和复议机关的审查与告知不予受理的义务等。即：①税务行政相对人认为行政机关的具体行政行为侵犯其合法权益的，可以依法申请行政复议。②行政机关作出的具体行政行为对公民、法人或者其他组织的权利、义务可能产生不利影响的，应当告知其申请行政复议的权利、行政复议机关和行政复议申请期限。③行政复议机关收到行政复议申请后，应当在五日内进行审查，对不符合本法规定的行政复议申请，决定不予受理，并书面告知申请人；对符合本法规定，但是不属于本机关受理的行政复议申请，应当告知申请人向有关行政复议机关提出。

针对《税务处理决定书》中关涉税务行政复议救济的告知事项，税务机关应当及时、全面、准确地告知，以免对税务行政相对人行使复议权产生影响。

下面，对前述“实务问题（四）”提出的情形，统一进行分析。

《国家税务总局关于修订部分税务执法文书的公告》（国家税务总局公告2021年第23号）附件《税务处理决定书》统一格式中的内容是：“你（单位）若同我局（所）在纳税上有争议，必须先依照本决定的期限缴纳税款及滞纳金或者提供相应的担保，然后可自上述款项缴清或者提供相应担保被税务机关确认之日起六十日内依法向申请行政复议。”由此可见，其中对于应当向哪个部门提供纳税担保、如何提供纳税担保，如不依照税务机关的纳税决定期限缴纳税款或者提供纳税担保即丧失复议权的后果，以及因错误地选择复议机关可否扣除复议机关自受理申请至不予受理答复期间的时间等，都没有作出具体要求。同时，依法应当向谁申请行政复议，在文书的使用说明中也没有提示，这就有可能会出现因笔误而错误地告知复议机关的风险。

1. 应当明确告知提供纳税担保的相关事项

申请复议的纳税前置方式有两种，如果行政相对人选择提供纳税担保方式的，应当根据《纳税担保试行办法》（国家税务总局令第11号）的规定，告知如下事项：①纳税担保的范围包括税款、滞纳金和实现税款、滞纳金的费用。②纳税担保包括纳税保证、纳税抵押和纳税质押。纳税保证人同意为纳税人提供纳税担保的，应当填写《纳税担保书》。纳税人提供抵押担保或者质押担保的，还应当填写《纳税担保财产清单》，清单为担保文书。《纳税担保书》和《纳税担保财产清单》须经纳税人、纳税保证人签字盖章并经作出税务决定的税务机关同意、确认方为有效。纳税担保从税务机关对《纳税担保书》予以确认之日起生效。

未明确告知纳税担保有关事项，将会产生执法风险。以郑州手拉手集团有限公司与河南省郑州市地方税务局稽查局税务行政管理（税务）一审行政判决书［（2017）豫0105行初489号］为例，人民法院认为：“能否办理纳税担保对行政相对人的行政复议救济权的行使起决定性作用，进而对税务处理决定能否接受行政复议及行政诉讼的审查以及对相对人实体权益产生决定性影响，因而税务处理决定是否全面、明确告知相对人办理纳税担保的时间、地点、向谁申请、救济途径，均会直接影响相对人纳税担保申请权能否及时准确行使。被告作出的税务处理决定中对办理纳税担保的申请在申请时限、地点、向谁申请等方面的告知内容不明确、文字上存在歧义，导致原告作为纳税主体未能及时办理纳税担保，并已经直接影响原告复议救济权利的行使。为依法保护行政相对人行使救济权利，被告应当对原告的纳税担保申请及所提供材料进行审查并作出处理。”

2. 应当明确告知丧失复议权的后果

根据《行政复议法》第十七条和《税务行政复议规则》第四十五条的规定，对不符合规定的行政复议申请，决定不予受理。不符合规定，包括超出复议机关受理复议的范围、不属于该复议机关管辖、超出行政复议申请的时限、错列被申请人等。其中，根据《行政复议法》第九条、《行政复议法实施条例》第十五条和《税务行政复议规则》第三十二条、第三十三条第二款的规定，对纳税争议的时限为缴清税款和滞纳金以后或者所提供的担保得到作出具体行政行为的税务机关确认之日起 60 日内。根据《行政复议法实施条例》第二十二条和《税务行政复议规则》第四十二条的规定，行政复议机构对申请人提出行政复议申请时错列被申请人的，应当告知申请人变更被申请人。申请人不变更被申请人的，行政复议机关不予受理，或者驳回行政复议申请。

《税务处理决定书》统一格式中的内容虽然包括了违反法律的后果，但告知的内容仅限于“逾期未缴清的，将依照《中华人民共和国税收征收管理法》第四十条规定强制执行。”而对于纳税人逾期未缴清税款、滞纳金将丧失复议权利的后果却没有告知。因此，从行政法正当程序原则和行政机关履行告知义务的角度看，应当明确告知行政相对人关于逾期未缴清税款的全部后果。以河南省金尚房地产开发有限公司与驻马店市地方税务局税务行政管理一审行政判决书［（2014）驿行初字第75号］为例，人民法院认为："税务机关没有在税务处理决定中告知如不依照税务机关的纳税决定期限缴纳税款即丧失复议权的后果，应有的权利义务和责任没有完全告知纳税人，不符合法律救济的原则。"

【司法判例】

·北海市宝美有限公司、广西壮族自治区北海市工商行政管理局工商行政管理（工商）再审审查与审判监督行政裁定书［〔2018〕最高法行申947号］。来源：中国裁判文书网。

·郑州手拉手集团有限公司与河南省郑州市地方税务局稽查局税务行政管理（税务）一审行政判决书［〔2017〕豫0105行初489号］。来源：中国裁判文书网。

·河南省金尚房地产开发有限公司与驻马店市地方税务局税务行政管理一审行政判决书［〔2014〕驿行初字第75号］。来源：中国裁判文书网。

§2 06

纳税人对税务机关作出的《已证实虚开通知单》不服，可否提起诉讼？

【要点导读】

当税务机关发送《已证实虚开通知单》后，税务稽查工作该如何进行下去？受票方税务机关能否以此认定违法犯罪？关于这些问题，在实践中，税企双方争议很大，一些案件甚至引起了行政诉讼。其中比较突出的争议问题主要有：

（1）税务机关能否仅凭《已证实虚开通知单》这一行政确认就能证明虚开发票违法事实？

（2）上游税务机关出示了《已证实虚开通知单》，但是下游税务机关认为不是虚开，怎么办？

（3）《已证实虚开通知单》是否属于税务机关作出的发生效力的外化文书？是否具有可诉性？

【实务问题】

在税务稽查案件查办中，会遇到很多类型的税收违法行为，其中尤以“打击”税收违法犯罪案件最为突出。自 2021 年 1 月起，全国税务系统围绕进一步优化税务执法方式，紧盯“假企业”“假出口”“假申报”等涉税违法行为，重拳精准打击。当前，“三假”案件具有六个方面突出特征：

①“空壳企业”成为虚开发票攫取非法利益的主要载体；②“粗暴虚开”成为虚开团伙大肆违法犯罪的主要方式；③“走逃失联”成为不法分子逃避打击的主要方法；④“买单配票”成为目前骗取出口退税的主要手段；⑤“黄金制品”“软件产品”成为骗税分子牟取不法利益的新型道具；⑥“虚假申报”成为骗取涉疫税收优惠政策的主要途径。

在对虚开发票违法行为的查处过程中，国家税务总局启动了发票协查工作程序，对涉及虚开发票案件，采取开票地税务机关与受票地税务机关联合查处的方式，有效地打击了虚开违法犯罪活动，挽回了国家的税收损失。但与此同时，在发票协查工作中，由于一些违法行为手段较为隐蔽，经营方式非常灵活，经营性质变化多端，给虚开发票违法行为的性质认定带来了很多困难。尤其是当税务机关发送《已证实虚开通知单》后，税务稽查工作该如何进行下去？受票方所在地税务机关能否以此认定违法犯罪？对于这些问题，在实践中，税企双方争议很大，一些案件甚至引起了行政诉讼。下面列举几个争议较大的问题，在这里讨论一下。

（一）税务机关能否仅凭《已证实虚开通知单》这一行政确认就能证明虚开发票违法事实？

一般情况下，在税务稽查实务中，开票方所在地税务机关发现存在虚开增值税专用发票违法行为后，需要通过税务稽查立案处理，同时向受票方所在地税务局稽查局发出《税收违法案件协查函》《委托协查情况表》《委托协查要求表》《已证实虚开通知单》等内部材料。其中，《税收违法案件协查函》主要就开票方涉嫌虚开增值税专用发票实施违法行为请求开展协查取证工作。《已证实虚开通知单》的内容格式为：“经查证，现将已证实虚开的发票×××份、涉案发票金额××××××元告知你局，请按有关规定处理，并将有关情况及税务处理结果反馈我局。”

受票方所在地税务局稽查局在税务内部系统收到上述材料后，即立案开展税务检查，并对检查结果回复开票方所在地税务局稽查局，即向开票方所在地税务局稽查局发出《关于××××案件的协查回复函》，并附《税务稽查案件协查报告》。报告的主要内容为：①说明受票方的基本情况；②对受票方收受开票方开具并已证实虚开的增值税专用发票调查取证情况及发现问题的阐述；③协查的结论。其中，认定结论大致有两种情况：一是发现有接受虚开增值税专用发票并对涉税问题进行了处理，处理意见基本是：第一，受票方善意取得虚开的增值税专用发票，作补税处理；第二，受票方恶意取得虚开的增值税专用发票，作补税、加收滞纳金、罚款处理，构成犯罪的，移送司法机关；第三，取得虚开的增值税专用发票，作补税、加收滞纳金处理。二是因开票方所在地税务局稽查局除了《已证实虚开通知单》之外未提供相关证据证明发票为虚开，对受票方接受《已证实虚开通知单》所列抵扣税额发票的行为暂不处理，待有新的证据表明受票方有接受虚开发票行为后，再行启动检查程序并依法处理。

其中，第一种处理意见认定受票方善意取得虚开的增值税专用发票作补税处理，或者无法认定是否为善意还是恶意的，仅因为取得了虚开的增值税专用发票作补税、加收滞纳金处理的，往往是受票方税务局稽查局在检查中认为有真实的货物交易，没有取得能够证明存在无货交易或者第三方开具发票、有资金回流、支付开票手续费等其他证据，为此，仅仅以《已证实虚开通知单》作为接受了“虚开”的增值税专用发票不能抵扣增值税的唯一证据，从而作出相应的税务处理。对此，纳税人很不认同。

在一些司法判例中，纳税人认为，《已证实虚开通知单》确认的是通知单项下的发票系虚开的发票，本身是对法律事实的确认，根据行政确认的概念，应当认定为行政确认。受票方稽查局不能以开票方稽查局作出的行政确认来认定案件事实，并以此作出进一步的税务处理决定和税务行政处罚决定。例如，在某司法判例中，税务局稽查局依据《已证实虚开通知单》对受票方进行立案、检查、处理，最后认定其为善意取得虚开的增值税专用发票。受票方在向人民法院提起上诉时称：被上诉人作出的《已证实虚开通知单》与客观事实不符，未附送任何证据，其“虚开”认定结论错误，应予以撤销。《已证实虚开通知单》中涉及的×××张增值税专用发票是基于上诉人与××公司的真实交易开具。交易真实性可由上诉人向原审法院提交的相关证据证明，即“货物流、资金流、发票流”三流一致，不属于税法规定的“虚开增值税发票”的情形。被上诉人向××税务局作出的《已证实虚开通知单》仅有“已虚开”结论，未附任何证据材料，特别是未附送任何对于××公司与上诉人之间的涉案××销售业务是否真实存在的任何调查或证据。上诉人提供的证据表明，上诉人与××公司之间的交易实际发生，与票面显示情况完全一致，××税务局在作出税务处理决定和应答复议程序的整个过程中未对此提出任何异议。因此，被上诉人作出的《已证实虚开通知单》未附送任何证据，其中的“已认定虚开”的结论与上诉人所提供的相关交易的直接证据相矛盾。

（二）上游税务机关出示了《已证实虚开通知单》，但是下游税务机关认为不是虚开，怎么办？

对于发票协查案件，稽查局在调查处理过程中，一直有一个绕不开的话题，那就是受票方所在地稽查局收到开票方所在地稽查局发来的《已证实虚开通知单》似乎是一件很棘手的事情，接下来的疑问就是是否必须立案，是否必须处理；如果进行税务处理，是否只能认定受票方取得了虚开的增值税专用发票？也就是说，对货物购销或者服务交易事项，交易一方被认定为虚开增值税专用发票，另一方是否一定构成接受虚开增值税专用发票？实务中，大量存在着销售方或者服务提供方虚开了增值税专用发票，但购买方或者服务接受方对销售方虚开发票行为并不知情或者无法认定其虚开的情况。对于纳税人取得虚开的增值税专用发票应当如何处理，国家税务总局曾经在1995年、1997年和2000年分别发布了四个规范性文件予以明确，对存有不同主观状态的取得虚开的增值税专用发票纳税人给予不同的处理。尽管如此，仍然有一些纳税人提出了这样的疑问：由于供货方开出的发票被证实虚开，供货方生产能力存疑，导致供货方走逃失联等，受票方所在地企业就要受到牵连，那么，如果上游企业所在地税务机关发出《税收违法案件协查函》《已证实虚开通知单》，受票方所在地税务机关能否作出不同认定，得出业务真实的相反结论？如果上游企业已被证实虚开并被税务机关处理处罚，但是受票方所在地主管税务机关没有证据表明受票方恶意取得，能否因而推定受票方善意取得虚开增值税专用发票？

（三）《已证实虚开通知单》是否属于税务机关作出的发生效力的外化文书？是否具有可诉性？

《已证实虚开通知单》是否具有可诉性？对这个问题，税企双方各执一词。

税务机关认为，《已证实虚开通知单》是根据国家税务总局的《税收违法案件发票协查管理办法（试行）》及国家税务总局的相关通知精神，税务机关内部之间在税收违法案件发票协查中，由委托方税务机关向受托方税务机关开具的文书，受托方立案之后还应进行调查取证，并根据调查取证所掌握的情况及所获取的证据材料作出回复函以及作出处理决定。可见，《已证实虚开通知单》并不是税务机关的最终处理行为，其本身对当事人的权利、义务不产生直接的影响。《已证实虚开通知单》是委托方稽查局通过协查系统发给受托方稽查局的内部协查函件，仅供受托方稽查局内部使用，并不是直接送达给被查企业，属于内部行政行为，不具有可诉性。

而纳税人则认为，《已证实虚开通知单》不符合内部行政行为的构成要件和特征，不属于内部行政行为。内部行政行为是指行政主体在内部行政管理过程中所作出的只对行政组织内部产生法律效力的行政行为。作为处理依据的《已证实虚开通知单》不符合内部行政行为的构成要件和特征，即主体的内部性、内容的内部性、法律效果的内部性，不属于内部行政行为。即使《已证实虚开通知单》表面上未直接送达相对人，但此行政行为产生了“外部化效力”，即实质外化，因而使其具有可诉性。《已证实虚开通知单》的“外部化效力”体现为《已证实虚开通知单》成为“虚开”事实认定的唯一依据，受托方所在地稽查局必须据此对相对人作出处理，无权对《已证实虚开通知单》所述内容进行推翻或重新作出相反事实认定。受托方所在地稽查局必须依据委托方稽查局的事实认定，对相对人进行税务检查，作出处理。并且，受托方所在地稽查局经过调查发现“票货款一致”，进一步证明了《已证实虚开通知单》成为“虚开”事实认定的唯一依据，《已证实虚开通知单》的外部化效力已经对相对人的经济利益产生重大影响。相对人被认定为善意取得虚开的增值税发票，对于上诉人的善意取得，需承担“不能出口退税或不能抵扣进项税款”的法律后果。如果上诉人被受托方所在地稽查局认定为非善意取得的受票方，则还需承担“偷税、骗税”等刑事责任。

【文件规定】

（一）关于不予抵扣增值税和虚开发票的规定

《增值税暂行条例》第九条规定：“纳税人购进货物、劳务、服务、无形资产、不动产，取得的增值税扣税凭证不符合法律、行政法规或者国务院税务主管部门有关规定的，其进项税额不得从销项税额中抵扣。”

《国家税务总局关于纳税人虚开增值税专用发票征补税款问题的公告》（国家税务总局公告 2012 年第 33 号）第三条规定：“纳税人取得虚开的增值税专用发票，不得作为增值税合法有效的扣税凭证抵扣其进项税额。”

《国家税务总局关于纳税人取得虚开的增值税专用发票处理问题的通知》（国税发〔1997〕134 号）第一条、第四条规定：“受票方利用他人虚开的专用发票，向税务机关申报抵扣税款进行偷税的，应当依照《中华人民共和国税收征收管理法》及有关法规追缴税款，处以偷税数额五倍以下的罚款；进项税金大于销项税金的，还应当调减其留抵的进项税额。利用虚开的专用发票进行骗取出口退税的，应当依法追缴税款，处以骗税数额五倍以下的罚款。”“利用虚开的专用发票进行偷税、骗税，构成犯罪的，税务机关依法进行追缴税款等行政处理，并移送司法机关追究刑事责任。”

《发票管理办法》第二十二条第二款规定：“任何单位和个人不得有下列虚开发票行为：（一）为他人、为自己开具与实际经营业务情况不符的发票；（二）让他人为自己开具与实际经营业务情况不符的发票；（三）介绍他人开具与实际经营业务情况不符的发票。”

最高人民法院关于适用《全国人民代表大会常务委员会关于惩治虚开、伪造和非法出售增值税专用发票犯罪的决定》的若干问题的解释（法发〔1996〕30 号）规定：“具有下列行为之一的，属于“虚开增值税专用发票”：（一）没有货物购销或者没有提供或接受应税劳务而为他人、为自己、让他人为自己、介绍他人开具增值税专用发票；（二）有货物购销或者提供或接受了应税劳务但为他人、为自己、让他人为自己、介绍他人开具数量或者金额不实的增值税专用发票；（三）进行了实际经营活动，但让他人为自己代开增值税专用发票。”

（二）关于发票协查的规定

1. 委托协查

《税收违法案件发票协查管理办法（试行）》（税总发〔2013〕66 号）第七条第一款、第九条第一款、第十条规定：“委托方根据案件查办情况，确定协查对象，需要发起委托协查的，向受托方发出《税收违法案件协查函》”“已确定虚开发票案件的协查，委托方应当按照受托方一户一函的形式出具《已证实虚开通知单》及相关证据资料，并在所附发票清单上逐页加盖公章，随同《税收违法案件协查函》寄送受托方。”“委托方收到协查回函后，根据协查回函信息依法对被查对象进行查处。”

《国家税务总局关于走逃（失联）企业涉嫌虚开增值税专用发票检查问题的通知》（税总发〔2016〕172 号）规定：“根据审理意见定性虚开

的，稽查部门出具《已证实虚开通知单》并附相关证据材料，发往下游受票企业所在地税务机关依法处理。达到刑事案件移送标准的，按照相关规定移送公安机关。”“走逃（失联）企业所在地税务机关作出认定后，向受票企业所在地税务机关出具虚开认定文书，并附相关证据，说明企业基本情况和已走逃（失联）状况。如有异议的，由开票地、受票地税务机关共同再确认定性。”

《国家税务总局关于进一步改进和规范税收违法案件协查工作的通知》（税总发〔2017〕26 号）第二条第（二）项规定：“应在至少取得一项协查要素的情况及证据后，方可发起委托协查。”其附件 1《要素协查方法操作指引（暂行）》第一条规定：“委托方发起委托协查时，协查部门应制作《税收违法案件协查函》（以下简称‘协查函’）。协查函应信息准确、内容完整，包括《委托协查情况表》和协查要求。”“协查部门对通过协查系统发出的委托协查，应依据《税务处理决定书》《税务行政处罚决定书》《涉嫌犯罪案件移送书》和入库凭证在协查系统中录入查处结果、入库结果和移送司法机关情况。”

2. 受托协查

《税收违法案件发票协查管理办法（试行）》（税总发〔2013〕66 号）第十五条规定：“有下列情形之一的，受托方应当按照《税务稽查工作规程》有关规定立案检查：（一）委托方已开具《已证实虚开通知单》的；（二）委托方提供的证据资料证明协查对象有税收违法嫌疑的；（三）受托方检查发现协查对象有税收违法嫌疑的；（四）上级税务局稽查局要求立案检查的。”

《税收违法案件发票协查管理办法（试行）》（税总发〔2013〕66 号）第十八条规定：“受托方应当依据调查取证所掌握的情况及所获取的证据材料，向委托方出具《税收违法案件协查回复函》。”“《税收违法案件协查回复函》的内容包括：（一）协查来源；（二）涉案企业的基本情况及协查发票记载的信息；（三）协查取证要求的说明；（四）协查结论或者协查结果；（五）税务处理和税务行政处罚事项；（六）其他应予说明的事项。”

《国家税务总局关于进一步改进和规范税收违法案件协查工作的通知》（税总发〔2017〕26号）附件1《要素协查方法操作指引（暂行）》第一条规定：“受托方收到委托方发出《已证实虚开通知单》的协查函，应根据相关规定报送稽查局领导审批后，进行立案处理。”“立案检查的受托协查案件，在案件查处结束后应依据《税务处理决定书》《税务行政处罚决定书》《涉嫌犯罪案件移送书》和入库凭证在协查系统中录入查处结果、入库结果和移送司法机关情况，并将相关情况告知委托方。”

（三）关于立案的规定

《税务稽查案源管理办法（试行）》（税总发〔2016〕71号）第二十三条第（四）项规定：“符合下列情形之一的，确认为需要立案检查的案源：（四）协查部门接收的协查案源信息涉及的纳税人状态正常，且存在下列情形之一的案源：委托方已开具《已证实虚开通知单》并提供相关证据的；委托方提供的证据资料能够证明协查对象存在税收违法嫌疑的；协查证实协查对象存在税收违法行为的。”

（四）关于纳税争议的规定

《税收征收管理法》第八十八条第一款规定：“纳税人、扣缴义务人、纳税担保人同税务机关在纳税上发生争议时，必须先依照税务机关的纳税决定缴纳或者解缴税款及滞纳金或者提供相应的担保，然后可以依法申请行政复议；对行政复议决定不服的，可以依法向人民法院起诉。”

《税收征收管理法实施细则》第一百条规定：“税收征管法第八十八条规定的纳税争议，是指纳税人、扣缴义务人、纳税担保人对税务机关确定纳税主体、征税对象、征税范围、减税、免税及退税、适用税率、计税依据、纳税环节、纳税期限、纳税地点以及税款征收方式等具体行政行为有异议而发生的争议。”

（五）关于受案范围的规定

《行政诉讼法》第二条规定："公民、法人或者其他组织认为行政机关和行政机关工作人员的行政行为侵犯其合法权益，有权依照本法向人民法院提起诉讼。"

《行政诉讼法》第十二条第一款第（十二）项规定："人民法院受理公民、法人或者其他组织提起的下列诉讼：……（十二）认为行政机关侵犯其他人身权、财产权等合法权益的。"

《行政诉讼法》第四十九条规定："提起诉讼应当符合下列条件：（一）原告是符合本法第二十五条规定的公民、法人或者其他组织；（二）有明确的被告；（三）有具体的诉讼请求和事实根据；（四）属于人民法院受案范围和受诉人民法院管辖。"

《最高人民法院关于适用〈中华人民共和国行政诉讼法〉的解释》（法释〔2018〕1号）第一条第二款第（五）项、第（十）项规定："下列行为不属于人民法院行政诉讼的受案范围：……（五）行政机关作出的不产生外部法律效力的行为；……（十）对公民、法人或者其他组织权利义务不产生实际影响的行为。"

【指导建议】

税企双方围绕《已证实虚开通知单》产生的争议，可归纳如下：

（一）《已证实虚开通知单》不是行政确认

行政确认，是指行政主体依法对行政相对人的法律地位、法律关系或有关法律事实进行甄别，给予确定、认定、证明（或证伪）并予以宣告的具体行政行为。行政确认与直接设定相对人双利、义务的行政行为有所区别，许多学者将之归类为"准行改行为"。传统行政法中，将确认、公证、通知和受理称为"准法律行为的行政行为"。

行政确认的主要形式有：①确认，即对个人、组织法律地位和权利义务的确认。②认可，又称认证，是行政主体对个人、组织已有法律地位和权利义务以及确认事项是否符合法律要求的承认和肯定。③证明，即行政主体向其他人明确肯定被证明对象的法律地位、权利义务或某种情况。④登记，即行政主体应申请人申请，在政府有关登记簿册中记载行政相对人的某种情况或事实，并依法予以正式确认的行为。⑤批准，即行政主体对相对人申请事项或某种法律行为，经审查后对符合法定条件者予以认可或同意的行为。⑥鉴证，即对某种法律关系的合法性予以审查后确认或证明其效力的行为。

根据《税收违法案件发票协查管理办法（试行)》（税总发〔2013〕66号）第七条、第九条的规定，对已确定虚开发票案件的协查，委托方税务机关应当按照受托方税务机关“一户一函”的形式出具《已证实虚开通知单》及相关证据资料，随同《税收违法案件协查函》寄送受托方。《已证实虚开通知单》是在税务系统内部通过国家税务总局的协查系统往来的内部函件，不发给行政相对人。同时，根据第十五条第（一）项、《税务稽查案源管理办法（试行)》（税总发〔2016〕71号）第二十三条和《国家税务总局关于进一步改进和规范税收违法案件协查工作的通知》（税总发〔2017〕26号）附件1《要素协查方法操作指引（暂行)》第一条的规定，委托方已开具《已证实虚开通知单》并提供相关证据的，确认为需要立案检查的案源。受托方收到委托方发出《已证实虚开通知单》的协查函，应根据相关规定报送稽查局领导审批后，进行立案处理。《已证实虚开通知单》是受托方税务机关立案的线索之一。

为此，委托方税务机关发送《已证实虚开通知单》是税务机关内部管理行为，不是对行政相对人的行政确认行为。

（二）《已证实虚开通知单》不是认定虚开增值税发票的唯一证据

从《税收违法案件发票协查管理办法（试行)》（税总发〔2013〕66

号）、《国家税务总局关于走逃（失联）企业涉嫌虚开增值税专用发票检查问题的通知》（税总发〔2016〕172 号）和《国家税务总局关于进一步改进和规范税收违法案件协查工作的通知》（税总发〔2017〕26 号）等一系列文件来看，委托协查类型分为调查取证类和确定虚开类其中：调查取证类是指委托方立案检查的税收违法案件已取得涉嫌违法的部分证据，需要受托方对涉案发票协助调查取证的；确定虚开类是指委托方立案检查的税收违法案件经过审理程序认定虚开后，需要通知受托方作出相应处理的。委托方发起调查取证类协查，应根据实际办案需要确定协查要素，在至少取得一项协查要素的情况及证据后方可发起委托协查。通过协查信息管理系统发起协查的，委托方应当在协查信息管理系统内发函操作完成后 5 个工作日内寄送相关纸质材料。委托方发起确定虚开类协查，应按规定经过审理程序认定虚开后方可发起委托协查。委托方应当按照受托方“一户一函”的形式出具《已证实虚开通知单》及相关证据资料，并在所附发票清单上逐页加盖公章，随同《税收违法案件协查函》传递受托方。通过协查信息管理系统发起协查的，委托方应当在协查信息管理系统内发函操作完成后 5 个工作日内寄送相关纸质材料。委托方若不需要受托方回复证据材料，可仅要求回复协查处理结果。

为此，委托方税务机关发出《已证实虚开通知单》的，应当具备六个特征：一是委托协查案件是确定虚开类；二是案件已经取得充足的证据证明虚开增值税发票；三是案件经过审理程序确认虚开发票违法行为性质；四是委托方税务机关可以不需要受托方回复证据材料；五是委托方税务机关可以在发出《已证实虚开通知单》之前就作出税务处理、处罚决定，对构成犯罪的，移送司法机关处理；六是需要通知受托方作出相应处理。对此类案件，受托方接到委托方《已证实虚开通知单》及相关证据材料后，作立案处理。在向委托方回复协查处理结果前，需要做进一步的取证工作，以认定受票方企业是否知道虚开发票的事实。所以，一般情况下，税务稽查案件涉及确认是否虚开增值税专用发票违法行为的，在案件事实认定方面，都需要进行多方取证，进行综合审查判定，才能最终得出处理结论，不能仅仅依据《已证实虚开通知单》就下定论。

实务案例

案例2-6-1

仅凭《已证实虚开通知单》无法证明存在偷税行为税务行政处罚争议案

［福建省漳州市中级人民法院行政判决书〔2016〕闽06行初91号］

原告诉称："定西市国家税务局稽查局作出的《已证实虚开通知单》，不能直接作为本案定案依据。根据国家税务总局制定的《税收违法案件发票协查管理办法（试行）》第九条规定，定西市国家税务局稽查局作出《已证实虚开通知单》时，应将相关证据一并移送被告，被告则应依照该办法第十五条的规定，依法立案检查。故该《已证实虚开通知单》不能独立完成证明相关发票为虚开的证明责任，只能作为税务机关立案检查的证据线索，案件的具体事实则应由税务机关依法检查、取证后才能作出发票是否虚开，是何种虚开的结论。"同时，质证时称："从本案协查函本身看，委托方实质上已经作出发票虚开的最终结论，只是要求所谓的受托方对受票单位进行处理，这并非法律规定的协查函的内容。唯一出现协查要求的内容是查明企业的基本情况及税款是否已经抵扣，而非对受票企业与开票企业之间交易真实性进行调查。"

法院认为，"虽然被告一再强调甘肃省定西市国税局稽查局就案涉351份增值税专用发票出具了《已证实虚开通知单》，但只能证明定西市国税局稽查局认为'7·03'专案涉案企业向原告虚开351份增值税专用发票的事实，至于原告与'7·03'专案涉案企业之间是否存在真实经营业务、是否知情等问题，《已证实虚开通知单》中并没有作出认定。因此，在本案被告提供的证据材料尚不足以证明原告与徽鑫药业、辰宏药业之间没有真实经营业务的情况下，仅凭甘肃省定西市国家税务局稽查局出具的该

《已证实虚开通知单》，亦无法证明原告存在偷税违法行为。”“被告提供的证据材料尚不足以证明案涉的1255份增值税专用发票均为原告在没有真实经营业务的情况下取得，故被告认为原告已构成偷税，存在认定事实不清，主要证据不足。”

（三）受票方并非一律按虚开发票行为处理

多起涉税违法犯罪案件都是围绕着发票而展开的，其中以虚开增值税专用发票最为典型。有时候，在同一起虚开案件中，税收法律法规对于开票方和受票方的评价并不相同。实务中，在开票方被确认为虚开的前提下，对受票方行为的定性和处理存在以下四种不同情形：

1. 开票方被确认为虚开，不需要对受票方进行处理，其进项税额可以抵扣

例如，开票方以变名销售方式将货物品名从沥青、重质油等变更为燃料油，并开具增值税专用发票，为受票方抵扣消费税提供便利。此种情形一般存在真实的货物交易，仅在货物名称等方面有瑕疵，受票方抵扣增值税税款不会造成国家税款的损失。开票方税务机关发现后，若将案件定性为虚开增值税发票行为，则可能会向受票方发出《已证实虚开通知单》。这时，受票方税务机关不应将受票方企业定性为取得虚开发票行为，其增值税进项税额可以抵扣，但是不可以抵扣消费税（如果造成少缴税款，应追缴消费税）。

需要提醒一下：根据《发票管理办法》第二十条规定，所有单位和从事生产、经营活动的个人在购买商品、接受服务以及从事其他经营活动支付款项，应当向收款方取得发票。取得发票时，不得要求变更品名和金额。根据《最高人民法院关于适用〈全国人民代表大会常务委员会关于惩治虚开、伪造和非法出售增值税专用发票犯罪的决定〉的若干问题的解释》（法发〔1996〕30号）规定，有货物购销或提供或接受了应税劳务但为他人、为自己、让他人为自己、介绍他人开具数量或者金额不实的增值

税专用发票，属于“虚开增值税专用发票”。而开具变名票不属于规定“虚开”发票行为，开票方税务机关可以按照《发票管理办法》第四十一条的规定（“违反发票管理法规，导致其他单位或者个人未缴、少缴或者骗取税款的，由税务机关没收违法所得，可以并处未缴、少缴或者骗取的税款1倍以下的罚款”）进行处理。但是，根据《国家税务总局关于走逃（失联）企业涉嫌虚开增值税专用发票检查问题的通知》（税总发〔2016〕172号）的规定，对立案检查的涉嫌虚开团伙控制的走逃（失联）企业，同一代码、号码的增值税专用发票，存根联与抵扣联的货物品名或者受票单位名称不一致的，对相应增值税专用发票可以认定为虚开，但有证据表明其开具的增值税专用发票符合国家税务总局公告2014年第39号规定情形的除外。

实务中还有一种情况：对于委托协查案件，委托方根据《国家税务总局关于进一步改进和规范税收违法案件协查工作的通知》（税总发〔2017〕26号）第二条第（二）项的规定，在取得被查对象已经走逃（失联）这一项协查要素的情况及证据后，就发起了委托协查，并且向受托方发出《已证实虚开通知单》，对于走逃（失联）企业是否有虚开增值税专用发票异常等情况则没有调查清楚。在这种情况下，如果受托方收到《已证实虚开通知单》后进行了立案处理，那么很有可能会认定交易正常、发票合法，这时，可以根据《国家税务总局关于走逃（失联）企业涉嫌虚开增值税专用发票检查问题的通知》（税总发〔2016〕172号）的规定（“如有异议的，由开票地、受票地税务机关共同再确认定性”）进行处理。

2. *开票方被确认为虚开，受票方构成善意取得虚开增值税专用发票*

根据《国家税务总局关于纳税人善意取得虚开的增值税专用发票处理问题的通知》（国税发〔2000〕187号）规定，善意的认定应当同时满足四个条件：“（一）货物、不动产、无形资产购销，提供或者接受应税劳务、应税服务；（二）销售方使用的是其所在省（自治区、直辖市和计划单列市）的专用发票；（三）专用发票注明的销售方名称、印章、货物数量、金额及税额等全部内容与实际相符；（四）没有证据表明购货方知道销售方提供的专用发票是以非法手段获得的。”根据《国家税务总局关于纳税人善意取得虚开增值税专用发票已抵扣税款加收滞纳金问题的批复》（国税函〔2007〕1240号）的规定，纳税人善意取得虚开的增值税专用发票，如能重新取得合法、有效的专用发票，准许其抵扣进项税款；如不能重新取得合法、有效的专用发票，不准其抵扣进项税款或追缴其已抵扣的进项税款。

此种情形下，通常是受票方税务机关收到《已证实虚开通知单》及相关证据资料，确认受票方有真实货物交易，但接受了第三方开具的增值税专用发票。经过深入调查和收集证据，没有发现受票方知道该虚开的发票是销售方以非法手段取得的，因而推定为善意取得虚开增值税专用发票。所以，对其不以偷税或者骗取出口退税论处，不适用滞纳金和罚款的相关规定，如受票方能够重新从销售方取得合法、有效专用发票的，准予抵扣进项税款。

3. 开票方被确认为虚开，受票方属于取得不合规增值税专用发票

根据《增值税暂行条例》第九条和《国家税务总局关于纳税人虚开增值税专用发票征补税款问题的公告》（国家税务总局公告2012年第33号）第三条规定，取得虚开的增值税专用发票的纳税人，不得抵扣其进项税额。

此种情形下，通常是受票方税务机关收到《已证实虚开通知单》及相关证据资料，确认受票方有真实货物交易，但同时受票方也存在一定的违法嫌疑，例如税务机关认为交易合同、交易方式、资金结算、交易习惯等方面存在逻辑上的疑点，但以税务机关的职权无法确定受票方具有取得虚开增值税专用发票的主观故意。此时，其进项税额不得抵扣，发票不得作为财务报销凭证，加收滞纳金，但一般不会对受票方进行罚款。

4. 开票方被确认为虚开，受票方构成恶意取得虚开增值税专用发票

根据《税收征收管理法》第六十三条或者六十五条、《国家税务总局

关于纳税人取得虚开的增值税专用发票处理问题的通知》(国税发〔1997〕134号)第一条、第四条的规定,受票方利用他人虚开的专用发票向税务机关申报抵扣税款进行偷税或者骗取出口退税的,应当按照偷税、骗税进行处理。

此种情形下,通常是受票方税务机关收到《已证实虚开通知单》及相关证据资料,确认受票方有以下三种情形之一:①没有真实的货物交易,而让他人为自己虚开增值税专用发票;②有真实的货物交易,但明知销售方以非法手段取得增值税专用发票;③有真实的货物交易,而让第三方为自己虚开增值税专用发票。对受票方构成利用他人虚开的专用发票,向税务机关申报抵扣税款进行偷税或者骗税,应当依照《税收征收管理法》及有关法规追缴税款,对其处以偷税数额或者骗税数额五倍以下的罚款,构成犯罪的,税务机关依法移送司法机关,追究刑事责任。

(四)《已证实虚开通知单》一般不具有可诉性

根据《行政诉讼法》第四十九条和《最高人民法院关于适用〈中华人民共和国行政诉讼法〉的解释》(法释〔2018〕1号)第一条第二款第(五)项、第(十)项的规定,行政机关作出的不产生外部法律效力的行为以及对公民、法人或者其他组织权利义务不产生实际影响的行为,不属于人民法院行政诉讼的受案范围。《税收征收管理法》第八十八条第一款的规定,纳税人、扣缴义务人、纳税担保人同税务机关在纳税上发生争议的,可以依法向人民法院起诉,但是必须先依法申请行政复议。

实务案例

案例2-6-2
《已证实虚开通知单》具有可诉性税务行政处罚争议案

[广东省揭阳市中级人民法院行政裁定书〔2019〕粤52行终18号]

本案的争议焦点是被上诉人作出的《已证实虚开通知单》是否产生外

部法律效力，以及原审法院裁定驳回上诉人科洛尼金属（上海）有限公司的起诉是否正确。

首先，被上诉人所作出的《已证实虚开通知单》没有产生外部法律效力。第一，《已证实虚开通知单》属于内部行政行为。本案被诉《已证实虚开通知单》是被上诉人通过协查系统发给原上海市地方税务局宝山区分局稽查局的内部协查函件，仅供税务机关内部使用，并不直接送达上诉人，对上诉人的权利义务不产生直接影响，属于内部行政行为，原则上不具有可复议性或可诉性。第二，本案所涉《已证实虚开通知单》作为内部行政行为并未“外部化”，且未产生对外法律效力。受票地企业是否构成违法及是否给予行政处罚，由受委托的税务机关依法进行查处。

其次，原上海市地方税务局宝山区分局稽查局接到被上诉人发出的《税收违法案件协查函》《已证实虚开通知单》等文书材料后，进行立案检查。认为：上诉人善意取得虚开的增值税专用发票，决定对上诉人收受并抵扣虚开增值税专用发票的增值税税额作进项转出处理。可见，宝山区分局仅将被上诉人作出的《已证实虚开通知单》作为线索，对上诉人开展立案检查，经税务稽查后作出了沪宝税字〔2018〕197号《税务处理决定书》，对上诉人收受并抵扣虚开增值税专用发票的增值税税额作进项转出处理，并非直接凭据《已证实虚开通知单》对上诉人作出处理处罚决定。显然，被诉《已证实虚开通知单》并未产生外部法律效力，对上诉人的权利义务未产生实际影响。原审法院据此认定《已证实虚开通知单》不符合行政诉讼法的受理范围，并裁定驳回上诉人的起诉，并无不当，本院予以维持。

由此可见，对外产生效力是可诉行政行为的重要特征之一。不对外产生法律效力的行为，不会直接对公民、法人、其他组织合法权益产生影响，自然不应纳入行政诉讼受案范围。需要注意的是，虽然不产生外部法律效力的行为不可诉，但一旦这种行为经过行政机关的职权行为对外发出、发布了，其效力即已外化，则可能对当事人的权利、义务产生实际影响，该行为就具备了可诉条件，应纳入行政诉讼受案范围。当然，这种“外部化”应是基于行政机关职权的行为，若行政相对人通过行政机关内部途径或不当、非法方式获取的，则不构成“外部化”。

通常情况下，《已证实虚开通知单》不具有可诉性，理由有三：

1. 对《已证实虚开通知单》的争议不属于纳税争议

《税收征收管理法》第八十八条第一款及其实施细则第一百条规定，可以依法向人民法院起诉的理由是税企双方发生了纳税争议。对《已证实虚开通知单》的争议是能否以此认定存在“虚开”发票的事实，非因纳税主体、征税对象、征税范围、减税、免税及退税、适用税率、计税依据、纳税环节、纳税期限、纳税地点及税款征收方式等具体行政行为有异议而发生的争议。

2. 发送《已证实虚开通知单》属于税务机关内部行政行为

根据《税收违法案件发票协查管理办法（试行）》（税总发〔2013〕66号）和《税务稽查案源管理办法（试行）》（税总发〔2016〕71号）等一系列文件的规定，《已证实虚开通知单》属于异地税务机关之间的协查文件，仅供税务机关内部使用，并不直接送达行政相对人。受托方税务稽查局在收到《已证实虚开通知单》后应立案检查，对辖区内下游涉案企业展开调查，以调查下游企业是否存在虚开等其他税收违法行为。《已证实虚开通知单》仅作为税务机关的内部行政公文，是委托案件协查的内部文件，委托方税务机关向受托方税务机关发送《已证实虚开通知单》属于内部行政行为。

3. 对相对人的权利义务并不产生直接的影响

受托方稽查局对相对人的权利义务产生实际影响的是依据检查过程中收集的相关证据作出的决定，即《税务处理决定书》《税务行政处罚决定书》等决定性文书。相对人收到决定书后，才会产生权利、义务方面的影响，因此，由于《已证实虚开通知单》不发行政相对人，既没有对外发出、发布，也不会直接对其合法权益产生影响，故不构成“外部化”。

但是，还要指出的是，在特定条件下，《已证实虚开通知单》也是可诉的。根据《行政诉讼法》第二条和第十二条第一款第（十二）项的规定，相对人认为行政行为侵犯其人身权、财产权等合法权益的，即可提起诉讼。从条款规定可以看出，如果内部行政行为侵犯了相对人的合法权益，即构成了"外部化"。具体到上诉案例：若稽查局直接送达《已证实虚开通知单》给受票方，要求受票方企业调整账务并补缴税款，此时，《已证实虚开通知单》就不再是税务机关的内部文书，而是发生效力的外化文书。这时，《已证实虚开通知单》就具有了可诉性。

综上所述，《已证实虚开通知单》作为税务机关内部协查文书，一般不具有可诉性，但是税务机关直接将《已证实虚开通知单》对外付诸实施、实际影响相对人权利义务的，相对人便可就《已证实虚开通知单》提起行政诉讼。

【参考文献与司法判例】

·佚名.《已证实虚开通知单》具有可诉性么？［EB/OL］.（2020-10-30）［2022-12-12］https：//www. shui5. cn/article/9a/115480. html。

·聚善堂（福建）医药集团有限公司与福建省漳州市国家税务局稽查局税务行政管理（税务）行政诉讼案［福建省漳州市中级人民法院行政判决书（2016）闽06行初91号］。来源：中国裁判文书网。

·科洛尼金属（上海）有限公司与国家税务总局揭西县税务局税务行政处罚争议案［广东省揭阳市中级人民法院行政裁定书（2019）粤52行终18号］。来源：中国裁判文书网。

第三部分

税务稽查案件定性争议问题分析

《中华人民共和国行政诉讼法》(节选)

第五条　人民法院审理行政案件，以事实为根据，以法律为准绳。

第八十九条　人民法院审理上诉案件，按照下列情形，分别处理：

……

（二）原判决、裁定认定事实错误或者适用法律、法规错误的，依法改判、撤销或者变更。

……

§3 01

定性“偷税”之前，必须先判断是否有主观故意和偷税结果吗？

【要点导读】

办理税务稽查案件的难点之一就是“偷税”的定性问题。对于某一税收违法问题是否属于偷税，在实务中有很多存疑的问题，主要有：

（1）是否可以认为只要纳税人采取了相关法条列举的四种手段之一就符合认定偷税的行为要件，而不需要判断其主观意愿和追求的行为结果？

（2）纳税人采取虚开发票手段被公安机关撤案的，是否就不能被定性为偷税？

（3）相关法条是否存在列举不全的情况？如果一种行为不能归结为四种手段之一，但行为人主观上具有不缴或者少缴税款的故意，是否也可以认定其为偷税？

（4）扣缴义务人已扣未缴、已收未缴税款，造成不缴或者少缴税款的，是否也应认定为偷税？

（5）界定违法结果的时间节点是什么？如果在检查前或检查期间主动补缴税款，还能定性为偷税吗？

【实务问题】

我国现行的《税收征收管理法》第六十三条第一款采取完全正列举的

表述方式，将四种手段认定为构成偷税的行为要件，而导致不缴或者少缴税款的后果是构成偷税的结果要件。两个要件同时具备，即为偷税。“偷税”的定性问题是税务稽查部门办理税务稽查案件的一大难题，其中，对偷税的行为要件和结果要件的认定争议较大。

实务中，对“偷税”认定存疑的问题主要有：

（一）是否可以认为只要纳税人采取了相关法条列举的四种手段之一就符合认定偷税的行为要件，而不需要判断其主观意愿和追求的行为结果?

这个问题是基于对法条的文字表面意思与现实意义在理解上的冲突而提出的。一种观点认为，从法条表述来看，在判断纳税人的行为是否构成偷税时，只需要按照《税收征收管理法》第六十三条第一款所列举的手段，将纳税人实施的行为与之相对照即可，只要符合规定的情形之一，就是偷税。不过，该法条中对偷税行为仅规定了行为、结果这两项要件，并未明文规定须以行为人的主观故意为必要条件。偷税行为的行为方式或手段虽可能在某种程度上潜存行为人的主观支配性或能动性，但并不以此为必要条件或作为构成要件。更何况，偷税与逃税罪不同，以主观故意为偷税的构成要件系混淆税法与刑法规定的区别：刑法上的逃税罪与税法上的偷税在主观状态等方面存在显著差别，不能相互套用和类比，不能因刑法逃税罪以主观故意为构成要件就类推认为税法上的偷税也须以主观故意为构成要件。另一种观点认为，实务中，纳税人不缴、少缴税款有着各种各样的复杂原因，对于同样不缴或者少缴税款的纳税人，区分其是否属于偷税的依据不仅是其不缴或者少缴税款所采取的手段，还应当判断其是否具有主观故意及其社会危害性，因为偷税本身就其性质而言不可能无意而为之。更何况，在税务稽查实务中，可归结为四种手段之一的情形纷繁复杂，例如，设置“两套账”“大头小尾”开具发票等是否偷税手段？若将其归为四种手段中的某一手段，还是需要结合主观目的进行判断，如果仅做形式判断，会形成法律上的漏洞。

（二）纳税人采取虚开发票手段被公安机关撤案的，是否就不能被定性为偷税?

实务中，存在同一违法行为在违反《税收征收管理法》《发票管理办法》的同时，又触犯《刑法》的情况，这时，由于行政法与刑法衔接中存在不完全对应的情况，在认定违法行为性质并进行税务处理时，就会出现一些分歧。

实务案例

案例 3 –1 –1
宁波埃斯科光电有限公司、宁波市国家税务局稽查局税务行政处罚争议案

［浙江省高级人民法院行政裁定书（2020）浙行申 808 号］

某企业（埃斯科公司）购进设备及其配件，取得第三方开具的增值税专用发票，并进行了税款抵扣。后经自查和财务审计发现，在该笔交易中，没有开具红字发票作进项税额转出处理，而是进一步采取虚开行为，开具了相同品名、金额的发票给销售方。为此，税务稽查部门认定该企业实施了两个违法行为：第一个违法行为，系明知发票为第三方开具而抵扣税款，造成少缴税款的结果，具有主观故意；第二个违法行为，系在没有真实货物交易的情况下开具发票，系虚开行为。为此，稽查局把该企业第一个违法行为认定为偷税，作出税务处理、处罚决定，追缴税款、加收滞纳金，并处 0.8 倍罚款。对第二个违法行为，处以 50 000 元罚款。对此，该企业不服，认为稽查局所说的两个行为其实是一个事实：第一个行为是接受虚开行为，造成少缴税款；第二个行为是“补救”行为，并将因第一个行为而少缴的税款补缴给了国家。稽查局的税务处理“认定主要事实不清不全、切割事实整体、选择部分事实，对应不当处罚条款，从而导致对违法行为的定性错误和适用依据错误”。关于对偷税问题的定性，该企业

认为，所谓“偷税”，纳税人应当在主观上具有“不缴或者少缴应纳税款”的目的。而由于该企业的财务人员对业务不熟，才先以第三方开具的“品名不符”的发票抵扣增值税，后又以相同品名、金额的发票开具给销售方，并申报缴纳了税款。此番操作实为“业务不熟、审核不严造成的失误”，“对企业、企业主有百害而无一利。故企业法人、企业主绝无追求、放任这一违法行为发生的动机。”还有，该案由税务机关移送公安机关后，公安机关作出了撤案告知书，载明“我局认为发现不应对犯罪嫌疑人追究刑事责任，应当撤销案件”的事实。为此，纳税人认为：法律的适用应当具有统一性，行政法适用上的“虚开”与刑法适用上的“虚开”应当别无二致，均应以主观方面作为前提要件。

（三）相关法条是否存在列举不全的情况？如果一种行为不能归结为四种手段之一，但行为人主观上具有不缴或者少缴税款的故意，是否也可以认定其为偷税？

我国《税收征收管理法》第六十三条第一款与《刑法》第二百零一条相对应，但法条形式不同：前者采取的是完全正列举的方式，后者采取的则是概括的方式，但其实质是一致的，均应包括具有欺骗、隐瞒性质的各种手段，“欺骗、隐瞒”是偷税手段的实质性特征。现实中，的确有相关法条列举手段之外的情况，例如《税收征收管理法》第三十五条所列的几种情况：“（一）依照法律、行政法规的规定应当设置但未设置账簿的；（二）拒不提供纳税资料的；（三）虽设置账簿，但账目混乱或者成本资料、收入凭证、费用凭证残缺不全，难以查账的；（四）纳税人申报的计税依据明显偏低，又无正当理由的。”再如与虚开增值税发票有关一些违法手段：纳税人以外购应税消费品为原料连续生产应税消费品，该外购应税消费品未缴纳消费税的，等等。若从证据上能够证明其具有不缴或者少缴税款的主观故意，是否可参考《刑法》第二百零一条的概括方式，以其手段具有“欺骗、隐瞒”性而认定其为偷税呢？

（四）扣缴义务人已扣未缴、已收未缴税款，造成不缴或者少缴税款的，能否认定为偷税？

根据我国税法的规定，扣缴义务人具有代扣代缴税款、代收代缴税款的义务。实务中，扣缴义务人的违法行为造成少缴税款的有两种情形：一是未扣未缴、未收未缴税款，税务机关应当向纳税人追缴税款，对扣缴义务人处以罚款；二是已扣未缴、已收未缴税款，这时，根据《税收征收管理法》第六十三条第二款的规定，税务机关应当向扣缴义务人追缴税款、加收滞纳金，并处罚款。由于第二种情形往往是扣缴义务人主观故意所致，其非法占有了国家的税款，其行为实质也具有欺骗性质，故而有人提出这样一个问题：扣缴义务人已扣未缴、已收未缴税款，造成不缴或者少缴税款的，能否认定其为偷税？他们认为，《刑法》第二百零一条是有关“逃税罪”的条款，完全对应《税收征收管理法》第六十三条规定的两种情形，其中第二款就是扣缴义务人采取“四种手段”，其结果要件也同样是不缴或者少缴税款。那么，对扣缴义务人已扣未缴、已收未缴税款的，也应当按偷税进行处理。

（五）界定违法结果的时间节点是什么？如果在检查前或检查期间主动补缴税款，还能定性为偷税吗？

我国税法规定的偷税是以造成不缴或者少缴税款为必要而充分的条件，“不缴或者少缴税款”的界定应当用是否及时、足额来判断，其中的“及时”就是时间节点，即截至何时才算不缴或者少缴税款。关于这个问题，税务稽查部门与纳税人、税务稽查部门内部、税务稽查部门与税务主管部门的看法都不尽相同。有人认为，应当以《税务检查通知书》送达时间为节点，只要违法行为不是在启动税务机关检查后发现的，就不能算不缴或者少缴税款。也有人认为，应当以作出审理决定的时间为节点，即虽然有些行为是税务机关在检查时发现的，但纳税人能够及时补缴税款，也就不能算不缴或者少缴税款。还有人认为，应当以税法规定的纳税期限为标准，只要违法行为对纳税申报当期造成了不缴或者少缴税款，就算偷税，无论何时补缴税款，都不能影响对其偷税性质的定性。

【文件规定】

（一）关于偷税与逃税罪的基本规定

《税收征收管理法》第六十三条第一款规定："纳税人伪造、变造、隐匿、擅自销毁账簿、记账凭证，或者在账簿上多列支出或者不列、少列收入，或者经税务机关通知申报而拒不申报或者进行虚假的纳税申报，不缴或者少缴应纳税款的，是偷税。对纳税人偷税的，由税务机关追缴其不缴或者少缴的税款、滞纳金，并处不缴或者少缴的税款百分之五十以上五倍以下的罚款；构成犯罪的，依法追究刑事责任。"

《刑法》第二百零一条规定："【逃税罪】纳税人采取欺骗、隐瞒手段进行虚假纳税申报或者不申报，逃避缴纳税款数额较大并且占应纳税额百分之十以上的，处三年以下有期徒刑或者拘役，并处罚金；数额巨大并且占应纳税额百分之三十以上的，处三年以上七年以下有期徒刑，并处罚金。""扣缴义务人采取前款所列手段，不缴或者少缴已扣、已收税款，数额较大的，依照前款的规定处罚。""对多次实施前两款行为，未经处理的，按照累计数额计算。""有第一款行为，经税务机关依法下达追缴通知后，补缴应纳税款，缴纳滞纳金，已受行政处罚的，不予追究刑事责任；但是，五年内因逃避缴纳税款受过刑事处罚或者被税务机关给予二次以上行政处罚的除外。"

（二）关于偷税手段的规定

《最高人民法院关于审理偷税抗税刑事案件具体应用法律若干问题的解释》（法释〔2002〕33 号）第二条第一至三款规定："纳税人伪造、变造、隐匿、擅自销毁用于记账的发票等原始凭证的行为，应当认定为刑法第二百零一条第一款法规的伪造、变造、隐匿、擅自销毁记账凭证的行为。""具有下列情形之一的，应当认定为刑法第二百零一条第一款法规的

‘经税务机关通知申报’：（一）纳税人、扣缴义务人已经依法办理税务登记或者扣缴税款登记的；（二）依法不需要办理税务登记的纳税人，经税务机关依法书面通知其申报的；（三）尚未依法办理税务登记、扣缴税款登记的纳税人、扣缴义务人，经税务机关依法书面通知其申报的。”“刑法第二百零一条第一款规定的‘虚假的纳税申报’，是指纳税人或者扣缴义务人向税务机关报送虚假的纳税申报表、财务报表、代扣代缴、代收代缴税款报告表或者其他纳税申报资料，如提供虚假申请，编造减税、免税、抵税、先征收后退还税款等虚假资料等。”

《国家税务总局关于北京聚菱燕塑料有限公司偷税案件复核意见的批复》（税总函〔2016〕274 号）规定：“根据你局提供的材料：（一）除本案所涉及稽查外，未对该企业进行过其他稽查立案处理；（二）除本案所涉违规列支行为外，未发现该企业成立以来存在其他违规列支行为；（三）本案所涉该企业为部分管理人员购买的商业保险已在当期代扣代缴了个人所得税。据此，从证据角度不能认定该企业存在偷税的主观故意。”

《国家税务总局关于进一步做好税收违法案件查处有关工作的通知》（税总发〔2017〕30 号）规定：“对税收违法企业，实施税务行政处罚时要综合考虑其违法的手段、情节、金额、违法次数、主观过错程度、纠错态度。对未采取欺骗、隐瞒手段，只是因理解税收政策不准确、计算错误等失误导致未缴、少缴税款的，依法追缴税款、滞纳金，不定性为偷税。”

（三）关于偷税的结果要件的规定

《最高人民法院关于审理偷税抗税刑事案件具体应用法律若干问题的解释》（法释〔2002〕33 号）第三条第一款规定：“偷税数额，是指在确定的纳税期间，不缴或者少缴各税种税款的总额。”

《国家税务总局办公厅关于呼和浩特市昌隆食品有限公司有关涉税行为定性问题的复函》（国税办函〔2007〕513 号）规定：“《税收征收管理法》未具体规定纳税人自我纠正少缴税行为的性质问题，在处理此类情况时，仍应按《税收征收管理法》关于偷税应当具备主观故意、客观手段和行为后果的规定进行是否偷税的定性。税务机关在实施检查前纳税人自我纠正属补报补缴少缴的税款，不能证明纳税人存在偷税的主观故意，不应定性为偷税。”

《国家税务总局关于税务检查期间补正申报补缴税款是否影响偷税行为定性有关问题的批复》（税总函〔2013〕196号）规定：“税务机关认定纳税人不缴或者少缴税款的行为是否属于偷税，应当严格遵循《中华人民共和国税收征收管理法》第六十三条的有关规定。纳税人未在法定的期限内缴纳税款，且其行为符合《中华人民共和国税收征收管理法》第六十三条规定的构成要件的，即构成偷税，逾期后补缴税款不影响行为的定性。”“纳税人在稽查局进行税务检查前主动补正申报补缴税款，并且税务机关没有证据证明纳税人具有偷税主观故意的，不按偷税处理。”

（四）关于扣缴义务人不缴或者少缴税款的规定

《税收征收管理法》第六十三条第二款规定：“扣缴义务人采取前款所列手段，不缴或者少缴已扣、已收税款，由税务机关追缴其不缴或者少缴的税款、滞纳金，并处不缴或者少缴的税款百分之五十以上五倍以下的罚款；构成犯罪的，依法追究刑事责任。”

【指导建议】

关于“偷税”的定性，需要从主观故意和偷税结果两个方面展开讨论。

（一）准确判断偷税手段与偷税的主观故意要件

1. *主观故意是认定偷税的必备法律要件*

根据《税收征收管理法》第六十三条、《最高人民法院关于审理偷税抗税刑事案件具体应用法律若干问题的解释》（法释〔2002〕33号）第二条、《国家税务总局关于进一步做好税收违法案件查处有关工作的通知》

（税总发〔2017〕30 号）和《国家税务总局办公厅关于呼和浩特市昌隆食品有限公司有关涉税行为定性问题的复函》（国税办函〔2007〕513 号）、《国家税务总局关于北京聚菱燕塑料有限公司偷税案件复核意见的批复》（税总函〔2016〕274 号）的规定，关于偷税应当按照具备主观故意、客观手段和行为后果的规定进行是否偷税的认定，并且税务机关具有“主观故意”的举证责任，需要有证据足以证明。

从一些司法判例也能看出，法院对认定偷税案件应当判断主观故意，也持有普遍认同的观点。例如，北京市高级人民法院行政裁定书（2017）京行申 1402 号中认为：

“根据《税收征收管理法》第六十三条第一款的规定，纳税人伪造、变造、隐匿、擅自销毁账簿、记账凭证，或者在账簿上多列支出或者不列、少列收入，或者经税务机关通知申报而拒不申报或者进行虚假的纳税申报，不缴或者少缴应纳税款的，是偷税。从该规定所列举的情形看，当事人的主观方面系认定偷税行为的必要构成要件。行政机关以构成偷税行为为由对当事人作出行政处罚，应当对当事人不缴或者少缴应纳税款的主观方面进行调查认定，并在当事人提起行政诉讼后就此承担举证责任。本案中，顺义区国税局没有就中油国门公司少缴应纳税款的主观方面进行调查和认定，在诉讼过程中也没有就此提交相应证据。一审判决认为中油国门公司‘提交的证据不能证明其不明知三方没有真实货物交易’，在行政诉讼举证责任分配上存有错误；二审判决的认定建立在‘对中油国门公司所持其不具有主观过错的主张不予支持’的基础上，存在混淆民事法律关系中‘主观过错’与行政法律关系中主观故意的问题。”

“主观故意”既是认定偷税的要件，同时也是认定刑事犯的要件。如在案例 3－1－1 中，埃斯科公司提出了公安机关没有认定虚开犯罪而税务机关认定偷税的质疑，而实际上稽查局经调查发现，该企业取得第三方发票以 17% 的税率抵扣进项税额，是因为第三方为其开具的发票货物品名为“铜带”，实为机器设备。而且，即使该设备可以开具增值税专用发票，根据《国家税务总局关于一般纳税人销售自己使用过的固定资产增值税有关问题的公告》（国家税务总局公告〔2012〕1号）的规定，“纳税人购进或者自制固定资产时为小规模纳税人，认定为一般纳税人后销售该固定资产，按简易办法依4%征收率减半征收增值税，同时不得开具增值税专用发票”，也可知埃斯科公司主观故意明显。稽查局认定其偷税，最终得到一审、二审和再审法院的支持。至于公安机关作出“撤案”决定，在《告知书》里并没有说明该企业不具有主观故意。从案情来看，其也不应该属于最高人民检察院发布的《关于充分发挥检察职能服务保障“六稳”“六保”的意见》中所明确的例外情况：“对于有实际生产经营活动的企业，为虚增业绩、融资、贷款等非骗税目的，且没有造成税款损失的虚开增值税专用发票行为，不以虚开增值税专用发票罪定性处理，依法作出不起诉决定，移送税务机关给予行政处罚。”

2. “欺骗、隐瞒”是偷税手段的实质性特征

偷税手段包括具有欺骗、隐瞒性质的四种手段，“欺骗、隐瞒”是偷税手段的实质性特征。如果一种行为不具有该实质性特征，尽管采取了“四种手段”之一，只是因理解税收政策不准确、计算错误等失误，发生了“在账簿上多列支出或者不列、少列收入”等行为，也不能被认定为偷税。实务中，这种无法认定具有“欺骗、隐瞒”主观故意性质的情形有很多：例如，某员工有意损害公司利益，将经营收入打入个人账户，且未按照规定的时限申报纳税，日后在公司内部检查时被发现并主动补缴了税款；又如，某公司因不能及时领购增值税专用发票，财务人员因业务能力不足，错误地将2020年及2021年销售货款计入“预收账款”科目，未在当期结转销售收入，未及时缴纳增值税，但在税务机关随后的检查中，该公司能如实提供材料，并积极补缴税款，等等。此时，如果机械地适用《税收征收管理法》第六十三条第一款的规定对纳税人定性偷税，实有不妥。

为此，国家税务总局对偷税手段的行为要件作出了明确的指示，从行

为外部特征来讲，偷税主要包括以下4类行为：

（1）伪造、变造、隐匿和擅自销毁账簿、记账凭证（包括用于记账的发票等原始凭证）。

伪造，是指被查对象依照真账簿、真凭证的式样制造虚假的账簿和记账凭证，以假充真的行为；变造，是指被查对象对账簿、记账凭证进行挖补、涂改、拼接等方式，制作假账、假凭证，以假乱真的行为；隐匿，是指被查对象将账簿、记账凭证故意隐藏起来，使稽查局难以查实计税依据的行为；擅自销毁，是指在法定的保存期间内，擅自将正在使用中或者未过期的账簿、记账凭证销毁处理的行为。

（2）在账簿上多列支出或者不列、少列收入。

对于在账簿上多列支出或者不列、少列收入的手段，应当结合被查对象主观故意认定以及行为的总体纳税影响进行综合分析。多列支出，是指在账簿上填写超出实际支出的数额，以冲抵或者减少实际收入的数额，虚增成本，乱摊费用，缩小利润数额等行为。

（3）经税务机关通知申报而拒不申报。

经税务机关通知申报而拒不申报是指应当依法办理纳税申报的被查对象不按照法律、行政法规的规定办理纳税申报，经税务机关通知后，仍拒不申报的行为。

经税务机关通知申报包括：被查对象已经依法办理税务登记的；依法不需要办理税务登记的，经税务机关依法书面通知其申报的；尚未依法办理税务登记的被查对象，经税务机关依法书面通知其申报的。

（4）进行虚假的纳税申报。

虚假的纳税申报，是指被查对象在纳税申报过程中制造虚假情况，如不实填写或者提供纳税申报表、财务会计报表以及其他的纳税资料等，少报、隐瞒应税项目、销售收入和经营利润等行为。

3.《税收征收管理法》第三十五条所列的几种情形，应以具有“欺骗、隐瞒”性质的手段而认定其是否偷税

税务机关在税务检查中会遇到一些特殊情况，例如纳税人应当设置账簿而不设置账簿的、拒不提供纳税资料的、虽设置账簿但账目混乱难以查账的、申报的计税依据明显偏低又无正当理由的，等等。不排除纳税人出于逃税的目的而故意给税务检查设置障碍，导致税务稽查部门不得不依据《税收征收管理法》第三十五条及其实施细则第四十七条的规定对其进行税款核定。为此，对此类情况如何定性就成了执法难题。

现行《税收征收管理法》第六十三条第一款对偷税的主观故意构成采取了法律推定的方式，即通过规定客观标准来推定主观的偷税故意，与此同时，也排除了其他客观情形构成偷税的可能。从一些司法判例来看，人民法院的观点非常明确。例如，最高人民法院在“广州德发房产建设有限公司诉广州市地方税务局第一稽查局税务处理决定申请再审案”[（2015）行提字第13号]判决书主文中这样表述：

“税务稽查局的职权范围不仅包括偷税、逃避追缴欠税、骗税、抗税案件的查处，还包括与查处税务违法行为密切关联的稽查管理、税务检查、调查和处理等延伸性职权。”“德发公司以《税收征收管理法实施细则》第九条规定：‘稽查局专司偷税、逃避追缴欠税、骗税、抗税案件的查处’，本案不属于‘偷税、逃避追缴欠税、骗税、抗税’的情形为由，认为广州税稽一局无权依据《税收征收管理法》第三十五条的规定对德发公司拍卖涉案不动产的收入重新核定应纳税额，被诉税务处理决定超出广州税稽一局的职权范围，应属无效决定的理由，不能成立。”

由这个案例可以看出，最高人民法院支持税务机关的观点，没有认定德发公司偷税，其理由是一人竞拍并没有违反《拍卖法》的规定，但税务机关仍然可以依据《税收征收管理法》第三十五条的规定对其进行核定税款，只不过从性质上不能认定其具有“欺骗”“隐瞒”的故意。为此，对于偷税性质的认定，一方面不能超出《税收征收管理法》第六十三条第一

款完全正列举的“四种手段”范围，另一方面还要判断纳税人采取的手段是否具有“欺骗、隐瞒”的性质。但是，并不能因不将纳税人的违法行为定性为偷税，就认为税务稽查部门无权对其进行税务处理。

4. 扣缴义务人已扣未缴、已收未缴税款，造成不缴或者少缴税款的，不属于偷税

实务中，的确有人持有可以将以上行为认定为偷税的观点。他们认为，根据《税收征收管理法》第六十三条第二款的规定，偷税行为的行为人一般为纳税人，但是，扣缴义务人采取伪造、变造、隐匿、擅自销毁账簿、记账凭证，或者在账簿上多列支出或者不列、少列收入，或者经税务机关通知而拒不申报或者进行虚假的纳税申报等手段，不缴或者少缴已扣、已收税款的，也是一种偷税行为。

然而，现行立法已经非常明确地规定了偷税仅限于《税收征收管理法》第六十三条第一款所列情形，第二款所列情形不属于偷税。不过，在实际执法中，确有多种逃避缴纳税款的行为难以被准确地归结到“四种手段”之中的情形，对于设置“两套账”“第三方开具发票”以及私设“小金库”等应当对应哪一种偷税手段，司法界也多次提出过质疑。对照《刑法》第二百零一条的规定，构成逃税罪须“采取欺骗、隐瞒手段”，就是说采取“四种手段”以试图不缴、少缴税款的就是偷税，而如果未采取这“四种手段”，虽然也可能造成不缴、少缴税款，就不是偷税。对这种条文的适用，一般来说，采取的都是对列举之外的情形一概排除的方式，以体现违法行为法定和罪刑法定的原则。

（二）正确理解偷税结果要件

偷税结果反映偷税行为对国家税收的危害及其严重程度，是偷税行为认定的基本要素。符合《税收征收管理法》第六十三条第一款列举的四种违法行为，并因此造成不缴或者少缴应纳税款的结果的，才能将其定性为偷税。同时，《最高人民法院关于审理偷税抗税刑事案件具体应用法律若

干问题的解释》（法释〔2002〕33 号）对偷税数额的内涵也作出了明确的规定。实践中，偷税数额可依据《税收征收管理法》及税法中有关纳税人、纳税义务发生时间、计税依据、纳税申报等税收要素的规定进行计算确定，而偷税结果的时间节点对判断纳税人是否构成偷税至关重要。

1. 从国家税务总局的相关规定来看，偷税结果的时间节点以纳税申报期限为准

从《国家税务总局关于税务检查期间补正申报补缴税款是否影响偷税行为定性有关问题的批复》（税总函〔2013〕196 号）可以看出，是否具有主观故意，应以行为发生时的情况进行判断，不能因事后补缴就倒推没有主观故意。纳税人未在法定期限内缴纳税款，其违法行为即构成偷税，其危害结果已经发生，事后补缴税款的，不能影响对其偷税的定性，这种认识也符合刑法有关涉税犯罪的规定。例如，《刑法》第三十七条规定："对于犯罪情节轻微不需要判处刑罚的，可以免予刑事处罚，但是可以根据案件的不同情况，予以训诫或者责令具结悔过、赔礼道歉、赔偿损失，或者由主管部门予以行政处罚或者行政处分。"这里的"犯罪情节轻微"是指已经构成犯罪，但犯罪的性质、情节及危害后果都很轻；"不需要判处刑罚的"是指犯罪情节轻微，犯罪人能够认罪、悔罪，对其没有判处刑罚必要的。为此，检查期间补缴税款的，不影响偷税的定性，仅仅影响处罚。鉴于检查期间主动补缴税款的"偷税"行为的社会危害性较小，且法律也需要鼓励违法纳税人主动纠正违法行为，可考虑根据《行政处罚法》第三十二条第（一）项的规定，"主动消除或者减轻违法行为危害后果的，应当从轻或者减轻行政处罚。"

对于纳税人在稽查局进行税务检查前主动补正申报补缴税款的，根据《国家税务总局办公厅关于呼和浩特市昌隆食品有限公司有关涉税行为定性问题的复函》（国税办函〔2007〕513 号）和《国家税务总局关于税务检查期间补正申报补缴税款是否影响偷税行为定性有关问题的批复》（税总函〔2013〕196 号）两个文件来看，国家税务总局的观点有着微妙的变

化：先是认为“不能证明纳税人存在偷税的主观故意，不应定性为偷税”，后又修改为“并且税务机关没有证据证明纳税人具有偷税主观故意的，不按偷税处理”。为此，如何认定偷税，就成了实务中比较让人纠结的问题。但有一点需要明确的是，如果认定纳税人偷税，稽查局应当负有举证责任，提供能够证明其偷税的主观故意证据和对其偷税的时间节点作出界定的法律依据。对于行政处罚，可以考虑适用《行政处罚法》第三十三条第一款的规定：“违法行为轻微并及时改正，没有造成危害后果的，不予行政处罚。”或者适用第三款的规定：“当事人有证据足以证明没有主观过错的，不予行政处罚。法律、行政法规另有规定的，从其规定。”

对纳税人主动补缴税款不予行政处罚的规定，《国家税务总局关于进一步做好税收违法案件查处有关工作的通知》（税总发〔2017〕30号）也有明确要求，即“对随机抽查的企业，鼓励其自查自纠、自我修正，引导依法诚信纳税。对主动、如实补缴税款、缴纳滞纳金，或者配合税务机关查处税收违法行为有立功表现的，依法从轻、减轻税务行政处罚。对税收违法行为轻微，且主动、及时补缴税款、缴纳滞纳金，没有造成危害后果的，依法不予税务行政处罚。”

2. 从司法界部分专家的观点来看，偷税结果的时间节点可以延伸至税务检查结束时间

在2004年全国部分法院经济犯罪案件审判工作座谈会上，多数代表认为：“作为量刑数额的损失数额，其时间的划定应当不同于定罪数额，后者一般可以案发时、立案时或者侦查终结时为准，审判机关应本着实事求是的态度，从有利于被告的原则出发，损失计算的截止时间还可以适当延伸。”参照该座谈会会议纪要的观点与司法实践，可以将税务检查认定偷税结果的时间节点延伸至检查结束时间。那么，针对纳税人在税务检查前或者税务检查期间主动补缴税款的行为，税务机关就可以因其不符合偷税的结果要件而作出不定偷税的处理。

还要强调一下：纳税人主动补缴税款是对以前纳税期未缴或者少缴的

税款进行补充申报并缴纳。如果纳税人补缴税款的属期不是应缴税款的当期，则不能完全排除其具有不缴、少缴税款的主观故意。

【司法判例】

·广州德发房产建设有限公司诉广州市地方税务局第一稽查局税务处理决定申请再审案［最高人民法院行政判决书〔2015〕行提字第13号］。来源：中国裁判文书网。

·南京德嘉置业有限公司诉国家税务总局南京市税务局稽查局税务行政管理行政处罚案［江苏省南京市中级人民法院行政判决书〔2018〕苏01行终1027号］。来源：中国裁判文书网。

·宁波埃斯科光电有限公司、宁波市国家税务局稽查局行政处罚案［浙江省高级人民法院行政裁定书〔2020〕浙行申808号］。来源：中国裁判文书网。

§3 02

税务机关能否核定应纳税额并根据实质课税原则独立认定涉税合同性质?

【要点导读】

税务稽查实务中有一些表面上看似合理的交易行为，但交易价格明显偏低，或者纳税人提供的资料在表面内容形式与业务交易实质逻辑上不一致。税企之间争议比较突出的相关问题有：

（1）计税依据是通过合法交易方式形成时，税务机关可否以价格明显偏低为由启动核定程序?

（2）交易合同名为租赁实为商铺经营权转让，税务机关能否根据实质课税原则独立认定涉案民事法律关系?

【实务问题】

我国现行税制中的大多数税种都是从价计税，计税价格是影响应纳税额的直接因素或者重要因素。纳税人一方面要考虑提高交易价格来增加收益率，另一方面还要兼顾提高价格而增加的税收成本。因而，税务稽查往往将检查的重点放在隐匿收入和推迟实现销售收入的情况。但是，实务中有一些表面上看似合理的交易行为，交易价格却明显偏低，在没有证据表明纳税人有违法逃税的主观故意的情况下，税务机关能否对纳税人明显偏低的计税依据进行核定？还有，税务稽查对纳税人涉税业务处理进行合法性、真实性、准确性检查时，纳税人提供的资料在表面内容形式与业务交易实质逻辑上不一致，税务机关能否根据交易惯例、市场法则、行业特点、内部控制等对其进行实质性判断？对此，一些税务稽查人员在具体的案件处理上产生了分歧。实务中有两种表现：

（一）交易价格的形成符合民事法律要求，但是价格明显偏低

对于民事法律行为，时有发生的就是交易价格偏高或者偏低的情况。由于受市场经济的规范，交易双方的议价权基本上是对等的，交易价格也会相对公允。但是，对于某些特殊商品或者特殊交易事项而言，就有可能因缺少可参照的市场价格或者营销渠道单一、交易意向急迫等原因，而导致交易价格受人为因素调整的影响很大，直接导致交易价格不够公允。税务机关在认定交易行为引起的纳税义务时，由于交易价格明显偏低，难免会认为纳税人有避税之嫌，故根据《税收征收管理法》第三十五条的规定行使了税款的核定权，要求纳税人就明显偏低的交易价格作出说明，由税务机关审核纳税人提交的说明材料和相关证据是否值得信任且合理。否则，税务机关就会按照《税收征收管理法实施细则》第四十七条的规定进行核定，并以核定后的计税价格征收税款。对此，纳税人往往会提出异议，认为民事法律关系不应受到行政法律关系的约束，交易价格是在交易双方平等自愿的基础上达成的，应当受到民法的保护，税务机关无权也不能对交易价格进行重新认定。

实务案例

案例 3－2－1
广州德发房产建设有限公司与
广东省广州市地方税务局第一稽查局再审审查案

［最高人民法院行政判决书〔2015〕行提字第 13 号］

该案争议焦点之一是税务部门是否有权否定经过拍卖程序确定的交易

价格作为计税依据。广州德发公司不服一审、二审判决，向最高人民法院申请再审。

稽查局在答辩书中辩称："答辩人认为计税依据明显偏低的主要理由：一是拍卖价格与历史成交价相比悬殊。再审申请人约八成的收入是由约三成的物业销售产生，其余约二成的收入 1.38 亿元，是由再审申请人本次拍卖约七成的物业产生。二是本次拍卖成交价格明显偏低，明显偏离同期、同类、同档次物业的市场成交价格。该物业是位于广州市城市中心的高档写字楼，拍卖成交均价仅为 2 300 余元/平方米。最终认定本次拍卖的成交价明显低于市场价格（写字楼仅为四成，商铺不到三成，停车场甚至不到一成）。三是拍卖成交价格远低于再审申请人自行提供的评估价和成本价。再审申请人委托拍卖的估价，均价约为 8 400 元/平方米；再审申请人委托会计师事务所审计确认的成本均价约为 7 100 元/平方米。关于计税依据明显偏低，无正当理由的依据：一是只有唯一竞买人。根据现行拍卖行规及《中华人民共和国拍卖法》（以下简称《拍卖法》）的规定，拍卖应当公开竞价。二是拍卖保证金门槛设置过高。本次拍卖保证金占拍卖保留价的比例高达 50%，过高的保证金比例限制了其他潜在的竞买人参与拍卖竞买。三是拍卖保留价设置过低。本案申请人第一次拍卖就将拍卖保留价设置为其自行确定房产评估价的约 20%，明显不符合财产拍卖的惯常做法。四是拍卖的房产已办抵押，拍卖未征询全部抵押权人银行的同意。五是竞买人拍卖前知道拍卖底价，交易双方有诚信问题。委托拍卖前，唯一竞买人曾私下接触拍卖行，拍卖行向其透露底价，违反公平交易原则。"

最终，最高人民法院的再审裁定书支持了稽查局作出的关于以核定方法征收税款的处理决定，驳回了广州德发公司的诉讼请求。

（二）交易双方签订租赁合同，但合同条款不符合民法要求

税收与由民事法律调整的商事活动紧密相关。在实务中，商事活动的当事人基于各自利益考虑，出现了联手签订一些名不符实的合同、协议的

情况。在税收法定的前提下，税务机关的稽查行为必然要涉及对纳税人应税行为性质进行识别和判定，例如，将纳税人的商事行为与相关税目注释进行对照，根据实质课税原则，确定该行为是否属于某一税种下的应税项目或者应税收入，以及应当按何种税目及税率征税，而非简单按照其行为表面形式予以征税。以免纳税人滥用私法自治来规避或者减少依法纳税的义务，避免由此造成国家税收收入的流失。为此，该案在税务稽查作出处理决定后，税企双方对税务机关能否独立认定交易实质问题，出现了很大的争议。

实务案例

案例3－2－2
郑州人和新天地投资管理有限公司与郑州市二七区国家税务局税收管理纠纷案

［〔2014〕豫法行终字第00042号］

该案争议的一个焦点问题是：涉案的603份商铺经营使用权转让合同的合同性质问题。

该案从合同形式来看，属于租赁合同。但是二审法院认为："认定涉案合同性质，要从合同的形式、内容、当事人意思表示等多方面综合考量。涉案合同的名称是'郑州第一大道（人和新天地）商铺经营使用权转让合同'；涉案合同转让的标的是40年商铺的经营使用权，而不是商铺，该权利是一种复合型的财产权利，其不仅仅是40年商铺的使用权，更重要的是在郑州第一大道这个商场内40年商铺的经营权，并且该财产权利是人和公司投资建设国家人防工程置换所得，并非租赁取得，政府允许其出租或转让；合同约定了商铺经营使用权转让金总额，这是合同价款；合同价款的支付方式是首付转让款总额的30%，剩余部分可以向银行按揭贷款；合同还约定了受让人对商铺经营使用权的处分权，在使用期内可以转让或出租等。从合同双方约定的合同名称、合同价款、付款方式、权利期限、权利处分方式以及有关经营权的内容来看，属于财产权利让渡合同。《合同法》第二百一十三条、第二百一十四条规定，租赁合同内容包括租赁物的名称、用途、租赁期限、租金及其支付期限和方式、租赁物的维修等条款，租赁期限不得超过二十年等。涉案合同没有约定租赁物的名称、租赁期限、租金及其支付期限和方式等内容，转让的权利期限还超过二十年，这些均不符合法律规定的租赁合同特征。”

由于租赁合同与财产权利让渡合同在计算企业所得税时收入确认的时间不同，因此，人和公司主张按照国税函〔2010〕79号文件规定，对一次性取得的收入，在租赁期内，分期均匀计入相关年度收入。但如果认为此合同属于财产权利让渡合同，则应当按照《中华人民共和国企业所得税法》（以下简称《企业所得税法》）的规定，一次性确认收入缴纳企业所得税。

【文件规定】

（一）关于稽查局执法主体资格的规定

《税收征收管理法》第十四条规定：“本法所称税务机关是指各级税务局、税务分局、税务所和按照国务院规定设立的并向社会公告的税务机构。”

《税收征收管理法实施细则》第九条第一款规定：“《税收征收管理法》第十四条所称按照国务院规定设立的并向社会公告的税务机构，是指省以下税务局的稽查局。”

《国家税务总局关于稽查局职责问题的通知》（国税函〔2003〕140号）规定：“《中华人民共和国税收征收管理法实施细则》第九条第二款规定‘国家税务总局应当明确划分税务局和稽查局的职责，避免职责交叉’。为了切实贯彻这一规定，保证税收征管改革的深化与推进，科学合理地确定稽查局和其他税务机构的职责，国家税务总局正在调查论证具体方案。

在国家税务总局统一明确之前，各级稽查局现行职责不变。稽查局的现行职责是指：稽查业务管理、税务检查和税收违法案件查处；凡需要对纳税人、扣缴义务人进行账证检查或者调查取证，并对其税收违法行为进行税务行政处理（处罚）的执法活动，仍由各级稽查局负责。”

（二）关于税款核定权的规定

《税收征收管理法》第三十五条规定：“纳税人有下列情形之一的，税务机关有权核定其应纳税额：（一）依照法律、行政法规的规定可以不设置账簿的；（二）依照法律、行政法规的规定应当设置但未设置账簿的；（三）擅自销毁账簿或者拒不提供纳税资料的；（四）虽设置账簿，但账目混乱或者成本资料、收入凭证、费用凭证残缺不全，难以查账的；（五）发生纳税义务，未按照规定的期限办理纳税申报，经税务机关责令限期申报，逾期仍不申报的；（六）纳税人申报的计税依据明显偏低，又无正当理由的。税务机关核定应纳税额的具体程序和方法由国务院税务主管部门规定。”

《税收征收管理法实施细则》第四十七条规定：“纳税人有《税收征收管理法》第三十五条或者第三十七条所列情形之一的，税务机关有权采用下列任何一种方法核定其应纳税额：（一）参照当地同类行业或者类似行业中经营规模和收入水平相近的纳税人的税负水平核定；（二）按照营业收入或者成本加合理的费用和利润的方法核定；（三）按照耗用的原材料、燃料、动力等推算或者测算核定；（四）按照其他合理方法核定。采用前款所列一种方法不足以正确核定应纳税额时，可以同时采用两种以上的方法核定。纳税人对税务机关采取本条规定的方法核定的应纳税额有异议的，应当提供相关证据，经税务机关认定后，调整应纳税额。”

（三）关于合同性质认定的规定

1. 不合理价格

《最高人民法院关于印发〈全国法院贯彻实施民法典工作会议纪要〉的通知》（法〔2021〕94 号）规定：“转让价格达不到交易时交易地的指

导价或者市场交易价百分之七十的，一般可以视为明显不合理的低价；对转让价格高于当地指导价或者市场交易价百分之三十的，一般可以视为明显不合理的高价。当事人对于其所主张的交易时交易地的指导价或者市场交易价承担举证责任。”

2. 租赁合同

《民法典》第七百零四条规定：“租赁合同的内容一般包括租赁物的名称、数量、用途、租赁期限、租金及其支付期限和方式、租赁物维修等条款。”

《民法典》第七百零五条规定：“租赁期限不得超过二十年。超过二十年的，超过部分无效。租赁期限届满，当事人可以续订租赁合同；但是，约定的租赁期限自续订之日起不得超过二十年。”

3. 合作建房

《最高人民法院关于审理涉及国有土地使用权合同纠纷案件适用法律问题的解释》（法释〔2005〕5号）第十四条规定：“合作开发房地产合同，是指当事人订立的以提供出让土地使用权、资金等作为共同投资，共享利润、共担风险合作开发房地产为基本内容的协议。”

《最高人民法院关于审理涉及国有土地使用权合同纠纷案件适用法律问题的解释》（法释〔2005〕5号）第二十四条规定：“合作开发房地产合同约定提供土地使用权的当事人不承担经营风险，只收取固定利益的，应当认定为土地使用权转让合同。”

《最高人民法院关于审理涉及国有土地使用权合同纠纷案件适用法律问题的解释》（法释〔2005〕5号）第二十五条规定：“合作开发房地产合同约定提供资金的当事人不承担经营风险，只分配固定数量房屋的，应当认定为房屋买卖合同。”

《最高人民法院关于审理涉及国有土地使用权合同纠纷案件适用法律问题的解释》（法释〔2005〕5号）第二十六条规定：“合作开发房地产合同约定提供资金的当事人不承担经营风险，只收取固定数额货币的，应当认定为借款合同。”

【指导建议】

对纳税人申报纳税的计税依据明显偏低，税务机关是否必然进行税款核定，以及履行认定民事法律关系性质的职能？从一些司法实践来看，人民法院的观点是持审慎态度的。基本一致的共识是：根据依法行政的基本要求，没有法律、法规和规章的规定，行政机关不得作出影响行政相对人合法权益或者增加行政相对人义务的决定；在法律规定存在多种解释时，应当首先考虑选择适用有利于行政相对人的解释。但是，如果计税依据明显偏低，且从调查获取的证据来看，计税依据偏低理由明显不正当，纳税人也拿不出来令人信服的证据证明其合理、适当，则并不排除税务机关依法核定税款的权利。对于根据实质课税原则独立认定涉案民事法律关系，一般情况下，税务机关不宜主动对其进行认定。如果应当对纳税人的应税行为性质进行识别和判定，则必须符合事实与税收征收法律规范，特别是否定纳税人表面呈现的商事类别而按实质判定税法要素的，应当持有确切让人信服之理由，且负举证责任。

对此，需要从以下两个方面进行把握：

（一）核定应纳税额是税务稽查职权的内在要求和必要延伸

1. 关于稽查局是否有权核定税款问题

根据《税收征收管理法》第三十五条的规定，纳税人发生六种法定情形之一的，税务机关有权核定其应纳税额。核定税额征收税款是在不能以纳税人的账簿为基础计算其应纳税额时，由税务机关核定其应纳税额的一种征税方法。其中，纳税人申报的计税依据偏低，又无正当理由的，其含义是纳税人申报的计税依据与同类或者类似的纳税人相比明显偏低，但是该纳税人又不能作出合理解释的。这主要是针对有的纳税人采用各种方法减少应纳税额而作的规定。对属于该条款情况的纳税人，一方面，规定了税务机关有权核定其应纳税额；另一方面，为了规范税务机关的行为，防止税务机关随意核定应纳税额，更加全面地保护纳税人的利益，又明确规定了税务机关核定应纳税额的具体程序和方法由国务院税务主管部门规定，即税务机关核定应纳税额应当经过一定的程序，遵循一定的方法。为此，国务院制定了《税收征收管理法实施细则》第四十七条，作为对该条的具体补充，明确了四种计算方法，并强调："纳税人对税务机关采取本条规定的方法核定的应纳税额有异议的，应当提供相关证据，经税务机关认定后，调整应纳税额。"

对于稽查局是否有权进行税款的核定，根据《税收征收管理法》第十四条及其实施细则第九条、《国家税务总局关于稽查局职责问题的通知》（国税函〔2003〕140 号）的规定，税务稽查局属于税务机关，具有《税收征收管理法》赋予税务机关所有的法定职权，并且其职权范围不仅包括偷税、逃避追缴欠税、骗税、抗税案件的查处，还包括与查处税务违法行为密切关联的稽查管理、税务检查、调查和处理等延伸性职权。

为此，在案例 3－2－1 中，最高人民法院在行政判决书中阐述：

"虽然国家税务总局没有明确各级稽查局是否具有《税收征收管理法》第三十五条规定的核定应纳税额的具体职权，但稽查局查处涉嫌违法行为不可避免地需要对纳税行为进行检查和调查。特别是出现《税收征收管理法》第三十五条规定的计税依据明显偏低的情形时，如果稽查局不能行使应纳税款核定权，必然会影响稽查工作的效率和效果，甚至对税收征管形成障碍。因此，稽查局在查处涉嫌税务违法行为时，依据《税收征收管理法》第三十五条的规定核定应纳税额是其职权的内在要求和必要延伸，符合税务稽查的业务特点和执法规律，符合《国家税务总局关于稽查局职责问题的通知》关于税务局和稽查局的职权范围划分的精神。在国家税务总局对税务局和稽查局职权范围未另行作出划分前，各地税务机关根据通知确立的职权划分原则，以及在执法实践中形成的符合税务执法规律的惯例，人民法院应予尊重。"

2. 稽查局核定税款需要符合法定条件

对于"纳税人申报的计税依据明显偏低，又无正当理由的"，法定条件有两个：一是计税依据明显偏低；二是无正当理由。以案例3-2-1为例，在判决书中，稽查局提出的答辩理由非常充分，分别对计税依据明显偏低和无正当理由的依据进行了列举。根据当时的《合同法》规定，转让价格达不到交易时交易地的指导价或者市场交易价百分之七十的，一般可以视为明显不合理的低价。《最高人民法院关于印发〈全国法院贯彻实施民法典工作会议纪要〉的通知》（法〔2021〕94号）也作出了同样的解释。为此，最高人民法院认为："广州税稽一局认定涉案房产的拍卖价格明显偏低并无不当。"

对于拍卖形成的价格是否有正当理由，人民法院的观点分为两个层次：

（1）明显偏低的计税依据，并不必然需要税务机关重新核定。

人民法院认为："依照法定程序进行的拍卖活动，由于经过公开、公平的竞价，不论拍卖成交价格的高低，都是充分竞争的结果，较之一般的销售方式更能客观地反映商品价格，可以视为市场的公允价格。如果没有法定机构依法认定拍卖行为无效或者违反拍卖法的禁止性规定，原则上税务机关应当尊重作为计税依据的拍卖成交价格，不能以拍卖价格明显偏低为由行使核定征收权。""对于一个明显偏低的计税依据，并不必然需要税务机关重新核定；尤其是该计税依据是通过合法交易方式形成时，税务机关一般应予认可和尊重，不宜轻易启动核定程序，以行政认定取代市场竞争形成的计税依据。"

（2）竞拍因仅有一人参与拍卖竞价，可能会出现竞价程度不充分的情况。

人民法院认为："拍卖行为的效力与应纳税款核定权，分别受民事法律规范和行政法律规范调整，拍卖行为有效并不意味税务机关不能行使应纳税额核定权，另行核定应纳税额也并非否定拍卖行为的有效性。保障国家税收的足额征收是税务机关的基本职责，税务机关对作为计税依据的交易价格采取严格的判断标准符合《税收征收管理法》的目的。如果不考虑案件实际，一律要求税务机关必须以拍卖成交价格作为计税依据，则既可能造成以当事人意思自治为名排除税务机关的核定权，还可能因市场竞价不充分导致拍卖价格明显偏低而造成国家税收流失。因此，有效的拍卖行为并不能绝对地排除税务机关的应纳税额核定权，但税务机关行使核定权时仍应有严格限定。”

（二）税务机关履行认定民事法律关系性质职能，应承担举证责任

实质课税原则，是指对于某种情况不能仅根据其外表和形式确定是否应予课税，而应该根据实际情况，尤其应当根据其经济目的和经济生活的实质判断是否符合课税的要素，以求公平、合理、有效地进行课税。“实质”是指企业的交易或事项的“经济实质”，而“形式”则是指企业的交易或事项的“法律形式”。

税务机关作为税收征收管理部门，主要是对纳税人的商事行为依法征收税款，因此，一般并不履行认定民事法律关系性质的职能。

但是，民商事法律关系又是税收法律关系的基础和前提。税务机关依照法律、行政法规的规定征收税款系其法定职责，在征收税款过程中必然会涉及对相关应税行为性质的识别和判定，而这也是实质课税原则的基本要求。否定税务机关对名实不符的民事法律关系的认定权，不允许税务机关根据纳税人经营活动的实质内容依法征收税款，将不可避免地影响税收征收工作的正常开展，难以避免纳税义务人滥用私法自治以规避或减少依法纳税义务，从而造成国家法定税收收入流失，而有违税收公平原则。因此，若纳税人在商事行为形式上有明显的与事实不符的情况，应当允许税务机关基于确切让人信服之理由自行认定民事法律关系，但必须坚持税务机关对实质民事交易关系的认定负举证责任。

在案例 3－2－2 中，从双方约定的合同名称、合同价款、付款方式、权利期限、权利处分方式以及有关经营权的内容来看，涉案的603 份商铺经营使用权转让合同不符合当时《合同法》第二百一十三条、第二百一十

四条的规定。一般来说，租赁合同内容应包括租赁物的名称、用途、租赁期限、租金及其支付期限和方式、租赁物的维修等条款，租赁期限也不得超过二十年，但涉案合同没有约定租赁物的名称、租赁期限、租金及其支付期限和方式等内容，转让的权利期限还超过二十年，这些均不符合法律规定的租赁合同特征。为此，二审法院认为应当认定涉案合同性质为财产转让合同，即商铺经营权的财产权利让渡合同。

《民法典》第七百零四条、第七百零五条对租赁合同的规定作了修改。

税务稽查实务中，出现以假乱真、张冠李戴、声东击西的现象很多，例如，关于合作建房中的税务处理问题，根据《最高人民法院关于审理涉及国有土地使用权合同纠纷案件适用法律问题的解释》（法释〔2005〕5号）第十四条、第二十四条、第二十五条、第二十六条的规定，合作开发房地产合同，根据合同约定风险分担责任和利益分享是否固定，分为投资合同、以地换房合同、房屋买卖合同和借款合同。而一些纳税人通过签订续交合同，实现名为“借款”实为“土地使用权转让”［如国家税务总局信阳市平桥区税务局、信阳九安昌平置业有限公司税务行政管理案，（2019）豫15行终184号］、名为“股息红利”实为“土地使用权转让收入”［如姜某某与承德市地方税务局稽查局及承德市地方税务局行政决定及复议纠纷案，（2017）冀08行终36号］，以及名为“商品房买卖”实为“民间借贷利息收入”［如陈某某诉莆田市地税局稽查局、福建省地税局税务行政处理及行政复议案，（2018）最高法行申209号］，以降低税收成本、逃避纳税义务。

【司法判例】

·郑州人和新天地投资管理有限公司与郑州市二七区国家税务局税收管理纠纷一案行政判决书［〔2014〕豫法行终字第00042号］。来源：中国裁判文书网。

·广州德发房产建设有限公司与广东省广州市地方税务局第一稽查局再审行政判决书［〔2015〕行提字第13号］。来源：中国裁判文书网。

§3 03

企业未申报纳税或者因为过失行为、因政策理解错误造成的少缴税款，怎么适用税款追征期？

【要点导读】

税款追征期的规定对税企双方影响很大，涉及税务执法风险、纳税人权利保护、税收法律公平等诸多问题。实务中，存在一些需要解决的认识与需要处理的疑难问题，归纳如下：

（1）企业未申报纳税或者因为过失行为、因政策理解错误造成的少缴税款以及善意取得虚开的增值税专用发票应补缴税款，怎么适用追征期？

（2）税务机关发现其作出的原税务处理决定存在错误，撤销原处理决定，要求纳税人重新缴纳税款，还能遵守追征期限的要求吗？

（3）人民法院受理破产案件后确定的作为税收债权的税款，适用税款追征期吗？

（4）追征期税款数额是以某一税种或某一笔税款达到10万元确定吗？

（5）税款追征期的起点和截止日如何确定？

（6）追征期外溢缴税款是否可以抵扣纳税人欠税？

【关键词解释】

追征期，是指对纳税人、扣缴义务人未缴或者少缴的税款予以追缴的有效期限。未缴或者少缴税款已过追征期的，不再追征。

【实务问题】

税务稽查案件的查办过程，是对税法及相关法律的执行过程，既要维护税法尊严，保证执法公正，履行法定义务，惩处税收违法行为，又要保护纳税人、扣缴义务人及其他涉税相对人的合法权益。税务稽查部门在检查中如发现有不缴或者少缴税款的税收违法问题，就要进行追缴税款的处理。而税款追征期的规定对税企双方影响很大，涉及税务执法风险、纳税人权利保护、税收法律公平等诸多问题。实务中，对税款追征方面存疑的问题，归纳如下：

（一）税款追征期适用于哪些情形？

根据《税收征收管理法》的规定，税款追征期列举了适用的三种情形：①因税务机关的责任，致使纳税人、扣缴义务人未缴或者少缴税款的；②因纳税人、扣缴义务人计算错误等失误，未缴或少缴税款的；③偷税、抗税、骗税的。但是，实务中除了这三种情形之外，还有很多种情形难以确定税款的追征期。例如，企业未申报纳税或者因为过失行为、因政策理解错误造成的少缴税款以及善意取得虚开的增值税专用发票应补缴税款，怎么适用追征期？税务机关发现其作出的原税务处理决定存在错误，撤销原处理决定，要求纳税人重新缴纳税款，还能遵守追征期限的要求吗？人民法院受理破产案件后确定的作为税收债权的税款，适用税款追征期吗？等等。对此，也引发了一些税务行政复议、行政诉讼案件。

（二）追征期税款数额是以某一税种或某一笔税款达到10万元确定吗？

《税收征收管理法》第五十二条规定，纳税人、扣缴义务人未缴或者少缴税款的，税务机关可以在三年内、五年内或者无限期追征税款。其中，因纳税人、扣缴义务人计算错误等失误未缴或少缴税款的，追征期是三年或者五年，需要对未缴或少缴税款数额是否达到10万元进行判定。那么，如何确定未缴或者少缴税款的数额呢？如果税务稽查确定的被查期间是三年，经检查发现三年内有多个税种和多笔税款存在未缴或者少缴税款的情况，有的单笔税款就超过 10 万元，有的不足 10 万元，有的税种累计超过 10 万元，有的税种不足 10 万元。这时，怎么确定未缴或者少缴税款的数额？需要分别确定税款的追征期，还是一律按五年进行追征？

（三）税款追征期的起点和截止日如何确定?

《税收征收管理法》未对税务机关的追征时间作出明确界定，实务中常以税务机关“发现”的时间为追征时点，但税企双方对“发现”时间的认定持有不同的观点。一些纳税人甚至税务律师认为，“发现”时点应该以作出税务处理决定的时点为准，认为作出税务处理决定是判断未缴或者少缴税款的最终结果，具有确定纳税人、扣缴义务人纳税义务的法定效力。之前的检查过程尚处于不确定状态，并不能直接证明税务机关发现或确认了违法责任，不能作为“发现”来看待。他们认为，以《税务处理决定书》的送达时间为税务机关的“发现”时间，即税款追征期的结算点，更有利于维护税法秩序的安定性。而税务机关则认为，“发现”不是法律规定的概念，况且即便按照“发现”时间作为追征时点，也不能简单地理解为最终认定结果即为“发现”。税务稽查工作是有选案程序的，大部分案源是在确认为高风险或检举内容详细、线索清楚或税收违法线索清晰之后才作立案处理的，所以，真正“发现”的时间应该更早，可以是税务检查时，也可以在接受举报或者协查时。而如果不能明确界定税款追征时间，将直接影响税务机关能否追征税款。

（四）追征期外溢缴税款是否可以抵扣纳税人欠税?

《税收征收管理法》第五十一条和第五十二条分别规定了多缴税款予以退还和少缴税款应予追缴这两种相反的情形。一般情况下，税务稽查案件都是发现纳税人有不缴或者少缴税款的违法行为，鲜有多缴税款的情况发生。但现实中也的确有司法判例发生了纳税人既有少缴税款也有多缴、多预缴税款的行为。此时的税务稽查案件该如何处理，税企双方产生了争议。稽查局认为，纳税人存在少缴应纳税款的违法行为，应当决定对其少缴的税款予以追缴，并对逾期已缴纳的税款及查补税款加收滞纳金，而对多缴、多预缴的税款及滞纳金，则应当按照《税收征收管理法》相关规定办理。但纳税人认为，应当采取先用多缴的税款抵扣欠缴税款，后适用追征期追缴的方法。

以退抵欠是税务机关计算确定纳税人应纳税义务的一项税款结算制度，方便税企双方税款结算。根据两者的性质及制定目的，当纳税人既存在多缴纳的税款，又存在未缴少缴的税款时，应当在追征期限外适用以退抵欠进行税款结算。否则，将变相延长税款追征期限。

【文件规定】

（一）关于税款追征期的规定

《税收征收管理法》第五十二条规定："因税务机关的责任，致使纳税人、扣缴义务人未缴或者少缴税款的，税务机关在三年内可以要求纳税人、扣缴义务人补缴税款，但是不得加收滞纳金。""因纳税人、扣缴义务人计算错误等失误，未缴或者少缴税款的，税务机关在三年内可以追征税款、滞纳金；有特殊情况的，追征期可以延长到五年。""对偷税、抗税、骗税的，税务机关追征其未缴或者少缴的税款、滞纳金或者所骗取的税款，不受前款规定期限的限制。"

《税收征收管理法实施细则》第八十条、第八十一条、第八十二条、第八十三条规定："税收征管法第五十二条所称税务机关的责任，是指税务机关适用税收法律、行政法规不当或者执法行为违法。""税收征管法第五十二条所称纳税人、扣缴义务人计算错误等失误，是指非主观故意的计算公式运用错误以及明显的笔误。""'特殊情况'，是指纳税人或者扣缴义务人因计算错误等失误，未缴或者少缴、未扣或者少扣、未收或者少收税款，累计数额在10万元以上的。”“补缴和追征税款、滞纳金的期限，自纳税人、扣缴义务人应缴未缴或者少缴税款之日起计算。”

《国家税务总局关于欠税追缴期限有关问题的批复》(国税函〔2005〕813号）规定：“纳税人有依法缴纳税款的义务。纳税人欠缴税款的，税务机关应当依法追征，直至收缴入库，任何单位和个人不得豁免。税务机关追缴税款没有追征期的限制。”“《税收征收管理法》第五十二条有关追征期限的规定，是指因税务机关或纳税人的责任造成未缴或少缴税款在一定期限内未发现的，超过此期限不再追征。纳税人已申报或税务机关已查处的欠缴税款，税务机关不受该条追征期规定的限制，应当依法无限期追缴税款。”

《国家税务总局关于未申报税款追缴期限问题的批复》（国税函（2009）326号）规定：“《税收征收管理法》第六十四条第二款规定的纳税人不进行纳税申报造成不缴或少缴应纳税款的情形不属于偷税、抗税、骗税，其追征期按照《税收征收管理法》第五十二条规定的精神，一般为三年，特殊情况可以延长至五年。”

（二）关于加收滞纳金、税收优先权和行政处罚的规定

《税收征收管理法》第三十二条规定：“纳税人未按照规定期限缴纳税款的，扣缴义务人未按照规定期限解缴税款的，税务机关除责令限期缴纳外，从滞纳税款之日起，按日加收滞纳税款万分之五的滞纳金。”

《税收征收管理法》第四十五条第一款、第二款的规定：“税务机关征收税款，税收优先于无担保债权，法律另有规定的除外；纳税人欠缴的税款发生在纳税人以其财产设定抵押、质押或者纳税人的财产被留置之前的，税收应当先于抵押权、质权、留置权执行。”“纳税人欠缴税款，同时又被行政机关决定处以罚款、没收违法所得的，税收优先于罚款、没收违法所得。”

《税收征收管理法》第六十八条规定：“纳税人、扣缴义务人在规定期

限内不缴或者少缴应纳或者应解缴的税款，经税务机关责令限期缴纳，逾期仍未缴纳的，税务机关除依照本法第四十条的规定采取强制执行措施追缴其不缴或者少缴的税款外，可以处不缴或者少缴的税款百分之五十以上五倍以下的罚款。”

（三）关于税款退税期限的规定

《税收征收管理法》第五十一条规定：“纳税人超过应纳税额缴纳的税款，税务机关发现后应当立即退还；纳税人自结算缴纳税款之日起三年内发现的，可以向税务机关要求退还多缴的税款并加算银行同期存款利息，税务机关及时查实后应当立即退还；涉及从国库中退库的，依照法律、行政法规有关国库管理的规定退还。”

（四）关于以退抵欠税款的规定

《税收征收管理法实施细则》第七十九条规定：“当纳税人既有应退税款又有欠缴税款的，税务机关可以将应退税款和利息先抵扣欠缴税款；抵扣后有余额的，退还纳税人。”

《国家税务总局关于应退税款抵扣欠缴税款有关问题的公告》（国家税务总局公告 2013 年第 54 号）规定：“以退抵欠确定后有余额的退还纳税人；不足部分，责令纳税人继续缴纳。以退抵欠之后纳税人仍有欠税，经责令缴纳仍不缴纳的，税务机关采取强制执行措施，为行政强制执行。以退抵欠不属于行政强制执行。”

【指导建议】

学术界认为，追征期是税收债权的消灭时效，即税收债权不行使的状态在法定期间内持续存在，法定期间届满后即产生税收债权丧失的法律效果。税收程序在客观上可以分为税收确定程序和税收征收程序，必须先进行税收确定，然后才能实施征收。我国税法实质上包含了税额确定和征收两部分程序。税务主管部门认为，追征期是税收确定期间，而税收征收期间是无限期的。

设置税收债权消灭时效制度有重要意义：首先，有利于实现税法的安定和税收法律关系的和平；其次，可督促税务机关及时行使税收债权；再次，便于相关案件的处理，凡是时效期间届满及认定税收债权（或请求权）丧失，可以避免当事人举证和法庭调查困难。

关于税款追征期存疑的问题，下面结合《税收征收管理法》及其实施细则等文件规定，从四个核心问题出发展开讨论：

（一）税款追征期的法定适用与推定适用情形

《税收征收管理法》第五十二条对不同原因导致未缴少缴税款的行为规定了不同的税款追征期限。税款追征期的规定有三年、五年和不受追征期限制。对于这几种期限，需要区分不同情形再进行运用，具体如下：

1. 因税务机关的责任，致使纳税人、扣缴义务人未缴或者少缴税款

“税务机关的责任”，是指税务机关适用的税收法律、行政法规不当，或者执法行为违法。

税款的追征期限为三年，超过三年不得追征，并且在三年的追征期内不得加收滞纳金。

2. 因纳税人、扣缴义务人计算错误等失误，未缴或者少缴税款

因纳税人、扣缴义务人计算错误等失误，未缴或者少缴税款的，税款的追征期限为三年，有特殊情况的，追征期可以延长到五年。超过三年或者五年不得追征，但在追征期内应当加收滞纳金。

“计算错误等失误”，是指非主观故意的计算公式运用错误及明显的笔误。“特殊情况”，是指纳税人或者扣缴义务人因计算错误等失误，未缴或者少缴、未扣或者少扣、未收或者少收税款，累计数额在10万元以上。

由此可以看出，纳税人、扣缴义务人因非主观故意的计算公式运用错误及明显的笔误造成未缴或者少缴税款的，累计税款数额在10万元以内

的，税务机关在三年内可以追征税款、滞纳金；累计税款数额在10万元以上的，追征期可以延长到5年。

关于“累计税款数额”，《税收征收管理法》及相关法律法规没有作出明确的规定，建议在税务稽查案件查办实践中参照《最高人民法院关于审理偷税抗税刑事案件具体应用法律若干问题的解释》（法释〔2002〕33号）第三条有关偷税数额的规定，即“累计税款数额”是指在确定的纳税期间不缴或者少缴各税种税款的总额。

3. 对偷税、抗税、骗税造成未缴或者少缴的税款

对偷税、抗税、骗税的，税务机关追征其未缴或者少缴的税款、滞纳金或者所骗取的税款，不受前款规定期限的限制。也就是说，对偷税、抗税、骗税造成未缴或者少缴税款的，税务机关可以无限期追征。

4. 欠缴税款

这里所说的欠缴税款是指两种情形：一种情形是纳税人、扣缴义务人已申报但未缴纳形成的欠缴税款；另一种情形是税务部门通过日常检查、风险管理、税务稽查等作出税务处理决定确定其应纳税款后，纳税人、扣缴义务人未按照规定期限缴纳形成的欠缴税款。

对这两种情形下形成的欠缴税款，其税款的追征期如何适用，《税收征收管理法》及其实施细则没有归纳。但在税务稽查实践中，纳税人不缴、少缴税款的原因，除了列举的三种情形之外，还存在着欠缴税款的情况。现实世界又极其复杂，单独从第一种情形来说，既可能是因纳税人、扣缴义务人资金暂时出现困难，虽及时进行了税款的纳税申报，却无法按时足额缴纳税款，也有可能是因工作疏忽遗忘了还应当缴纳税款，而可能性最大的是故意拖延或者主动不缴、少缴税款。原因很多，若一一排除其可能性，对税务机关来说难度较大，并且也没有现实意义。《税收征收管理法》第三十二条和第六十八条对纳税人已申报但未缴纳形成的欠缴税款的情形，规定税务机关可以加收滞纳金，并拥有进行税务行政处罚的权利。结合该条款的规定，国家税务总局采取了除法定适用情形以外进行推

定适用的方式，即根据《国家税务总局关于欠税追缴期限有关问题的批复》（国税函〔2005〕813号）的规定，对于纳税人已申报或税务机关已查处的欠缴税款，税务机关不受追征期规定的限制，应当依法无限期追缴税款。

5. 纳税人不进行纳税申报，不缴或者少缴应纳税款

根据《税收征收管理法》第六十四条第二款的规定："纳税人不进行纳税申报，不缴或者少缴应纳税款的，由税务机关追缴其不缴或者少缴的税款、滞纳金、并处不缴或者少缴的税款百分之五十以上五倍以下的罚款。"对此，《税收征收管理法》除了第五十二条列举的三种情形之外，也列举了纳税人不进行纳税申报，不缴或者少缴应纳税款的情形。但对于税款的追征期限，没有完全对应上。为此，国家税务总局做了补充规定，即《国家税务总局关于未申报追缴期限问题的批复》（国税函〔2009〕326号）规定，纳税人不进行纳税申报造成不缴或少缴应纳税款的情形不属于偷税、抗税、骗税，其追征期按照税收征管法第五十二条的规定，一般为三年，特殊情况可以延长至五年。这就是说，纳税人不进行纳税申报造成不缴或者少缴应纳税款的，累计税款数额在10万元以内的，税务机关在三年内可以追征税款、滞纳金；累计税款数额在10万元以上的，追征期可以延长到五年。

6. 不属于以上五种情形的少缴税款

实务中，还有很多由于特殊原因形成的少缴税款不属于以上五种情形，税法都没有对其税款追征期的适用作出具体规定。这里再列举三种情形：

（1）因为过失行为或者政策理解错误、善意取得虚开的增值税专用发票等原因造成的少缴税款。

这里所说的过失行为不是纳税人计算公式用错或者明显笔误，而是实务中可能存在的由于非主观原因导致在账簿上不计或者少计收入、多列支出的过失行为。

对过失行为或者政策理解错误造成的少缴税款，税务稽查部门既不能按照《税收征收管理法》第六十三条第一款将其定性为偷税处理，也不能按照《税收征收管理法》第六十四条第二款不对其进行纳税申报处理，而应当按照《国家税务总局关于进一步做好税收违法案件查处有关工作的通知》（税总发〔2017〕30号）的规定，只是因理解税收政策不准确、计算错误等失误导致未缴、少缴税款的，依法追缴税款、滞纳金，不定性为偷税。

善意取得虚开的增值税专用发票，是根据《国家税务总局关于纳税人善意取得虚开的增值税专用发票处理问题的通知》（国税发〔2000〕187号）的规定，购货方与销售方存在真实的交易，销售方使用的是其所在省（自治区、直辖市和计划单列市）的专用发票，专用发票注明的销售方名称、印章、货物数量、金额及税额等全部内容与实际相符，且没有证据表明购货方知道销售方提供的专用发票是以非法手段获得的，对购货方不以偷税或者骗取出口退税论处。在这种情况下，受票方纳税人不存在接受虚开增值税专用发票的故意，最多只是负有一定的无过错责任。

现行法律法规对因为过失行为或者政策理解错误、善意取得虚开的增值税专用发票等原因造成的少缴税款的追征期没有作出明确规定。有鉴于此，在纳税人不存在违反税法的过错的情况下，可以参照《税收征收管理法》第五十二条第一款规定确定的税款追征期限，原则上在三年内追征税款，特殊情况下延长至五年。同时，这也符合《国家税务总局关于未申报追缴期限问题的批复》（国税函〔2009〕326号）的文件精神，按照“执法机关法无明文规定不可为”和“有利于行政相对人”的原则，少缴税款只要定性不了“偷税、抗税、骗税”的，就应当适用《税收征收管理法》第五十二条第二款关于三年、五年追征期的规定。

（2）税务机关发现其作出的原税务处理决定存在错误，撤销原处理决定，要求纳税人重新缴纳税款。

税务稽查部门在税款追征期内作出税务处理决定后，被查对象依照该决定确定的义务，全部履行完毕，后又发现原处理决定错误，稽查局给被查对象制作了《撤销通知》，并重新作出了税务处理决定。相较于原处理决定，新决定要求被查对象承担补缴税款义务，该税款追征补缴行为也应当遵循税款追征期制度。并且，应当属于《税收征收管理法》第五十二条第一款所称"因税务机关的责任，致使纳税人、扣缴义务人未缴或者少缴税款的，税务机关在三年内可以要求纳税人、扣缴义务人补缴税款，但是不得加收滞纳金"的情形。税务稽查部门应当遵循追征期限的规定，不得以纠正原处理决定中错误的名义突破法定追征期限的限制。若《撤销通知》和重新作出税务处理决定的时间距离原处理决定的履行时间未超过三年，可以追征应补缴的税款，否则不可以适征。

（3）人民法院受理破产案件后确定的作为税收债权的税款。

根据《税收征收管理法实施细则》第五十条的规定，纳税人有解散、撤销、破产情形的，在清算前应当向其主管税务机关报告。但是，在实践中，破产程序中税收债权包含两个方面：一是在破产申请受理前破产企业发生的欠税，这部分税收债权要按规定进行税款征收，应遵循税款追征期制度（其中，税务机关对税款有优先受偿权，对产生的滞纳金没有优先权）。二是在破产受理后资产处置或企业与当事人履行双方均未履行完毕的合同所产生的"新生税金"，根据《税收征收管理法》第四十五条和《企业破产法》第四十一条、第四十二条、第四十三条的规定，因管理人或者债务人请求对方当事人履行双方均未履行完毕的合同所产生的债务，为共益债务，管理、变价和分配债务人财产的费用为破产费用，破产费用和共益债务（这里均指税金）由债务人财产随时清偿，税务机关同样享有优先受偿权。其税款追征期没有具体适用的规定，建议参照《国家税务总局关于未申报追缴期限问题的批复》（国税函〔2009〕326 号）的文件精神，适用《税收征收管理法》第五十二条第二款关于三年、五年追征期的规定。

（二）税款追征期的起点应以纳税期限来确定

根据《税收征收管理法实施细则》第八十三条的规定，补缴和追征税款、滞纳金的期限，自纳税人、扣缴义务人应缴未缴或者少缴税款之日起计算。2002年，国家税务总局编撰的《新税收征收管理法及其实施细则释义》对于税款追征期计算的起点进行了明确："税款的追征期应从其应纳税款的缴款时限的最后一日算起。"

由于受实体法规定的约束，不同税种的缴税时限是根据各自的纳税期限来确定的，因纳税期限的差异，不同税种未缴、少缴税款的计算时间也不同。例如，根据《增值税暂行条例》第二十三条的规定："增值税的纳税期限分别为1日、3日、5日、10日、15日、1个月或者1个季度。纳税人的具体纳税期限，由主管税务机关根据纳税人应纳税额的大小分别核定；不能按照固定期限纳税的，可以按次纳税。""纳税人以1个月或者1个季度为1个纳税期的，自期满之日起15日内申报纳税；以1日、3日、5日、10日或者15日为1个纳税期的，自期满之日起5日内预缴税款，于次月1日起15日内申报纳税并结清上月应纳税款。""扣缴义务人解缴税款的期限，依照前两款规定执行。"根据《企业所得税法》第五十四条的规定："企业所得税分月或者分季预缴。""企业应当自月份或者季度终了之日起十五日内，向税务机关报送预缴企业所得税纳税申报表，预缴税款。""企业应当自年度终了之日起五个月内，向税务机关报送年度企业所得税纳税申报表，并汇算清缴，结清应缴应退税款。"为此，应当根据税务稽查程序中对应纳税额的确认方式，确认纳税期限及应缴税款追征期的起点。

（三）税款追征期的截止日应以税务机关"发现"未缴或少缴税款的时点来确定

根据《税收征收管理法》第八十六条及《行政处罚法》第三十六条的规定，违反税收法律、行政法规应当给予行政处罚的行为，在五年内未被发现的，不再给予行政处罚。追究时效的期限从违法行为发生之日起计算，违法行为有连续或者继续状态的，自行为终了之日起计算。同时，《全国人大常委会法制工作委员会关于提请明确对行政处罚追诉时效“二年未被发现”认定问题的函的研究意见》（法工委复字〔2004〕27号）规定，任何机关只要启动调查、取证和立案程序，均可视为“发现”；群众举报后被认定属实的，“发现”时效以举报时间为准。

上述这些关于税收违法行为的追究时效，是针对税务行政处罚而规定的，并不是税款及滞纳金的追征时效。那么，可否参照这些规定确定税款追征期的截止日呢？

我们再来仔细研读一下国家税务总局文件。《国家税务总局关于欠税追缴期限有关问题的批复》（国税函〔2005〕813号）指出：“税收征管法第五十二条有关追征期限的规定，是指因税务机关或纳税人的责任造成未缴或少缴税款在一定期限内未发现的，超过此期限不再追征。”根据这个规定，税款追征期截止时间应当以“发现”未缴或少缴税款的时间来把握。结合前述《全国人大常委会法制工作委员会关于提请明确对行政处罚追诉时效“二年未被发现”认定问题的函的研究意见》（法工委复字〔2004〕27号）的表述，对税务执法部门把握“发现”未缴或少缴税款的时点有指导意义。

另外，最高人民法院对税款追征期截止日的确定有两个著名的判例。

实务案例

案例3－3－1
广州德发房产建设有限公司与广东省广州市地方税务局第一稽查局再审审查案

［行政判决书〔2015〕行提字第13号］

最高人民法院认为，广州市地方税务局第一稽查局自2006年对涉案纳税行为实施检查，虽经三年多调查后，未查出德发公司存在偷税、骗税、抗税等违法行为，但依法启动调查程序的时间应当予以扣除。因此，广州市地方税务局第一稽查局于2009年9月重新核定应纳税款并作出被诉税务处理决定，并不违反有关追征期限的规定。

该案中，最高人民法院明确以《税务处理决定书》送达时间减除检查时间的时点作为税款追征期的截止日期，实质上也相当于《税务检查通知书》的送达时间。

实务案例

案例3－3－2

清远市伟华实业有限公司与广东省清远市地方税务局再审行政裁定案

［〔2016〕最高法行申5121号］

最高人民法院认为，即使伟华公司转让物业收入少缴税款系因税务机关的原因导致，清远市地税局也已于2011年4月25日向伟华公司送达了《税务检查通知书》和《调取账簿资料通知书》，从开始检查距伟华公司2010年9月27日自行向清远市清城区地方税务局凤城税务分局申报纳税的时间并未超过三年追征期。伟华公司关于清远市地税局就转让物业追征税款已超过三年追征期的申请再审理由不能成立。

该案中，最高人民法院明确应以《税务检查通知书》送达时间为税款追征期的截止日期。

如上两起案件说明，最高人民法院支持以《税务检查通知书》送达时间作为“发现”时间，作为追征期的截止日，就是参照了司法解释关于行政处罚的追究标准。

综上所述，以“发现”未缴或少缴税款行为的节点为税款追征期限的截止时点是比较适当的。对于税务稽查案件，可以根据案件类型，区分不同时间节点情况，进行原则性把握，比如：协查案件，以《已证实虚开增值税发票通知单》载明时间为节点；转办、交办、举报等案件，以受理（接收）的时间为节点；其他案件，以《税务检查通知书》的送达时间为节点。

（四）追征期外溢缴税款应当适用以退抵欠的规定

溢缴税款抵扣欠税似可理解为公法上债之抵销。根据《税收征收管理法》第五十一条的规定，税务机关在追征期内有依法应退还纳税人溢缴税款的义务，无论是税务机关检查发现还是纳税人自查发现后提交退税申请均可。若纳税人同时又存在到期应缴未缴税款而形成欠缴税款的，税款抵销条件应当成立，根据《税收征收管理法实施细则》第七十九条和《国家税务总局关于应退税款抵扣欠缴税款有关问题的公告》（国家税务总局公告2013年第54号）第二条的规定，税务机关应当先行使抵销权，再行使追征权。

对此，人民法院的观点很明确。以海南省税务局第三稽查局、国家税务总局海南省税务局与海南亨利投资有限公司行政复议案［行政判决书（2019）琼行终133号］为例，在该案的判决书中，海南省高级人民法院认为：根据查明的事实，亨利公司欠缴、少缴同时又多缴部分税款的事实清楚，税务部门经抵扣后作出6号处理决定，对涉案税款予以追缴。亨利公司在个别年度多缴税款，至今未提出退还要求，税务部门先予以折抵，有利于维护纳税人的合法权益。

该案争议的焦点是已过追缴时效之债权，是否可以主张抵销？根据法院的观点可以推出这样的结论：按照“执法机关法无明文规定不可为”和“有利于行政相对人”的原则，税务机关在追征期内既有依法应退还纳税人溢缴税款又有纳税人欠缴税款的，可行使抵销权，先抵消后追征。税务机关在追征期后有依法应退还纳税人溢缴税款的，仍可行使抵销权。

【参考文献与司法判例】

·张铁柱. 税款追征期问题综述［EB/OL］.（2019-08-28）［2022-12-12］ https://www.pkulaw.com/lawfirmarticles/dbf0483858dc536b2ec3df6dc7f37bc8bdfb.html。

·广州德发房产建设有限公司与广东省广州市地方税务局第一稽查局再审行政判决书［〔2015〕行提字第13号］。来源：中国裁判文书网。

·清远市伟华实业有限公司与广东省清远市地方税务局再审行政裁定书［〔2016〕最高法行申5121号］。来源：中国裁判文书网。

·海南省税务局第三稽查局、国家税务总局海南省税务局与海南亨利投资有限公司行政复议二审行政判决书［〔2019〕琼行终133号］。来源：中国裁判文书网。

§3 04

"有货型"虚开增值税专用发票行为如何定性处理?

【要点导读】

"有货型"虚开增值税专用发票具有违法手段的隐蔽性和多样性，给税务稽查工作带来了很大的执法风险，常常引发税企之间的矛盾和纠纷。实务中存疑的问题主要有：

(1) 税务机关能否直接以资金回流定性"无真实货物交易"，进而认定虚开增值税专用发票的违法行为?

(2) 有真实的货物交易，但无法证明纳税人知道取得的失控发票是虚开增值税专用发票，可否定性为"善意"?

(3) 只要"三流一致"，就可以认定交易真实发生了吗?就不可能是虚开增值税专用发票吗?

(4) 对于虚开虚抵增值税专用发票的行为，是否应对其虚抵部分补税、虚开部分缴税?能否因其具有主观故意而将其认定为偷税?

【实务问题】

根据《发票管理办法》的规定，发票是在购销商品、提供或者接受服务以及从事其他经营活动中，开具、收取的收付款凭证。增值税专用发票是由国家税务总局监制设计印制的，只限于增值税一般纳税人领购使用的，既作为纳税人反映经济活动中的重要会计凭证又是兼记销货方纳税义务和购货方进项税额的合法证明；是增值税计算和管理中重要的决定性的合法凭据。在税务稽查中，经常发现被查对象取得或者开具增值税专用发票违反发票管理制度的情况，因此，判断虚开增值税专用发票违法行为的性质是案件处理的重点和难点问题。"有货型"虚开增值税专用发票具有违法手段的隐蔽性和多样性，给税务稽查工作带来了很大的执法风险，常常引发税企之间的矛盾和纠纷。实务中存疑的问题主要有：

（一）税务机关能否直接以资金回流定性"无真实货物交易"，进而认定虚开增值税专用发票的违法行为？

资金回流，是行为人在商事交易活动中发生的资金转移的行为，根据资金流动的方向将支付出去的资金再收回的过程，称为资金回流。资金回流一般是指企业之间一一对应的资金活动，不是企业经营活动中经常发生的业务，在相互资金拆借、互为服务对象或者有索赔、退款等事项发生时，才会出现资金回流。因此，从税务机关的角度，往往对企业发生资金回流业务作为异常信息进行关注，必要时，可将资金回流作为调查事项进行交易真实性判断。交易真实性是税务稽查对一项交易行为是否构成虚开的重要判断依据之一，可以说起着决定性的作用。在税务稽查实务中，由于资金回流的可疑度很高，如果被查对象没有提供令人信服的理由和证据，在能够确认取得的增值税专用发票为虚开的情况下，稽查局比较倾向于直接将资金回流推定为没有发生真实的交易，进而认定被查对象偷税或者骗取出口退税。

（二）有真实的货物交易，但无法证明纳税人知道取得的失控发票是虚开增值税专用发票，可否定性为"善意"？

对取得虚开增值税专用发票的案件，认定案件的性质是稽查局的执法难点。对于有经营实体和正常经营活动的企业，取得虚开增值税专用发票用于抵扣增值税有三种可能：一是有真实的交易活动，取得的增值税专用发票与发生的交易行为相符，不知道该发票是销售方虚开，根据税法规定应当认定为善意取得虚开增值税专用发票；二是有真实的交易活动，但销售方不能开具增值税专用发票，为了抵扣税款，从第三方取得了增值税专用发票，根据税法规定应当认定为恶意取得虚开增值税专用发票；三是有真实的交易活动，取得了虚开的增值税专用发票并用于抵扣税款，但是无法证明该纳税人知情，却也有逻辑上异常的情况无法排除怀疑，根据税法规定认定为非善非恶取得虚开增值税专用发票。

税务稽查面对有真实交易取得虚开增值税专用发票的案件，大都回避选择第一种处理方式，认为定性为善意取得虚开增值税专用发票的处理决定，会导致较高的执法风险。因为定性为“善意”的取证难度很大，需要有证据表明纳税人不知道其取得的发票是虚开发票，需要纳税人提供证据证明，而这无疑是无法做到的。

另外，一旦认定为善意取得虚开增值税专用发票，不能加收增值税滞纳金、不能罚款，能否扣除企业所得税也不确定。但是，从一些纳税争议案件来看，在具有真实的交易活动的情况下，稽查局如果作出非善意取得虚开增值税专用发票的决定，纳税人往往不服。因此，申请行政复议和行政诉讼的案件也逐渐增多。

实务案例

案例 3 –4 –1

葫芦岛市前进化工厂与国家税务总局葫芦岛市税务局稽查局争议案

纳税人不服稽查局在其有真实货物交易的情况下将其认定为偷税，向人民法院提起行政诉讼，该案经过一审、二审和再审。

纳税人在一审行政判决书［（2019）辽 1481 行初 31 号］中，不服稽查局作出的《税务行政处罚决定书》（葫税稽罚〔2018〕5 号），不认同“根据《中华人民共和国税收征收管理法》第六十三条第一款和《国家税务总局关于纳税人取得虚开的增值税专用发票处理问题的通知》第一条的规定，原告取得不符合规定增值税专用发票抵扣进项税款，进项虚假纳税申报，造成少缴应纳税款的行为是偷税”的决定。

稽查局辩称：“原告存在取得虚开、失控增值税专用发票的违法事实。被告是根据《长治市国家税务局税收违法案件协查函》和葫芦岛市连山区国家税务局转交的该企业取得失控增值税专用发票信息，依法定权限和程序对原告工厂进行的检查。所取得的虚开、失控增值税专用发票已在明细表中予以列明，取得的虚开增值税专用发票存在资金回流的情形，系非善意取得，应依法补缴税款。”

（三）只要“三流一致”，就可以认定交易真实发生了吗？就不可能是虚开增值税专用发票吗？

“三流一致”，也被称作“三流合一”，来源于《国家税务总局关于加强增值税征收管理若干问题的通知》（国税发〔1995〕192号）文件的规定，即：“（三）购进货物或应税劳务支付货款、劳务费用的对象。纳税人购进货物或应税劳务，支付运输费用，所支付款项的单位，必须与开具抵扣凭证的销货单位、提供劳务的单位一致，才能够申报抵扣进项税额，否则不予抵扣。”从此，税务机关按照资金流、发票流、货物流必须一致来判断受票方取得的增值税专用发票是否合法，如其中某一项不一致，就会认为交易没有真实发生，或者即使真实发生交易行为，但开具的增值税专用发票与实际生产经营情况不符而认定为虚开。实务中，被查对象经常以符合“三流一致”为理由，对稽查局认定其交易没有真实发生的决定不服，从而向人民法院提起诉讼。

实务案例

案例3-4-2
五矿无锡物流园有限公司与国家税务总局无锡市税务局稽查局行政检查、行政处罚争议案

[行政判决书〔2018〕苏0211行初256号]

纳税人诉称："被告市税务稽查局向其作出《处罚决定书》，该决定书认定事实不清，证据不足，适用法律错误，理由如下：

"（一）上述交易合同约定是合同当事人真实意思表示。第一，其与聚尔森公司、路禾公司之间是相互独立的法人主体，没有关联关系，分别签订的购、销合同及真实交易是三方的真实意思表示。被告市税务稽查局未提供证据证明聚尔森公司与路禾公司之间存在影响交易真实性的特殊关系。第二，合同的约定符合交易目的，未违反任何法律法规的明文规定。其作为上述贸易的中间商，按照路禾公司的指令向指定的上游聚尔森公司采购货物，赚取中间差价。相关采购及销售合同系各方自愿订立的合同条款，收取的费用符合市场水平。第三，根据其提供的合同、记账凭证及物流单据表明，其已经按照合同约定履行合同义务。

"（二）上述交易符合'三流一致'的标准，是真实的交易。第一，该交易具有真实的货物流。其除了特定情况下对货物的查验外，一般出于对国腾公司仓储资质的信任，收到该公司出具的《收货通知书》，即有理由相信聚尔森公司完成本次交易货物的真实交付，其即享有该批货物的所有权；在收到路禾公司出具的《收货确认书》时，其有理由相信路禾公司已成功地验收货物，其在此交易中的合同义务即履行完毕。并无证据证明上述交易的货物不存在或不真实。第二，该交易中，三方均支付了真实的货款并开具了真实等额的增值税专用发票，交易三方之间的现金流及发票流是一致的，也与货物的流转相一致。

“（三）被告市税务稽查局认定其‘无真实的货物交易’的理由不充分、证据不足。第一，被告市税务稽查局在稽查取证过程中，仅对聚尔森公司、路禾公司同期进项发票及银行交易信息进行了核查，对两家公司的账册凭证并未核实，就此认定没有合同货物来源，证据不充分。第二，被告市税务稽查局以交易各方环开发票作为依据证明相关交易不存在不符合事实、逻辑。被告市税务稽查局提供的证据证实，其与相关各方开具的金额并不对应，不能证实为环开关系，亦不能证明交易本身是虚假的。且相应的交易本身对于买卖各方的进销项是平衡的，无任何税收利益，不符合虚开增值税发票的本质特征。第三，被告市税务稽查局认定其在上述交易中没有合同项下货物的仓储物流证据错误。其在被稽查期间提供了仓储物流单据，且国腾公司也出具了相关说明，但未被采信。国腾公司股东黄某萍及仓库管理员黄某娟的‘说明’并非正式笔录，亦没有证据证实其身份。被告市税务稽查局在无其他书面证据的情况下，根据上述人员的言词证据就认定其无真实的货物交易且虚开增值税发票，不严谨。

“（四）被告市税务稽查局未能证明其知道或应当知道‘封闭循环圈’。纳税人在案涉交易过程中仅为中间贸易商，在交易过程中，不可能了解交易对手的全部操作行为。被告市税务稽查局在没有证据证明相关交易不存在，也不能证明其对任何可能导致交易真实性的疑点知道或应当知道的情况下，认定其存在接受和开具与交易不符的增值税发票，缺乏事实和法律依据。即便被认定相关的交易不存在，其取得增值税发票的行为也符合善意取得的情形，其开具增值税发票也不存在任何主观恶意，不应当进行处罚，故被告市税务稽查局的处罚决定显失公平。综上，纳税人按照合同约定履行了交易，交易过程中均按照交易惯例对货物进行管理，支付款项并开具发票，并依据税收征管的相关规定足额缴税。对于整个贸易的‘封闭循环’或其他问题，其不知情。据此，被告市税务稽查局作出的处罚决定错误，请求撤销被告市税务稽查局作出的《处罚决定书》。”

（四）对于虚开虚抵增值税专用发票的行为，是否应对其虚抵部分补税、虚开部分缴税？能否因其具有主观故意而将其认定为偷税？

一些纳税人或者员工出于其他利益考虑，通过伪造虚假的交易合同、虚假的交易凭据和虚假的财务凭据等手段虚构交易行为，既作为购买方让他人为自己开具增值税专用发票，又作为销售方向他人开具增值税专用发票，并进行了增值税纳税申报。税务机关在检查中发现虚开虚抵增值税问题后，应当如何处理？实务中争议很大。从大量的税务稽查案件来看，一些稽查局认为，根据《国家税务总局关于纳税人虚开增值税专用发票征补税款问题的公告》的规定，应当将虚开虚抵分解成两个违法行为，分别进行处理。其中，对于虚开值税专用发票部分，一般情况下，纳税人都已经计提了销项税额并申报缴纳税款，税务机关可以根据《发票管理办法》的规定，对其进行罚款处理。对于虚抵增值税专用发票部分，根据《增值税暂行条例》第九条的规定，不得抵扣其进项税额，已经抵扣的，作进项税额转出处理，补缴增值税和企业所得税，同时定性为偷税，进行处罚。例如，在安徽省高级人民法院行政裁定书［（2017）皖行申124号］中，合肥市国税局答辩时认为，被查企业接收虚开的增值税专用发票，是不能抵税的；同时，虚开受票方单位的增值税专用发票应按照票面金额进行纳税。而该案的被查企业则不同意这个观点，申请再审时称：“申请人从出票企业接受了增值税发票，又开具给受票企业，有增值才征税，没有增值不征税，申请人已经就增值额缴纳了增值税。按照原安徽省合肥市国家税务局的逻辑，既然认定没有真实的货物交易，又没有进项税款可以抵扣的销项税款，那么，根据《增值税暂行条例》之规定，让申请人补缴增值税有什么法律依据？又如何偷税了呢？”

【文件规定】

（一）关于不合规发票与虚开发票的规定

《税收征收管理法》第二十一条第二款规定："单位、个人在购销商品、提供或者接受经营服务以及从事其他经营活动中，应当按照规定开具、使用、取得发票。"

《发票管理办法》第二十一条规定："不符合规定的发票，不得作为财务报销凭证，任何单位和个人有权拒收。"

《发票管理办法》第二十二条第二款规定："任何单位和个人不得有下列虚开发票行为：（一）为他人、为自己开具与实际经营业务情况不符的发票；（二）让他人为自己开具与实际经营业务情况不符的发票；（三）介绍他人开具与实际经营业务情况不符的发票。"

（二）关于增值税、企业所得税扣除的规定

《增值税暂行条例》第九条规定："纳税人购进货物、劳务、服务、无形资产、不动产，取得的增值税扣税凭证不符合法律、行政法规或者国务院税务主管部门有关规定的，其进项税额不得从销项税额中抵扣。"

《企业所得税法》第八条规定："企业实际发生的与取得收入有关的、合理的支出，包括成本、费用、税金、损失和其他支出，准予在计算应纳税所得额时扣除。"

《国家税务总局关于发布〈企业所得税税前扣除凭证管理办法〉的公告》（国家税务总局公告 2018 年第 28 号）第十四条规定："企业在补开、换开发票、其他外部凭证过程中，因对方注销、撤销、依法被吊销营业执照、被税务机关认定为非正常户等特殊原因无法补开、换开发票、其他外部凭证的，可凭以下资料证实支出真实性后，其支出允许税前扣除：（一）无法补开、换开发票、其他外部凭证原因的证明资料（包括工商注销、机构撤销、列入非正常经营户、破产公告等证明资料）；（二）相关业

务活动的合同或者协议；（三）采用非现金方式支付的付款凭证；（四）货物运输的证明资料；（五）货物入库、出库内部凭证；（六）企业会计核算记录以及其他资料。前款第一项至第三项为必备资料。”

《国家税务总局关于发布〈企业所得税税前扣除凭证管理办法〉的公告》（国家税务总局公告2018年第28号）第十五条规定：“汇算清缴期结束后，税务机关发现企业应当取得而未取得发票、其他外部凭证或者取得不合规发票、不合规其他外部凭证并且告知企业的，企业应当自被告知之日起60日内补开、换开符合规定的发票、其他外部凭证。其中，因对方特殊原因无法补开、换开发票、其他外部凭证的，企业应当按照本办法第十四条的规定，自被告知之日起60日内提供可以证实其支出真实性的相关资料。”

（三）关于虚开增值税专用发票处理的规定

《国家税务总局关于纳税人取得虚开的增值税专用发票处理问题的通知》（国税发〔1997〕134号）第一条、第二条规定：“受票方利用他人虚开的专用发票，向税务机关申报抵扣税款进行偷税的，应当依照《中华人民共和国税收征收管理法》及有关法规追缴税款，处以偷税数额五倍以下的罚款；进项税金大于销项税金的，还应当调减其留抵的进项税额。利用虚开的专用发票进行骗取出口退税的，应当依法追缴税款，处以骗税数额五倍以下的罚款。”“在货物交易中，购货方从销售方取得第三方开具的专用发票，或者从销货地以外的地区取得专用发票，向税务机关申报抵扣税款或者申请出口退税的，应当按偷税、骗取出口退税处理，依照《中华人民共和国税收征收管理法》及有关法规追缴税款，处以偷税、骗税数额五倍以下的罚款。”

《国家税务总局关于〈国家税务总局关于纳税人取得虚开的增值税专用发票处理问题的通知〉的补充通知》（国税发〔2000〕182号）规定：“有下列情形之一的，无论购货方（受票方）与销售方是否进行了实际的交易，增值税专用发票所注明的数量、金额与实际交易是否相符，购货方向税务机关申请抵扣进项税款或者出口退税的，对其均应按偷税或者骗取出口退税处理。（一）购货方取得的增值税专用发票所注明的销售方名称、印章与其进行实际交易的销售方不符的，即134号文件第二条规定的‘购货方从销售方取得第三方开具的专用发票’的情况。（二）购货方取得的增值税专用发票为销售方所在省（自治区、直辖市和计划单列市）以外地区的，即134号文件第二条规定的‘从销货地以外的地区取得专用发票’的情况。（三）其他有证据表明购货方明知取得的增值税专用发票系销售方以非法手段获得的，即134号文件第一条规定的‘受票方利用他人虚开的专用发票，向税务机关申报抵扣税款进行偷税’的情况。”

《国家税务总局关于纳税人善意取得虚开的增值税专用发票处理问题的通知》（国税发〔2000〕187号）规定：“购货方与销售方存在真实的交易，销售方使用的是其所在省（自治区、直辖市和计划单列市）的专用发票，专用发票注明的名称、印章、货物数量、金额及税额等全部内容与实际相符，且没有证据表明购货方知道销售方提供的专用发票是以非法手段取得的，对购货方不以偷税论处。但应按有关规定不予抵扣进项税款或者不予出口退税；购货方已经抵扣的进项税款或者取得出口退税，应依法追缴。”“如有证据表明购货方在进项税款得到抵扣或者获得出口退税前知道该专用发票是销售方以非法手段获得的，对购货方应按《国家税务总局关于纳税人取得虚开的增值税专用发票处理问题的通知》（国税发［1997］134号）和《国家税务总局关于〈国家税务总局关于纳税人取得虚开的增值税专用发票处理问题的通知〉的补充通知》（国税发〔2000〕182号）的法规处理。”

《国家税务总局关于纳税人善意取得虚开增值税专用发票已抵扣税款加收滞纳金问题的批复》（国税函〔2007〕1240号）规定：“纳税人善意取得虚开的增值税专用发票指购货方与销售方存在真实交易，且购货方不知取得的增值税专用发票是以非法手段获得的。纳税人善意取得虚开的增值税专用发票，如能重新取得合法、有效的专用发票，准许其抵扣进项税款；如不能重新取得合法、有效的专用发票，不准其抵扣进项税款或追缴其已抵扣的进项税款。”“纳税人善意取得虚开的增值税专用发票被依法追缴已抵扣税款的，不属于税收征收管理法第三十二条‘纳税人未按照规定期限缴纳税款’的情形，不适用该条‘税务机关除责令限期缴纳外，从滞纳税款之日起，按日加收滞纳税款万分之五的滞纳金’的规定。”

《国家税务总局关于纳税人虚开增值税专用发票征补税款问题的公告》（国家税务总局公告 2014 年第 33 号）规定：“纳税人虚开增值税专用发票，未就其虚开金额申报并缴纳增值税的，应按照其虚开金额补缴增值税；已就其虚开金额申报并缴纳增值税的，不再按照其虚开金额补缴增值税。”“税务机关对纳税人虚开增值税专用发票的行为，应按《中华人民共和国税收征收管理法》及《中华人民共和国发票管理办法》的有关规定给予处罚。”“纳税人取得虚开的增值税专用发票，不得作为增值税合法有效的扣税凭证抵扣其进项税额。”

《国家税务总局关于纳税人对外开具增值税专用发票有关问题的公告》（国家税务总局公告 2014 年第 39 号）规定：“纳税人通过虚增增值税进项税额偷逃税款，但对外开具增值税专用发票同时符合以下情形的，不属于对外虚开增值税专用发票：（一）纳税人向受票方纳税人销售了货物、不动产、无形资产，或者提供应税劳务、应税服务；（二）纳税人向受票方纳税人收取了所销售货物、不动产、无形资产、所提供应税劳务或者应税服务的款项，或者取得了索取销售款项的凭据；（三）纳税人按规定向受票方纳税人开具的增值税专用发票相关内容，与所销售货物、不动产、无形资产、所提供应税劳务或者应税服务相符，且该增值税专用发票是纳税人合法取得、并以自己名义开具的。受票方纳税人取得的符合上述情形的增值税专用发票，可以作为增值税扣税凭证抵扣进项税额。”

国家税务总局公告 2014 年第 39 号解读：“三种情形不属于虚开增值税专用发票：（一）纳税人对外开具的销售货物的增值税专用发票，纳税人应当拥有货物的所有权，包括以直接购买方式取得货物的所有权，也包括

‘先卖后买’方式取得货物的所有权。所谓‘先卖后买’，是指纳税人将货物销售给下家在前，从上家购买货物在后。（二）以挂靠方式开展经营活动在社会经济生活中普遍存在，挂靠行为如何适用本公告，需要视不同情况分别确定。第一，如果挂靠方以被挂靠方名义，向受票方纳税人销售货物、提供增值税应税劳务或者应税服务，应以被挂靠方为纳税人。被挂靠方作为货物的销售方或者应税劳务、应税服务的提供方，按照相关规定向受票方开具增值税专用发票，属于本公告规定的情形。第二，如果挂靠方以自己名义向受票方纳税人销售货物、提供增值税应税劳务或者应税服务，被挂靠方与此项业务无关，则应以挂靠方为纳税人。这种情况下，被挂靠方向受票方纳税人就该项业务开具增值税专用发票，不在本公告规定之列。（三）本公告是对纳税人的某一种行为不属于虚开增值税专用发票所做的明确，目的在于既保护好国家税款安全，又维护好纳税人的合法权益。换一个角度说，本公告仅仅界定了纳税人的某一行为不属于虚开增值税专用发票，并不意味着非此即彼，从本公告并不能反推出不符合三种情形的行为就是虚开。比如，某一正常经营的研发企业，与客户签订了研发合同，收取了研发费用，开具了专用发票，但研发服务还没有发生或者还没有完成。这种情况下不能因为本公告列举了‘向受票方纳税人销售了货物，或者提供了增值税应税劳务、应税服务’，就判定研发企业虚开增值税专用发票。”

【指导建议】

增值税作为一种价外征收的税种，其计税的基本原理是对产品的最终消费的普遍征收。对进入最终消费之前负担的增值税予以退税，从而确保不重复征税。最终消费环节负担的增值税不得退税，从而保障增值税税款的征收。在实际操作中，退税是通过从销项税额中抵扣进项税额方式来实现的，其抵扣的凭证是增值税专用发票、海关进口增值税专用缴款书、农产品收购发票和农产品销售发票以及运输费用结算单据等。为此，纳税人在有真实交易的情况下，为节约税收成本、实现企业经营收益最大化，虚开增值税专用发票成了最为便捷的违法手段之一。

在税务稽查实务中，甄别虚开发票违法手段、界定实施虚开发票违法行为后果、判断违法犯罪构成要件等，需要从各种违法行为的形式、交易实质、主观目的和追求的结果等方面进行综合评价。

根据《发票管理办法》第二十二条第二款的规定，虚开发票的违法行为包括三种情形：①为他人、为自己开具与实际经营业务情况不符的发票；②让他人为自己开具与实际经营业务情况不符的发票；③介绍他人开具与实际经营业务情况不符的发票。实务中，认定虚开增值税专用发票时，需要对发票所反映的交易活动的真实性进行判断，下面举一个实例：某稽查局以公告送达《税务处理决定书》的方式告知被查对象，因其存在违法事实，被认定为虚开增值税专用发票。《税务处理决定书》正文“违法事实”的内容为：①生产经营中大部分为大额现金交易，采购为全现金交易；②票款大部分不一致；③电耗与产能严重不匹配；④无运费支出；⑤除工资外，无生产经营的相关费用支出；⑥固定资产无发票入账，且为全现金购买；⑦购销大部分无合同，且已有的合同签订的数量、金额与实际发生不一致；⑧存在资金回流；⑨与交易方的收付款情况严重不符。

在税务稽查实务中，从被查对象的经营真实性进行分类，虚开增值税专用发票违法行为分为“有货型”虚开增值税专用发票、“无货型”虚开增值税专用发票和“混合型”虚开增值税专用发票。针对上述提出的与“有货型”虚开增值税专用发票有关的实务问题，下面分别按照偷税定性、善意取得和“进销两头”虚开增值税专用发票等三种情形进行分析。

（一）以偷税定性虚开增值税专用发票违法行为

对于“有货型”虚开增值税专用发票的，根据《税收征收管理法》第六十三条第一款、《国家税务总局关于纳税人取得虚开的增值税专用发票处理问题的通知》（国税发〔1997〕134 号）和《国家税务总局关于〈国家税务总局关于纳税人取得虚开的增值税专用发票处理问题的通知〉的补充通知》（国税发〔2000〕182 号）的规定，“纳税人因虚开增值税专用发票在账簿上多列支出或者不列、少列收入或者进行虚假纳税申报，不缴或者少缴应纳税款的，是偷税。”“无论购货方（受票方）与销售方是否进行了实际的交易，增值税专用发票所注明的数量、金额与实际交易是否相符，有下列三种情形之一的，对其均应按偷税处理：（一）购货方取得的增值税专用发票所注明的销售方名称、印章与其进行实际交易的销售方不符的；（二）购货方取得的增值税专用发票为销售方所在省（自治区、直辖市和计划单列市）以外地区的；（三）有证据表明购货方明知取得的增值税专用发票系销售方以非法手段获得的。”

行为人取得虚开的增值税专用发票构成偷税的，需要同时满足四个条件：一是取得发票的单位或个人负有增值税纳税义务，这是非常重要的一个条件。国税发〔2000〕182 号文件规定了两种前提条件，即进行了实际的交易和没有进行实际交易，对于后者，如果不是增值税纳税人，没有销项税额，就不存在从销项税额中抵扣税款的情况，自然不能认定为偷税。二是行为人具有积极追求虚增进项抵扣税额的心理状态，取得虚开增值税专用发票的目的非常明确，就是为了少缴增值税，往往会同时发生支付“税点”或者资金回流等情况。三是以法律列举并禁止的方式或手段实施了偷税行为，即上述所列三种情形。四是行为人的行为造成了不缴或者少缴应纳增值税税款的结果。如果针对同一交易事项，既有虚抵增值税专用发票，也有虚开增值税专用发票，则不一定发生不缴或者少缴应纳税款的结果。

值得注意的是，实务中不仅仅是增值税的问题。比如说，取得发票的单位或个人既负有增值税纳税义务，同时也负有消费税纳税义务，取得虚开增值税专用发票的目的是虚抵消费税而非增值税，通过取得“变形票”，即生产企业购进非消费税应税产品却让销售方开具应税消费品增值税专用发票，由此而导致不缴或者少缴应纳消费税税款结果的，也应定性为偷税。

如前述“实务问题（一）”所述，税务机关如发现纳税人有资金回流问题，能否直接认定其没有真实的交易行为？其实，实务中，并非所有资金回流都是虚假交易的表现方式，有些情况下的资金回流是符合行业特点和交易惯例的。例如，废旧物资、煤炭、公路运输等行业大都存在终端生产企业先行垫付货款或者运费，贸易企业根据与生产企业的约定在业务完成后进行偿还。这时，在资金往来的过程中，就产生了终端企业向贸易企业付款、贸易企业再支付给终端企业的资金流转迹象。同时，在大宗商品贸易中，由于运输、仓储环节需要耗费大量的成本，贸易公司在购销业务中进行现实的运输入库、再运输出库，将使购销成本加大。因此，交易环节中各公司之间进行货物转卖时往往会约定货物暂时不发生现实上的交付，而是通过“指示交付”或“占有改定”的方式完成货物所有权的转让。由于此种运输方式呈现出位于中间环节的贸易公司没有实际参与货物运输的表象，也会看似“无货交易”“虚假交易”。

由于资金流向有迹可查，且获取方便，因而在税务稽查对涉案企业是否构成虚开时，资金回流往往成为主要线索与切入点。税务机关通常会提取案涉个人账户交易记录、公司账户交易记录，将对公收付货款与对私回流货款的差额认定为开票费，与票面金额进行比对计算出“手续费收取比例”，并制作相应的统计表，以证实资金回流。对此，稽查局应做好应对行政诉讼的准备，要从证据方面做到充分、有力，定论不可推翻。而仅凭资金回流认定交易双方存在虚开增值税发票行为，证明结果不具有唯一性、排他性，对资金回流只是一种表象，还应查清是否有真实货物交易。否则，不能以资金回流推定为“虚开”。

（二）善意取得虚开增值税专用发票抵扣进项税额行为的认定

根据《国家税务总局关于纳税人善意取得虚开的增值税专用发票处理问题的通知》（国税发〔2000〕187 号）和《国家税务总局关于纳税人善意取得虚开增值税专用发票已抵扣税款加收滞纳金问题的批复》（国税函〔2007〕1240 号）的规定，善意取得虚开的增值税专用发票，应当同时满足四个条件："（一）购货方与销售方存在真实交易的货物、不动产、无形资产购销，提供或者接受应税劳务、应税服务。（二）销售方使用的是其所在省（自治区、直辖市和计划单列市）的专用发票。（三）专用发票注明的名称、印章、货物数量、金额及税额等全部内容与实际相符。（四）没有证据表明购货方知道销售方提供的专用发票是以非法手段取得。"

税务稽查实务中，对同时符合四个条件的判断，存在很大的争议，这主要是基于对国税发〔2000〕187 号和国税函〔2007〕1240 号两个文件的表述存在分歧。两个文件对受票方是否知情的表述，187 号文件是"没有证据表明购货方知道销售方提供的专用发票是以非法手段取得"，而 1240 号文件是"购货方不知取得的增值税专用发票是以非法手段获得的"。比较一下就会发现，"没有证据表明"是一种排除法，即只要有证据表明购货方知道其取得的专用发票是虚开发票，就定性为"恶意"取得，否则就是"善意"取得，很显然，税务稽查在取证方面的压力要小很多。而"购货方不知"，则需要有能够证明其不知道取得的专用发票是虚开发票的证据，这在取证方面往往是无法做到的，被查对象也是无法证明的。因而，稽查局就很难作出定性为"善意"的决定。

那么，如何理解"善意"呢？让我们从民法中的善意取得制度来找一下答案。民法中的善意取得制度，是均衡所有权人和善意受让人利益的一项制度：首先，它在一定程度上维护所有权人的利益，保证所有权安全；其次，它侧重于维护善意受让人的利益，促进交易安全，即当所有权人与善意受让人发生权利冲突时，应当侧重保护善意受让人。例如，《民法典》第三百一十一条规定："无处分权人将不动产或者动产转让给受让人的，所有权人有权追回；除法律另有规定外，符合下列情形的，受让人取得该不动产或者动产的所有权：（一）受让人受让该不动产或者动产时是善意；（二）以合理的价格转让；（三）转让的不动产或者动产依照法律规定应当登记的已经登记，不需要登记的已经交付给受让人。""受让人依据前款规定取得不动产或者动产的所有权的，原所有权人有权向无处分权人请求损害赔偿。”该条款规定的本意是，在民事活动中，一般而言，要求当事人对每一个交易对象的权利是否属实加以查证不太现实。如果受让人不知道或不应当知道转让人无权转让该财产，在交易完成后方因出让人的无权处分而使交易无效使其善意第三人退还所得的财产，这不仅要推翻已形成的财产关系，还会使当事人在交易中心存疑虑，从而造成当事人交易的不安全。为了避免这些不安全因素的干扰，法律规定了善意取得制度。这种善意的保护，是公信原则的体现。

1. 应当运用实质课税原则对“善意”取得虚开增值税专用发票进行综合评价

民法是万法之母，是一切部门法的基础，其他各种法都是从不同的侧面对民事法律关系和基本原则的保护、充实和发展，因此民法中的善意取得制度也同样被行政法律制度所确认。由此可以认为，国家税务总局颁布的国税发〔2000〕187号和国税函〔2007〕1240号两个文件，虽然在文字的表述上有所不同，但其真实意思是善意取得制度的适用，受票方不知道或不应当知道取得了虚开的增值税专用发票，要求其提供不知情的证据是不现实的。税务机关应当根据经验法则和实质课税原则对交易事项进行实质判断，既不能因没有证据表明受票方知道取得虚开发票而推定为善意取得，也不能因没有证据表明受票方不知道取得虚开发票而推定为非善意取得。

对于案例3-4-1，二审、再审法院分别在行政判决书［（2020）辽14行终25号］和行政裁定书［（2020）辽行申767号］中认为：“葫芦岛国税稽查局对于前进化工厂的该笔业务中资金回流中回流的资金减少的9%是否是同一货款中的资金，对于回流资金，中间人是否与供货方有关联，以及回流的资金减少9%的用途是什么，均未提供有效的证据。因此，葫芦岛市国税稽查局依据现有证据不能认定前进化工厂取得的增值税发票存在资金回流，非善意取得增值税专用发票。原审法院认定此节，属事实不清，证据不足，并无不当。”“前进化工厂与销售方有购货合同、付款凭证，并有货物入库单，且经税务机关查明前进化工厂生产销售业务真实，税务机关没有提供充分的证据证明前进化工厂与销售方不存在真实交易。葫芦岛市国税稽查局依据现有证据认定前进化工厂取得的增值税发票存在资金回流，为非善意取得增值税专用发票，事实不清，证据不足。”

对于案例3－4－2，人民法院经审理认为：“综合相关证据，可以认定下列事实：首先，被告市税务稽查局在调查中通过江苏国税数据情报综合管理平台查询获知：原告五矿公司与聚尔森公司、路禾公司三家单位于2013—2014年相互开具增值税专用发票，形成发票开具（申报）与接收（抵扣）的封闭循环圈。其次，关于上述发票实际是否存在真实的货物交易。根据聚尔森公司、路禾公司同期进项发票证实，无合同货物来源证据。根据原告五矿公司提供的交货通知书、收货确认书、提货通知书，涉及合同项下的货物仓储地为国腾公司，不能提供仓储费的收取证明。镇江中院就此作出的《民事判决书》，认定五矿公司所提供的现有证据不能形成有效的证据链，不足以证明五矿公司和路禾公司之间存在真实的货物交易行为。被告市税务稽查局查询三家公司实际没有购销业务，与以融资为目的的环开发票相符，资金循环不合理。”“综上，可以综合认定原告五矿公司在无真实货物交易的情况下开具增值税专用发票，被告市税务稽查局认定该违法事实有调取的相关证据材料及询问笔录、情况说明等证据佐证，认定事实清楚。”

从这两则案例可以得出结论，形式上“三流不一致”的，若未对交易实质进行判断，则不能认定为“虚开”。相反地，形式上具有“三流一致”特征的，但经对交易进行实质性判断，也可能定性为“虚开”。

2. 善意取得虚开增值税专用发票的增值税和企业所得税处理

根据《增值税暂行条例》第九条、《国家税务总局关于纳税人虚开增值税专用发票征补税款问题的公告》（国家税务总局公告2014年第33号）和上述两个文件的规定，对纳税人“善意取得虚开增值税专用发票”的增值税处理总结如下：①纳税人取得虚开的增值税专用发票，不得作为增值税合法有效的扣税凭证抵扣其进项税额。②如果购货方能够重新从销售方取得合法、有效的专用发票，准许其抵扣进项税款。③纳税人善意取得虚开的增值税专用发票被依法追缴已抵扣税款的，不再按日加收滞纳税款万分之五的滞纳金。

根据《企业所得税法》第八条、国家税务总局关于发布《企业所得税税前扣除凭证管理办法》的公告（国家税务总局公告 2018 年第 28 号）的规定，企业发生的支出作为成本、费用扣除的关键条件是支出必须真实、合法、合理。发票不是税前扣除的唯一凭证，但税务机关应当提供能够证实支出真实性、合理性的相关资料。根据《国家税务总局关于纳税人善意取得虚开增值税专用发票已抵扣税款加收滞纳金问题的批复》（国税函〔2007〕1240 号）的规定，纳税人善意取得虚开的增值税专用发票指购货方与销售方存在真实交易，且购货方不知取得的增值税专用发票是以非法手段获得的。在此前提下，纳税人善意取得虚开的增值税专用发票，其支出可以在企业所得税前扣除。

至于《税收征收管理法》第二十一条第二款、《发票管理办法》第二十一条、《国家税务总局关于加强企业所得税管理的意见》（国税发〔2008〕88 号）和《国家税务总局关于进一步加强税收征管若干具体措施的通知》（国税发〔2009〕114 号）等文件规定，否定了违规发票作为合法凭据的效力，但并没有排除用其他合法有效的证据来证明“可税前扣除”的事实，例如可以通过合同、汇款单、运输单据、收发货记录等其他证据予以证明。

（三）“虚开虚抵”增值税专用发票行为的认定

税务稽查在涉及虚开增值税专用发票协查时，针对同一事项的交易实质进行判断时，上下游企业所属税务机关可能会作出截然不同的结论。以科洛尼金属（上海）有限公司与国家税务总局揭西县税务局税务行政处罚争议案（行政裁定书（2019）粤 52 行终 18 号）为例，开票方（升顺公司）所属税务机关（揭西县税务局）认为："升顺公司取得伪造的海关进口增值税专用缴款书作为进项，在没有实际购进业务和没有实际货物销售的情况下向外虚开增值税专用发票。"于是，揭西县税务局对升顺公司作出揭西国税稽处〔2017〕9 号《税务处理决定书》，决定对升顺公司进行追缴税款，并向受票方（科洛尼公司）所属税务机关（上海宝山区税务局）发出《已证实虚开通知单》。上海宝山区税务局在回函中认定受票方善意取得虚开的增值税专用发票，决定对其收受并抵扣虚开增值税专用发票的增值税税额作进项转出处理。也就是说，对同一交易事项，两个税务机关认定的结果不同，但都作出了补缴税款的决定。

其实，在实践中，并非所有涉及虚开增值税专用发票的案件都要认定其善恶性质。例如，根据《国家税务总局关于纳税人对外开具增值税专用发票有关问题的公告》（国家税务总局公告 2014 年第 39 号）的规定，纳税人对外开具增值税专用发票同时符合三种情形的，不属于对外虚开增值税专用发票：一是发生了销售或者提供劳务行为；二是收取了销售款项或者取得了索取款项的凭据；三是开具了合规的发票。对此，即使在购进货物或者接受劳务时存在虚增增值税进项税额偷逃税款问题，但其开具的发票不受影响，受票方纳税人因此取得的增值税专用发票可以作为增值税扣税凭证抵扣进项税额。同时，国家税务总局针对该文件的适用还作出了专门的解释，列举了三种不属于虚开增值税专用发票的特殊情形："（一）纳税人对外开具的销售货物的增值税专用发票，纳税人应当拥有货物的所有权，包括以直接购买方式取得货物的所有权，也包括"先卖后买"方式取得货物的所有权。（二）以挂靠方式开展经营活动，挂靠方以被挂靠方名义，向受票方纳税人销售货物、提供增值税应税劳务或者应税服务，被挂靠方作为货物的销售方或者应税劳务、应税服务的提供方，按照相关规定向受票方开具增值税专用发票。（三）正常经营的研发企业，与客户签订了研发合同，收取了研发费用，开具了专用发票，但研发服务还没有发生或者还没有完成。"

对于“无货型”虚开且虚抵增值税专用发票的行为，由于增值税是以商品或应税劳务在流转过程中产生的增值额为计税依据而征收的一种流转税，增值税的征收以有实际商品流转或应税劳务发生且有增值为事实基础。同样，开具增值税专用发票也应以实际发生商品流转或应税劳务为事实基础。在没有真实贸易的情况下开具或者取得增值税专用发票，由于该行为严重扰乱了增值税专用发票的正常管理秩序，是一种虚开发票性质的违法行为，但不属于增值税应税行为。虚开的增值税专用发票不应计提增值税销项税额，该发票也不可以作为抵扣凭证计入进项税额。例如，纳税人为了虚增业绩、融资贷款、制造虚假繁荣等相互环开、对开增值税专用发票，开具的发票形成了封闭型循环，增值税款相互冲抵，并没有形成实际缴纳的税款。这时，税务机关应当对纳税人依据《发票管理办法》第三十七条的规定进行罚款处罚，无须再对循环开具发票的每一个纳税人进行补税处理。但是，如果存在虚开虚抵增值税专用发票行为，并没有形成封闭循环的，税务机关则应按照《国家税务总局关于纳税人虚开增值税专用发票征补税款问题的公告》（国家税务总局公告2014年第33号）的规定，作出补缴税款的处理决定。

对于上下游企业所属税务机关基于同一事实基础作出的税务决定，应当保持一致性。如果两个税务机关存在意见不一致的，可以按照《国家税务总局关于走逃（失联）企业涉嫌虚开增值税专用发票检查问题的通知》（税总发〔2016〕172号）的规定：“走逃（失联）企业所在地税务机关作出认定后，向受票企业所在地税务机关出具虚开认定文书，并附相关证据，说明企业基本情况和已走逃（失联）状况。如有异议的，由开票地、受票地税务机关共同再确认定性。”

【参考文献与司法判例】

· 姚龙兵．论“有货”型虚开增值税专用发票行为之定性[EB/OL]．（2019-09-26）［2022-12-12］ http：//rmfyb. chinacourt. org/paper/html/2019-

09/26/content_160456. htm。

· 国家税务总局葫芦岛市税务局稽查局、葫芦岛市前进化工厂税务行政管理（税务）再审审查与审判监督行政裁定书［〔2020〕辽行申 767 号］。来源：中国裁判文书网。

· 五矿无锡物流园有限公司与国家税务总局无锡市税务局稽查局行政检查、行政处罚一审行政判决书［〔2018〕苏 0211 行初 256 号］。来源：中国裁判文书网。

§3 05

涉嫌逃税罪案件移送的标准是什么？符合不予追究刑事责任情形的案件是否需要移送？

【要点导读】

在目前税务稽查实际工作中，涉嫌危害税收征管罪案件的移送，以因纳税人偷税而导致涉嫌逃税罪的案件最为普遍。对此类案件的移送，在实务中争议较大，归纳如下：

（1）涉嫌逃税罪案件的移送标准是什么？符合不予追究刑事责任情形的案件是否需要移送？

（2）逃税罪在什么情况下可以免予追究刑事责任？不具备逃税罪处罚阻却事由，也能免予刑事处罚吗？

（3）涉嫌逃税罪案件的移送主体是谁？是税务稽查部门还是所属税务机关？

（4）涉嫌犯罪案件的被移送主体是谁？是被查单位还是其法定代表人？

（5）涉嫌犯罪案件何时移送？案件移送资料都包括哪些？如果仅有涉税违法线索而没有充足的证据，能否向公安机关移送？

【关键词解释】

处罚阻却事由，是指排除符合构成要件的行为的违法性的事由。但是，符合要件的行为虽然原则上具有违法性，但也存在例外现象，即在具有特别理由、根据的情况下，也可能否认符合构成要件行为的违法性，这便是处罚阻却性事由，又称排除犯罪的事由。所以，处罚阻却性事由是从反面否认行为构成犯罪。

【实务问题】

涉嫌犯罪案件移送，是指稽查局依法将涉嫌构成犯罪的案件移送公安机关追究刑事责任的业务处理过程。依法、准确、及时地移送涉税犯罪策件，是税务稽查部门对外执法工作的重要组成部分。依法移送涉税犯罪案件，是防范税收执法风险所必须做的工作，是履行税收职责的内在要求。从现行《税收征收管理法》来看，涉税犯罪案件主要包括涉嫌偷税、抗税、逃避追缴欠税、骗取出口退税、虚开增值税专用发票与普通发票、非法印制发票、非法购买或非法出售发票等案件（在目前税务稽查实际工作中，又以因纳税人偷税而导致涉嫌逃税罪的案件最为普遍）。对此类案件的移送，还存在一些实务中的疑问和分歧，比如应移送的案件没有移送，或者不应移送的案件却移送了或移送罪名错误，这就加大了税务稽查部门的执法风险。相关问题归纳如下：

（一）涉嫌逃税罪案件的移送标准是什么？符合不予追究刑事责任情形的案件是否需要移送？

任何涉嫌犯罪案件都有一定的移送标准，未达到案件移送标准的，即使违法行为人实施了违法手段，也给当事人或者国家造成了一定的损害，也不能对其追究刑事责任。对于逃税犯罪，其定罪标准、犯罪手段、立案追诉标准、哪些逃税案件应向公安机关移送，以及移送的时限、移送案件的标准、不移送案件会有哪些执法风险等，都是税务稽查工作中需要明确的。同时，对于符合不予追究刑事责任情形的案件时有需要移送，各地税务稽查部门的处理意见并不相同。一种处理意见认为，只要纳税人的行为经查实涉嫌逃税罪就应将案件移送司法机关，至于是否符合《刑法》第二百零一条规定不予追究刑事责任的情形，应当由司法机关去处理，税务机关无权也无须去判断。一种处理意见认为，该案件已符合《刑法》第二百零一条规定不予追究刑事责任的情形，司法机关也不会对其立案追诉，有明确的法律规定，不构成犯罪，就不应再将案件进行移送。

（二）逃税罪在什么情况下可以免予追究刑事责任？不具备逃税罪处罚阻却事由，也能免予刑事处罚吗？

我国《刑法》第二百零一条第四款规定了逃税罪的处罚阻却事由，纳税主体在实施刑法规定的逃税行为后，如果具备逃税罪处罚阻却事由，则不构成逃税罪，能够不被追究刑事责任。为此，税务稽查部门在对涉嫌逃税罪案件作出移送处理之前，应首先从纳税人是否满足逃税罪处罚阻却事由的角度作无罪判断。如果不具备阻却事由，还要进一步判断纳税人是否完全无法避免受到刑事处罚。根据我国《刑法》的规定，在案件满足特定条件的情况下，虽不能获得无罪处理，却能够寻求到免予刑事处罚的结果。税务稽查部门在全面了解案件是否存在不予刑事处罚或者免刑事处罚的情况下，才能作出准确判断，对案件的移送处理和普法宣传都具有很重要的意义。

（三）涉嫌逃税罪案件的移送主体是谁？是税务稽查部门还是所属税务机关？

税务稽查部门作为案件查办的执法部门，同时接受所属税务机关的领导。从税务稽查案件的工作流程来看，涉嫌犯罪案件需要经过稽查局审理、稽查局集体审理和税务局重大案件审理等多个审理程序，最终作出案件移送决定的是重大税务案件审理委员会。根据《重大税务案件审理办法》（国家税务总局令第 51 号）的规定，重大税务案件审理实行主任负责制，主任由重大税务案件审理委员会所在税务机关的税务局长担任，也就是说涉嫌犯罪案件的移送需要经税务局局长签批。实务中存疑的问题就是：移送涉嫌犯罪案件需要制作并向公安机关送达《涉嫌犯罪案件移送书》，那么，该文书应当以税务局还是稽查局的名义制作并送达？文书上应当加盖谁的印章？

（四）涉嫌犯罪案件的被移送主体是谁？是被查单位还是其法定代表人？

涉嫌逃税罪的前提是纳税人实施了逃税手段，达到案件移送标准即可追究其刑事责任。从税法规定来看，实施逃税手段指的是根据《税收征收管理法》第六十三条的规定，发生纳税人偷税行为或者扣缴义务人已扣未缴、已收未缴行为，两种违法行为的实施主体是纳税人和扣缴义务人，同时也应该是向公安机关移送案件的被移送主体，应当将其填写在《涉嫌犯罪案件移送书》上。但是，根据《刑法》的规定，涉嫌逃税罪，需要对犯罪嫌疑人追究刑事责任的，要判处七年以下有期徒刑，而刑事责任只能是对自然人来说的。纳税人或者扣缴义务人一般情况下不是自然人，怎么可能对其判处刑罚呢？所以，在案件移送时，就出现了应当将谁移送公安机关的意见分歧：如果将自然人作为被移送人移送公安机关，是否合适呢？

（五）涉嫌逃税罪案件何时移送？案件移送资料都包括哪些？如果仅有涉税违法线索而没有充足的证据，能否向公安机关移送？

根据《刑法》第二百零一条的规定，纳税人在五年内因逃避缴纳税款受过刑事处罚或者被税务机关给予了二次以上行政处罚的，应当移送，但是，经税务机关依法下达了追缴通知、履行相关程序后，纳税人提起了行政复议或者行政诉讼，或既未申请行政复议又未向人民法院起诉，也不履行缴纳税款义务。在这种情形下，税务机关应当何时将案件移送司法机关？

还有，涉嫌犯罪案件的移送需要税务机关和公安机关的工作衔接，但在实务中，经常发生对案件移送资料的范围和标准要求不一致的情况。公安机关要求证据确凿、资料完整、税务处理或行政处罚程序完成；税务稽查部门则认为有些案件凭自身的执法权限无法获取充足证据，而涉嫌违法犯罪的线索已经较为明显，的确定存在违法犯罪问题，如果不及时移送公安机关，可能会导致更严重的后果发生，可以先把线索移送给公安机关。还有，税务行政案件需要认定的是行政案件违法行为，其证据的证明标准比刑事案件的证明标准低，只要符合行政案件的证明标准即可移送公安机关。为此，税务机关和公安机关在案件移送材料的完整性上存在较大分歧，导致案件被公安机关拒绝受理的情况时有发生。

【文件规定】

（一）关于涉嫌犯罪案件移送要求的规定

《税收征收管理法》第七十七条规定："纳税人、扣缴义务人有本法第六十三条、第六十五条、第六十六条、第六十七条、第七十一条规定的行为涉嫌犯罪的，税务机关应当依法移交司法机关追究刑事责任。"

《最高人民检察院、全国整顿和规范市场经济秩序领导小组办公室、公安部、监察部关于在行政执法中及时移送涉嫌犯罪案件的意见》（高检会〔2006〕2号）规定："行政执法机关在查办案件过程中，对符合刑事追诉标准、涉嫌犯罪的案件，应当制作《涉嫌犯罪案件移送书》，及时将案件向同级公安机关移送，并抄送同级人民检察院。对未能及时移送并已作出行政处罚的涉嫌犯罪案件，行政执法机关应当于作出行政处罚十日以内向同级公安机关、人民检察院抄送《行政处罚决定书》副本，并书面告知相关权利人。"

《中共中央办公厅、国务院办公厅转发国务院法制办等部门〈关于加强行政执法与刑事司法衔接工作的意见〉的通知》（中办发〔2011〕8号）规定："行政执法机关在执法检查时，发现违法行为明显涉嫌犯罪的，应当及时向公安机关通报。接到通报后，公安机关应当立即派人进行调查，并依法作出立案或者不予立案的决定。""行政执法机关向公安机关移送涉嫌犯罪案件，应当移交案件的全部材料，同时将案件移送书及有关材料目录抄送人民检察院。”

《行政执法机关移送涉嫌犯罪案件的规定》（国务院令第310号）第三条、第五条规定：“行政执法机关在依法查处违法行为过程中，发现违法事实涉及的金额、违法事实的情节、违法事实造成的后果等，根据刑法关于破坏社会主义市场经济秩序罪、妨害社会管理秩序罪等罪的规定和最高人民法院、最高人民检察院关于破坏社会主义市场经济秩序罪、妨害社会管理秩序罪等罪的司法解释以及最高人民检察院、公安部关于经济犯罪案件的追诉标准等规定，涉嫌构成犯罪，依法需要追究刑事责任的，必须依照本规定向公安机关移送。”“行政执法机关正职负责人或者主持工作的负责人应当自接到报告之日起3日内作出批准移送或者不批准移送的决定。”

《刑法》第四百零二条规定：“【徇私舞弊不移交刑事案件罪】行政执法人员徇私舞弊，对依法应当移交司法机关追究刑事责任的不移交，情节严重的，处三年以下有期徒刑或者拘役；造成严重后果的，处三年以上七年以下有期徒刑。”

《行政处罚法》第八十二条规定：“行政机关对应当依法移交司法机关追究刑事责任的案件不移交，以行政处罚代替刑事处罚，由上级行政机关或者有关机关责令改正，对直接负责的主管人员和其他直接责任人员依法给予处分；情节严重构成犯罪的，依法追究刑事责任。”

（二）关于逃税罪的基本规定

《刑法》第二百零一条规定：“【逃税罪】纳税人采取欺骗、隐瞒手段进行虚假纳税申报或者不申报，逃避缴纳税款数额较大并且占应纳税额百分之十以上的，处三年以下有期徒刑或者拘役，并处罚金；数额巨大并且占应纳税额百分之三十以上的，处三年以上七年以下有期徒刑，并处罚金。”“扣缴义务人采取前款所列手段，不缴或者少缴已扣、已收税款，数额较大的，依照前款的规定处罚。”“对多次实施前两款行为，未经处理的，按照累计数额计算。”“有第一款行为，经税务机关依法下达追缴通知后，补缴应纳税款，缴纳滞纳金，已受行政处罚的，不予追究刑事责任；但是，五年内因逃避缴纳税款受过刑事处罚或者被税务机关给予二次以上行政处罚的除外。”

《最高人民法院关于审理偷税抗税刑事案件具体应用法律若干问题的解释》（法释〔2002〕33号）第二条第四款规定：“刑法第二百零一条第三款法规的‘未经处理’，是指纳税人或者扣缴义务人在五年内多次实施偷税行为，但每次偷税数额均未达到刑法第二百零一条法规的构成犯罪的数额标准，且未受行政处罚的情形。”

《刑法》第三十七条规定：“对于犯罪情节轻微不需要判处刑罚的，可以免予刑事处罚，但是可以根据案件的不同情况，予以训诫或者责令具结悔过、赔礼道歉、赔偿损失，或者由主管部门予以行政处罚或者行政处分。”

《刑事诉讼法》第一百一十二条规定：“人民法院、人民检察院或者公安机关对于报案、控告、举报和自首的材料，应当按照管辖范围，迅速进行审查，认为有犯罪事实需要追究刑事责任的时候，应当立案；认为没有犯罪事实，或者犯罪事实显著轻微，不需要追究刑事责任的时候，不予立案，并且将不立案的原因通知控告人。控告人如果不服，可以申请复议。”

（三）关于逃税罪移送标准的规定

《最高人民检察院 公安部关于公安机关管辖的刑事案件立案追诉标准的规定（二）》第五十七条规定：“逃避缴纳税款，涉嫌下列情形之一的，应予立案追诉：（一）纳税人采取欺骗、隐瞒手段进行虚假纳税申报或者不申报，逃避缴纳税款，数额在五万元以上并且占各税种应纳税总额百分之十以上，经税务机关依法下达追缴通知后，不补缴应纳税款、不缴纳滞纳金或者不接受行政处罚的；（二）纳税人五年内因逃避缴纳税款受过刑事处罚或者被税务机关给予二次以上行政处罚，又逃避缴纳税款，数额在五万元以上并且占各税种应纳税总额百分之十以上的；（三）扣缴义务人采取欺骗、隐瞒手段，不缴或者少缴已扣、已收税款，数额在五万元以上的。”“纳税人在公安机关立案后再补缴应纳税款、缴纳滞纳金或者接受行政处罚的，不影响刑事责任的追究。”

《最高人民法院关于审理偷税抗税刑事案件具体应用法律若干问题的解释》（法释〔2002〕33 号）第三条规定：“偷税数额，是指在确定的纳税期间，不缴或者少缴各税种税款的总额。”“偷税数额占应纳税额的百分比，是指一个纳税年度中的各税种偷税总额与该纳税年度应纳税总额的比例。不按纳税年度确定纳税期的其他纳税人，偷税数额占应纳税额的百分比，按照行为人最后一次偷税行为发生之日前一年中各税种偷税总额与该年纳税总额的比例确定。纳税义务存续期间不足一个纳税年度的，偷税数额占应纳税额的百分比，按照各税种偷税总额与实际发生纳税义务期间应当缴纳税款总额的比例确定。”“偷税行为跨越若干个纳税年度，只要其中一个纳税年度的偷税数额及百分比达到《刑法》第二百零一条第一款法规的标准，即构成偷税罪。各纳税年度的偷税数额应当累计计算，偷税百分比应当按照最高的百分比确定。”

（四）关于涉嫌犯罪案件审理的规定

《重大税务案件审理办法》（国家税务总局令第 51 号）第十一条规定：“本办法所称重大税务案件包括：（一）重大税务行政处罚案件，具体标准由各省、自治区、直辖市和计划单列市税务局根据本地情况自行制定，报国家税务总局备案；（二）根据《重大税收违法案件督办管理暂行办法》督办的案件；（三）应监察、司法机关要求出具认定意见的案件；（四）拟移送公安机关处理的案件；（五）审理委员会成员单位认为案情重大、复杂，需要审理的案件；（六）其他需要审理委员会审理的案件。”“有下列情形之一的案件，不属于重大税务案件审理范围：（一）公安机关已就税收违法行为立案的；（二）公安机关尚未就税收违法行为立案，但被查对象为走逃（失联）企业，并且涉嫌犯罪的；（三）国家税务总局规定的其他情形。”

（五）关于涉嫌犯罪案件移送资料的规定

《税务稽查案件办理程序规定》（国家税务总局令第52号）第四十八条、第五十五条规定：“税收违法行为涉嫌犯罪的，填制涉嫌犯罪案件移送书，经税务局局长批准后，依法移送公安机关，并附送以下资料：（一）涉嫌犯罪案件情况的调查报告；（二）涉嫌犯罪的主要证据材料复制件；（三）其他有关涉嫌犯罪的材料。”“执行过程中发现涉嫌犯罪的，依照本规定第四十八条处理。”。

《国家税务总局关于修订部分税务执法文书的公告》（国家税务总局公告2021年第23号）附件《涉嫌犯罪案件移送书》使用说明：“作出处理决定的，应附送《税务处理决定书》的复制件；作出处罚决定的，应附送《税务行政处罚决定书》的复制件。”“对有一定的涉嫌犯罪线索，但依税务机关法定职权无法查证并作出税务处理、处罚决定的税收违法行为，税务机关可以依法移送公安机关。”

《公安部关于印发〈公安机关受理行政执法机关移送涉嫌犯罪案件规定〉的通知》（公通字〔2016〕16号）第二条第三款、第五条规定：“对材料不全的，应当在接受案件的二十四小时内书面告知移送的行政执法机关在三日内补正。但不得以材料不全为由，不接受移送案件。”“公安机关审查发现涉嫌犯罪案件移送材料不全、证据不充分的，可以就证明有犯罪事实的相关证据要求等提出补充调查意见，商请移送案件的行政执法机关补充调查。必要时，公安机关可以自行调查。”

【指导建议】

为有效防范涉税犯罪案件移送执法风险，对上述涉嫌逃税罪案件移送中存疑的问题，结合相关的法律文件，建议从以下六个方面进行分析：

（一）逃税罪的认定采用了数额加比例及违法次数的复合标准

根据《刑法》《最高人民检察院 公安部关于公安机关管辖的刑事案件立案追诉标准的规定（二）》及司法解释的规定，逃税罪的认定应同时满足“数额 + 比例”的两个条件，即逃税数额在五万元以上和逃税数额占应纳税额比例 10% 以上。之所以这样规定，是因为数额标准能够反映客观的社会危害程度，比例标准能够反映行为人的主观恶意程度。需要强调的是，比例标准的计算期间一般按一个纳税年度计算。其中，比例计算公式的分子是查补年度逃税数额，而计算公式的分母即应纳税总额，是指纳税人在该查补年度所应缴纳各税种应纳税额的总和，具体包括纳税人已申报应纳各税种税款的总额与查出应补缴各种税款的总额。另外，比例标准是只要其中一个纳税年度达到 10% 以上即可，而逃税数额标准若“未经处理的”，可以各纳税年度累计计算。

《刑法》和《最高人民检察院 公安部关于公安机关管辖的刑事案件立案追诉标准的规定（二）》还规定了“纳税人五年内因逃避缴纳税款受过刑事处罚或者被税务机关给予二次以上行政处罚，又逃避缴纳税款的”，以此作为犯罪的次数标准。

为此，逃税犯罪行为应区分为两种情形，其立案追诉标准不同。一是对于纳税人逃税的，立案追诉标准应同时满足“数额 + 比例”的两个条件。当同时符合这两个条件以后，再判断是否达到犯罪的次数标准，再判断是否符合处罚阻却事由。既达到数额加比例和次数标准，又不具有处罚阻却事由的，才构成逃税罪。二是对于扣缴义务人逃税的，只要满足已扣、已收未缴税款数额在五万元以上的其中一个条件即可构成逃税罪。

说明一下，这里所说的“不具有处罚阻却事由”，是指“经税务机关依法下达追缴通知后，不补缴应纳税款、不缴纳滞纳金或者不接受行政处罚的”情形。“未经处理”，是指纳税人或者扣缴义务人在五年内多次实施偷税行为，但每次偷税数额均未达到《刑法》第二百零一条法规的构成犯罪的数额标准，且未受行政处罚的情形。

（二）逃税罪中的“不构成逃税罪”与“定罪免刑”应当区别处理

1. 不构成逃税罪

《刑法》规定了不构成逃税罪、不予追究刑事责任的标准，即处罚阻却事由，是指“经税务机关依法下达追缴通知后，补缴应纳税款，缴纳滞纳金，已受行政处罚的”情形。逃税罪处罚阻却事由的成立，需要同时满足三个条件。第一，逃税行为符合《刑法》第二百零一条第一款所规定的数额和该数额所占的比例的要求，如果不符合这一要求，则不属于逃税犯罪行为，就不存在适用逃税罪处罚阻却事由的问题。第二，在案件进入司法程序前，纳税人补缴税款及滞纳金并接受行政处罚，若案件进入司法程序后再补缴税款及滞纳金并接受处罚的，则不得免于刑事责任。需要强调的是：如果存在特殊情况，税务机关依法应当不予税务行政处罚（例如根据《税收征收管理法》第八十六条的规定，“纳税人违反税收法律、行政法规应当给予行政处罚的行为，税务机关在五年内未被发现的，不再给予行政处罚”。再如，纳税人已依法注销了营业执照，这时再发现其存在注销前的欠缴税款的违法行为，因缺失违法责任的承担主体，税务机关无法对已注销的“纳税人”进行行政处罚。在这些情况下，税务机关没有给予税务行政处罚的，也应当属于“已受行政处罚”的情形）。第三，不存在五年内因逃避缴纳税款受过刑事处罚或者被税务机关给予二次以上行政处罚的情形。适用处罚阻却事由，需要注意两点：一是处罚阻却事由的结果是不予追究刑事责任，它与免于追究刑事责任不同，前者是不构成犯罪，后者是犯有逃税罪；二是处罚阻却事由仅指有《刑法》二百零一条第一款行为的，即针对的是纳税人逃税，对扣缴义务人逃税的，没有处罚阻却事由，即使在税务机关依法下达追缴通知后补缴了应纳税款、缴纳了滞纳金、接受了行政处罚，也要追究刑事责任。

不构成逃税罪的还有一种情形，就是偷逃税款未经税务行政处置直接移送司法机关追究刑事责任。有一个湖北省高级人民法院的刑事审判案件[湖北省高级人民法院刑事判决书（2019）鄂刑再5号]曾经被中国法学会财税法学研究会评选为2021年10个具有年度影响力的税务司法审判案例之一。该案的最大意义在于对逃税罪的刑事追责问题明确了一个重要原则：未经行政处置程序而直接追究涉嫌逃税当事人的刑事责任，就剥夺了纳税义务人纠正纳税行为的权利，在此情况下，不应当判定当事人构成犯罪。税务稽查实践中，这种不经税务行政处理就移送司法机关最后被追究刑事责任的情况也许凤毛麟角，但从这个司法判例来看，相关情况还是存在过的，要引以为戒。

不构成犯罪逃税罪的，是否还应当移送公安机关呢？《刑事诉讼法》第一百一十二条规定，认为有犯罪事实需要追究刑事责任的时候，应当立案；认为没有犯罪事实，或者犯罪事实显著轻微，不需要追究刑事责任的时候，不予立案。由此可以看出，对涉嫌逃税罪的案件来说：构成犯罪，需要以刑事案件立案的，应当移送公安机关；不构成犯罪，不需要以刑事案件立案的，就不需要移送公安机关。

2. 定罪免刑

所谓“定罪免刑”，一般来说，是指行为触犯刑法，构成犯罪，但是因为情节显著轻微、社会危害性不大，悔罪表现良好，故免予刑事处罚。

如果行为被认定构成犯罪，那么随之就会产生刑事责任的问题，定罪免刑是刑法所规定的刑事责任的解除方式，对于犯罪主体而言，该方式惩罚更轻。我国《刑法》第三十七条规定了非刑罚性处置措施，即为定罪免刑方式的体现和依据。该条款有两层含义：第一，对于犯罪情节轻微、不需要判处刑罚的犯罪分子，可以免予刑事处罚。这里的“犯罪情节轻微”和“不需要判处刑罚”是“可以免予刑事处罚”必须同时具备的两个条件，也就是说，只有在既属“犯罪情节轻微”又“不需要判处刑罚”的情况下，对犯罪分子才“可以免予刑事处罚”。“犯罪情节轻微”是指已经构成犯罪，但犯罪的性质、情节及危害后果都很轻。“不需要判处刑罚”是指犯罪情节轻微，犯罪人认罪、悔罪，对其没有判处刑罚必要的。第二，对“免予刑事处罚”的犯罪分子，可以根据案件的不同情况，采用非刑罚方法处理。根据本条的规定，可以采用的非刑罚方法包括两种情况：一是在人民法院判处免予刑事处罚的同时，根据案件的不同情况，对犯罪分子予以训诫或者责令具结悔过、赔礼道歉、赔偿损失；二是由人民法院交由主管部门予以行政处罚或者行政处分。

免予刑事处罚的案件，是否也如同不予刑事处罚的案件一样无须移送公安机关呢？从上面的分析得知，免予刑事处罚不是税务机关能够判定的，需要由人民法院经过审理作出决定。一般情况下，人民法院应当先认定其行为已构成逃税罪，但是本着惩罚与教育相结合的原则以及宽严相济的刑事政策，根据案件全部量刑情节，结合被告人的犯罪行为、危害后果、严重程度和被告人的悔罪表现，决定对被告人免予刑事处罚。故而，税务稽查部门对此类案件仍应作出案件移送的处理决定，移送至公安机关。

（三）涉嫌逃税罪案件的移送主体是作出案件移送决定的税务机关

2021 年 7 月 12 日，国家税务总局修订发布《税务稽查案件办理程序规定》（国家税务总局令第 52 号）。修订过程中，按照“内外有别”的原则，将稽查内部工作流程和管理规定的相关内容全部剥离。为此，《税务稽查案件办理程序规定》要求：“税收违法行为涉嫌犯罪的，填制涉嫌犯罪案件移送书，经税务局局长批准后，依法移送公安机关，”即税务稽查局长没有涉嫌逃税罪案件移送的审批权，该审批权属于税务局局长。另一方面，对于涉嫌犯罪案件的具体移送工作流程，《重大税务案件审理办法》（国家税务总局令第 51 号）第十一条规定，“拟移送公安机关处理的案件属于本办法所称重大税务案件的范围，即涉嫌犯罪案件移送前需要经过重大税务案件审理。”另外，国家税务总局内部管理流程又以税务稽查规范的形式明确，由审理部门制作《涉嫌犯罪案件移送书》《税务行政执法审批表》逐级报批，并将《涉嫌犯罪案件移送书》连同《涉嫌犯罪案件情况调查报告》及案件主要证据材料复印件，在税务局长作出批准决定的24小时内向同级公安机关移送。

至此，疑问还是没有解除：既然《税务稽查案件办理程序规定》《重大税务案件审理办法》和总局内部管理流程对案件的具体移送程序规定得很明确，需要由税务稽查部门实施，但是，以谁的名义移送？《涉嫌犯罪案件移送书》应加盖谁的印章？相关规定仍然不明朗、很模糊，难免会给税务稽查工作带来困扰。

我们再从《国家税务总局关于修订部分税务执法文书的公告》（国家税务总局公告2021年第23号）与《国家税务总局关于〈税务稽查执法文书式样〉的公告》（国家税务总局公告2012年第2号）中对《涉嫌犯罪案件移送书》式样的修改做一前后对比，并对《重大税务案件审理办法》有关审理范围和国家税务总局税务稽查规范有关流程的设计进行仔细分析，看看可否得出这样的结论：经重大税务案件审理涉嫌犯罪案件的移送主体是税务机关，未经重大税务案件审理涉嫌犯罪案件的移送主体是税务稽查部门。理由有三：

第一，对比修改前后的《涉嫌犯罪案件移送书》，有两个地方值得关注：其一，文书式样中的案件移送主体由原来的“税务局”修改为“税务局（稽查局）”，这种修改意味着涉嫌犯罪案件的移送主体既可以是税务局，也可以是稽查局。其二，在文书使用说明中，有一条保留下来了，就是“对有一定的涉嫌犯罪线索，但依税务机关法定职权无法查证并作出税务处理、处罚决定的税收违法行为，税务机关可以依法移送公安机关”。这样就很明白了，文书式样对移送机关的修改其实就是针对这种情况而言的：对于一般移送案件来说，移送的主体是税务局；而对于有一定的涉嫌犯罪线索、依税务机关法定职权无法查证的案件来说，移送的主体是稽查局。

第二，从重大税务案件审理范围来看，“拟移送公安机关处理的案件”属于重大税务案件的范围，“公安机关尚未就税收违法行为立案，但被查对象为走逃（失联）企业，并且涉嫌犯罪的”案件则不属于重大税务案件的范围。由此可以推出这样的结论，对一般移送案件而言，需要经过完整案件调查和审理程序，最后经过重大税务案件审理，由税务局局长决定案件移送，所以移送机关就是税务局。对特殊案件而言，由于不能顺利调查获取充足的证据，仅有一定的线索能够证明行为人有涉税违法犯罪的嫌疑，这个案件就不需要经过重大税务案件审理，案件的移送主体就应该是稽查局。

第三，从国家税务总局设计的税务稽查内部管理流程来看，涉嫌犯罪案件的移送程序是经稽查局集体审理或者经所属税务局重大税务案件审理决定移送的案件，由审理部门制作《涉嫌犯罪案件移送书》《税务行政执法审批表》逐级报批。这里要区分两种情况：其一是经稽查局集体审理决定移送，其二是经所属税务局重大税务案件审理决定移送，在这两种情况下，案件的移送决定的行政主体是不一致的：尽管都需要经税务局局长批准，但是案件的移送主体分别应该是稽查局或者是税务局。

由此可见，涉嫌逃税案件由于其不是“有一定的涉嫌犯罪线索，但依税务机关法定职权无法查证并作出税务处理、处罚决定的”，其案件的移送主体应当是税务机关，而非税务稽查部门，《涉嫌犯罪案件移送书》上应加盖税务局的印章。

（四）逃税罪的犯罪主体是特殊主体，必须是纳税人或者扣缴义务人

从《刑法》法条规定来看，逃税罪是身份犯，一般认为逃税罪的犯罪主体包括纳税人和扣缴义务人，既可以是自然人，也可以是单位。只有法律规定具有纳税义务或者扣缴税款义务的人，才具备逃税罪的资格，其他人不成立逃税罪，但可以成立逃税罪的共同犯罪。教唆、帮助纳税人或者扣缴义务人实施逃税行为的，以逃税罪的共犯论处。为此，如果纳税人或

者扣缴义务人的单位法定代表人或者实际负责的主管人员决策并指派相关人员代表单位实施了《刑法》法条所列“欺骗、隐瞒”等逃税行为，该法定代表人或者实际负责的主管人员就应对其任职期间单位的逃税行为承担单位负责人的刑事责任。不过，若其在税务机关下达追缴通知前已离任，对单位的经营活动不再负有主管职权，单位未补缴应纳税款、滞纳金、未接受行政处罚等并非由其参与决策，就不应对单位逃税犯罪承担责任。实际上，在税务稽查工作中，税务机关移送涉嫌犯罪案件时，其实不需要很明确地确定犯罪主体的身份，因为移送的是案件，而不是犯罪嫌疑人。《国家税务总局关于修订部分税务执法文书的公告》（国家税务总局公告2021 年第 23 号）中的《涉嫌犯罪案件移送书》式样就可说明这一点，其使用说明中明确：“__________一案”的横线处填写移送案件的名称。

（五）逃税犯罪案件应当在税务机关作出决定的生效日期之后移送

根据《关于在行政执法中及时移送涉嫌犯罪案件的意见》（高检会〔2006〕2 号）、《关于加强行政执法与刑事司法衔接工作的意见》（中办发〔2011〕8 号）、《行政执法机关移送涉嫌犯罪案件的规定》（国务院令第 310 号）等文件的规定，税务机关在查办案件过程中，对符合刑事追诉标准、涉嫌犯罪的案件，应当及时向同级公安机关移送，并且要求“行政执法机关正职负责人或者主持工作的负责人应当自接到报告之日起 3 日内作出批准移送或者不批准移送的决定”。根据《行政处罚法》第八十二条、《刑法》第四百零二条的规定，行政机关对应当依法移交司法机关追究刑事责任的案件不移交、以行政处罚代替刑事处罚，由上级行政机关或者有关机关责令改正，对直接负责的主管人员和其他直接责任人员依法给予处分；情节严重构成犯罪的，依法追究刑事责任。如果行政执法人员徇私舞弊，对依法应当移交司法机关追究刑事责任的案件不移交的，还有可能会被追究徇私舞弊不移交刑事案件罪。

《税务稽查案件办理程序规定》（国家税务总局令第52号）将案件的移送作为审理管理环节的工作内容，并不意味着案件移送时间为审理结束时间。因为如果审理结束时将案件移送公安机关，税务稽查部门作出的税务处理、处罚决定还没生效，税务文书送达与执行等环节还没有完成。另外，根据《行政复议法》和《行政诉讼法》的规定，公民、法人或者其他组织在知道或者应当知道税务机关作出具体行政行为之日起60日内享有提出行政复议申请、三个月内提起行政诉讼的权利。如果忽略纳税人、扣缴义务人申请税务行政复议、诉讼的时效，将被认为剥夺了他们寻求行政救济的权利，案件移送程序的合法性将会受到质疑。为此，建议将案件移送的时间界定为税务机关作出决定的生效日期，即应在纳税人的所有法律救济期限全部结束之日。

（六）涉嫌犯罪案件的移送资料需要根据案件办理情况而定

根据《税务稽查案件办理程序规定》（国家税务总局令第52号）、《国家税务总局关于修订部分税务执法文书的公告》（总局公告2021年第23号）等文件规定，案件的移送资料包括涉嫌犯罪案件情况的调查报告、涉嫌犯罪的主要证据材料复制件和其他有关涉嫌犯罪的材料。

涉嫌犯罪移送的案件分为两种情形：一种是案件经过完整的税务稽查程序，并且经过重大税务案件审理，已经作出了税务处理决定、处罚决定，移送的资料还应包括《税务处理决定书》《税务行政处罚决定书》的复制件；另一种是有一定的涉嫌犯罪线索，但依税务机关法定职权无法查证并作出税务处理、处罚决定，移送的资料就只有涉嫌犯罪案件情况的调查报告和涉嫌犯罪的主要线索材料复制件。

根据《公安机关受理行政执法机关移送涉嫌犯罪案件规定》（公通字〔2016〕16号）的规定，对移送材料不全的，税务机关可以在公安机关书面告知后补正。若确因执法权力受限而无法查证和补充证据的，公安机关不得拒绝受理，应当由公安机关自行调查。

§3 06

以骗取国家税款为目的，是虚开增值税专用发票犯罪构成的核心要件吗？

【要点导读】

税务稽查实务中，将涉嫌违法犯罪的案件移送至公安机关时，对于被查对象是否应当移送以及应当以何种罪名移送，时常产生分歧。例如：

（1）虚开增值税专用发票罪是行为犯还是结果犯？

（2）对于“变票”虚开增值税专用发票的行为，是否应当以虚开增值税专用发票罪论处？

（3）“有货虚开”行为肯定不构成虚开增值税专用发票罪，甚至无罪吗？

【实务问题】

从税务机关对虚开发票案件检查的情况来看，虚开增值税发票行为从发票的真伪可以分为“真票虚开”与“假票虚开”。

“真票虚开”是指从税务机关领取并开具与实际经营业务情况不符的发票，这是虚开发票的主要表现形式，开具的基本上都是增值税专用发票。

“假票虚开”是指使用私自印制、伪造、变造、非法取得（含套用合法发票代码、号码）或者废止的发票开具与实际经营业务情况不符的发票，其目的主要是报销费用、列支成本、套取资金，以普通发票居多。

随着税务机关着力优化营商环境，领取发票便利化措施的持续推进以及电子发票的推广和应用，“假发票”呈下降趋势、偶发态势。

在实务中，虚开增值税专用发票违法行为有多种表现形式，是否都会因此构成虚开增值税专用发票罪，即如何界定虚开增值税专用发票罪的“虚开”行为，一直以来都是司法与执法的难题。是肯定还是否定，在法学界和实务界都引起了争议，甚至人民法院对相同类型的违法行为也作出了迥然不同的审理决定。税务稽查实务中，涉嫌违法犯罪的案件移送公安机关时，对被查对象是否应当移送以及应当以何种罪名移送，时常产生分歧。下面，我们提出几个争议较大的实务问题，并展开讨论。

（一）虚开增值税专用发票罪是行为犯还是结果犯?

对于虚开增值税专用发票罪，主要有两种观点：一种观点认为，如果虚开、代开增值税等发票的行为不具有骗取国家税款的危险，则不宜认定为虚开增值税专用发票罪，即虚开增值税专用发票罪是应结果导向作出判决，是结果犯；另一种观点则认为，虚开增值税专用发票属于行为犯，并不宜套用“未遂”来减轻或避免刑事责任的判决。《刑法》第二百零五条第一款规定了“虚开增值税专用发票罪”，在法条中表述为“虚开增值税专用发票或者虚开用于骗取出口退税、抵扣税款的其他发票”。对此，他们认为，对于增值税专用发票，只要按照《发票管理办法》的规定认定属于“虚开”即可，也就是说只要实施了虚开行为即构成本罪；而虚开其他发票，目的则必须是“用于骗取出口退税、抵扣税款”。因此，一些人认为本罪是典型的行为犯，理由是法条并未要求行为人必须具备特定的目的，更未要求本罪必须造成国家税款损失的后果。

（二）对于“变票”虚开增值税专用发票的行为，是否应当以虚开增值税专用发票罪论处?

实务中出现的所谓“变票”虚开增值税专用发票行为，是指成品油生产企业购进非应税消费品（如品名为沥青或重质油、沥青混合物），开具货物品名为应税消费品（如燃料油）以达到逃避缴纳消费税的目的。在具体的操作上，往往通过贸易公司（开票公司），在没有实际货物买卖的情况下虚构货物的购销业务，以赚取开票手续费的方式实施“变票”行为。

实务案例

案例3-6-1
浙江金华陈某某“变票”虚开犯罪案

［浙江省高级人民法院刑事判决书（2018）浙刑终361号］

优贸公司作为贸易中介商，与上游供货企业签订购货合同，购进品名为沥青（或重质油、沥青混合物）、200#道路石油沥青的货物并接受进项增值税专用发票。优贸公司收到上游供货企业所开具的品名为沥青（或重质油、沥青混合物）、200#道路石油沥青的增值税专用发票后，将下家购货企业提供的购货资金作为货款支付给上家供货企业，并通知上家供货企业在收到货款后，将所售货物直接交付给下家购货企业。待下家购货企业收到货物后，优贸公司再开具销项增值税专用发票，并在开票过程中将增值税专用发票的品名由进项发票中的沥青、200#道路石油沥青改变为销项发票中的燃料油，同时将发票中每吨货品的销售单价在进价的基础上提高40至50元，作为优贸公司自身的利润。

对此，被告人上诉称：“第一，陈某某及其公司参与实施的变名销售行为，其性质属于偷逃消费税的违法行为。增值税专用发票项下的油品真实存在，增值税款不受影响。油品作为大宗交易，交易规范和贸易习惯与一般货物有所差异，没有现场验货不等于无真实交易。因此本案有真实的货物交易基础，虽有关主体涉嫌偷逃消费税，但增值税未受影响。第二，优贸公司和信义公司没有开具金额或者数量不实的增值税专用发票。第三，陈某某的行为客观上没有造成国家税款的损失。第四，即使陈某某涉嫌犯罪，也只是涉嫌逃税罪，在没有进行行政处罚的前提下，不能定罪处罚。”

浙江省高级人民法院认为："刑法规定和司法解释均没有明确要求构成虚开增值税专用发票要以偷逃增值税为前提。""被告人陈某某、徐某某在没有真实货物交易的情况下，为他人虚开增值税专用发票，造成国家巨额税款损失，其行为均已构成虚开增值税专用发票罪，依法应予惩处。"

在司法实践中，对于骗取国家税款如何解释，也是一个存在争议的问题。其中一种观点对国家税款的解释较为宽泛，其虽然肯定虚开增值税专用发票罪的成立应当具有骗取国家税款的目的，但同时认为这里的"国家税款"除了增值税以外，还包括其他税种（如"变票"案件中的消费税）。

（三）"有货虚开"行为肯定不构成虚开增值税专用发票罪，甚至无罪吗？

如何对"有货虚开"进行法律定性，在司法实践中有两种截然不同的观点。有一种观点认为，行为人是否有骗取税款的目的，与有无真实交易之间没有必然的联系。"有货"的"虚开"也可构成本罪，有货交易的行为人完全可能打着有真实交易的幌子，通过虚开骗取税款。相应的，"无货"的"虚开"，如果不是为了骗取税款，就不能以本罪论处。例如，刑事判决书（2015）汶刑初字第130号中，山东省汶上县人民法院认为，被告单位乾昌公司、被告人李某某在没有实际商品交易的情况下让他人为自己开具增值税专用发票，被告单位邦甲公司、润德公司、诚可铭公司虽然存在实际商品交易，但其接受的增值税专用发票并非交易对方单位开具的，而是由交易对方单位以外的其他单位代开的，被告人孙某某积极联络开票方为受票方虚开增值税专用发票，被告人郑某某主动联系开票公司为他人虚开增值税专用发票，被告人杨某按照本公司老板安排为他人虚开增值税专用发票，其行为均已构成虚开增值税专用发票罪，且虚开的税款数额巨大，依法应予惩处。

然而，也有一些司法判例，在终审判决中没有把"有货虚开"定性为虚开增值税专用发票罪的行为。

实务案例

案例3－6－2
崔某某虚开用于抵扣税款发票案

［青岛市中级人民法院（2017）鲁02刑再2号］

本案中，原审被告人崔某某因虚开用于抵扣税款发票，曾先后被山东省沂源县人民法院、淄博市中级人民法院认定构成犯罪并判刑。后经多次申诉，山东省高级人民法院指令青岛市中级人民法院对本案进行再审。

青岛市中级人民法院再审认为："崔某某没有骗税目的，找他人代开发票行为与以骗税为目的的虚开犯罪行为的社会危害性不可相提并论，在不能证明被告人有骗取抵扣税款或帮助他人骗取抵扣税款故意的情况下，仅凭借找其他公司代开发票的行为就认定其构成此类犯罪不符合立法本意，也不符合主客观相一致原则和罪刑相适应原则。原审法院认定原审上诉人崔某某犯虚开用于抵扣税款发票罪的事实不清、证据不足。故重新作出终审判决：撤销原判决，被告人崔某某无罪。"

【文件规定】

（一）关于虚开发票行为的规定

《发票管理办法》第二十二条规定："开具发票应当按照规定的时限、顺序、栏目，全部联次一次性如实开具，并加盖发票专用章。""任何单位和个人不得有下列虚开发票行为：（一）为他人、为自己开具与实际经营业务情况不符的发票；（二）让他人为自己开具与实际经营业务情况不符的发票；（三）介绍他人开具与实际经营业务情况不符的发票。"

《发票管理办法》第三十七条规定："违反本办法第二十二条第二款的规定虚开发票的，由税务机关没收违法所得；虚开金额在一万元以下的，可以并处五万元以下的罚款；虚开金额超过一万元的，并处五万元以上五十万元以下的罚款；构成犯罪的，依法追究刑事责任。”“非法代开发票的，依照前款规定处罚。”

（二）关于虚开发票犯罪的规定

《刑法》第二百零五条第一款规定：“【虚开增值税专用发票、用于骗取出口退税、抵扣税款发票罪】虚开增值税专用发票或者虚开用于骗取出口退税、抵扣税款的其他发票的，处三年以下有期徒刑或者拘役，并处二万元以上二十万元以下罚金；虚开的税款数额较大或者有其他严重情节的，处三年以上十年以下有期徒刑，并处五万元以上五十万元以下罚金；虚开的税款数额巨大或者有其他特别严重情节的，处十年以上有期徒刑或者无期徒刑，并处五万元以上五十万元以下罚金或者没收财产。”

《最高人民法院关于适用〈全国人民代表大会常务委员会关于惩治虚开、伪造和非法出售增值税专用发票犯罪的决定〉的若干问题的解释》（法发〔1996〕30号）规定：“具有下列行为之一的，属于‘虚开增值税专用发票’：（一）没有货物购销或者没有提供或接受应税劳务而为他人、为自己、让他人为自己、介绍他人开具增值税专用发票；（二）有货物购销或者提供或接受了应税劳务但为他人、为自己、让他人为自己、介绍他人开具数量或者金额不实的增值税专用发票；（三）进行了实际经营活动，但让他人为自己代开增值税专用发票。”

《最高人民法院关于虚开增值税专用发票定罪量刑标准的通知》（法〔2018〕226号）规定：“虚开的税款数额在五万元以上的，以虚开增值税专用发票罪处三年以下有期徒刑或者拘役，并处二万元以上二十万元以下罚金；虚开的税款数额在五十万元以上的，认定为刑法第二百零五条规定的‘数额较大’；虚开的税款数额在二百五十万元以上的，认定为刑法第二百零五条规定的‘数额巨大’。”

《最高人民法院关于如何认定以“挂靠”有关公司名义实施经营活动并让有关公司为自己虚开增值税专用发票行为的性质的复函》（法研

〔2015〕58号）第一条、第二条规定：“挂靠方以挂靠形式向受票方实际销售货物，被挂靠方向受票方开具增值税专用发票的，不属于《刑法》第二百零五条规定的‘虚开增值税专用发票’”“行为人利用他人的名义从事经营活动，并以他人名义开具增值税专用发票的，即便行为人与该他人之间不存在挂靠关系，但如行为人进行了实际的经营活动，主观上并无骗取抵扣税款的故意，客观上也未造成国家增值税款损失的，不宜认定为《刑法》第二百零五条规定的‘虚开增值税专用发票’；符合逃税罪等其他犯罪构成条件的，可以其他犯罪论处。”

《最高人民检察院关于充分发挥检察职能服务保障“六稳”“六保”的意见》（2020年7月24日）规定：“注意把握一般涉税违法行为与以骗取国家税款为目的的涉税犯罪的界限，对于有实际生产经营活动的企业为虚增业绩、融资、贷款等非骗税目的且没有造成税款损失的虚开增值税专用发票行为，不以虚开增值税专用发票罪定性处理，依法作出不起诉决定的，移送税务机关给予行政处罚。”

【指导建议】

与虚开增值税专用发票是否涉嫌犯罪有关的情形有：无罪、逃税罪、虚开增值税专用发票罪、非法购买或者非法出售发票罪等。

在税务稽查实践中，虚开增值税专用发票的实际情况千差万别，为了有效控制税务行政诉讼案件败诉可能性以及最大限度保证公平正义，税务部门应和司法机关加强沟通协调，做好行刑衔接工作。

虚开增值税专用发票行为是最常见的虚开发票违法行为，属于行政法范畴的行为犯，而不管是否具有主观故意或者是否造成了实际的税款损失，也不管虚开发票数额多少，只要发生虚开发票违法行为，即可对其进行处罚，虚开数额只是处罚金额的衡量标准。构成犯罪的，还应当依法追究刑事责任。

对于虚开增值税专用发票罪，《刑法》第二百零五条的规定与《发票管理办法》第二十二条规定的判断标准有所区别。

（一）虚开增值税发票罪是行为犯、目的犯和结果犯“三合一”

仅从《刑法》第二百零五条及其司法解释法条文字的表述来看，只要行为人实施了虚开行为，即可构成本罪（虚开增值税专用发票、用于骗取出口退税、抵扣税款发票罪），在逻辑上并没有建立起虚开行为与骗取国家税款之间的关联性。然而，从立法历史来看，1995 年 10 月 30 日，《全国人大常委会关于惩治虚开、伪造和非法出售增值税专用发票犯罪的决定》（以下简称《决定》）首次将这种行为规定为犯罪，并设置了最高可判处死刑的严厉法定刑，其立法目的是针对增值税改革后出现了利用增值税专用发票非法抵扣国家税款和骗取出口退税款的行为，尤其是出现了以虚开增值税专用发票为唯一“业务”的皮包公司。在当时特定的时代环境下，虚开增值税专用发票行为均是以骗取国家税款为目的，而以虚增业绩但不以骗取国家税款为目的的对开、环开增值税专用发票行为尚未出现。因此，虽然《决定》中没有规定“虚开”行为要以骗取国家税款为目的，但是仍有相关内容的表述，即“为了惩治虚开、伪造和非法出售增值税专用发票和其他发票进行偷税、骗税等犯罪活动，保障国家税收，特作如下规定”。

虚开增值税专用发票罪第一次入刑是 1997 年 3 月 14 日第八届全国人民代表大会第五次会议修订《刑法》第二百零五条，该法条的立法本意与《决定》一致，为了惩治这种套取国家税款的欺骗行为，立法机关在《刑法》已有诈骗罪之外，又设置了以虚开行为为构成要件的罪名。并且在法条中写明“有前款行为骗取国家税款，数额特别巨大、情节特别严重，给国家利益造成特别重大损失的，处无期徒刑或者死刑，并处没收财产”。值得注意的是，2011 年 2 月 25 日，《刑法修正案（八）》不仅废除了本罪的死刑，而且删去了“有前款行为骗取国家税款”这一表述。

《刑法》第二百零五条关于虚开增值税专用发票罪的罪状表述，采用了简单罪状的表述方式，即“虚开增值税专用发票或者虚开用于骗取出口退税、抵扣税款的其他发票的，处三年以下有期徒刑或者拘役，并处二万元以上二十万元以下罚金”。这一规定仅简单表述了本罪的客观方面特征，对于本罪的主观方面，包括是否要求必须有骗取税款的目的，则并不能从法条的表述中得出结论。实际上，立法中使用简单罪状一般是因为立法者认为这些犯罪的特征易于被人理解和把握，无须在法律上做具体的描述。

最高人民法院多次通过复函的方式表明观点，例如，《最高人民法院研究室答复公安部经济犯罪侦查局的复函》（法研〔2015〕58 号）中明确，“虚开增值税发票罪的危害实质在于通过虚开行为骗取抵扣税款”。2016 年 11 月 16 日，最高人民法院姚龙兵法官在《人民法院报》发表《如何解读虚开增值税专用发票罪的“虚开”》一文，认为：虚开增值税专用发票罪，包括《刑法》第二百零五条第一款规定的虚开用于骗取出口退税、抵扣税款发票罪在内，均要求有骗取税款的主观目的，如不具备该目的，则不能认定为《刑法》第二百零五条之“虚开”行为，不能以该罪论处。2018 年 12 月，最高人民法院作为指导案例公布的“张某强虚开增值税专用发票案”的法院裁判意见为：“不以骗税为目的、未造成国家税款损失的行为，不构成虚开增值税专用发票罪。”

通过以上分析，可以得出结论：结合《最高人民法院关于虚开增值税专用发票定罪量刑标准的通知》（法〔2018〕226 号）的规定，构成虚开增值税专用发票罪必须满足三个条件：一是以骗取国家税款为目的；二是实施虚开增值税专用发票的行为；三是虚开的税款数额在五万元以上。

为此，构成虚开增值税专用发票罪，与是否“有货”没有必然的联系。对于“有货”型虚开增值税专用发票，可从两方面来看。在行政违法范畴，根据《国家税务总局关于加强增值税征收管理若干问题的通知》（国税发〔1995〕192 号）第一条第（三）项的规定，“购进货物或应税劳务支付货款、劳务费用的对象。纳税人购进货物或应税劳务，支付运输费用，所支付款项的单位，必须与开具抵扣凭证的销货单位、提供劳务的单位一致，才能够申报抵扣进项税额，否则不予抵扣。”“有货虚开”直接违背了上述关于增值税发票“三流一致”的形式要求，因此税务机关一般不会认同。在刑事犯罪范畴，根据《最高人民法院关于适用〈全国人民代表大会常务委员会关于惩治虚开、伪造和非法出售增值税专用发票犯罪的决定〉的若干问题的解释》（法发〔1996〕30号）规定了属于“虚开增值税专用发票”的三种情形：“（一）没有货物购销或者没有提供或接受应税劳务而为他人、为自己、让他人为自己、介绍他人开具增值税专用发票；（二）有货物购销或者提供或接受了应税劳务但为他人、为自己、让他人为自己、介绍他人开具数量或者金额不实的增值税专用发票；（三）进行了实际经营活动，但让他人为自己代开增值税专用发票。”

虚开增值税专用发票罪的核心构成要素不是有无真实货物交易，而是有无骗取税款，即如果无货虚开的行为并没有造成骗取税款后果的，仍不以本罪论处。2020年7月24日发布的《最高人民检察院关于充分发挥检察职能服务保障“六稳”“六保”的意见》中明确，要注意把握一般涉税违法行为与以骗取国家税款为目的的涉税犯罪的界限，对于有实际生产经营活动的企业为虚增业绩、融资、贷款等非骗税目的且没有造成税款损失的虚开增值税专用发票行为，不以虚开增值税专用发票罪定性处理，依法作出不起诉决定的，移送税务机关给予行政处罚。而有货虚开行为，第三方开具的发票采取“移花接木”的方式，即本应计算缴纳增值税，而虚开后未产生新的税款，此时可以判定该纳税人的目的是骗取国家税款，在客观上也给国家税款造成了损失，是为了抵扣在真实货物交易过程中不应该抵扣的税款。实践中，一些单位或个人在购进货物时，与销售方约定以不需要发票作为交易条件，以所谓“不含税”的低价购进货物；之后，购货方又从第三方获取进项发票，向税务机关申报抵扣，以“降低成本”。这种情形因购货方在购买环节没有缴税，故其不能享有抵扣的权利，其以从第三方取得的发票向国家申请抵扣税款，本质上是以套取国家增值税款的方式降低自己的成本，是将自己的交易成本部分转嫁给国家承担的行为，与无货虚开的利用增值税专用发票套取国家税款的行为在本质上没有区别。对这种行为，当然应以虚开增值税专用发票罪论处。

（二）骗取国家税款与逃避缴纳税款有着本质的区别，不能混淆

以骗取国家税款为目的是虚开增值税专用发票犯罪构成的核心要件，虚开增值税专用发票罪之“骗取国家税款”，包含两个层面的意思：

一是“骗”。这里的“骗”与“逃”相对应，要分清虚开增值税专用发票罪与逃税罪的界限。

在税法上，所谓增值税是指对销售货物、提供应税服务、进口货物的增值额征收的税收。而增值税专用发票是增值税一般纳税人销售货物或者提供应税服务开具的发票，是购买方支付增值税税额并可按照有关规定将其作为进项税额予以抵扣当期的销售税额的凭证。

增值税专用发票的根本特征在于可以用于抵扣税款，其基本原理在于，纳税人计提的销项税额是全额缴给国家的增值税款，国家通过用进项税额抵扣销项税额的方式，将全额缴纳的增值税调整为对增值额缴纳的税款。因此，抵扣税款的本质是国家退还纳税人实际垫付的款项。在虚开增值税专用发票的情况下，纳税人虚构货物或者应税服务，利用虚开的增值税专用发票抵扣税款，实质就是没有实际垫付款项，却以抵扣的方式获取了国家税款，因而骗取了国家款项。这种骗取国家税款的行为是将应属于国家的财产非法据为己有，是一种诈骗行为，是财产犯。而偷逃国家税款的行为在性质上与骗取国家税款完全不同：偷逃税款是指纳税义务人隐藏自己的财产而不履行纳税义务，致使国家应当收缴的税款未能收缴，由此造成国家税款的流失，因而具有义务犯的性质。

因此，利用虚开增值税专用发票进行抵扣的，属于骗取国家税款的行为。“虚开”犯罪的危害实质是“骗”，对国家税收征管秩序造成的危害结果是根本性的、极其严重的。而“逃税”犯罪的危害实质是“逃”，对国家税收征管秩序不产生根本性的负面影响。

二是“税”。其中，虚开增值税专用发票罪所涉及的税种仅指增值税。

在虚开增值税专用发票罪中，“造成税款损失”里的“税款”指的是被骗取的税款。如果是被逃避的税款，则不在本罪评价范围内，实际上与是什么税种无关。但是，由于我国现存的全部税种中只有增值税和出口退税这两类税款因其征税原理的特殊性可能存在被骗取的问题，而其他税种只会出现逃避纳税的现象，不可能会出现骗取的问题，所以，从这个意义上来说，虚开犯罪所保护的法益只能是增值税税款。

实务中的“变名票”，即变更发票品名的行为。根据《发票管理办法》第二十二条规定，任何单位和个人不得有为他人、为自己、让他人为自己和介绍他人开具与实际经营业务情况不符的发票的行为。理论上讲，实际经营业务情况不符应当包括发票所有栏次内容，如金额不符、品名不符、开票方不符等。适用同一税率的发票品名变更并不必然影响增值税税款，只要增值税链条中的企业在各自交易环节如实纳税申报，则不会造成增值税税款损失，也不会侵害国家税收利益。实务中，“变名票”行为集中体现在石化行业的偷逃消费税的主观故意犯罪行为。为了遏制此类行为的发生，国家税务总局以税收规范性文件的形式把“变票”行为确定为一种消费税应税行为，即《国家税务总局关于消费税有关政策问题的公告》（国家税务总局公告 2012 年第 47 号）第三条第（一）款规定：“工业企业以外的单位和个人将外购的消费税非应税产品以消费税应税产品对外销售的，视为应税消费品的生产行为，按规定征收消费税。”该条款规定认为，商贸企业变更发票品名并没有发生生产行为，但是税法上却视同发生了生产行为，所以，“变票”的商贸企业应当缴纳消费税。之后，国家税务总局又对生产企业下发了一个文件，要求抵扣税款的企业承担补税责任，即《国家税务总局关于取消两项消费税审批事项后有关管理问题的公告》（国家税务总局公告 2015 年第 39 号）第一条规定：“纳税人以外购、进口、委托加工收回的应税消费品（以下简称外购应税消费品）为原料连续生产应税消费品，准予按现行政策规定抵扣外购应税消费品已纳消费税税款。

经主管税务机关核实上述外购应税消费品未缴纳消费税的，纳税人应将已抵扣的消费税税款，从核实当月允许抵扣的消费税中冲减。”

不难看出，在“变票”行为中，无论是商贸企业（开票公司）还是石化生产企业，其违法行为的主观目的都是为了偷逃税款，应当以《刑法》第二百零一条规定的“逃税罪”定论：其中，生产企业为主犯，商贸企业为从犯。同时，还应该强调一下，如果变更品名的行为是以报销经费、套取资金为目的，尽管没有造成国家税款损失，通过虚开行为也达到了非法获取利益的目的；构成其他犯罪的，还应该追究相关行为人的法律责任。

【参考文献】

·姚龙兵. 如何解读虚开增值税专用发票罪的“虚开”［EB/OL］.（2016-11-16）［2022-12-12］https：//www. chinacourt. org/article/detail/2016/11/id/2350388. shtml。

·税海竞帆. 虚开增值税发票罪的性质判别与司法裁定［EB/OL］.（2018-09-21）［2022-12-12］http：//news. sohu. com/a/521022460_120100289。

第四部分

税务稽查执法依据争议问题分析

《中华人民共和国行政诉讼法》(节选)

第五条　人民法院审理行政案件，以事实为根据，以法律为准绳。

第六十九条　行政行为证据确凿，适用法律、法规正确，符合法定程序的，或者原告申请被告履行法定职责或者给付义务理由不成立的，人民法院判决驳回原告的诉讼请求。

第七十条　行政行为有下列情形之一的，人民法院判决撤销或者部分撤销，并可以判决被告重新作出行政行为:

（一）主要证据不足的;

（二）适用法律、法规错误的;

（三）违反法定程序的;

（四）超越职权的;

（五）滥用职权的;

（六）明显不当的。

§4 01

税务稽查能否依据没有上位法的规范性文件作出税务处理决定？

【要点导读】

稽查局是税法及相关法律的执行部门，关于法律规范适用的合法性，实务中存疑的问题主要有：

（1）税务稽查能否依据没有上位法的规范性文件作出税务处理决定？

（2）税务稽查依据规范性文件进行税务处理，是否为错误适用法律文件？

（3）纳税人应税行为发生、终了在新的规定实施前，但税务局发现违法行为时间在新的规定实施后，应适用旧法还是新法？

【实务问题】

稽查局是税法及相关法律的执行部门，在行政执法过程中必须做到合法，其合法性包括执法主体合法、执法内容合法和执法程序合法。为此，《税务稽查案件办理程序规定》在总则中要求，办理税务稽查案件应当以事实为根据，以法律为准绳，坚持公平、公正、公开、效率的原则。关于法律规范适用的合法性，税务稽查实务中存疑的问题主要有：

（一）税务稽查能否依据没有上位法的规范性文件作出税务处理决定？

不具有明确上位法依据的规范性文件能否适用，一直困扰着广大税务干部。从应然层面上，法律、法规和规章的效力层级较高，它们本应是作出执法行为、履行执法程序的主要依据，也是人民法院审理行政案件之“依据”“参照”。然而，在法律实效层面，大量红头文件尽管层级低，且可能存在种种问题，却具备很强的执行力，在很多时候甚至取代上位法而成为税务机关直接适用的执法依据，也是税务行政复议和行政诉讼案件提供给复议机关和人民法院的规范性文件依据。现行《行政复议法》和《行政诉讼法》关于规范性文件附带审查制度的规定也要求在解决个案的同时一并处理执法依据方面存在的“不合法”问题。

对于能否适用不具有明确上位法依据的规范性文件，税务机关存有异议。一种观点认为，规范性文件区分为授益性和负担性两类，对于后一类规范性文件，如果没有上位法依据或者明确授权，则应认定为不合法；另一种观点认为，对于规范性文件内容的审查，应当结合立法目的、法律精神、原则、权利等进行，并不能认为在上位法之外为行政相对人增设义务的规范性文件一律不合法。其中，比较有代表性的规范性文件是财政部和国家税务总局出台的《财政部、国家税务总局关于规范个人投资者个人所得税征收管理的通知》（财税〔2003〕158 号），其第二条规定：“纳税年度内个人投资者从其投资企业（个人独资企业、合伙企业除外）借款，在该纳税年度终了后既不归还，又未用于企业生产经营的，其未归还的借款可视为企业对个人投资者的红利分配，依照‘利息、股息、红利所得’项目计征个人所得税。”税务机关依据该文件规定征税，属于无上位法依据。对此，在舟山远大海运有限公司诉舟山市地方税务局稽查局、舟山市人民政府案的二审中，法院确认了该文件的合法性。

（二）税务稽查依据规范性文件进行税务处理，是否为错误适用法律文件？

对于大量的除了列入法律渊源之外的其他规范性文件，往往是税务稽查工作中运用比较多的法律依据。在依法进行税务处理时，对于这些规范性文件的适用，不仅仅要考虑其是否与上位法相冲突，还要考虑文件适用的条件是否符合，需要对文件适用的合法性进行审查。如果忽视了这一点，即使是出于保护国家税收利益的目的，也会因侵犯了纳税人的合法权益、错误适用法律而导致税收执法风险。对于规范性文件适用的合法要件之争，在税务稽查实务中时有发生。

实务案例

案例 4 -1 -1
二手房转让查实征收个人所得税争议案

［辽宁省凤城市人民法院行政判决书〔2017〕辽 0682 行初 38 号］

稽查局于 2017 年 5 月 2 日作出丹地凤税处字〔2017〕第 Z001 号《税务处理决定书》，认定：2016 年 7 月 28 日，卢某、胡某某（二人系夫妻关系）将位于凤城市凤凰城区××大街东南××花园两套私有住宅出售给李某、郑某某。卢某、胡某某在填报《诚信保证书》时，各自填报为单身；将所售房产填报为家庭唯一住房，享受了免征个人所得税的优惠政策。经查实后，稽查局根据国办发〔2013〕17 号文件规定（“税务、住房城乡建设部门要密切配合，对出售自有住房按规定应征收的个人所得税，通过税收征管、房屋登记等历史信息能核实房屋原值的，应依法严格按转让所得的 20% 计征”）对卢某、胡某某所卖房产应纳个人所得税实行查实征收。卢某、胡某某各应补缴个人所得税 54 789.09 元。处理意见为：责令限期缴纳税款；不予行政处罚，不课征滞纳金。

2017 年 7 月 12 日，凤城市地方税务局稽查局又下达了《凤城市地方税务局行政复议决定书》（税复决字〔2017〕01 号）、《凤城市地方税务局行政复议决定书》（税复决字〔2017〕02 号）。

卢某、胡某某诉称：上述三个决定书不尊重客观事实，并且错误适用法律条款，应予以撤销。理由是：①卢某、胡某某作为自然人不设置账簿，符合《税收征收管理法》第三十五条第一款“依照法律、行政法规的规定可以不设置账簿的”之规定，没有必须设置账簿以及取得、保管发票及相关凭证的法定义务。②依据国税发（2006）108 号第三条“纳税人未提供完整、准确的房屋原值凭证，不能正确计算房屋原值和应纳税额的，税务机关可根据《税收征收管理法》第三十五条的规定，对其实行核定征税，即按纳税人住房转让收入的一定比例核定应纳个人所得税额。”因此，一是因为时间久远，胡某、卢某某既无法也未提供完整、准确的房屋原值凭证；二是在不扣除住房装修费用以及贷款利息支出的情况下，按照查账征收方式征收，也不能正确计算应纳税额；三是转让住房完全符合《税收征收管理法》第三十五条、国税发（2006）108 号第三条关于核定征收的条件。

该案的争议焦点就是应当依国办发〔2013〕17 号文件查实征收个人所得税还是依国税发〔2006〕108 号核定征收个人所得税。人民法院虽然没有对适用法律是否错误进行表态，但以“税务局在未查清上述事实的基础上维持了凤城市地方税务局稽查局下达的税务处理决定显属不当”为由，作出了撤销三个决定书并责令稽查局重新作出税务处理决定的判决意见。实际上，还有一个很重要的原因是稽查局适用法律错误，从而导致案件败诉。

（三）纳税人应税行为发生、终了在新的规定实施前，但税务局发现违法行为时间在新的规定实施后，应适用旧法还是新法？

任何一个国家的法制建设都有一个历史沿革过程，不可避免地会出现新的规定与旧的规定相衔接的问题，如果新的规定与旧的规定不一致，就会出现应当适用哪个规定的争议。有的人认为，既然有了新的规定，就应该执行新规定，因为即使涉税事项发生在新法施行前，但根据“法不溯及既往”的原则，应当按照新法执行。有的人则认为应该执行旧法，因为一般情况下，新的规定颁布实施时，都会在文件中明确该规定自何时起施行，也就是说，新规定没施行前发生的涉税事项不能适用新规定。

实务案例

案例4-1-2

郑州人和新天地投资管理有限公司与郑州市二七区国家税务局税收管理纠纷案

［河南省高级人民法院行政判决书〔2014〕豫法行终字第00042号］

人和公司于2008年12月28日开始营业，当年与租赁户签订603份《商铺经营使用权转让合同》，并一次性收取了租金。在缴纳税款时，人和公司按照“不动产销售”这一税目缴纳所得税，在2009年1月一次性缴纳企业所得税1.93亿元。后人和公司提出退税申请，认为应当按照租金收入进行缴税。根据《中华人民共和国企业所得税法实施条例》（以下简称《企业所得税法实施条例》）第九条规定的收入与费用配比原则，出租人可以对上述已确认的收入，在租赁期内，分期均匀计入相关年度收入。2012年12月7日，二七区国税局作出答复，认为人和公司的退税申请依据的是《国家税务总局关于贯彻落实企业所得税法若干税收问题的通知》（国税函〔2010〕79号），该函发布和执行于2010年2月22日。根据《立法法》第八十四条的规定，法律不溯及既往。人和公司的纳税行为发生于2009年1月，其在该函发布前所发生的涉税事项和行为，应按照当时的税收法律、法规执行。故答复：人和公司申请的退税事项不符合税收政策规定。

该案争议的焦点问题是：如果人和公司一次性收取的收入是租金收入，那么，2009年1月一次性缴纳的企业所得税能否适用自2010年2月

22日起施行的（国税函〔2010〕79号）？对此，一审、二审法院均认为，国税函〔2010〕79号通知是对《企业所得税法实施条例》第九条的解释，具有溯及力。

【文件规定】

（一）关于法律渊源的规定

1. *法律与法律解释*

《立法法》第七条规定："全国人民代表大会和全国人民代表大会常务委员会行使国家立法权。全国人民代表大会制定和修改刑事、民事、国家机构的和其他的基本法律。全国人民代表大会常务委员会制定和修改除应当由全国人民代表大会制定的法律以外的其他法律；在全国人民代表大会闭会期间，对全国人民代表大会制定的法律进行部分补充和修改，但是不得同该法律的基本原则相抵触。"

《立法法》第二十五条规定："全国人民代表大会通过的法律由国家主席签署主席令予以公布。"

《立法法》第四十五条规定："法律解释权属于全国人民代表大会常务委员会。""法律有以下情况之一的，由全国人民代表大会常务委员会解释：（一）法律的规定需要进一步明确具体含义的；（二）法律制定后出现新的情况，需要明确适用法律依据的。"

《最高人民法院关于印发〈关于审理行政案件适用法律规范问题的座谈会纪要〉的通知》（法〔2004〕96号）规定："全国人大常委会的法律解释，国务院或者国务院授权的部门公布的行政法规解释，人民法院作为审理行政案件的法律依据。"

2. *行政法规*

《立法法》第六十五条规定："国务院根据宪法和法律，制定行政法规。行政法规可以就下列事项作出规定：（一）为执行法律的规定需要制定行政法规的事项；（二）宪法第八十九条规定的国务院行政管理职权的事项。应当由全国人民代表大会及其常务委员会制定法律的事项，国务院根据全国人民代表大会及其常务委员会的授权决定先制定的行政法规，经过实践检验，制定法律的条件成熟时，国务院应当及时提请全国人民代表大会及其常务委员会制定法律。”

《立法法》第七十条规定：“行政法规由总理签署国务院令公布。”

3. 部门规章

《立法法》第八十条规定：“国务院各部、委员会、中国人民银行、审计署和具有行政管理职能的直属机构，可以根据法律和国务院的行政法规、决定、命令，在本部门的权限范围内，制定规章。”“部门规章规定的事项应当属于执行法律或者国务院的行政法规、决定、命令的事项。没有法律或者国务院的行政法规、决定、命令的依据，部门规章不得设定减损公民、法人和其他组织权利或者增加其义务的规范，不得增加本部门的权力或者减少本部门的法定职责。”

《立法法》第八十五条规定：“部门规章由部门首长签署命令予以公布。”

（二）关于行政法律规范适用的规定

1. 行政法律适用位阶

《行政处罚法》第四条规定：“公民、法人或者其他组织违反行政管理秩序的行为，应当给予行政处罚的，依照本法由法律、法规、规章规定，并由行政机关依照本法规定的程序实施。”

《税收征收管理法》第二十八条规定：“税务机关依照法律、行政法规的规定征收税款，不得违反法律、行政法规的规定开征、停征、多征、少征、提前征收、延缓征收或者摊派税款。”“农业税应纳税额按照法律、行政法规的规定核定。”

《税务稽查案件办理程序规定》第四十二条第二款规定：“税务处理决

定书、税务行政处罚决定书、不予税务行政处罚决定书、税务稽查结论引用的法律、行政法规、规章及其他规范性文件，应当注明文件全称、文号和有关条款。”

2. 法律规范的适用

《行政诉讼法》第六十三条规定：“人民法院审理行政案件，以法律和行政法规、地方性法规为依据。地方性法规适用于本行政区域内发生的行政案件。”“人民法院审理行政案件，参照规章。”

《最高人民法院关于印发〈关于审理行政案件适用法律规范问题的座谈会纪要〉的通知》（法〔2004〕96号）规定：“根据行政诉讼法和立法法有关规定，人民法院审理行政案件，依据法律、行政法规、地方性法规、自治条例和单行条例，参照规章。在参照规章时，应当对规章的规定是否合法有效进行判断，对于合法有效的规章应当适用。”“规章制定机关作出的与规章具有同等效力的规章解释，人民法院审理行政案件时参照适用。”

《行政诉讼法》第五十三条规定：“公民、法人或者其他组织认为行政行为所依据的国务院部门和地方人民政府及其部门制定的规范性文件不合法，在对行政行为提起诉讼时，可以一并请求对该规范性文件进行审查。”“前款规定的规范性文件不含规章。”

《行政诉讼法》第六十四条规定：“人民法院在审理行政案件中，经审查认为本法第五十三条规定的规范性文件不合法的，不作为认定行政行为合法的依据，并向制定机关提出处理建议。”

《最高人民法院关于印发〈关于审理行政案件适用法律规范问题的座谈会纪要〉的通知》（法〔2004〕96号）规定：“行政机关往往将这些具体应用解释和其他规范性文件作为具体行政行为的直接依据。这些具体应用解释和规范性文件不是正式的法律渊源，对人民法院不具有法律规范意义上的约束力。但是，人民法院经审查认为被诉具体行政行为依据的具体应用解释和其他规范性文件合法、有效并合理、适当的，在认定被诉具体行政行为合法性时应承认其效力；人民法院可以在裁判理由中对具体应用解释和其他规范性文件是否合法、有效、合理或适当进行评述。”

《最高人民法院关于适用〈中华人民共和国行政诉讼法〉的解释》（法释〔2018〕1号）第一百四十八条第二款规定：“有下列情形之一的，属于行政诉讼法第六十四条规定的‘规范性文件不合法’：（一）超越制定机关的法定职权或者超越法律、法规、规章的授权范围的；（二）与法律、法规、规章等上位法的规定相抵触的；（三）没有法律、法规、规章依据，违法增加公民、法人和其他组织义务或者减损公民、法人和其他组织合法权益的；（四）未履行法定批准程序、公开发布程序，严重违反制定程序的；（五）其他违反法律、法规以及规章规定的情形。”

《最高人民法院关于适用〈中华人民共和国行政诉讼法〉的解释》（法释〔2018〕1号）第一百四十九条第一款规定：“人民法院经审查认为行政行为所依据的规范性文件合法的，应当作为认定行政行为合法的依据；经审查认为规范性文件不合法的，不作为人民法院认定行政行为合法的依据，并在裁判理由中予以阐明。”

（三）关于行政法律规范适用规则的规定

《最高人民法院关于印发〈关于审理行政案件适用法律规范问题的座谈会纪要〉的通知》（法〔2004〕96号）规定：“调整同一对象的两个或者两个以上的法律规范因规定不同的法律后果而产生冲突的，一般情况下应当按照立法法规定的上位法优于下位法、后法优于前法以及特别法优于一般法等法律适用规则，判断和选择所应适用的法律规范。”

1. 上位法优于下位法规则

《立法法》第八十八条规定：“法律的效力高于行政法规、地方性法规、规章。”“行政法规的效力高于地方性法规、规章。”

《最高人民法院关于印发〈关于审理行政案件适用法律规范问题的座谈会纪要〉的通知》（法〔2004〕96号）规定：“下位法的规定不符合上

位法的，人民法院原则上应当适用上位法。”“经判断下位法与上位法相抵触的，应当依据上位法认定被诉具体行政行为的合法性。”

《最高人民法院关于印发〈关于审理行政案件适用法律规范问题的座谈会纪要〉的通知》（法〔2004〕96 号）规定：“法律、行政法规或者地方性法规修改后，其实施性规定未被明文废止的，人民法院在适用时应当区分下列情形：实施性规定与修改后的法律、行政法规或者地方性法规相抵触的，不予适用；因法律、行政法规或者地方性法规的修改，相应的实施性规定丧失依据而不能单独施行的，不予适用；实施性规定与修改后的法律、行政法规或者地方性法规不相抵触的，可以适用。”

《最高人民法院关于裁判文书引用法律、法规等规范性法律文件的规定》（法释〔2009〕14 号）第二条规定，“并列引用多个规范性法律文件的，引用顺序如下：法律及法律解释、行政法规、地方性法规、自治条例或者单行条例、司法解释。”

2. 后法优于前法、特别法优于一般法规则

《立法法》第九十二条规定：“同一机关制定的法律、行政法规、地方性法规、自治条例和单行条例、规章，特别规定与一般规定不一致的，适用特别规定；新的规定与旧的规定不一致的，适用新的规定。”

《最高人民法院关于印发〈关于审理行政案件适用法律规范问题的座谈会纪要〉的通知》（法〔2004〕96 号）规定：“法律之间、行政法规之间或者地方性法规之间对同一事项的新的一般规定与旧的特别规定不一致的，新的一般规定允许旧的特别规定继续适用的，适用旧的特别规定；新的一般规定废止旧的特别规定的，适用新的一般规定。”

《最高人民法院关于印发〈关于审理行政案件适用法律规范问题的座谈会纪要〉的通知》（法〔2004〕96 号）规定：“行政相对人的行为发生在新法施行以前，具体行政行为作出在新法施行以后，人民法院审查具体行政行为的合法性时，实体问题适用旧法规定，程序问题适用新法规定，但下列情形除外：（一）法律、法规或规章另有规定的；（二）适用新法对保护行政相对人的合法权益更为有利的；（三）按照具体行政行为的性质应当适用新法的实体规定的。”

《立法法》第九十三条规定：“法律、行政法规、地方性法规、自治条例和单行条例、规章不溯及既往，但为了更好地保护公民、法人和其他组织的权利和利益而作的特别规定除外。”

《行政处罚法》第三十七条规定：“实施行政处罚，适用违法行为发生时的法律、法规、规章的规定。但是，作出行政处罚决定时，法律、法规、规章已被修改或者废止，且新的规定处罚较轻或者不认为是违法的，适用新的规定。”

【指导建议】

自2004年发布的《全面推进依法行政实施纲要》对“合法行政”作出规定以来，对行政行为合法性原则的要求是行政机关实施行政管理，应当依照法律、法规、规章的规定进行；没有法律、法规、规章的规定，行政机关不得作出影响公民、法人和其他组织合法权益或者增加公民、法人和其他组织义务的决定。中共中央、国务院印发的《法治政府建设实施纲要（2021—2025年）》提出了“全面建设职能科学、权责法定、执法严明、公开公正、智能高效、廉洁诚信、人民满意的法治政府”的工作目标，进一步丰富了法治政府的内涵。

税务机关在贯彻依法行政原则的过程中，应当对执法依据的相关规定及法律适用有比较清晰的认识，对实务中遇到的疑难问题能够从法律意识与法律效力层面正确处理。针对上述提出的实务问题，建议从以下两个方面进行分析和把握：

（一）法律渊源与法律规范的判断适用

法律渊源，简称法源，基本含义是法律来源或法律栖身之所，又指国家机关、公民和社会组织为寻求行为的根据而获得具体法律的来源。对于税务行政管理的法律来源，法源的判断主体是税务机关。对于税务行政或者刑事司法的法律来源，法源的判断主体是人民法院。

按照效力划分，法律渊源分为具有绝对效力的法源和具有相对效力的法源。具有绝对效力的法源指法院在裁判案件时必须适用的法规范，司法实践中指法院在制作法律文书时“可引用”的规范，具体包括法律、行政法规、有权解释（立法解释、司法解释）、国际条约、地方性法规、自治条例和单行条例等。具有相对效力的法源指法院在裁判案件时可以适用的法规范，司法实践中指法院“可在办案时参照执行，但不要引用”的规范，具体包括部门规章、各县市人大发布的决定和决议、地方政府发布的决定、命令和规章等。

根据《税收征收管理法》第二十八条、《行政处罚法》第四条和《税务稽查案件办理程序规定》第四十二条第二款的规定，税务稽查案件适用的法律规范包括法律、行政法规、规章及其他规范性文件。根据《行政诉讼法》第六十三条的规定，人民法院审理行政案件，以法律和行政法规、地方性法规为依据，参照规章。

根据《立法法》第七条、第二十五条、第四十五条、第六十五条、第七十条、第八十条、第八十五条、第八十八条和《最高人民法院关于印发〈关于审理行政案件适用法律规范问题的座谈会纪要〉的通知》（法〔2004〕96号）的规定，“法律的效力高于行政法规、地方性法规、规章。”“行政法规的效力高于地方性法规、规章。”其中，法律分为基本法和其他法，全国人大负责制定基本法律，人大常委会负责制定其他法律和法律的司法解释，法律由国家主席签署主席令发布。行政法规包括地方性行政法规和部门性行政法规，国务院根据宪法和法律制定行政法规。国务院或者国务院授权的部门制定行政法规解释，行政法规由总理签署国务院令公布。法律和行政法规的司法解释，人民法院作为审理行政案件的法律依据。部门规章由国务院各部委、中国人民银行、审计署和具有行政管理职能的直属机构在本部门的权限范围内制定，部门规章由部门首长签署命令予以公布。

（二）法律规范的判断与适用

根据《最高人民法院关于印发〈关于审理行政案件适用法律规范问题的座谈会纪要〉的通知》（法〔2004〕96号）的规定，调整同一对象的两个或者两个以上的法律规范因规定不同的法律后果而产生冲突的，一般情况下应当按照《立法法》规定的上位法优于下位法、后法优于前法以及特别法优于一般法等法律适用规则，判断和选择所应适用的法律规范。

1. 不同法律位阶，适用上位法优于下位法规则

根据《最高人民法院关于印发〈关于审理行政案件适用法律规范问题的座谈会纪要〉的通知》（法〔2004〕96号）、《最高人民法院关于裁判文书引用法律、法规等规范性法律文件的规定》（法释〔2009〕14号）的规定，对于同一法律事实涉及不同位阶的法律规范时，实务中有三种情形：第一种是不同的法律规范的法律后果相同，可以选择适用其中的一种或者全部选择适用；第二种是不同的法律规范的法律后果不同，但位阶高的法律规范允许适用位阶低的法律规范，可以适用低位阶的法律规范；第三种是不同的法律规范的法律后果不同，下位法的规定不符合上位法的，人民法院原则上应当适用上位法。经判断下位法与上位法相抵触的，应当依据上位法认定被诉具体行政行为的合法性。

对其中的第二种情形，譬如查封、扣押措施的期限，执行下位法的规定。《行政强制法》第二十五条规定："查封、扣押的期限不得超过三十日；情况复杂的，经行政机关负责人批准，可以延长，但是延长期限不得超过三十日。""法律、行政法规另有规定的除外。"该规定允许适用行政法规，为此，税务稽查中行政强制措施的查封、扣押期限，按照《税收征收管理法实施细则》第八十八条规定："依照税收征管法第五十五条规定，税务机关采取税收保全措施的期限一般不得超过六个月；重大案件需要延长的，应当报国家税务总局批准。"

对其中第三种情形，譬如查封、扣押费用的期限承担主体，原则上应当执行上位法的规定。按照《行政强制法》第二十六条第二款规定："因查封、扣押发生的保管费用由行政机关承担。"而《税收征收管理法实施细则》第六十四条第二款规定："税务机关按照前款方法确定应扣押、查封的商品、货物或者其他财产的价值时，还应当包括滞纳金和扣押、查封、保管、拍卖、变卖所发生的费用。"

另外，还有两种特殊的情况，举例说明一下：

特殊情况一：上位法已经修改，旧的下位法未被废止。这时，如何适用下位法？根据《最高人民法院关于印发〈关于审理行政案件适用法律规范问题的座谈会纪要〉的通知》（法〔2004〕96 号）的规定，法律、行政法规或者地方性法规修改后，其实施性规定未被明文废止的，人民法院在适用时应当区分下列情形：实施性规定与修改后的法律、行政法规或者地方性法规相抵触的，不予适用；因法律、行政法规或者地方性法规的修改，相应的实施性规定丧失依据而不能单独施行的，不予适用；实施性规定与修改后的法律、行政法规或者地方性法规不相抵触的，可以适用。即下位法"实施性规定"应该有上位法的根据：如果在已修改的上位法中找到根据或者不违背新的上位法，可以优先适用；如果失去了上位法的根据甚至与新的上位法的规定相抵触，则不适用，仍然适用"上位法优于下位法"。

特殊情况二：无上位法的规范性文件可否适用下位法？

《行政诉讼法》第五十三条、第六十四条规定人民法院在审理行政案件时，应当审查规范性文件的合法性。不合法的规范性文件，不能作为认定行政行为合法的依据。同时，《最高人民法院关于印发〈关于审理行政案件适用法律规范问题的座谈会纪要〉的通知》（法〔2004〕96 号）以及《最高人民法院关于适用〈中华人民共和国行政诉讼法的解释》（法释〔2018〕1 号）第一百四十八条第二款、第一百四十九条第一款等条款规定，审查被诉具体行政行为依据的具体应用解释和其他规范性文件的内容是“合法、有效并合理、适当”。对不合法的情形，列举了五个方面，其中，“没有法律、法规、规章依据，违法增加公民、法人和其他组织义务或者减损公民、法人和其他组织合法权益的”属于“规范性文件不合法”。为此，审查不具有明确上位法的税收规范性文件时，其中重要的内容就是有无增加税务相对人的义务或减损其合法权益。然而，还要注意税务总局制定规范性文件的原则和目的：如果规范性文件与上位法的原则与目的相一致，也不宜一律认定为不合法的规范性文件。从一些司法审查实践中来看，人民法院没有狭隘地理解“上位法依据”：有些负担性规定虽然没有明确的上位法规则、条文作为依据，但对于实现一定行政目的来说确有必要，且不明显违背法律原则和精神，如果将这些规范性文件一律认定为不合法，不仅影响正常的生产生活秩序，还可能损害国家利益、社会公共利益。

对于税务机关基于维护社会公共利益、保障其依法行使职权的需要所作的增加相对人义务的规定，应综合考虑此规定对相对人实体性权利和程序性权利的影响程度，对实现税收征管目的的必要性，对税务相对人的不利影响是否控制在“适度”范围内等问题，最终作出判定。在“二手房转让查实征收个人所得税争议案”中，人民法院没有认可稽查局依据国办发〔2013〕17号文件查实征收个人所得税，其中一个主要原因就是基于上述考虑。

2. 相同法律位阶，适用后法优于前法、特别法优于一般法规则

根据《立法法》第九十二条的规定，同一机关制定的法律、行政法规、地方性法规、自治条例和单行条例、规章，特别规定与一般规定不一致的，适用特别规定。新的规定与旧的规定不一致的，适用新的规定。

（1）法不溯及既往。

法的溯及力是关于法是否有溯及既往效力的问题，即法对它生效前所发生的事件和行为是否适用的问题：适用，则有溯及力；不适用，则没有溯及力。一般而言，法是不具有溯及既往的效力的，这在法理上被称为

“法不溯及既往”原则。之所以一般规定为法不溯及既往，是因为法通过对行为人的约束来促使人们遵守执行，只有人们在实施行为前已经知道或者应当知道法的禁止性或者负担性的规定，这时才能要求行为人对负担性行为承担不利后果，甚至接受惩戒。不能要求人们遵守还没有制定出来的法律。

但是，法对行为人的规定不完全是禁止性或者负担性的，也有授益性的。为此，《立法法》第九十三条规定：“法律、行政法规、地方性法规、自治条例和单行条例、规章不溯及既往，但为了更好地保护公民、法人和其他组织的权利和利益而作的特别规定除外。”也就是说，在一般性之外，也有例外。

①从旧兼从轻适用规则。根据《行政处罚法》第三十七条规定，实施行政处罚，适用违法行为发生时的法律、法规、规章的规定。但是，作出行政处罚决定时，法律、法规、规章已被修改或者废止，且新的规定处罚较轻或者不认为是违法的，适用新的规定。

在从旧兼从轻适用规则中，“从旧”是基本，“从轻”是例外，仅指处罚和违法而言的。为此，在实务中适用“从旧兼从轻适用规则”时，应当注意以下几点：一是如果违法行为发生、终了在新法实施前，并且作出处罚在新法实施前，当然适用旧法；二是违法行为发生在新法实施后，当然适用新法；三是违法行为终了后，两年内未被发现的，不再给予行政处罚。“法律另有特别规定的除外”，也就是即使超过二年期限，只要法律有规定，仍应给予行政处罚。四是如果违法行为发生、终了在新法实施前，但发现或作出处罚在新法实施后，应适用旧法，但如果新法处罚轻于旧法或不认为是违法的，则适用新法；五是如果违法行为开始于新法之前，继续到新法之后终了，适用新法；六是如果违法行为开始于新法之前，连续到新法之后终了，在新旧法律都认为是违法的情况下，适用新法，但对于新法比旧法规定的法律责任较重的，也应适用新法，在进行处罚时，应当提出酌情从轻处理意见。

②实体从旧、程序从新适用规则。我国法律虽无明确的“实体从旧、程序从新”的规定，但《最高人民法院关于印发〈关于审理行政案件适用法律规范问题的座谈会纪要〉的通知》（法〔2004〕96号）贯彻了这一原则。根据该通知的规定，行政相对人的行为发生在新法施行以前，具体行政行为作出在新法施行以后，人民法院审查具体行政行为的合法性时，实体问题适用旧法规定，程序问题适用新法规定。

但同时，该通知也明确了除外事项，即符合下列三种情形之一的，实体从新：一是法律、法规或规章另有规定的；二是适用新法对保护行政相对人的合法权益更为有利的；三是按照具体行政行为的性质应当适用新法的实体规定的。在案例4－1－2中，人民法院认为，国税函〔2010〕79号通知是对《企业所得税法实施条例》第九条的解释，具有溯及力。这就是按照“实体从旧、程序从新”适用规则，以“适用新法对保护行政相对人的合法权益更为有利的”为由，适用新的规定。

（2）特别法优于一般法。

特别法优于一般法，是《立法法》第九十二条的规定，在税务稽查实务中，同一机关制定的法律、行政法规、规章，特别规定与一般规定发生适用冲突的情况时，特别法优于一般法。根据《最高人民法院关于印发〈关于审理行政案件适用法律规范问题的座谈会纪要〉的通知》（法〔2004〕96号）的规定，新的一般规定与旧的特别规定不一致的，新的一般规定允许旧的特别规定继续适用的，适用旧的特别规定；新的一般规定废止旧的特别规定的，适用新的一般规定。在实务中，程序税法具有“特别行政法”的性质。

①违法行为的追究时效为“五年”，适用旧的特别规定。《行政处罚法》第三十六条对这一问题作出了特别规定：“违法行为在二年内未被发现的，不再给予行政处罚。法律另有规定的除外。”这一规定在法律冲突适用时，按照“新的一般规定允许旧的特别规定继续适用的，适用旧的特别规定”的原则，税收违法行为的追究时效，按照《税收征收管理法》第

八十六条的规定：“违反税收法律、行政法规应当给予行政处罚的行为，在五年内未被发现的，不再给予行政处罚。”

②违法行为的处罚必须以当事人具有主观过错为要件，适用新的一般规定。《行政处罚法》第三十三条第二款对这一问题作出了明确规定：“当事人有证据足以证明没有主观过错的，不予行政处罚。法律、行政法规另有规定的，从其规定。”这一规定是行政处罚制度的重大突破，对行政违法行为予以行政处罚，原则上以当事人有过错为要件，除非法律、行政法规另有规定。根据这一规定，《税收征收管理法》第六十三条规定的偷税行为必须以当事人具有主观过错为要件。

③税收滞纳金能否超过税款本金的一倍，适用旧的特别规定，但不存在法律适用冲突。《行政强制法》第四十五条第二款规定：“加处罚款或者滞纳金的数额不得超出金钱给付义务的数额。”这和《税收征收管理法》第三十二条关于滞纳金的规定有着不同的制度安排：前者禁止其超过滞纳款额，后者无此规定。国家税务总局有关人士曾在回答纳税人提问时指出：“税收滞纳金的加收，按照《税收征收管理法》执行，不适用《行政强制法》，不存在是否能超出税款本金的问题。”

④未授予税务机关强制执行权的，申请人民法院强制执行，适用新的一般规定，但不存在法律适用冲突。《税收征收管理法》关于非从事生产经营权的纳税人采取税收强制执行没有作出规定，根据《行政强制法》第十三条的规定：“行政强制执行由法律设定。”“法律没有规定行政机关强制执行的，作出行政决定的行政机关应当申请人民法院强制执行。”税务机关可以申请人民法院强制执行。

这里总结一下，请注意两个问题：一是特别法优于一般法的前提必须是一般法作出“法律另有规定的除外”的规定；二是特别法与一般法没有发生法律适用冲突（例如规定一致，或者只有一个有规定而另一个没有规定）时，就不存在特别法优于一般法的情况。

【参考文献与司法判例】

·卢某、胡某诉凤城市地方税务局、凤城市地方税务稽查局税务行政管理案行政判决书［〔2017〕辽0682行初38号］。来源：中国裁判文书网。

·郑州人和新天地投资管理有限公司与郑州市二七区国家税务局税收管理纠纷一案行政判决书［〔2014〕豫法行终字第00042号］。来源：中国裁判文书网。

·王琪璟．实务研究：不具有明确上位法依据之规范性文件的司法审查——杨某诉北京市通州区台湖镇人民政府案［EB/OL］．(2019-11-28)［2022-12-12］https：//www. 163. com/dy/article/EV2HMIIS0514QH2U. html。

§4 02

取证时遇到被查对象不予配合或者证据被司法机关调取，税务稽查可以“躺平”吗？

【要点导读】

依法调查、收集、固定案件证据是检查实施过程的核心内容。针对税务稽查取证，实务中存疑的问题主要有：

（1）当证据上注明的时间、地点等证据形式要求规定不明确时，可否忽略相关程序？

（2）税务稽查遇到各种原因导致无法调取证据时，可否申请案件中止检查？

（3）电子数据被复制成副本后，税务稽查可否以该复制件作为定案的依据？

（4）税务稽查案件可否直接以其他机关作出的决定作为认定案件事实的根据，而无须再对此进行取证？

【关键词解释】

原件，是指首次直接形成的原生信息内容和载体合二为一的资料。例如，原始凭证、账簿、报表、计算单和现场录音磁带等初始资料通常由纳税人保存，税务机关需要采取复制的方法才能作为证据提取。

复制件，指与原件内容相同的复制品。“复制”是广义的，包括抄录、复写、复印、印刷、缩微、翻拍、（音像制品）转录、编纂、翻译、电子文件的刷新、打印、拷贝和迁移等各种各样的方式。复制的结果，即由原件派生出来的资料，称为复制件。

【实务问题】

税务稽查证据，是稽查局依照法定权限和程序调查取得的材料，是认定税收案件事实的基础和依据。依法调查、收集、固定案件证据是检查实施过程的核心内容。针对税务稽查取证，实务中存疑的问题主要有：

（一）当证据上注明的时间、地点等证据形式要求规定不明确时，可否忽略相关程序？

税务稽查取证是一件比较繁琐的工作，需要在很多细节上加以注意。但是，由于相关规定未作出明确要求，使得税务稽查人员在取证环节出现良莠不齐的情况，一些税务稽查人员认为，只要没有具体明确要求的，一些细节内容就可以忽略。为此，稽查部门与审理部门、法规部门、督察部门等产生了分歧。例如，根据《税收征收管理法》的规定，税务检查应当出示税务检查证，但对于应以何种形式证明已经出示证件，没有规定。再如，提取证据复印件时，应当在复印件上注明“与原件核对一致，原件存于我处”，并由证据提供人在复印件上签章。但是，对于税务稽查人员是否应当在复印件上签字和注明时间、地点等，没有规定。还有，制作《询问（调查）笔录》时，是否应当询问被询问人的从业经历、岗位职责以及与被查事项有关的行业特点、惯例等，没有规定。在税务稽查取证中，这些未作规定的内容其实都是非常重要的细节性要求，甚至可以决定案件的成败。

（二）税务稽查遇到各种原因导致无法调取证据时，可否申请案件中止检查？

根据《税务稽查案件办理程序规定》，税务稽查遇到一些无法开展检查的情况，可以申请稽查局局长批准，中止税务检查。那么，在稽查实务中，税务稽查取证时遇到一些无法开展调查取证的情况，该怎么处理？此类情况一般表现为四种情形：①账簿资料被公安机关调取或者被人民法院证据保全的，税务行政执法可否独立于司法行为，调取被法院查封的证据资料，依法进行查处？②确属账簿资料发生意外丢失或毁损的，税务稽查部门可否就现有证据进行合理推定？③被查对象消极抵抗（例如以工作人员不在为由而不能提供服务器地址和密码、不能打开存放货物的仓库大门、不能打开存放涉税资料的房间或文件柜或保险柜、不能提供详细情况说明，或者以暂时停产整顿、季节性停产、员工休假、生产过程不能被打扰、涉密等为由不接受税务稽查）时，应采取哪些积极的应对措施，以避免发生证据可能灭失或给纳税人编造虚假证据提供机会？④对纳税人拒不提供资料、有意毁损资料、提供虚假的账簿资料或其他涉税资料或拒不提供资料的，应该如何对纳税人进行惩处？

（三）电子数据被复制成副本后，税务稽查可否以该复制件作为定案的依据？

一些税务稽查案件，由于案件的特殊性，稽查局采取突击检查的方式在检查现场获取了证据材料。由于有些证据材料无法当场直接调取，于是税务稽查部门将证据原件进行了复制，并将复制后的证据材料带回。随着案件的办结，稽查局的有些同志会有些担心：如果被查对象对案件的处理决定不服，申请税务行政复议或者提起行政诉讼，那么，稽查局可否以复制件作为证据应诉？对于一些关键证据，例如电子账簿等，如果被查对象将其销毁了该怎么办？会不会因该证据被认为不能采信而败诉？

（四）税务稽查案件可否直接以其他机关作出的决定作为认定案件事实的根据，而无须再对此进行取证？

由于税务稽查案件来源不同，税务稽查案件的证据获取渠道也有所区别，实务中有这样几种情况：①群众举报案件，举报人会提供一些有价值的证据材料，而这些证据材料可能无法从被查对象处获取。②公安机关已经立案侦查的案件，公安机关会将调取的被查对象的涉税资料以及对当事人进行讯问后制作的《讯问笔录》移交给税务机关。③人民法院审理的民事案件，如涉及税收问题，人民法院会将案件移交给税务机关，同时将其作出的关于民事行为争议的《民事判决书》复印件一并移交。（四）其他行政机关，例如行业监管部门、税务机关等依职权制作的通知书、决定书等。那么，在税务稽查中，可否以上述来源的资料作为认定案件的证据（尤其是判决书、决定书之类的文书因具有较强的证明作用，往往被税务机关直接采信），在稽查实务中仍然存在争议。

【文件规定】

（一）关于证据种类和取证权的规定

《行政诉讼法》第三十三条规定："证据包括：（一）书证；（二）物证；（三）视听资料；（四）电子数据；（五）证人证言；（六）当事人的陈述；（七）鉴定意见；（八）勘验笔录、现场笔录。""以上证据经法庭审查属实，才能作为认定案件事实的根据。"

《税收征收管理法》第五十八条规定："税务机关调查税务违法案件时，对与案件有关的情况和资料，可以记录、录音、录像、照相和复制。"

（二）关于证据形式要求的规定

1. 书证

《最高人民法院关于行政诉讼证据若干问题的规定》（法释〔2002〕21号）第十条规定："当事人向人民法院提供书证的，应当符合下列要求：（一）提供书证的原件，原本、正本和副本均属于书证的原件。提供原件确有困难的，可以提供与原件核对无误的复印件、照片、节录本；（二）提供由有关部门保管的书证原件的复制件、影印件或者抄录件的，应当注明出处，经该部门核对无异后加盖其印章；（三）提供报表、图纸、会计账册、专业技术资料、科技文献等书证的，应当附有说明材料；（四）被告提供的被诉具体行政行为所依据的询问、陈述、谈话类笔录，应当有行政执法人员、被询问人、陈述人、谈话人签名或者盖章。”“法律、法规、司法解释和规章对书证的制作形式另有规定的，从其规定。”

《税务稽查案件办理程序规定》（国家税务总局令第52号）第十九条规定：“需要提取证据材料原件的，应当向当事人出具提取证据专用收据，由当事人核对后签章确认。对需要退还的证据材料原件，检查结束后应当及时退还，并履行相关签收手续。需要将已开具的纸质发票调出查验时，应当向被查验的单位或者个人开具发票换票证；需要将空白纸质发票调出查验时，应当向被查验的单位或者个人开具调验空白发票收据。经查无问题的，应当及时退还，并履行相关签收手续。”“提取证据材料复制件的，应当由当事人或者原件保存单位（个人）在复制件上注明‘与原件核对无误’及原件存放地点，并签章。”

2. 询问笔录

《税务稽查案件办理程序规定》（国家税务总局令第52号）第二十条规定：“询问应当由两名以上检查人员实施。除在被查对象生产、经营、办公场所询问外，应当向被询问人送达询问通知书。”“询问时应当告知被询问人有关权利义务。询问笔录应当交被询问人核对或者向其宣读；询问笔录有修改的，应当由被询问人在改动处捺指印；核对无误后，由被询问人在尾页结束处写明‘以上笔录我看过（或者向我宣读过），与我说的相符’，并逐页签章、捺指印。被询问人拒绝在询问笔录上签章、捺指印的，检查人员应当在笔录上注明。”

3. 电子数据

《最高人民法院关于适用〈中华人民共和国民事诉讼法〉的解释》（2020修正）第一百一十六条第二款、第三款规定：“电子数据是指通过电子邮件、电子数据交换、网上聊天记录、博客、微博客、手机短信、电子签名、域名等形成或者存储在电子介质中的信息。”“存储在电子介质中的录音资料和影像资料，适用电子数据的规定。”

《最高人民法院关于民事诉讼证据的若干规定》（法释〔2019〕19 号）第十五条第二款规定："当事人以电子数据作为证据的，应当提供原件。电子数据的制作者制作的与原件一致的副本，或者直接来源于电子数据的打印件或其他可以显示、识别的输出介质，视为电子数据的原件。"

《税务稽查案件办理程序规定》（国家税务总局令第 52 号）第二十三条规定："以电子数据的内容证明案件事实的，检查人员可以要求当事人将电子数据打印成纸质资料，在纸质资料上注明数据出处、打印场所、打印时间或者提供时间，注明'与电子数据核对无误'，并由当事人签章。""需要以有形载体形式固定电子数据的，检查人员应当与提供电子数据的个人、单位的法定代表人或者财务负责人或者经单位授权的其他人员一起将电子数据复制到存储介质上并封存，同时在封存包装物上注明制作方法、制作时间、制作人、文件格式及大小等，注明'与原始载体记载的电子数据核对无误'，并由电子数据提供人签章。""收集、提取电子数据，检查人员应当制作现场笔录，注明电子数据的来源、事由、证明目的或者对象，提取时间、地点、方法、过程，原始存储介质的存放地点以及对电子数据存储介质的签封情况等。进行数据压缩的，应当在笔录中注明压缩方法和完整性校验值。"

（三）关于纳税人不配合税务稽查的处罚规定

《税收征收管理法》第七十条规定："纳税人、扣缴义务人逃避、拒绝或者以其他方式阻挠税务机关检查的，由税务机关责令改正，可以处一万元以下的罚款；情节严重的，处一万元以上五万元以下的罚款。"

《税收征收管理法实施细则》第九十六条规定："纳税人、扣缴义务人有下列情形之一的，依照税收征管法第七十条的规定处罚：（一）提供虚假资料，不如实反映情况，或者拒绝提供有关资料的；（二）拒绝或者阻止税务机关记录、录音、录像、照相和复制与案件有关的情况和资料的；（三）在检查期间，纳税人、扣缴义务人转移、隐匿、销毁有关资料的；

（四）有不依法接受税务检查的其他情形的。”

《税务稽查案件办理程序规定》（国家税务总局令第52号）第二十七条规定：“被查对象有下列情形之一的，依照税收征管法和税收征管法实施细则有关逃避、拒绝或者以其他方式阻挠税务检查的规定处理：（一）提供虚假资料，不如实反映情况，或者拒绝提供有关资料的；（二）拒绝或者阻止税务机关记录、录音、录像、照相和复制与案件有关的情况和资料的；（三）在检查期间转移、隐匿、销毁有关资料的；（四）有不依法接受税务检查的其他情形的。”

《治安管理处罚法》第六十条第（二）项规定：“有下列行为之一的，处五日以上十日以下拘留，并处二百元以上五百元以下罚款：……（二）伪造、隐匿、毁灭证据或者提供虚假证言、谎报案情，影响行政执法机关依法办案的……”

《刑法》第一百六十二条第二款规定：“隐匿或者故意销毁依法应当保存的会计凭证、会计账簿、财务会计报告，情节严重的，处五年以下有期徒刑或者拘役，并处或者单处二万元以上二十万元以下罚金。”

最高人民检察院、公安部《关于刑事案件立案追诉标准的规定（二）》第八条规定：“隐匿或者故意销毁依法应当保存的会计凭证、会计账簿、财务会计报告，涉嫌下列情形之一的，应予立案追诉：（一）隐匿、故意销毁的会计凭证、会计账簿、财务会计报告涉及金额在五十万元以上的；（二）依法应当向司法机关、行政机关、有关主管部门等提供而隐匿、故意销毁或者拒不交出会计凭证、会计账簿、财务会计报告的；（三）其他情节严重的情形。”

《中国共产党党员纪律处分条例》第一百二十五条规定：“党和国家机关、国有企业（公司）、事业单位、人民团体，在财务管理活动中违反会计法律、法规的，追究主要责任者和其他直接责任人员的责任，情节较轻的，给予警告或者严重警告处分；情节较重的，给予撤销党内职务或者留党察看处分；情节严重的，给予开除党籍处分。”“伪造、变造会计凭证、会计账簿，或者编制虚假财务会计报告，或者隐匿、故意销毁依法应当保存的会计凭证、会计账簿、财务会计报告的，对主要责任者和其他直接责任人员，依照前款规定从重或者加重处分。”

（四）关于证据推定规则的规定

《最高人民法院关于行政诉讼证据若干问题的规定》（法释〔2002〕21号）第六十八条规定：“下列事实法庭可以直接认定：（一）众所周知的事实；（二）自然规律及定理；（三）按照法律规定推定的事实；（四）已经依法证明的事实；（五）根据日常生活经验法则推定的事实。”“前款（一）、（三）、（四）、（五）项，当事人有相反证据足以推翻的除外。”

（五）关于从第三方取证的有效性的规定

《最高人民法院关于行政诉讼证据若干问题的规定》（法释〔2002〕21号）第七十条规定：“生效的人民法院裁判文书或者仲裁机构裁决文书确认的事实，可以作为定案依据。但是如果发现裁判文书或者裁决文书认定的事实有重大问题的，应当中止诉讼，通过法定程序予以纠正后恢复诉讼。”

《最高人民法院关于行政诉讼证据若干问题的规定》（法释〔2002〕21号）第六十三条第（一）项规定：“国家机关以及其他职能部门依职权制作的公文文书优于其他书证。”

【指导建议】

证据是证明待证事实的根据，税务稽查取证工作是稽查局证明案件事实的重要工作内容。根据《行政处罚法》和《行政诉讼法》的规定，稽查局应当以事实为根据、以法律为准绳作出税务处理决定。

对前述提出的与税务稽查取证有关的实务问题，逐一进行分析如下：

（一）电子数据作为证据时如何认定原件

根据《最高人民法院关于适用〈中华人民共和国民事诉讼法〉的解释》（2020修正）（法释〔2020〕20号）第一百一十六条第二款、第三款的规定：

“电子数据是指通过电子邮件、电子数据交换、网上聊天记录、博客、微博客、手机短信、电子签名、域名等形成或者存储在电子介质中的信息。”“存储在电子介质中的录音资料和影像资料，适用电子数据的规定。”

根据《行政诉讼法》第三十三条的规定，行政证据的种类包括电子数据。对电子数据的取证要求，《行政诉讼法》及其司法解释未作具体规定。在行政程序中，收集电子证据的要求可参照《最高人民法院关于民事诉讼证据的若干规定》第十五条第二款的规定。该规定包含两层含义：

1. 当事人以电子数据作为证据的，应当提供原件

电子数据是基于电子技术生成、以数字化形式存在于磁盘、磁带等载体，其内容可与载体分离，并可多次复制到其他载体的，能够证明案件事实的数据。对于税务稽查案件，从应诉准备的角度，应当提取电子证据原件。但是，由于电子数据是存储于电子介质中的电子数据信息，其在证明案件时，需要将数据编码转化为人们可以识别的形式，同时电子数据本质上是一种电子信息，可以实现精确复制，可以在虚拟空间里无限快速传播。因此，在认定原件时，应当根据不同情况，适用不同判断标准：

（1）在调查收集证据时，电子证据的原件指最初生成的电子数据及首先固定所在的各种存储介质。

（2）在举证、质证和审核认定证据时，应适当进行变通。因为在这些环节中，电子证据的原始载体本身对案件事实的证明并无决定性意义，发挥事实证明作用的是其转换后形成的可识别形式。

2. 电子数据的制作者制作的与原件一致的副本，或者直接来源于电子数据的打印件或其他可以显示、识别的输出介质，视为电子数据的原件

如果将转换形式视为复制件，会将相当数量的电子证据排除在案件事实证明之外，削弱其应有功能。因此，只要电子数据“功能上等同或基本等同”于原件的效果，即可视为合法有效的原件。以有形载体固定或者显示的电子数据、电子邮件以及其他数据资料，其制作情况和真实性经当事人确认，或者以公证等其他有效方式予以证明的，视为电子数据的原件，

与原件有同等的证明效力。

由于电子数据容易出现截取、修改、删除、伪造等情形，可以依据以下情形审查电子数据副本是否可视为原件：①可准确反映原始数据内容的输出物或显示物；②具有最终完整性和可供随时调取查用的电子副本；③双方当事人均未提出原始性异议的电子副本；④经公证机关有效公正，不利方当事人提供不出反证推翻的电子副本；⑤附加了可靠电子签名或其他安全程序保障的电子副本；⑥满足法律另行规定或当事人专门约定的其他标准的电子副本。

小贴士

《税务稽查案件办理程序规定》第二十三条规定，税务稽查中收集电子数据应当符合以下形式与程序要求：

1. 将电子数据打印成纸质资料

以电子数据的内容证明案件事实的，检查人员可以要求当事人将电子数据打印成纸质资料，在纸质资料上注明数据出处、打印场所、打印时间或者提供时间，注明“与电子数据核对无误”，并由当事人签章。

2. 拷贝电子数据

需要以有形载体形式固定电子数据的，检查人员应当与提供电子数据的个人、单位的法定代表人或者财务负责人或者经单位授权的其他人员一起将电子数据复制到存储介质上并封存，同时在封存包装物上注明制作方法、制作时间、制作人、文件格式及大小等，注明“与原始载体记载的电子数据核对无误”，并由电子数据提供人签章。

3. 制作现场笔录

收集、提取电子数据，检查人员应当制作现场笔录，注明电子数据的来源、事由、证明目的或者对象，提取时间、地点、方法、过程，原始存储介质的存放地点以及对电子数据存储介质的签封情况等。进行数据压缩的，应当在笔录中注明压缩方法和完整性校验值。

另外，作为税务稽查案件定案证据使用的电子数据，应当按照案卷资料归档管理，保管期限与案卷资料保管期限一致。

（二）提取证据应当符合证据形式要求

根据《税收征收管理法》第五十八条的规定，税务机关取证的方式有记录、录音、录像、照相和复制。

对税务行政案件，收集证据一般需要原件，确有困难的，也可以提供复印件。根据《行政诉讼法》第三十三条第一款的规定，行政证据分为八类：书证、物证、视听资料、电子数据、证人证言、当事人的陈述、鉴定意见、勘验笔录和现场笔录。其中，书证、物证、视听资料可以采取复制的办法提取证据，证人证言、当事人的陈述应提取证据的原件，而且必须重视证据的形式要求。

1. 书证的提取要求

书证，是指以文字、符号、图形等所表达的含义、记载的内容来证明案件事实的书面文件或者其他物品。

根据《最高人民法院关于行政诉讼证据若干问题的规定》第十条和《税务稽查案件办理程序规定》第十九条的规定，税务机关提取书证的，应当符合下列要求：

（1）应当取得书证的原件，原本、正本和副本均属于书证的原件。

一般情况下，应当提取书证。但由于税务稽查中的一些书证，例如账簿资料、经营合同、原始票据等，提取原件不利于被查对象的日后使用，可以不提取原件。但是，某些特殊情况下建议应当提取书证的原件，例如：被查对象拒绝在复印件上签章的，须提取书证的原件。书证的原件真实性受到质疑的，提取的复印件往往会因其无法判断具有真实性，而被人民法院不予采信。

需要调取账簿资料的，应当向被查对象出具《调取账簿资料通知书》并填写《调取账簿资料清单》；需要提取证据材料原件的，应当向被查对象出具《提取证据专用收据》；需要将已开具的发票调出查验的，应当向被查对象开具《发票换票证》；需要将空白发票调出查验的，应当向被查对象开具《调验空白发票收据》。需要退还的账簿资料、证据材料原件或者经查无问题的发票，应当及时退还。

取得报表、图纸、会计账册、专业技术资料、科技文献等书证的，应当附有说明材料。外文书证或者外国语视听资料，应当附有由具有翻译资质的机构翻译的或者其他翻译准确的中文译本，由翻译机构盖章或者翻译人员签名。

（2）取得原件确有困难的，可以取得与原件核对无误的复印件、照片、节录本。

提取证据材料复制件的，应当由当事人或者原件保存单位（个人）在复印件上注明“与原件核对无误”及原件存放地点，并由其签章，注明日期；当事人或者原件保存单位（个人）拒绝签章的，可以邀请基层组织人员或者其他第三方见证人到场，制作《现场笔录》，在《现场笔录》上记明拒签事由和日期，并由检查人员、见证人签章，也可以通过音像记录设备进行记录。

向有关部门取得其保管的书证原件的复制件、影印件或者抄录件的，应当注明出处，并由该部门核对无异后加盖其印章。

同时，建议税务稽查人员在书证复印件上签名、并注明日期和税务检查证号。

2. 询问、陈述、谈话类笔录的提取要求

作为书证的一种，询问、陈述、谈话类笔录可被视为行政相对人进行质辩的具体方式，适用于不同的行政程序。例如，根据行政听证程序中当事人的陈述制作的笔录，根据行政调查程序中对证人的询问制作的笔录，等等。

根据《最高人民法院关于行政诉讼证据若干问题的规定》第十条第（四）项和《税务稽查案件办理程序规定》第二十条的规定，税务稽查中提取的询问笔录，应当符合下列要求：

（1）在税务案件调查程序中对证人制作询问笔录的，应当制作《询问（调查）笔录》。

①询问应当由2名以上检查人员实施，表明身份和出示税务检查证件应当在笔录中确认。

②询问可以在被询问人办公场所、税务机关办公场所或者其他合适的场所进行。除在被查对象生产、经营或者办公场所询问外，检查人员应当制作并向被询问人送达《询问通知书》。

③《询问（调查）笔录》应当使用能够长期保持字迹的书写工具书写，也可以使用计算机记录并打印，并保证字迹清楚。《询问（调查）笔录》固定格式部分应当逐项填写清楚，正文部分采用问答形式。记录询问内容应当如实反映被询问人的原意，语意清晰，表达通顺，重要情节应当尽量记录原话。

④询问时，应当告知被询问人有关权利义务。

⑤询问时，应当对被询问人身份和经历进行核对确认、记录涉税事实调查核实情况。

一般情况下，应当对被询问人身份、工作经历、与被查对象关系等事实进行询问调查，注意围绕被询问人与案件待证事实的关系进行询问。

《询问（调查）笔录》正文涉税事实调查环节中应当就待调查了解的案件事实进行询问，询问人措辞应当做到意思表达清晰、明确，不得使用暗示性或者隐喻性的言辞；涉及重要事实、情节、数字、日期等问题时，应当要求被询问人准确回答，避免含糊，应当记录被询问人核对资料的情况或者对数字、日期等关键事项作出答复所依据的资料和资料来源；对被询问人提供的物证、书证等，应当在记录中反映并记明证据的来源；询问人出示证据的，应当注明出示何物。

（2）应当有税务执法人员、被询问人签名或者盖章。

询问笔录应当交被询问人核对或者向其宣读；询问笔录有修改的，应当由被询问人在改动处捺指印；核对无误后，由被询问人在尾页结束处写明“以上笔录我看过（或者向我宣读过），与我说的相符”，并逐页签章、捺指印。

被询问人拒绝在《询问（调查）笔录》上签章、捺指印的，检查人员应当在笔录上注明，同时可以通过制作《现场笔录》、音像记录等适当方式记录现场情况。

询问（调查）人、记录人要逐页签署日期并签名；检查人员可以同时担任询问（调查）人和记录人，但应当分别签名；询问（调查）人与记录人不得相互代签名；询问（调查）人签字处应当由 2 名以上检查人员签名。

（3）询问（调查）工作一般应当在工作时间内进行。

若确实无法在工作时间内完成的，在征得被询问人同意后，可以继续进行，但应当在笔录中予以确认。

在这里强调一下，前述“实务问题（二）”中提到，送达《税务检查通知书》时应当出示税务检查证。但如何证明已经出示证件？实务中，可以在《税务文书送达回证》的“受送达人”栏注明“检查人员已出示税务检查证，证件编号 × × ×，并已告知权利和义务”，或者通过制作《现场笔录》、音像记录等适当方式记录税务检查证件的出示情况和权利义务告知情况。

（三）无法调取证据资料的，应当区别不同情况分别处理

1. 账簿资料被公安机关调取或被法院查封，致使税务稽查暂时无法进行的，税务稽查工作应当中止检查或中止执行

《税务稽查案件办理程序规定》第三十三条第一款第（二）项规定：“账簿、记账凭证及有关资料被其他国家机关依法调取且尚未归还，致使检查暂时无法进行的，经稽查局局长批准后，中止检查。”

根据我国的立法原则，行政机关的行政权与人民法院的司法权并没有

顺序优位，各自均拥有职责范围内的权威性。当遇到账簿资料被人民法院依法查封或者证据保全，税务机关的执法权不能优先于司法权。从性质上讲，司法权具有终局性，当司法行为实施之后，如果该行为与行政行为的对象一致，则通常是行政行为应当中止。这也就是《税务稽查案件办理程序规定》作出中止规定的原因。

不过，如果税务机关依据《税收征收管理法》第五十四条规定的检查权进行行政执法活动先于人民法院的证据保全，则人民法院同样不可以超越行政机关的执法权而行使司法权，需待税务机关的行政执法活动结束之后，才可以行使司法权。另外，公安机关也不能在执法中超越税务机关的行政执法权而行使公安机关的行政权力（例如，税务机关依法调取了纳税人的账簿资料，在税务机关尚未归还之前，公安机关不能以办理刑事案件为由要求税务机关归还账簿资料；同样，如果被查对象的资料被公安机关调取，税务机关的检查工作也只能暂时中止）。当然，行政机关之间也可以协商处理执法冲突问题。

2. 账簿资料发生意外丢失或毁损情况属实的，税务稽查部门可以根据已经掌握的其他证据进行综合判断与合理推定

在这种情况下，税务稽查部门应当做好两项取证工作：

（1）需要提取账簿资料发生意外丢失或毁损的证据，并经核实确认情况属实。例如，有公安机关出具的证明材料，或者被查对象提供并加盖企业印章的情况说明，或者同时对相关责任人进行询问并制作《询问（调查笔录）》。如果是纳税人虚假报案或监守自盗，则应依法严肃处理。

（2）需要对已经提取的其他证据进行综合分析。如果提取的证据能够证明纳税人存在不缴或少缴税款的违法行为及结果，对缺失部分的涉税资料能够从其他来源获得或者间接佐证，并经被查对象核实确认，这时，可以依据税收征收管理法》第六十三条第一款规定，按偷税进行处理。如果缺失部分的账簿资料不能以其他证据资料佐证，但可以根据日常生活经验进行推定的，在被查对象对税务稽查部门推定的结论没有提出反驳的理由

或者没有提供足以推翻的证据的情况下，根据《最高人民法院关于行政诉讼证据若干问题的规定》第六十八条关于可以直接认定事实的证据的规定，以该推定作为定案的依据。

3. 发生被查对象消极抵抗行为的，可以采取限期提供资料、证据登记保全等方式

从效率原则出发，同时为避免发生证据可能灭失或给纳税人编造虚假证据提供机会，税务稽查部门可以依据《税收征收管理法》第五十八条、《行政诉讼法》第三十六条、《行政处罚法》第三十七条的规定，灵活选择取证方法和手段，采取积极的应对措施。

（1）制作并送达调取账簿资料的文书。例如《调取账簿资料通知书》《责令提供资料通知书》《提取证据专用收据》《税务事项通知书》等，要求被查对象限期提供资料，对不能提供资料的要书面说明，同时采取其他证据形式来补强证据，例如制作视听资料、检查记录等。如此处理的目的有两个：一方面，为确认纳税人存在拒绝、隐匿、阻挠等行为做证据准备；另一方面，也可以通过程序约束纳税人配合税务稽查人员的检查工作。

（2）现场提取其他可能获得的证据资料。例如公开的财务资料、生产经营资料、档案资料等，同时制作《询问笔录》《现场笔录》等，再到其他关联企业等第三方获取证据，对被查对象找借口不提供的资料可能记载的内容，通过其他渠道获取证据资料。

（3）现场控制证据。例如对存于电脑或移动硬盘中的电子资料采取证据保全措施、切断电脑电源和连接线、封存文件柜或储物柜等。执法时，需要注意程序的合法性，如果采取登记保存方式控制证据，须经税务局局长批准，并且先行登记保存应当在七日内及时作出税务处理决定。

（4）对以各种理由拒绝税务稽查人员到生产经营场所检查的，可以在确认能够进入的时间采取突击检查，但要注意最好有见证人（如公安人员）或公证人在场的情况下开展税务稽查，对拒绝现场检查的违法事实，

要第一时间提取证据。

4. 对主观故意阻挠税务检查的，税务稽查部门应当依法进行处罚

依照《税收征收管理法》第七十条、《税收征收管理法实施细则》第九十六条的规定，按照逃避、拒绝或者以其他方式阻挠税务检查的行为依法对其进行处理处罚，构成犯罪的要移送公安机关。对涉嫌隐匿会计资料罪的，可以向公安机关报案或向检察院、纪检监察部门等有权机关举报，有权机关可以依据《治安管理处罚法》《中国共产党党员纪律处分条例》等对被查企业或企业人员进行处理处罚。查明有违法行为的，可以经由人民法院审理，依据《行政诉讼法》《刑法》等对被查企业及其责任进行拘留、处罚或追究刑事责任。

对纳税人拒绝打开电子信息系统或拒不提供电子信息资料的，根据《电子签名法》《税收征收管理法》《税务稽查案件办理程序规定》等文件规定，可以采取适当的技术手段打开其电子信息系统直接检查或者提取、复制电子数据进行检查。这里需要高度关注两个问题：第一，程序问题。电子证据的提取最好在纳税人配合的情况下进行，运用法律认可的技术手段复制提取。目前，税务稽查执法文书中没有提取电子证据的专门的文书，直接调取证据原件的，例如计算机主机或硬盘，可以使用《提取证据专用收据》，填制《税务文书送达回证》，要求被查对象签章。复制电子信息资料的，也没有程序上的文书要求，但对于因被查对象拒绝打开电子信息系统或拒不提供电子信息资料而需要采取技术手段强行打开的，需要经稽查局局长批准，制作内部的审批文书，并将该文书收档。第二，安全问题。虽然法律法规规定了税务稽查部门对被查对象拒不配合检查可以采取适当的技术手段强行打开，但是如果强行打开会造成严重的后果，则建议在不能确保安全的状态下不要强行打开，例如纳税人在电脑中放置物理引爆“炸弹”，如果在陌生人闯入的情况下引爆，会使系统陷入瘫痪状态，存储的资料也会全部销毁。此时，如果纳税人以没有资料备份、数据丢失为由向法院提出申请国家赔偿，根据《赔偿法》的规定，税务机关就负有

不可推卸的赔偿责任，而丢失的数据资料的价值可能是无法估量的。如果一定要提取电子信息资料，税务稽查人员最好直接控制服务器、主机，调取原始资料，然后再在安全的状态下打开、复制。

（四）从其他机关提取的证据经依法转换可以作为税务稽查证据使用

对于从其他机关或单位调取或获取的资料可否作为证据使用，应区分不同情况：

1. 司法证据能否直接用于行政证据，现行法律未作出明确的规定

现行法律对人民法院办理刑事案件，作为定案依据的证据是不能提供给税务机关作为认定涉税违法事实的证据的。从性质上讲，由于司法权具有终局性，通常情况下，刑事诉讼案件是在行政机关执法活动结束后才会启动的司法程序，然而，现实的情况是一些税务稽查案件的来源是人民法院会将审理中的案件涉及税收违法问题的移交给税务稽查部门进行查处。税务稽查部门提取证据时，证据的原件有可能已经被公安机关调取并通过检察院向人民法院举证，这时，若能够取得人民法院盖章确认原件存于法院、复印件与原件核对无异的复印件形式的证据的，可以用于税务行政定案证据。当然，若公安机关在办理刑事案件时提取的是证据的复制件，原件依然保存在被查对象处，则税务稽查可以行使职权，进行调查取证。

如果人民法院已经对违法当事人作出了判决，则该生效的判决书具有最佳证据效力。税务机关根据《最高人民法院关于行政诉讼证据若干问题的规定》（法释〔2002〕21 号）第七十条的规定，可以以生效的人民法院裁判文书或者仲裁机构裁决文书确认的事实，作为定案依据。这时，从人民法院取得的涉及被查对象民事案件或者刑事案件的判决书可以单独作为定案证据使用，对法院判决结果所依据的事实也可以不再取证。

2. 从公安机关调取的证据作为税务稽查证据使用，应当进行证据转换

税务稽查案件需要从公安机关调取证据的，分三种情况：

（1）公安机关立案侦查的案件，发现有涉税违法问题的，公安机关将其中的涉税问题移交给税务机关，税务机关对移交的案件进行初步检查后认为有涉嫌偷逃税款问题，遂立案查处。税务稽查人员在案件立案检查后需要提取证据的，如果发现证据的原件已经被公安机关调取，由于税务稽查取证主体只能是税务机关和具有税务行政执法资格的执法人员，为此，税务稽查人员只能依照《最高人民法院关于行政诉讼证据若干问题的规定》第十条第（二）项的规定，先由公安机关将证据原件进行复制，然后在复制件上注明“证据保存在公安机关，复制件与原件核对无误”，并加盖公安机关的印章，交给税务机关。

（2）税务机关与公安机关联合办理的案件，由于是各自依职权和法定程序进行执法活动，税务稽查取证与公安机关取证可同步进行，如果取证中出现交叉或冲突，应按照刑事优先的原则由公安机关先行提取证据，税务机关再行提取。提取的方法同第一种情况，对公安机关提取的证据进行证据转换。如果提取的证据采取复制的方法，则税务稽查部门和公安机关可以同时提取。

（3）税务机关立案检查后，由于纳税人不配合而导致证据无法成功提取，需要公安机关协助，或者有证据表明涉嫌犯罪的行为人可能逃匿或者销毁证据，需要公安机关参与、配合的，税务机关可以商请公安机关提前介入，公安机关可以派员介入，这时的证据是在公安人员协助的情况下提取的。如果被查对象迫于公安机关的压力主动交出证据资料，例如真账、服务器等，税务机关可以依职权和法定程序直接提取，并在取证时同步录音、录像和制作《现场笔录》，将公安机关协助成功调取证据的情况记录下来，为确定证据提取的合法和对被查对象加重处罚提供依据。如果公安人员介入是在公安机关已经立案的情况下进行的，证据的提取人是公安机关的，这时可以将公安机关提取的证据转换成税务稽查证据。

总之，直接将公安机关提取的证据用于税务稽查案件，原则上是不可以的。但如果是同步调取，且具有真实性，法官可裁量适用，因此最好是将证据转换过来。需要提醒注意的是，公安机关依职权制作的《讯问笔录》一般不得直接作为税务稽查证据使用，必要时，稽查局应当自行询问，并制作《询问（调查）笔录》。

3. 从其他有权机关取得的对外发生法律效力的文书，经复制后签章确认，即可作为税务稽查证据使用，且该证据为优势证据

所谓优势证据，是指除有反证足以推翻以外，法庭应当认定证据的证明效力。根据《最高人民法院关于行政诉讼证据若干问题的规定》第六十三条的规定，国家机关以及其他职能部门依职权制作的公文文书优于其他书证。因此，税务稽查中可以依据《最高人民法院关于行政诉讼证据若干问题的规定》第十条第（二）项的规定，将从其他有权机关取得的对外发生法律效力的文书，进行证据的有效转换以后作为证据使用。

可以作为优势证据的证据种类还是很多的，不限于国家机关依职权制作的公文文书。例如，经公证证明的法律行为、法律事实和文书，法庭指定的鉴定机构作出的鉴定结论，法庭主持勘验所制作的勘验笔录等，均具有优势证据的特质，在税务稽查中，应当注意收集使用。

需要提醒注意的是，这里讲的具有优势证据地位的证据形式一定是符合文件规定的，例如“国家机关以及其他职能部门依职权制作的公文文书优于其他书证”规定的公文文书必须是“依职权制作”并对外发生法律效力的文书。滥用职权制作的或者不具有法律效力的公文文书就不具有优势证据的地位，甚至有可能无法作为证据使用。

4. 从其他单位或部门获取的纳税人涉税信息，通常只能作为税务稽查线索，虽然有的可以作为证据使用，但不能单独作为定案依据

从其他单位或部门获取的纳税人涉税信息（例如，从公安户籍管理系统筛查出的客户信息、从受托协查的税务稽查部门取得的相关证据材料及文书的复制件、从行业监管部门取得的获得审批或许可的证件信息、从商业银行取得的纳税人或涉嫌人员的资金往来情况的证明、纳税人提供给其他一些部门的资料等），有的不能直接作为证据使用，提取相关信息的目

的只是为开展税务稽查提供线索，甚至有的信息是在开展税务稽查之前为了了解案情或筛选稽查对象而提取的（例如，了解经营活动、确定服务器的位置等），有的则可以作为税务稽查证据使用。但是，从其他单位或部门获取的信息往往都是间接证据，其作用要与其他证据相互印证，因此不能单独作为定案的依据。

§4 03

当事人的书面陈述申辩有多重要？稽查局可否不同时作出税务处理决定和行政处罚决定？

【要点导读】

在税务稽查案件处罚实务中，对于当事人的陈述、申辩权与处理、处罚顺序，税企双方经常存有一些争议，比较突出的疑问主要有：

（1）被税务机关行政处罚前，复核当事人的陈述申辩材料有多重要？

（2）先作出税务处理决定而后再进行行政处罚，违反法律程序吗？

（3）《税务行政处罚决定书》与《税务处理决定书》认定的少缴税额可否不一致？

（4）当事人对《税务行政处罚决定书》不服，向人民法院起诉，可否要求法院一并审查“违法事实”？

【实务问题】

陈述、申辩意见听取和复核，是指稽查局在作出税务行政处理、处罚决定前，听取被查对象或者其他涉税当事人的陈述、申辩意见并进行复核的业务处理过程。税务机关在税务行政处罚前，要听取当事人的陈述、申辩，这是法定程序要求，要认真听取并复核当事人提交的书面材料。这个过程有没有流于形式，是税务稽查实务中税企争议比较大的问题。另外，税务处理决定与税务行政处罚决定作为税务机关作出的重要行政行为，二者之间的关系被称为“征罚关系”，也一直是税企之间经常发生争议，需要经过税务行政复议或者行政诉讼解决的焦点问题。

在税务稽查案件处罚实务中，对于当事人的陈述、申辩权与处理、处罚顺序，税企双方经常存有一些争议，比较突出的疑问主要有：

（一）被税务机关行政处罚前，复核当事人的陈述申辩材料有多重要?

当事人的陈述和申辩，是法律赋予的一项重要权利。在税务行政执法程序中，当事人有权进行陈述和申辩。尤其在税务行政处罚决定作出前，税务机关应当向当事人送达《税务行政处罚事项告知书》，并告知当事人在收到该文书后，可以针对告知的违法事实、法律依据、拟作出的处罚等内容，进行口头或者书面陈述和申辩。对当事人口头提出陈述、申辩意见，应当制作陈述申辩笔录。税务机关在收到当事人书面陈述申辩之后，如果没有按照法律规定对当事人陈述申辩的事实、理由和证据进行复核，并且将复核的结果体现在《税务行政处罚决定书》或者其他文件中，案件进入行政诉讼阶段后，可能会被法院认定严重违反法定程序，导致税务行政处罚决定被撤销。

下面通过两则税务行政诉讼案件实例，说明一下当事人的陈述、申辩材料的重要性：

实务案例

案例 4 -3 -1
税务机关同日送达处罚事项告知书及处罚决定书致纳税人无法行使陈述、申辩权利败诉案

［黑龙江省哈尔滨市香坊区人民法院行政判决书〔2016〕黑 0110 行初 20 号］

人民法院在判决书中表述：“被告香坊地税局虽在哈香坊地税税罚告

〔2015〕6号《税务行政处罚事项告知书》中写明原告中城建公司有陈述、申辩、要求举行听证的权利，但中城建公司在同一时间签收哈香坊地税税罚告〔2015〕6号《税务行政处罚事项告知书》、哈香坊地税税罚〔2015〕5号《税务行政处罚决定书》，说明香坊地税局未给予中城建公司充分行使陈述、申辩及要求举行听证权利的时间。”

实务案例

案例4-3-2

《行政处罚决定书》中没有体现对陈述申辩意见进行复核导致败诉案

［福建省漳州市中级人民法院行政判决书〔2016〕闽06行初91号］

人民法院在判决书中表述：“被告在本案庭审中确认其有收到原告的书面陈述申辩意见，但被告在提交作出本案被诉行政行为的证据材料时，未向本院提供原告的该书面陈述申辩意见。本案被告的审理部门在审理后，虽已拟对原告作出行政处罚，但并未向原告进行处罚前告知。在被告提供的两份《税务稽查审理报告》中，就“税务稽查对象或者其他涉税当事人的陈述、申辩情况，企业核对意见”问题，分别仅载明‘对以上事实拒绝确认’‘该公司尚未在《税务稽查工作底稿（二）》签章陈述意见’，被告在原告向其提交书面陈述申辩意见后2日内，即于2016年11月25日对原告作出《行政处罚决定书》，且《行政处罚决定书》中也没有任何内容能够体现被告对原告的陈述申辩意见是否依法进行了复核、提出判断意见、是否采纳等。因此，本案被告未提供证据证明其是否充分听取了原告的陈述、申辩意见，是否依法对原告的陈述、申辩意见中提出的事实、理由、证据等进行了复核，原告的陈述、申辩意见是否成立等，明显与《行政处罚法》第三十二条的规定相悖，属严重违反法定程序。”

（二）先作出税务处理决定而后再进行行政处罚，违反法律程序吗？

税务稽查实践中，各地的做法不一，有的同时作出税务处理决定和行政处罚决定，有的先作出税务处理决定，之后再作出税务行政处罚决定。根据《税收征收管理法》第八十六条的规定，税务行政处罚的追罚时效为五年，超过五年就不得进行处罚。一些纳税人就认为，稽查局没有同时作出税务处理决定和税务行政处罚决定，大都是因为税企双方对纳税有争议，如果纳税人要寻求法律救济，不能直接向人民法院进行起诉，必须先按照《税务处理决定书》上所列税额和期限缴纳税款、滞纳金后再申请行政复议，如对行政复议决定不服，才能提起行政诉讼。因而，他们对稽查局未同时作出税务行政处罚决定表示不满。当稽查局后期再作出处罚决定时，他们就以超出追究时效为由，拒绝缴纳罚款。也有一些税务稽查人员认为，税务行政处罚决定要抓紧时间作出，若因各种原因没有及时制作并送达《税务行政处罚决定书》，最终可能导致无法进行处罚，会因此而被追究法律责任。

（三）《税务行政处罚决定书》与《税务处理决定书》认定的少缴税额可否不一致？

一般情况下，稽查局在税务稽查案件查办结束后，对被查对象作出的税务处理决定和税务行政处罚决定所认定的案件事实一致，即违法行为、违法性质和违法金额是一致的，但有时两个决定认定的案件事实也不相同。被查对象往往会不解，尤其是当两个决定所认定的违法金额不一致时（比如，税务处理决定认定的少缴税款金额大于税务行政处罚决定认定的金额），就会提出税务处理决定认定事实错误，要求撤销或者变更税务处理决定。对此，稽查局认为，税务处理决定与税务行政处罚决定属于两种不同的行政行为：税务处理决定的目的在于追缴少缴纳税款、挽回国家税收损失；税务行政处罚决定则系对纳税人的惩罚性措施。二者所采取的证据标准不同，故二者认定金额存在差异并未违法。

（四）当事人对《税务行政处罚决定书》不服，向人民法院起诉，可否要求法院一并审查“违法事实”？

从行政相对人方面，若对税务稽查作出的决定有争议，可以向复议机关提出复议申请或者向人民法院提出起诉申请。实务中，有的纳税人是对税务行政处罚决定和税务处理决定一并提起行政复议或者诉讼；而由于申请税务行政复议需要具备复议的前置条件，有的纳税人会出于经济能力方面的考虑，先不对税务处理决定申请复议，而是直接起诉税务行政处罚决定，采取“曲线救国”的方法来达到一并推翻税务处理决定的目的。因此，其诉讼是对《税务行政处罚决定书》不服，要求人民法院一并审查文书中所列出的“违法事实”事项。

对此，税务稽查认为，根据《税收征收管理法》第八十八条第一款、第二款的规定，纳税人、扣缴义务人、纳税担保人同税务机关在纳税上发生争议时，必须先依照税务机关的纳税决定缴纳或者解缴税款及滞纳金或者提供相应的担保，然后才可以依法申请行政复议；对行政复议决定不服的，可以依法向人民法院起诉。当事人对税务机关的处罚决定、强制执行措施或者税收保全措施不服的，可以依法申请行政复议，也可以依法向人民法院起诉。税务行政处罚决定认定的构成要件（违法事实）属于“纳税争议”，而纳税争议不应作为未经税务机关复议程序就直接由人民法院审理的范畴，否则将导致当事人规避法定救济途径，通过对税务行政处罚的诉讼，直接将纳税争议纳入司法审查的范围。

【文件规定】

（一）关于税务行政处罚权的规定

《行政处罚法》第六十一条规定：“行政处罚决定书应当在宣告后当场交付当事人；当事人不在场的，行政机关应当在七日内依照《中华人民共和国民事诉讼法》的有关规定，将行政处罚决定书送达当事人。”“当事人同意并签订确认书的，行政机关可以采用传真、电子邮件等方式，将行政处罚决定书等送达当事人。”

《税务稽查案源管理办法（试行）》（税总发〔2016〕71号）第四十二条规定：“经审理，区分下列情形分别作出处理：（一）有税收违法行为，应当作出税务处理决定的，制作税务处理决定书；（二）有税收违法行为，应当作出税务行政处罚决定的，制作税务行政处罚决定书；（三）税收违法行为轻微，依法可以不予税务行政处罚的，制作不予税务行政处罚决定书；（四）没有税收违法行为的，制作税务稽查结论。”

《税务稽查案件办理程序规定》（国家税务总局令第52号）第四十三条规定：“税务处理决定书应当包括以下主要内容：（一）被查对象姓名或者名称、有效身份证件号码或者统一社会信用代码、地址。没有统一社会信用代码的，以税务机关赋予的纳税人识别号代替；（二）检查范围和内容；（三）税收违法事实及所属期间；（四）处理决定及依据；（五）税款金额、缴纳期限及地点；（六）税款滞纳时间、滞纳金计算方法、缴纳期限及地点；（七）被查对象不按期履行处理决定应当承担的责任；（八）申请行政复议或者提起行政诉讼的途径和期限；（九）处理决定书的文号、制作日期、税务机关名称及印章。”

《税务稽查案件办理程序规定》（国家税务总局令第52号）第四十四条第一款规定：“税务行政处罚决定书应当包括以下主要内容：（一）被查对象或者其他涉税当事人姓名或者名称、有效身份证件号码或者统一社会信用代码、地址。没有统一社会信用代码的，以税务机关赋予的纳税人识别号代替；（二）检查范围和内容；（三）税收违法事实、证据及所属期间；（四）行政处罚种类和依据；（五）行政处罚履行方式、期限和地点；（六）当事人不按期履行行政处罚决定应当承担的责任；（七）申请行政复议或者提起行政诉讼的途径和期限；（八）行政处罚决定书的文号、制作日期、税务机关名称及印章。”

（二）关于陈述、申辩和听证的规定

《税收征收管理法》第八条第四款规定："纳税人、扣缴义务人对税务机关所作出的决定，享有陈述权、申辩权；依法享有申请行政复议、提起行政诉讼、请求国家赔偿等权利。"

《行政处罚法》第四十一条第三款、第四十四条、第四十五条、第六十二条规定："行政机关应当及时告知当事人违法事实，并采取信息化手段或者其他措施，为当事人查询、陈述和申辩提供便利。不得限制或者变相限制当事人享有的陈述权、申辩权。""行政机关在作出行政处罚决定之前，应当告知当事人拟作出的行政处罚内容及事实、理由、依据，并告知当事人依法享有的陈述、申辩、要求听证等权利。""当事人有权进行陈述和申辩。行政机关必须充分听取当事人的意见，对当事人提出的事实、理由和证据，应当进行复核；当事人提出的事实、理由或者证据成立的，行政机关应当采纳。""行政机关不得因当事人陈述、申辩而给予更重的处罚。""行政机关及其执法人员在作出行政处罚决定之前，未依照本法第四十四条、第四十五条的规定向当事人告知拟作出的行政处罚内容及事实、理由、依据，或者拒绝听取当事人的陈述、申辩，不得作出行政处罚决定；当事人明确放弃陈述或者申辩权利的除外。"

《行政处罚法》第六十三条第一款、第六十四条、第六十五条规定："行政机关拟作出下列行政处罚决定，应当告知当事人有要求听证的权利，当事人要求听证的，行政机关应当组织听证：（一）较大数额罚款；（二）没收较大数额违法所得、没收较大价值非法财物；（三）降低资质等级、吊销许可证件；（四）责令停产停业、责令关闭、限制从业；（五）其他较重的行政处罚；（六）法律、法规、规章规定的其他情形。""听证应当依照以下程序组织：（一）当事人要求听证的，应当在行政机关告知后五日内提出；（二）行政机关应当在举行听证的七日前，通知当事人及有关人员听证的时间、地点；（三）除涉及国家秘密、商业秘密或者个人隐私依法予以保密外，听证公开举行；（四）听证由行政机关指定的非本案调查人员主持；当事人认为主持人与本案有直接利害关系的，有权申请回避；（五）当事人可以亲自参加听证，也可以委托一至二人代理；（六）当事人及其代理人无正当理由拒不出席听证或者未经许可中途退出听证的，视为放弃听证权利，行政机关终止听证；（七）举行听证时，调查人员提出当事人违法的事实、证据和行政处罚建议，当事人进行申辩和质证；（八）听证应当制作笔录。笔录应当交当事人或者其代理人核对无误后签字或者盖章。当事人或者其代理人拒绝签字或者盖章的，由听证主持人在笔录中注明。”“听证结束后，行政机关应当根据听证笔录，依照本法第五十七条的规定，作出决定。”

《税务稽查案件办理程序规定》（国家税务总局令第52号）第三十九条、第四十条、第四十一条规定：“拟对被查对象或者其他涉税当事人作出税务行政处罚的，应当向其送达税务行政处罚事项告知书，告知其依法享有陈述、申辩及要求听证的权利。税务行政处罚事项告知书应当包括以下内容：（一）被查对象或者其他涉税当事人姓名或者名称、有效身份证件号码或者统一社会信用代码、地址。没有统一社会信用代码的，以税务机关赋予的纳税人识别号代替；（二）认定的税收违法事实和性质；（三）适用的法律、行政法规、规章及其他规范性文件；（四）拟作出的税务行政处罚；（五）当事人依法享有的权利；（六）告知书的文号、制作日期、税务机关名称及印章；（七）其他相关事项。”“被查对象或者其他涉税当事人可以书面或者口头提出陈述、申辩意见。对当事人口头提出陈述、申辩意见，应当制作陈述申辩笔录，如实记录，由陈述人、申辩人签章。”“应当充分听取当事人的陈述、申辩意见；经复核，当事人提出的事实、理由或者证据成立的，应当采纳。”“被查对象或者其他涉税当事人按照法律、法规、规章要求听证的，应当依法组织听证。”“听证依照国家税务总局有关规定执行。”

《国家税务总局关于发布〈税务行政处罚裁量权行使规则〉的公告》

（国家税务总局公告2016年第78号）第二十条规定："税务机关对公民作出2 000元以上罚款或者对法人或者其他组织作出1万元以上罚款的行政处罚决定之前，应当告知当事人有要求举行听证的权利；当事人要求听证的，税务机关应当组织听证。"

【指导建议】

针对上述税务行政处罚中，当事人的陈述、申辩权与处理、处罚顺序存疑的实务问题，分别进行讨论。

（一）关于当事人的陈述权、申辩权问题

根据《税收征收管理法》《行政处罚法》与《税务稽查案件办理程序规定》的规定，稽查局对应当作出行政处罚决定的，需要做到以下几点：

1. 制作和送达《税务行政处罚事项告知书》

税务稽查案件经审理认为应当对当事人进行行政处罚的，在作出行政处罚决定之前，应向其送达《税务行政处罚事项告知书》，并告知其作出行政处罚的事实、理由及依据，以及依法享有听证权利，是必经的行政程序，是稽查局的法定义务。同时，陈述申辩权也是法律赋予当事人的权利，如果对拟作出的行政处罚决定有异议，当事人可以通过口头或者书面的形式进行陈述、申辩或者提出要求听证申请。

2. 应当对当事人提交的书面陈述意见进行复核，并且在《税务行政处罚决定书》中记载复核意见

稽查局在作出税务行政处罚决定前，应当听取被查对象或者其他涉税当事人的陈述、申辩意见并进行复核，提出判断意见。稽查局听取和复核陈述、申辩意见时，应当包括以下三项工作内容：

（1）听取陈述、申辩意见。

被查对象或者其他涉税当事人有权提出陈述、申辩意见，稽查局应当充分听取，若拒绝听取当事人的陈述、申辩，不得作出行政处罚决定，但

当事人明确放弃陈述或者申辩权利的除外。同时，稽查局不得因当事人陈述、申辩而给予更重的处罚。

稽查局应当及时告知当事人违法事实，并采取信息化手段或者其他措施，为当事人查询、陈述和申辩提供便利。不得限制或者变相限制当事人享有的陈述权、申辩权。被查对象或者其他涉税当事人可以书面或者口头提出陈述、申辩意见。对当事人口头提出陈述、申辩意见的，稽查局应当制作《陈述申辩笔录》，如实记录被查对象或者其他涉税当事人的陈述、申辩意见，并由其审核无误后签章确认；被查对象或者其他涉税当事人书面提出陈述、申辩意见的，稽查局应当接收。

在程序中，还应注意：实施集中审理的税务局稽查局，应当以拟制发决定性文书的稽查局的名义听取陈述、申辩意见。

（2）复核陈述、申辩意见。

稽查局应当对被查对象或者其他涉税当事人提出的陈述、申辩意见以及案卷材料进行复核，可以向检查人员了解与陈述、申辩意见相关的情况，必要时，可以要求检查人员进行实地复核。根据复核情况，制作《陈述申辩意见复核报告》，体现对当事人陈述、申辩意见的复核及采纳情况，并重点说明不采纳的理由及依据。《陈述申辩意见复核报告》与陈述申辩意见一并装入税务稽查案卷中，以证明其行政处罚程序的合法性。同时，应当在《税务稽查审理报告》中载明“税务稽查对象或者其他涉税当事人的陈述、申辩情况”，并进行说明、提出复核意见。对个别争议较大的案件，还应当在《税务行政处罚决定书》中体现出已经对当事人的陈述申辩意见依法进行了复核、提出判断意见以及是否采纳等内容。

（3）提出判断意见。

若被查对象或者其他涉税当事人提出的陈述、申辩意见所依据的事实、理由或者证据成立的，应当予以采纳；复核后调整原告知违法事实、依据和处罚意见内容的，稽查局应当重新制作《税务稽查审理报告》《税务稽查审理审批表》，说明调整的理由和依据，由稽查局局长审批。调整后拟作出处罚决定的，如涉及新的违法事实或者依据，应当重新制作并送达《税务行政处罚事项告知书》。若被查对象或者其他涉税当事人提出的陈述、申辩意见所依据的事实、理由不成立，则不予采纳，稽查局依法制作《税务行政处罚决定书》。

3. 应当对当事人提出的听证申请依法组织听证，并且制作《听证笔录》

税务行政处罚听证，是稽查局对符合条件的被查对象或者其他涉税当事人提出行政处罚听证申请的，依法对行政处罚听证申请进行审查和受理，并组织听证的业务处理过程。

根据《国家税务总局关于发布〈税务行政处罚裁量权行使规则〉的公告》（国家税务总局公告2016年第78号）第二十条、《税务行政处罚听证程序实施办法（试行）》（国税发〔1996〕190号）的规定，税务行政处罚的听证遵循合法、公正、公开、及时和便民的原则。稽查局拟对公民处以2 000元以上、对法人或者其他组织处以10 000元以上的罚款，或者拟对被查对象作出停止出口退税权的行政处罚，向公民、法人或者其他组织送达了《税务行政处罚事项告知书》后，符合听证条件的当事人于收到《税务行政处罚事项告知书》之日起5个工作日内书面提出听证申请的，稽查局应当自接到听证申请之日起15日内组织听证。当事人由于不可抗力或者其他特殊情况而耽误提出听证期限的，在障碍消除后5日以内，可以申请延长期限。申请是否准许，由组织听证的稽查局决定。当事人逾期不提出的，视为放弃听证权利。

稽查局依申请组织听证，应当包括以下三项工作内容：

（1）审查听证申请。

收到当事人的听证申请后，稽查局应当审核听证申请是否符合受理条件，由稽查局局长决定是否受理。如果不予受理，制作《税务事项通知书》并告知当事人；如果决定受理，制作《税务行政处罚听证通知书》并送达当事人。

对收到的听证申请，应当审查听证申请是否在收到《税务行政处罚事项告知书》之日起5个工作日内提出，是否达到听证标准以及申请主体是否为案件当事人。

（2）组织听证。

稽查局决定举行听证的，由稽查局局长指定审理部门人员担任听证主持人。制作《税务行政处罚听证通知书》，并在举行听证的7个工作日前送达当事人，通知其举行听证的时间、地点、听证主持人的姓名、是否公开听证及有关事项。税务行政处罚听证应当公开进行，但是涉及国家秘密、商业秘密或者个人隐私的，听证不公开进行。对公开听证的案件，应当先期公告当事人和本案调查人员的姓名、案由和听证的时间、地点。公开进行的听证，应当允许群众旁听。经听证主持人许可，旁听群众可以发表意见。对不公开听证的案件，应当宣布不公开听证的理由。听证申请人收到《税务行政处罚听证通知书》后，提出回避申请的或者听证主持人自行提出回避申请的，经稽查局局长审批同意后重新指定听证主持人，并制作《税务事项通知书》告知案件当事人。如稽查局局长认为不需要回避的，按期实施听证。对驳回申请回避的决定，听证申请人可以申请复核一次。当事人或者其代理人应当按照稽查局的通知参加听证，无正当理由不参加听证的，视为放弃听证权利，听证应当予以终止。

听证开始前，由听证主持人或者相关工作人员核对当事人或者其代理人的身份信息。听证开始时，听证主持人应当首先声明并出示稽查局局长授权主持听证的授权书，然后查明当事人或者其代理人、本案调查人员、证人及其他有关人员是否到场，宣布案由；宣布听证会的组成人员名单；告知当事人有关的权利义务。记录员宣读听证会场纪律。在听证实施过程中，由本案调查人员就当事人的违法行为予以指控，并出示事实证据材料，提出行政处罚建议。当事人或者其代理人可以就所指控的事实及相关问题进行申辩和质证。听证主持人可以对本案所涉及事实进行询问，保障控辩双方充分陈述事实，发表意见，并就各自出示的证据的合法性、真实性进行辩论。辩论先由本案调查人员发言，再由当事人或者其代理人答辩，然后双方相互辩论。辩论终结，听证主持人可以再就本案的事实、证据及有关问题向当事人或者其代理人、本案调查人员征求意见。当事人或者其代理人有最后陈述的权利。

听证主持人认为证据有疑问无法听证辨明，可能影响税务行政处罚的准确公正的，可以宣布中止听证，由本案调查人员对证据进行调查核实后再行听证。当事人或者其代理人在听证过程中申请对有关证据进行重新核实，或者提出延期听证，是否准许，由听证主持人或者稽查局局长决定。当事人或者其代理人放弃申辩和质证权利，声明退出听证会，或者不经听证主持人许可擅自退出听证会的，听证主持人可以宣布听证终止。当事人或者其代理人、本案调查人员、证人及其他人员违反听证秩序，听证主持人应当警告制止；对不听制止的，可以责令退出听证会场。若当事人或者其代理人严重违反听证秩序，致使听证无法进行的，听证主持人或者稽查局局长可以终止听证。

（3）制作《听证笔录》。

听证的全部活动，应当由记录员写成笔录，经听证主持人审阅并由听证主持人和记录员签名后，封卷上交稽查局负责人审阅。

《听证笔录》应当交当事人或者其代理人、本案调查人员、证人及其他有关人员阅读或者向他们宣读。他们认为有遗漏或者有差错的，可以请求补充或者改正。他们在承认没有错误后，应当签字或者盖章。拒绝签名或者盖章的，记明情况附卷。听证现场情况可以进行音像记录。听证会结束后，听证主持人应当结合听证情况，提出处理意见，必要时，可以要求检查人员进行实地复核。听证主持人应当将听证情况和处理意见形成听证报告，针对当事人的意见主张提出采纳或者不予采纳的处理意见，连同《听证笔录》等资料向稽查局局长报告。

需要提醒注意的是，在稽查程序上，行政处罚告知和组织听证的部门是拟制发决定性文书的稽查局，即跨区域稽查局办理的案件，若经重点案件集体审理、重大税务案件审理的，由跨区域稽查局依法制作相应的处理或者处罚等决定性文书。那么，履行行政处罚告知程序、听证程序的部门也是跨区域稽查局。稽查局办理的案件，若经重大税务案件审理，由稽查局依法制作相应的处理或者处罚等决定性文书，履行行政处罚告知程序、听证程序的部门也是稽查局。而且在顺序上，行政处罚告知程序和听证程序要在提请重大税务案件审理委员会审理之前进行。

（二）关于税务处理决定能否先于税务行政处罚决定作出的问题

从税务稽查程序来看，《税务稽查案件办理程序规定》（国家税务总局令第 52 号）第五条规定，税务稽查工作由选案、检查、审理、执行四个环节组成。其中，选案和检查环节是处理决定和处罚决定共用的。税务检查结束时，实施检查部门制作的《税务稽查报告》，内容包括：税务处理、处罚建议及依据。而进入审理环节之后，就开始出现分岔了。根据《税务稽查案件办理程序规定》（国家税务总局令第 52 号）第三十九条、第四十条、第四十一条的规定，拟对被查对象或者其他涉税当事人作出税务行政处罚的，应当向其送达《税务行政处罚事项告知书》，告知其依法享有陈述、申辩及要求听证的权利。被查对象或者其他涉税当事人可以书面或者口头提出陈述、申辩意见。被查对象或者其他涉税当事人按照法律、法规、规章要求听证的，应当依法组织听证。那么，在处罚程序进行的这个阶段，处理决定程序是自走自的吗？从《税务稽查案件办理程序规定》（国家税务总局令第 52 号）后续规定看，是等待处罚决定程序完成。由此可见，如果在处罚程序中发生了对违法事实的改变，处理决定也必然要跟着改变。审理完毕，审理人员应当制作《税务稽查审理报告》，内容包括：检查人员查明的事实及相关证据；被查对象或者其他涉税当事人的陈述、申辩情况；经审理认定的事实及相关证据；税务处理、处罚意见及依据等。《税务稽查案件办理程序规定》（国家税务总局令第 52 号）第四十二条规定了《税务处理决定书》和《税务行政处罚决定书》的制作。也就是说，从税务稽查程序上看，税务处理决定要等税务行政处罚事项的告知、听证等程序走完才能作出。从某种意义上讲，税务处理决定要以行政处罚程序为基础。

但是，并不是说税务处理决定就完全不能先于税务行政处罚决定作出，因为形成《税务稽查审理报告》之后，何时作出两个文书，《税务稽查案件办理程序规定》（国家税务总局令第 52 号）并没有规定时限要求。尤其是对于涉嫌犯罪必须移送司法机关的案件，很有可能是不先进行行政处罚的，需要等公安机关不立案、检察院不起诉、人民法院不受理或者作出无罪判决或者免予刑事处罚后，再决定是否给予行政处罚。

（三）关于案涉税务处理决定与税务处罚决定认定少缴税款金额不一致的问题

纳税人负有如实申报纳税的法定义务，税务处理决定是税务机关针对少缴税款情况所作的补税及滞纳金决定，要求纳税人履行既有的法定纳税义务。而税务处罚决定则是税务机关针对税务违法行为作出的法律制裁，剥夺处罚对象的部分财产权利，对违法行为人施以惩戒、科处新义务。二者虽有联系，但属不同性质的行政行为，适用于不同法定情形，在构成要件、证明标准方面存在差别：在符合法定课税要件时，税务稽查部门即可作出税务处理决定；而税务行政处罚决定证明标准高于税务处理决定，且还须符合行政处罚构成要件，不能全部都作出税务行政处罚决定。例如，税务处理决定认定的违法事实有因核定税款、善意取得虚开的增值税专用发票或者非主观故意少缴税款的，税务行政处罚决定就不认定其为违法事实。反之，税务行政处罚决定认定为违法事实的，如不涉及应当补缴税款，税务处理决定就不认定其为违法事实（例如，未依法办理税务登记、进行纳税申报、设置账簿、报备全部银行账户或者未按规定开具发票等）。因此，稽查局根据两个决定的不同性质，在进行税务处罚决定时基于审慎考虑，适用更高证明标准，降低少缴税款认定金额，与税务处理决定的认定并不存在实质矛盾，更未损害当事人合法权益，不能以此简单地反推出税务处理决定认定事实错误的结论。

（四）关于人民法院可否审查《税务行政处罚决定书》的“违法事实”问题

有的纳税人向人民法院提出行政诉讼时，要求一并审查“违法事实”事项，其真实目的是想借此推翻税务处理决定。

税务处理决定与税务行政处罚决定的行政行为表现为《税务处理决定书》和《税务行政处罚决定书》（简称“两书”），“两书”都是税务机关对各类税务违法行为依法调查、审理后，依据有关法律、法规、规章的规定作出的决定性文书。《税务处理决定书》是针对纳税人、扣缴义务人等税务行政相对人有关纳税义务处理决定的法律文书，它适用于向其追缴税款、滞纳金并进行账务调整时使用。《税务行政处罚决定书》是针对纳税人、扣缴义务人及其他当事人有关税务行政处罚决定的法律文书，它适用于向其罚款、没收违法所得或者停止办理出口退税时使用。“两书”的格式中也有不同的内容。例如，《税务处理决定书》的内容有：处理决定及依据；税款金额、缴纳期限及地点；税款滞纳时间、滞纳金计算方法、缴纳期限及地点等。而《税务行政处罚决定书》的内容有：行政处罚种类和依据；行政处罚履行方式、期限和地点等。从范围和内容来看，“两书”虽然有交叉，但区别还是非常明显的。为此，才要分别制作两种决定性文书。

由此可见，税务处理决定和税务行政处罚决定是相互独立且并列的关系。根据《行政处罚法》第四十条的规定：“公民、法人或者其他组织违反行政管理秩序的行为，依法应当给予行政处罚的，行政机关必须查明事实；违法事实不清、证据不足的，不得给予行政处罚。”《税务行政处罚决定书》和《税务处理决定书》都是可诉范围，税务处理决定所认定的违法事实对处罚决定案件并无拘束力。尽管“违法事实”是“两书”共有的事项，但是从两个独立的执法行为来看，此“违法事实”非彼“违法事实”，而人民法院审查《税务行政处罚决定书》的“违法事实”，也并不必然导致推翻税务处理决定。另外，人民法院对《税务行政处罚决定书》的审查，也不能绕开“违法事实”事项而仅审查处罚程序、处罚依据和处罚金额，因为“违法事实”是这一切的基础。

【判例4－3－1：海南国托科技有限公司与海南省地方税务局第一稽查局申诉案［最高人民法院民事裁定书〔2015〕行监字第2031号］】 人民法院认为：“再审判决以13号《处理决定书》和1号《变更处理决定书》已生效且具有最后确定力为由，将其作为本案被诉行政行为的事实依据，不再对国托公司是否存在偷税等税收违法行为以及被诉行政行为程序是否合法进行审查，违反了行政诉讼法确立的合法性审查与全面审查原则，在未对被诉行政行为的程序和实体合法性以及全部证据和依据进行全面审查的情况下作出的结论错误。13号《处理决定书》和1号《变更处理决定书》不能作为被诉行政行为合法和事实清楚的依据。”

【判例4－3－2：绵阳市涪城区地方税务局稽查局与南田房地产开发有限责任公司税务行政处罚案［四川省绵阳市中级人民法院行政判决书（2016）川07行终35号］】 人民法院认为：“关于‘原告对税务行政处罚决定认定第（一）、（二）项违法事实不服是否属于纳税争议，是否应当先申请行政复议的’问题……”“人民法院审查行政行为的合法性，不仅要审查行政程序是否合法，而且要审查行政行为认定行政相对人违法事实的证据是否充分，还要审查适用法律法规是否正确。被告将可能存在纳税争议的征税事项作为行政处罚决定中认定原告税务违法事实的依据，当事人对行政处罚决定不服，提起行政诉讼，人民法院有权对被告认定违法事实的证据是否充分进行司法审查。原告对纳税争议事项是否先行申请行政复议，不影响人民法院对被诉税务行政处罚行为合法性的审查。”

【参考文献与司法判例】

·李辉东．税务处理决定与处罚决定关系之司法裁判观点评析［EB/OL］．（2019-11-28）［2022-12-12］https：//www. shangyexinzhi. com/article/280135. html。

·中成建第五工程局集团有限公司第一分公司与哈尔滨市香坊区地方税务局税务行政处罚一审行政判决书［〔2016〕黑0110行初20号］。来源：中国裁判文书网。

·聚善堂（福建）医药集团有限公司与福建省漳州市国家税务局稽查局税务行政管理（税务）一审行政判决书［〔2016〕闽06行初91号］。来源：中国裁判文书网。

·海南国托科技有限公司与海南省地方税务局第一稽查局申诉民事裁定书［〔2015〕行监字第2031号］。来源：中国裁判文书网。

·四川省绵阳市涪城区地方税务局稽查局与绵阳市南田房地产开发有限责任公司税务行政处罚一案二审行政判决书［〔2016〕川07行终35号］。来源：中国裁判文书网。

§4 04

纳税人通过合同约定纳税义务转嫁税负，如何确定纳税主体？

【要点导读】

税收法律关系是税务机关与税收相对人两个主体之间的关系。实务中存在一些对违法主体身份确认不准确的情况，税务稽查部门应当高度重视。容易引起分歧的问题主要有：

（1）纳税人通过合同约定纳税义务转嫁税负，稽查局应当以转让方为纳税主体还是以被转让方为纳税主体？

（2）记账公司代理纳税申报，税收违法主体是谁？纳税人可否以记账公司应当承担违法责任为由为自己脱罪？

（3）扣缴义务人未扣缴税款，税收违法主体是谁？扣缴义务人有没有义务追缴税款？

【实务问题】

税收违法主体的认定，关系到税务稽查案件查处的成败。根据《税务稽查案件办理程序规定》（国家税务总局令第52号），稽查局办理税务稽查案件时，实行选案、检查、审理、执行分工制约的原则。在税务稽查四环节中，立案处理是选案环节常见的案源处理方式，由案源管理部门对待查对象进行分析、判断，认为案源信息完整、有效且信息内容能够较为明确地印证其涉嫌税收违法的，依照一定程序，作出立案处理决定，将案件传递到稽查管理部门，再由稽查管理部门进一步开展调查取证工作。而案件经检查环节确认违法事实并取得确凿证据之后，移交审理部门，审理的重要内容之一就是执法主体是否适格、被查对象是否准确。因此，税务稽查案件一旦立案，即进入税务稽查的法定程序，如果案源处理错误，可能会使整个案件难以有效进行，产生税企争议，甚至导致案件久拖不决。

税收法律关系是税务机关与税收相对人两个主体之间的关系。实务中存在一些对违法主体身份确认不准确的情况，税务稽查部门应当高度重视。容易引起分歧的问题主要有：

（一）纳税人通过合同约定纳税义务转嫁税负，稽查局应当以转让方为纳税主体还是以被转让方为纳税主体？

此处列举两个实例，以说明这一问题。

实务案例

案例 4-4-1

纳税人通过合同约定纳税义务转嫁税负案

出租方（甲方）为某自然人，承租方（乙方）为某有限责任公司，双方通过签订民商事合同，租赁商铺使用权。合同约定：“交易产生的一切税费由乙方负担”“甲方收入为税后收入”。合同中之所以作出这样的约定，往往是被转移方处于交易的弱势地位或者交易价格偏低。转移方的主要目的是想通过转移税负来增加收益或变相提高租赁价格，被转移方认为这只是使自己让出了一些经济利益，或者对价格给予了一定的补偿。

常见的合同条款有两种：一种是笼统约定转移税负，即租赁合同中约定的“租赁产生的一切税费由承租方负担”，但未约定租金是否含税（含增值税），也未约定纳税申报事宜。另一种是详细约定转移税负及纳税申报责任，即租赁合同中约定的“租金不含增值税，且为出租方的税后收入，出租方所涉及的所有税费由承租方负担，并以出租方名义申报缴纳”。

针对这种情况，稽查局将纳税人（即转让方）作为违法主体对其作立案处理，常常会招致该纳税人的不满，认为合同已经明确规定纳税义务应由被转让方承担，出现欠缴税款的问题，理当找被转让方，不应将自己确认为违法主体并列为被查对象。

实务案例

案例4-4-2
纳税人通过合同约定转移税负但不转移纳税申报责任案

出让方（甲方）与受让方（乙方）均为有限责任公司，双方通过签订民商事合同转让不动产。合同约定：“转让不动产所发生的一切税费由乙方承担（包括但不限于增值税、企业所得税、土地增值税、印花税、城市维护建设税、教育费附加、地方教育费附加），甲方涉税事项由甲方自行申报缴纳，将申报资料、完税凭证等复印件送达乙方，乙方在收到上述资料之日起5日内向甲方支付税费款。”

该转让合同中，各方的法定纳税义务分别是（不考虑税收优惠）：出让方（甲方）要缴纳增值税、土地增值税、企业所得税、印花税、城市维护建设税、教育费附加、地方教育费附加；受让方（乙方）要缴纳印花税、契税。

针对这种情况，稽查局将纳税人（即转让方）作为违法主体对其作立案处理，本无可厚非。但实际操作上可能会出现问题：由于此类合同的转让价格不含相关税费，如果纳税人申报的相关税费不实，其法律责任应该由谁承担？欠缴的税费应该向谁追缴？应该对谁进行行政处罚？

（二）记账公司代理纳税申报，税收违法主体是谁？纳税人可否以记账公司应当承担违法责任为由为自己脱罪？

实务中，有这样一种情况：税务稽查时发现纳税人存在《税收征收管理法》第六十三条第一款所规定的在账簿上不列或者少列收入的违法手段，经检查确认，造成少缴税款的情况，应当对其偷税行为进行处理处罚。而纳税人认为，企业自成立以来就委托记账公司代理记账及纳税申报，稽查人员进行税务检查过程中对此种情况是知晓的，并且也取得了企业与记账公司的代理记账协议和相关证据，足以证明企业没有故意行为，违法责任主体应该是记账公司，而不是企业。对此，税企之间产生了争议。

（三）扣缴义务人未扣缴税款，税收违法主体是谁？扣缴义务人有没有义务追缴税款？

我国现行税制规定了代扣代收代缴税款义务制度，主要包括扣缴税款义务人和代扣代收税款的责任两部分内容。所谓扣缴义务人，是指依照法律、行政法规规定负有代扣代缴、代收代缴税款义务的单位和个人，其扣缴义务主要包括“代扣代缴”和“代收代缴”两种。从我国司法实践来看，税务机关和扣缴义务人之间的争议主要围绕三个问题：一是扣缴税款义务人的认定，如果支付款项的单位不是独立的民事法律责任主体，未办理扣缴税款登记，能否承担代扣代缴个人所得税的义务？二是扣缴义务人未代扣代缴、代收代缴税款的，扣缴义务人还有没有向纳税人扣缴税款的义务？三是扣缴义务人未代扣代缴、代收代缴税款的，税务机关依据《税收征收管理法》的规定对扣缴义务人进行罚款，需不需要追究其刑事责任？

【文件规定】

（一）关于稽查局执法主体资格的规定

《税收征收管理法》第二条、第五条、第十四条规定：“凡依法由税务机关征收的各种税收的征收管理，均适用本法。”“国务院税务主管部门主管全国税收征收管理工作。各地国家税务局和地方税务局应当按照国务院规定的税收征收管理范围分别进行征收管理。”“本法所称税务机关是指各级税务局、税务分局、税务所和按照国务院规定设立的并向社会公告的税务机构。”

《税收征收管理法实施细则》第九条第一款规定：“税收征管法第十四条所称按照国务院规定设立的并向社会公告的税务机构，是指省以下税务局的稽查局。稽查局专司偷税、逃避追缴欠税、骗税、抗税案件的查处。”

《税收征收管理法》第三十二条规定：“纳税人未按照规定期限缴纳税款的，扣缴义务人未按照规定期限解缴税款的，税务机关除责令限期缴纳外，从滞纳税款之日起，按日加收滞纳税款万分之五的滞纳金。”

《国家税务总局关于稽查局职责问题的通知》（国税函〔2003〕140号）规定：“稽查局的现行职责是指：稽查业务管理、税务检查和税收违法案件查处；凡需要对纳税人、扣缴义务人进行账证检查或者调查取证，并对其税收违法行为进行税务行政处理（处罚）的执法活动，仍由各级稽查局负责。”

《税务稽查案件办理程序规定》（国家税务总局第52号令）第四条规定：“税务稽查由稽查局依法实施。稽查局主要职责是依法对纳税人、扣缴义务人和其他涉税当事人履行纳税义务、扣缴义务情况及涉税事项进行检查处理，以及围绕检查处理开展的其他相关工作。稽查局具体职责由国家税务总局依照税收征管法、税收征管法实施细则和国家有关规定确定。”

（二）关于纳税人与纳税义务的规定

《税收征收管理法》第四条第一款、第三款规定：“法律、行政法规规定负有纳税义务的单位和个人为纳税人。”“纳税人、扣缴义务人必须依照法律、行政法规的规定缴纳税款、代扣代缴、代收代缴税款。”

《税收征收管理法实施细则》第三条第二款规定：“纳税人应当依照税收法律、行政法规的规定履行纳税义务；其签订的合同、协议等与税收法律、行政法规相抵触的，一律无效。”

《增值税暂行条例》第一条规定：“在中华人民共和国境内销售货物或者加工、修理修配劳务（以下简称劳务），销售服务、无形资产、不动产以及进口货物的单位和个人，为增值税的纳税人，应当依照本条例缴纳增值税。”

《企业所得税法》第一条第一款规定：“在中华人民共和国境内，企业和其他取得收入的组织（以下统称企业）为企业所得税的纳税人，依照本法的规定缴纳企业所得税。”

《土地增值税暂行条例》第二条规定：“转让国有土地使用权、地上的建筑物及其附着物（以下简称转让房地产）并取得收入的单位和个人，为土地增值税的纳税义务人（以下简称纳税人），应当依照本条例缴纳土地增值税。”

其他实体法关于纳税人与纳税义务的规定，此处不再赘述。

（三）关于其他行为人主体责任的规定

1. 代理纳税申报

《税收征收管理法》第八十九条规定：“纳税人、扣缴义务人可以委托税务代理人代为办理税务事宜。”

《税收征收管理法实施细则》第九十八条规定：“税务代理人违反税收法律、行政法规，造成纳税人未缴或者少缴税款的，除由纳税人缴纳或者补缴应纳税款、滞纳金外，对税务代理人处纳税人未缴或者少缴税款50%以上3倍以下的罚款”。

《民法典》第一百六十四条规定：“代理人不履行或者不完全履行职责，造成被代理人损害的，应当承担民事责任。”

2. 应扣未扣、应收不收税款

《税收征收管理法》第十九条规定：“纳税人、扣缴义务人按照有关法律、行政法规和国务院财政、税务主管部门的规定设置账簿，根据合法、有效凭证记账，进行核算。”

《税收征收管理法》第二十五条规定：“扣缴义务人必须依照法律、行政法规规定或者税务机关依照法律、行政法规的规定确定的申报期限、申报内容如实报送代扣代缴、代收代缴税款报告表以及税务机关根据实际需要要求扣缴义务人报送的其他有关资料。”

《税收征收管理法》第三十条规定：“扣缴义务人依照法律、行政法规的规定履行代扣、代收税款的义务。对法律、行政法规没有规定负有代扣、代收税款义务的单位和个人，税务机关不得要求其履行代扣、代收税款义务。”“扣缴义务人依法履行代扣、代收税款义务时，纳税人不得拒绝。纳税人拒绝的，扣缴义务人应当及时报告税务机关处理。”

《税收征收管理法》第六十一条规定：“扣缴义务人未按照规定设置、保管代扣代缴、代收代缴税款账簿或者保管代扣代缴、代收代缴税款记账凭证及有关资料的，由税务机关责令限期改正，可以处二千元以下的罚款；情节严重的，处二千元以上五千元以下的罚款。”

《税收征收管理法》第六十九条规定：“扣缴义务人应扣未扣、应收而不收税款的，由税务机关向纳税人追缴税款，对扣缴义务人处应扣未扣、应收未收税款百分之五十以上三倍以下的罚款。”

《税收征收管理法实施细则》第九十四条规定：“纳税人拒绝代扣、代收税款的，扣缴义务人应当向税务机关报告，由税务机关直接向纳税人追缴税款、滞纳金；纳税人拒不缴纳的，依照税收征管法第六十八条的规定执行。”

《国家税务总局关于贯彻〈中华人民共和国税收征收管理法〉及其实施细则若干具体问题的通知》（国税发〔2003〕47 号）规定：“负有代扣代缴义务的单位和个人，在支付款项时应按照征管法及其实施细则的规定，将取得款项的纳税人应缴纳的税款代为扣缴，对纳税人拒绝扣缴税款的，扣缴义务人应暂停支付相当于纳税人应纳税款的款项，并在一日之内报告主管税务机关。负有代收代缴义务的单位和个人，在收取款项时应按照征管法及其实施细则的规定，将支付款项的纳税人应缴纳的税款代为收缴，对纳税人拒绝给付的，扣缴义务人应在一日之内报告主管税务机关。扣缴义务人违反征管法及其实施细则规定应扣未扣、应收未收税款的，税务机关除按征管法及其实施细则的有关规定对其给予处罚外，应当责成扣缴义务人限期将应扣未扣、应收未收的税款补扣或补收。”

《国家税务总局关于行政机关应扣未扣个人所得税问题的批复》（国税函〔2004〕1199 号）第二条、第三条规定：“对扣缴义务人应扣未扣税款，适用修订后的《征管法》（即《中华人民共和国税收征收管理法》）和《国家税务总局关于贯彻〈中华人民共和国税收征收管理法〉及其实施细则若干具体问题的通知》（国税发〔2003〕47 号），由税务机关责成扣缴义务人向纳税人追缴税款，对扣缴义务人处应扣未扣税款百分之五十以上三倍以下的罚款。”“关于应扣未扣税款是否加收滞纳金的问题按照《征管法》规定的原则，扣缴义务人应扣未扣税款，无论适用修订前还是修订后的《征管法》，均不得向纳税人或扣缴义务人加收滞纳金。”

（四）关于民事行为能力和债务转移的规定

《民法典》第十三条、第五十九条、第五百零二条第一款规定：“自然人从出生时起到死亡时止，具有民事权利能力，依法享有民事权利，承担民事义务。”“法人的民事权利能力和民事行为能力，从法人成立时产生，到法人终止时消灭。”“依法成立的合同，自成立时生效，但是法律另有规定或者当事人另有约定的除外。”

《民法典》第一百四十三条规定：“具备下列条件的民事法律行为有效：（一）行为人具有相应的民事行为能力；（二）意思表示真实；（三）不违反法律、行政法规的强制性规定，不违背公序良俗。”

《民法典》第五百二十二条第一款规定：“当事人约定由债务人向第三人履行债务，债务人未向第三人履行债务或者履行债务不符合约定的，应当向债权人承担违约责任。”

《民法典》第五百三十三条规定：“合同成立后，合同的基础条件发生了当事人在订立合同时无法预见的、不属于商业风险的重大变化，继续履行合同对于当事人一方明显不公平的，受不利影响的当事人可以与对方重新协商；在合理期限内协商不成的，当事人可以请求人民法院或者仲裁机构变更或者解除合同。”“人民法院或者仲裁机构应当结合案件的实际情况，根据公平原则变更或者解除合同。”

《民法典》第五百五十四条规定：“债务人转移债务的，新债务人应当承担与主债务有关的从债务，但是该从债务专属于原债务人自身的除外。”

《民法典》第五百七十七条规定：“当事人一方不履行合同义务或者履行合同义务不符合约定的，应当承担继续履行、采取补救措施或者赔偿损失等违约责任。”

《民法典》第五百八十三条规定：“当事人一方不履行合同义务或者履行合同义务不符合约定的，在履行义务或者采取补救措施后，对方还有其他损失的，应当赔偿损失。”

《民法典》第五百九十一条规定：“当事人一方违约后，对方应当采取适当措施防止损失的扩大；没有采取适当措施致使损失扩大的，不得就扩大的损失请求赔偿。”“当事人因防止损失扩大而支出的合理费用，由违约方负担。”

《民法典》第五百九十二条第二款规定：“当事人一方违约造成对方损失，对方对损失的发生有过错的，可以减少相应的损失赔偿额。”

【指导建议】

实务中，违法主体的认定导致的税务机关与纳税人之间的争议，应当针对不同类型具体分析原因，根据实质课税原则并遵从税法规定来解决。例如，纳税人通过合同约定纳税义务转嫁税负的交易方式，其出发点不一定是为了逃避纳税义务，可能是考虑到合同乙方一次性资金支付压力较大，选择通过降低交易价格的方式来达成交易意向，确保合同的顺利签订。合同甲方压低的转让价格通过减少债务的方式得到补偿，合同乙方通过承担主债务附加从债务的方式补足价格差额。尽管如此，国家的税收不能受到影响，因交易而产生的相关税费要依法依规及时足额地向国家进行缴纳。由于合同相关条款的不同处理，在税费申报过程中，很容易发生延迟缴纳或不缴少缴税款的情况。

针对上述提出的关于违法主体认定的实务问题，建议从以下四个方面进行思考：

（一）依法征收税款是税务局稽查局应履行的法定职责

根据《税收征收管理法》第二条、第五条、第十四条，《税收征收管理法实施细则》第九条以及《国家税务总局关于稽查局职责问题的通知》（国税函〔2003〕140号）、《税务稽查案件办理程序规定》（国家税务总局第52号令）的规定，税务局稽查局具有独立执法资格，其职责范围是依法对纳税人、扣缴义务人和其他涉税当事人履行纳税义务、扣缴义务情况及涉税事项进行检查处理。根据《税收征收管理法》第三十二条的规定，对于未按照规定期限缴纳税款的纳税人以及未按照规定期限解缴税款的扣缴义务人，税务机关有权追缴税款并加收滞纳金。

为此，"实务问题（一）""实务问题（二）""实务问题（三）"中的税务行政相对人，无论是纳税人还是扣缴义务人、其他涉税当事人，稽查局都对其具有合法的执法主体资格。对其发生的应税行为和其他税收责任，税务局稽查局具有税款的征收权、税务检查权和追缴税款的权利。

（二）依法纳税是纳税人必须履行的法定义务

根据《税收征收管理法》第四条第一款、第三款的规定，负有纳税义务的单位和个人为纳税人，必须依照法律、行政法规的规定缴纳税款。其具体的纳税义务依照《增值税暂行条例》《企业所得税法》等实体法规定，取得法定收入的纳税义务人，应当依照法律法规的规定缴纳税款。

针对"实务问题（一）"，根据《税收征收管理法实施细则》第三条第二款的规定，交易双方签订的合同、协议等与税收法律、行政法规相抵触的，一律无效。为此，案例4－4－1、案例4－4－2两个实例中的交易合同生效后，对其产生的纳税义务，依据实体法的规定确定纳税主体和纳税义务的履行，不能因交易合同中约定了税收承担人而改变纳税主体身份，税务局稽查局应当向法定纳税义务人追究责任。

针对“实务问题（二）”和“实务问题（三）”，关于代理记账公司和扣缴义务人未履行义务或者履行义务不合法导致纳税人不缴或者少缴税款的，纳税义务主体都不会发生改变。其中，就“实务问题（二）”来说，根据《税收征收管理法实施细则》第九十八条的规定，税务代理人违反税收法律、行政法规，造成纳税人未缴或者少缴税款的，由纳税人缴纳或者补缴应纳税款、滞纳金。就“实务问题（三）”来说，根据《税收征收管理法》第六十九条的规定，扣缴义务人应扣未扣、应收而不收税款的，由税务机关向纳税人追缴税款。这是因为，扣缴义务人不是负有法定纳税义务的人，只负有法定的代扣代缴、代收代缴税款的义务，如果扣缴义务人放弃履行法定义务，应扣未扣、应收而不收税款，不应当向其追缴所欠税款，而应当向真正的纳税义务人追缴。

（三）其他相关法律责任应当依法承担

1. 合同约定税款被转移方应当履行民事责任

我国税收管理法律法规对于各种税收明确规定了纳税义务人，尽管并未禁止纳税义务人与合同相对人约定税款缴纳，但若一旦出现欠缴税款的情况，税务局稽查局将会向法定纳税义务人追究责任。根据《民法典》第五百五十四条的规定，承担缴纳税款合同义务的相对人应履行合同义务的民事责任。

下面，针对前述“实务问题（一）”中所列举的案例4－4－1、案例4－4－2展开讨论、分析。

【案例4－4－1分析】 通过合同约定转移税费负担，如“交易产生的一切税费由乙方负担”“甲方收入为税后收入”等，在此约定条款下，还有两种条款约定方式：

一是合同笼统约定转移税负，即租赁合同中约定“租赁产生的一切税费由承租方负担”，但未约定租金是否含税（含增值税），也未约定纳税申报事宜。这时，有关税费负担约定一般只能约束承租方负担部分的税费。各方的纳税义务和扣缴义务（不考虑税收优惠）有：出租方要履行缴纳增值税、个人所得税、房产税、城镇土地使用税、印花税、城市维护建设税、教育费附加、地方教育费附加的纳税义务，承租方要履行缴纳印花税和代扣代缴出租方个人所得税的义务。另外，有关税费负担约定也不能转移出租方的法定纳税义务。由于合同未约定支付的租金为不含税价及税后收入，根据税法规定与商事交易的习惯，合同租金即为含税价，假设出租方凭税务机关开具的完税凭证向承租方主张承担一切税费，承租方可抗辩只承担个人所得税、房产税、城镇土地使用税、印花税，不承担增值税及其附征的税费。

二是详细约定转移税负及纳税申报责任，即租赁合同中约定“租金不含增值税且为出租方的税后收入，出租方所涉及所有税费由承租方负担并以出租方名义申报缴纳”。这时，除了明确承租方负担出租方的全部税款外，条款中的“以出租方名义申报缴纳”约定了承租方除承担代扣代缴出租方的个人所得税义务外，还应代出租方申报缴纳该合同项下个人所得税以外的其他税款，双方形成了一个涉税申报的委托代理关系。在这种情况下，虽然合同中约定了由承租方以出租方的名义申报并缴纳相关税款，但仍不能改变出租方的纳税义务人身份，如承租方未就合同项下出租方涉及的税款进行申报并缴纳，则会给出租方带来被税务机关追究责任的风险。

【案例4－4－2分析】 纳税人通过合同约定转移税负但不转移纳税申报责任。在此约定条款下，有两个问题值得关注：

其一，各方在企业所得税税前列支合同项下的税费容易让人产生质疑。双方约定本应由出让方承担纳税义务的土地增值税、印花税、城市维护建设税、教育费附加、地方教育费附加转由受让方承担，则不能是出让方的实际费用支出，根据我国企业所得税法“实质重于形式”原则，出让方不能在企业所得税税前列支扣除上述税款。同时，受让方承担的出让方税费开支，本质上应当视同交易价格组成部分而作为合理成本、费用开支在企业所得税税前列支。对此，税务机关可能会对企业所得税税前列支的合法性、合理性提出质疑。如果受让方在合同签订时没有考虑到这些问题，既承担了出让方转让不动产的高额税费，还会因自身的企业所得税税前列支扣除问题而产生税收风险。

其二，转移税负存在操作上的困难，继而会引发进一步的税收问题。除了增值税等比较容易计算的税种外，还有一些税种在实践中难以操作，容易引起税收问题。比如土地增值税：由于合同标的为不动产，如果增值过高，土地增值税税额也相应提高，由于土地增值税实行超率累进税率征收，可扣除成本计算较为复杂，除非双方在签订合同前已对土地增值税进行充分测算评估，否则受让方很可能因承担了过高的土地增值税而导致预期合同利益减损。再如企业所得税：由于合同约定受让方承担出让方的企业所得税，而企业所得税是以某一自然年度为纳税所属期，即使能够清晰地计算出出让方此次转让的净收益，乘以企业所得税税率，得出本次转让产生的企业所得税税额，出让方在年度汇算清缴时也可能会出现年度亏损，实际并未产生企业所得税或者抵减以前年度亏损后未产生企业所得税的情形。如果仅仅以季度的预缴申报凭证就让受让方承担企业所得税，就存在受让方利益受损的情况。出让方实际取得受让方多承担的企业所得税，应当作为出让方的收入进行税收处理。

合同约定税款被转移方应当承担违约责任。根据《民法典》第五百二十二条第一款、第五百七十七条、第五百八十三条的规定，被转移方不履行或者延迟履行、少履行约定税款承担义务的，除了应当继续履行之外，还应当承担被税务机关对转移方加收的滞纳金、罚款等损失赔偿责任。同时，根据《民法典》第五百三十三条、第五百九十一条、第五百九十二条的规定，合同约定税款被转移方承担债务和违约责任需发生特殊情况的，可以进行递减调整。例如，合同成立后，发生税收政策调整等变化，且该变化在签订合同时无法预见，出现应当少缴税款（如税收优惠）或多缴税款等情况，被转让方认为继续履行合同对其明显不公平的，可以与转移方重新协商。再如，税务机关在日常征管中发现纳税人（转移方）存在税收优惠或税收风险并对其进行提示后，转移方未就此问题及时通知被转移方，出现被转移方违约的前提是转移方有过错，由此而产生的损失（多缴税款、加收滞纳金、罚款等），可以不予赔偿或减少相应的损失赔偿额。

2. 记账公司代理纳税申报应承担民事与行政责任

税务代理，是指税务代理人在规定的税务代理范围内，受纳税人、扣缴义务人的委托，代为办理纳税事宜的民事代理行为。根据《税收征收管理法》第八十九条的规定，纳税人、扣缴义务人可以委托税务代理人代为办理税务事宜。该条的规定，为纳税人、扣缴义务人委托税务代理人代办税务事宜提供了法律依据。

记账公司代理纳税申报，应依法代纳税人进行涉税处理，并承担相应的涉税风险。纳税人委托代理公司代记账簿和办理纳税申报，应当依照《民法典》和《税收征收管理法》的规定，如果没有尽职履职，导致纳税人因不缴或者少缴税款而被税务机关追缴税款、加收滞纳金的，纳税人根据《民法典》第一百六十四条的规定，可以要求代理记账公司承担损失赔偿责任。

对于代理记账公司不履职或者不完全履职，我国税法规定，应根据其是否主观故意进行判断。为此，《税收征收管理法实施细则》第九十八条的规定，税务代理人违反税收法律、行政法规，造成纳税人未缴或者少缴税款的，税务机关对税务代理人处纳税人未缴或者少缴税款50%以上3倍以下的罚款。这种情况下，纳税人营业期间系全权委托代理记账公司进行记账及纳税申报，没有违法故意，不应认定纳税人偷税，进而不应对其进行行政处罚。至于税款追征期问题，建议按照《税收征收管理法》第五十二条规定的精神，一般为三年，特殊情况下为五年。但是，如果因纳税人提供虚假资料而导致代理公司少申报税款的，则不能对代理公司进行处罚，而应当追究纳税人主观故意少缴税款的责任，构成犯罪的，应当依法移交司法机关。

3. 扣缴义务人未履行代扣、代收税款义务应承担行政责任

根据《税收征收管理法》第十九条、第二十五条、第三十条和《税收征收管理法实施细则》第九十四条的规定，扣缴义务人的法定义务有：①按照有关法律、行政法规和国务院财政、税务主管部门的规定设置账簿，根据合法、有效凭证记账，进行核算；②依照法律、行政法规规定或者税务机关依照法律、行政法规的规定确定的申报期限、申报内容如实报送代扣代缴、代收代缴税款报告表以及税务机关根据实际需要要求扣缴义务人报送的其他有关资料；③依照法律、行政法规的规定履行代扣、代收税款；④纳税人拒绝扣缴义务人依法履行代扣、代收税款的，扣缴义务人应当及时报告税务机关处理。

根据《税收征收管理法》第六十一条、第六十九条和《税收征收管理法实施细则》第九十四条的规定：①扣缴义务人未按照规定设置、保管代扣代缴、代收代缴税款账簿或者保管代扣代缴、代收代缴税款记账凭证及有关资料的，由税务机关责令限期改正，可以处二千元以下的罚款；②情节严重的，处二千元以上五千元以下的罚款；③应扣未扣、应收而不收税款的，对扣缴义务人处应扣未扣、应收未收税款百分之五十以上三倍以下的罚款。

（1）扣缴义务人依法设定。

在我国现行税制下，不同的税种，扣缴义务人的设定不同。税务机关应依据税法规定准确把握税收政策，避免出现执法错误的情况。

实务案例

案例 4－4－3

北京卫生法学会与国家税务总局北京市西城区税务局行政诉讼案

［北京市第二中级人民法院行政判决书（2019）京 02 行终 1657 号］

本案中，税务机关与扣缴义务人之间争议的焦点是关于认定北京卫生

法学会为涉案个人所得税代扣代缴义务人是否合法的问题。

北京卫生法学会向一审法院诉称，被诉复议决定及被诉处罚决定认定“北京市医疗纠纷人民调解委员会”（以下简称医调委）是北京卫生法学会的下属机构与事实不符，由此界定北京卫生法学会为个人所得税代扣、代缴义务主体属于代扣、代缴义务主体界定错误。

北京市第一稽查局向一审法院辩称：医调委不是独立的民事和税收行政法律责任主体，且未办理扣缴税款登记，不能承担代扣代缴个人所得税义务。北京卫生法学会设立医调委，负有代扣代缴相关人员个人所得税的法定义务，其在账簿中核算相关人员的工资、劳务报酬，并按“工资、薪金所得”应税项目代扣代缴个人所得税，已自认是医调委相关人员的个人所得税扣缴义务人。我国个人所得税法规定的扣缴义务人的认定，以支付所得的单位或者个人为扣缴义务人。

由此可见，个人所得税扣缴税款义务人的确认是以支付人为唯一标准的。

（2）扣缴义务人不应有追缴税款的权力。

行使追缴税款权力的主体是税务机关，但是国家税务总局文件也追加了扣缴义务人税款补扣、补收税款的义务。

《税收征收管理法》第六十九条和《税收征收管理法实施细则》第九十四条的规定税务机关对扣缴义务人应扣未扣、应收未收税款的，直接向纳税人追缴税款。这些条款的规定是对税务机关追缴税款权力的强调。而《国家税务总局关于贯彻〈中华人民共和国税收征收管理法〉及其实施细则若干具体问题的通知》（国税发〔2003〕47号）和《国家税务总局关于行政机关应扣未扣个人所得税问题的批复》（国税函〔2004〕1199号）均规定，由税务机关责成扣缴义务人向纳税人追缴税款，明显违背《税收征收管理法》及其实施细则的条款规定及立法本意，如果税务机关因此作出责成扣缴义务人追缴税款的处理决定或者责令限期改正通知书等外放性文书，将带来执法风险。

（3）应扣未扣、应收不收税款不区分是否具有主观故意。

我国税法对扣缴义务人未履行扣缴税款义务的行为，列举了主观故意的违法手段，即《税收征收管理法》第六十三条第二款规定：“扣缴义务人采取前款所列手段（即伪造、变造、隐匿、擅自销毁账簿、记账凭证，或者在账簿上多列支出或者不列、少列收入，或者经税务机关通知申报而拒不申报或者进行虚假的纳税申报），不缴或者少缴已扣、已收税款，由税务机关追缴其不缴或者少缴的税款、滞纳金，并处不缴或者少缴的税款百分之五十以上五倍以下的罚款；构成犯罪的，依法追究刑事责任。”对于非主观故意的违法手段，则没有列举。根据《税收征收管理法》第六十九条规定：“扣缴义务人应扣未扣、应收而不收税款的，由税务机关向纳税人追缴税款，对扣缴义务人处应扣未扣、应收未收税款百分之五十以上三倍以下的罚款。”由此可以看出，扣缴义务人应扣未扣、应收而不收税款不区分是否主观故意，一律按此条款进行罚款处理。同时，根据《国家税务总局关于行政机关应扣未扣个人所得税问题的批复》（国税函〔2004〕1199 号）第三条的规定，扣缴义务人应扣未扣税款，均不得向纳税人或扣缴义务人加收滞纳金。那么，扣缴义务人未采取《税收征收管理法》第六十三条列举的四种手段而不缴或者少缴已扣、已收税款的，税务机关应当如何处理呢？对此，我国法律没有规定。建议参照国家税务总局关于非主观故意（例如政策理解偏差）认定不缴或者少缴税款不定偷税的规定，由税务机关向扣缴义务人追缴税款、加收滞纳金。

这里还要强调一下，按照国家税务总局的意见，一旦造成纳税人不缴或者少缴税款的结果，还是要区分扣缴义务人的责任和纳税人的责任。结合《国家税务总局关于贯彻〈中华人民共和国税收征收管理法〉及其实施细则若干具体问题的通知》（国税发〔2003〕47 号）可以看出，纳税人不得拒绝扣缴义务人代扣代缴、代收代缴税款。对于扣缴义务人应代扣代缴税款的，如果纳税人拒绝，扣缴义务人应暂停支付并代为扣缴，需要在一日之内报告主管税务机关。如果扣缴义务人没有按照规定执行，则应承担被行政处罚的法律后果。对于扣缴义务人应代收代缴税款的，如果纳税人拒绝，扣缴义务人除了在一日之内报告主管税务机关之外，将无法履行收缴税款的义务，这时扣缴义务人是应收未收税款，不属于《税收征收管理法》第六十九条“应收而不收税款”，税务机关不能对扣缴义务人进行行政处罚。

§4 05

加收滞纳金的计算时间节点是核定税款之日吗？加收的滞纳金能否超过税款本金？

【要点导读】

在税收征管中，税款滞纳金因税款的滞缴而产生。与税款滞纳金有关的争议，归纳如下：

（1）加收税款滞纳金的计算时间节点是核定税款之日吗？

（2）因税务稽查程序原因而产生的税款滞纳金，是否应当中止计算？

（3）税款未及时足额入库，是否都应当加收滞纳金？

（4）税款滞纳金可否超过税款金额的一倍？

【关键词解释】

滞纳金，是税务机关对未按规定期限缴纳税款的纳税人或扣缴义务人按比例附加征收的金钱。滞纳金具有法定性、强制性和惩罚性的特点。

所谓法定性，是指滞纳金是由国家法律、法规明文规定的款项，个人和其他团体都无权私设。

所谓强制性，是指滞纳金的征收是由国家强制力保障实施的。

所谓惩罚性，指的是滞纳金是对超过规定的期限缴款而采取的惩罚性的措施。

滞纳金是一种执行罚，是当事人不及时履行他所不能代替履行的义务时，国家行政机关对其采用课以财产上新的给付义务的办法，促使其履行。执行罚不同于行政处罚：行政处罚是因公民、法人或者其他组织违反行政法上的义务，而受到的行政制裁；而执行罚的目的不在于制裁，而在于促使违反行政法上的义务的公民、法人和其他组织尽快履行义务。

【实务问题】

在税收征管中，税款滞纳金因税款的滞缴而产生。由于《税收征收管理法》的税款滞纳金与《行政强制法》的滞纳金具有一定的特殊关系与适用上的差异，导致实务中出现了较多的争议问题，其中最受关注的问题就是“滞纳金能否超过税款本金”。然而，除此之外，还有一些与税款滞纳金有关的争议问题值得我们关注，大致可归纳如下：

（一）加收税款滞纳金的计算时间节点是核定税款之日吗?

这是一个关于税款滞纳金计收的时间性问题，即计算的起点和终点。根据现行法律法规的规定，纳税人滞纳税款有可能会出现由税务机关追缴税款并加收滞纳金的情况。那么，滞纳金加收从何时开始计算，又到何时截止呢？实务中有两种特殊情形，使不少人在滞纳金加收的时间节点上存在分歧。

1. 企业所得税、土地增值税等多个税种都需要预缴，如何适用加收滞纳金的规定？

在我国现行税收制度下，大多数税种在纳税期限上都采取按月（季）或者按次进行纳税申报缴纳。根据《税收征收管理法》第三十一条的规定，纳税人、扣缴义务人按照法律、行政法规规定或者税务机关依照法律、行政法规的规定确定的期限，缴纳或者解缴税款。为此，确定欠缴税款应当加收滞纳金的起始节点，就是纳税人、扣缴义务人没有按照法律、行政法规的规定确定的期限缴纳税款的次日。但是，对于企业所得税、土地增值税等需要先按月（季）或者按次预缴税款，再按年或者按项目进行企业所得税汇算清缴和土地增值税清算的情况，如果纳税人没有进行申报和预缴税款，加收滞纳金的时间是预缴税款期满次日还是汇算或者清算税款期满次日？加收滞纳金针对的是确定的不缴或者少缴税款的数额，而预缴的企业所得税和预征的土地增值税仅是一个估算数额，并未确定，对其加收滞纳金，是否违背税收征管的基本程序？

2. 税务机关认为纳税人申报税款的计税依据明显偏低，对其进行税款核定，如何适用加收滞纳金的规定？

根据《税收征收管理法》第三十五条的规定，纳税人申报的计税依据明显偏低又无正当理由的，税务机关有权核定其应纳税额。那么，核定应纳税额后，以哪个时间节点作为滞纳金计算的起点呢？稽查局一般会认为税款的属期应当按照税法的规定而定，不同的税种，纳税期限也不同，需要将核定的税款归属于各自的纳税期限，从纳税期满的次日起计算税款滞纳金。而纳税人认为，税款的确定之日是税务机关核定税款之日，这时才产生纳税义务，那么纳税期限也应按照这个时间计算，即税务机关送达《税务处理决定书》的时间。只要纳税人按照《税务处理决定书》限定的时间缴纳税款，税务机关就不应该加收滞纳金。

（二）因税务稽查程序原因而产生的税款滞纳金，是否应当中止计算？

虽然《税收征收管理法》及其实施细则对税款滞纳金的计算期间规定了起止日，但并未规定计算期间的中止或者终止时间，形成了税收征管上的漏洞，有些个案中发生了“天价”税款滞纳金的情况。例如，稽查局向被查对象送达《税务检查通知书》后，因案情复杂，经稽查局局长批准办理期限延长，又经税务局重大税务案件审理委员会审理，之后送达了《税务行政处罚事项告知书》，召开了税务行政处罚听证会。一年后，发现案件认定事实部分存在问题，遂作出《税务事项通知书》，撤销了原《税务行政处罚事项告知书》，并进行补充调查和收集证据材料。最终，历经四年之后才作出《税务处理决定书》。对此，纳税人对认定税款部分无异议，但是对加收滞纳金的时间提出了质疑，认为稽查局后续处理的时间较长，从而拉长了税款补缴入库的时间，进而增加了滞纳金计算的天数，系因税务机关原因导致，应当中止计算加收滞纳金。

（三）税款未及时足额入库，是否都应当加收滞纳金?

根据《税收征收管理法》三十二条的规定，纳税人、扣缴义务人存在未按照规定期限缴纳税款的，税务机关应当从滞纳税款之日起按日加收滞纳税款万分之五的滞纳金。但是，有一些情形可能会涉及不予加收滞纳金的情况。例如，在我国目前的税收法律、法规立法中，对自查补税是否加收滞纳金没有明确的规定。而在税务稽查实务中，自查补税是一种经常采取的检查方式。

所谓自查，是在税务机关的要求下进行的检查，其基本逻辑是：如果企业没有按照要求自查补税，将面临稽查局的立案检查。当然，要求企业自查补税一般都事出有因，可能是通过大数据分析发现异常，也可能是在税务稽查计划中确定的稽查范围。如果企业经自查能够发现并及时补缴税款，通常情况下，税务机关都不会对其进行行政处罚，客观上对于提高税务稽查效率、引导纳税遵从和维护税企关系都有积极的作用。但是，加收的滞纳金是否也可享受一样的待遇？这仍是一个需要明确的问题。

除了自查补税是否需要加收滞纳金这个问题，实务中还有许多其他问题：企业所得税作出纳税调整后需要补征税款的；实行简并征期的定期定额户，其按照定额所应缴纳的税款在规定的期限内申报纳税的；扣缴义务人应扣未扣税款，税务机关对纳税人追缴税款的。在这些情形下，是否都应加收滞纳金？

（四）税款滞纳金可否超过税款金额的一倍?

税务稽查部门作出处理决定后，纳税人依法应补缴税款和滞纳金。滞纳金的计算，应自“法律、行政法规规定或者税务机关依照法律、行政法规的规定确定的税款缴纳期限届满次日起至纳税人、扣缴义务人实际缴纳或者解缴税款之日止”。若欠税发生的时间距离补缴税款2000天（大概五年半）以上的，即以1除以万分之五，加收的税款滞纳金将超过欠缴税款的一倍。通常情况下，税务稽查选案确定的被查期间为前三年，所以按照《税收征收管理法》第三十二条的规定，加收的滞纳金不会超过欠税的一倍。但是也有一些特殊的案件，例如《税收征收管理法》第五十二条规定的偷税、抗税、骗税案件，税务机关可以不受税款追征期的限制，这时，追征期将延长至五年半以前甚至更长时间。那么，加收的滞纳金就有可能超过欠税的一倍。

之所以提出“税款滞纳金可否超过税款金额的一倍”这一问题，是因为2012年1月1日起施行的《行政强制法》第四十五条第二款规定：“加处罚款或者滞纳金的数额不得超出金钱给付义务的数额。”对此，税务稽查部门有两种不同的观点：一种观点不支持滞纳金以税款本金为限（即滞纳金可以超过税款本金），认为《税收征收管理法》是特别法，应按照特别法优于一般法的原则，适用《税收征收管理法》的规定，况且滞纳金的计算由税收征管系统自动生成，因而无须考虑滞纳金计算的数额问题；另一种观点支持滞纳金不超过税款本金，认为《行政强制法》是一般法，在法条中没有规定“其他法律法规另有规定的除外”，此时，行政机关应适用一般法——也就是说，对纳税人欠税行为依法加收的滞纳金不能超过欠税的一倍。

【文件规定】

（一）关于加收滞纳金的规定

《税收征收管理法》第三十二条规定：“纳税人未按照规定期限缴纳税款的，扣缴义务人未按照规定期限解缴税款的，税务机关除责令限期缴纳外，从滞纳税款之日起，按日加收滞纳税款万分之五的滞纳金。”

《税收征收管理法实施细则》第七十五条规定："税收征管法第三十二条规定的加收滞纳金的起止时间，为法律、行政法规规定或者税务机关依照法律、行政法规的规定确定的税款缴纳期限届满次日起至纳税人、扣缴义务人实际缴纳或者解缴税款之日止。"

《税收征收管理法实施细则》第八十三条规定："税收征管法第五十二条规定的补缴和追征税款、滞纳金的期限，自纳税人、扣缴义务人应缴未缴或者少缴税款之日起计算。"

《税收征收管理法实施细则》第九十四条规定："纳税人拒绝代扣、代收税款的，扣缴义务人应当向税务机关报告，由税务机关直接向纳税人追缴税款、滞纳金；纳税人拒不缴纳的，依照税收征管法第六十八条的规定执行。"

《国家税务总局关于贯彻〈中华人民共和国税收征收管理法〉及其实施细则若干具体问题的通知》（国税发〔2003〕47 号）第五条规定："对纳税人未按照法律、行政法规规定的期限或者未按照税务机关依照法律、行政法规的规定确定的期限向税务机关缴纳的税款，滞纳金的计算从纳税人应缴纳税款的期限届满之次日起至实际缴纳税款之日止。"

《行政强制法》第四十五条规定："行政机关依法作出金钱给付义务的行政决定，当事人逾期不履行的，行政机关可以依法加处罚款或者滞纳金。加处罚款或者滞纳金的标准应当告知当事人。""加处罚款或者滞纳金的数额不得超出金钱给付义务的数额。"

（二）关于不予加收滞纳金的规定

《税收征收管理法》第五十二条第一款规定："因税务机关的责任，致使纳税人、扣缴义务人未缴或者少缴税款的，税务机关在三年内可以要求纳税人、扣缴义务人补缴税款，但是不得加收滞纳金。"

《企业所得税法》第四十八条规定："税务机关依照本章规定作出纳税调整，需要补征税款的，应当补征税款，并按照国务院规定加收利息。"

《国家税务总局关于个体工商户定期定额征收管理有关问题的通知》（国税发〔2006〕183号）第十条规定："定期定额户在定额执行期届满分月汇总申报时，月申报额高于定额又低于省税务机关规定申报幅度的应纳税款，在规定的期限内申报纳税不加收滞纳金。""对实行简并征期的定期定额户，其按照定额所应缴纳的税款在规定的期限内申报纳税不加收滞纳金。"

《国家税务总局关于1元以下应纳税额和滞纳金处理问题的公告》（国家税务总局公告2012年第25号）规定："主管税务机关开具的缴税凭证上的应纳税额和滞纳金为1元以下的，应纳税额和滞纳金为零。"

《国家税务总局关于延期申报预缴税款滞纳金问题的批复》（国税函〔2007〕753号）第一条、第二条规定："《中华人民共和国税收征收管理法》第二十七条规定，纳税人不能按期办理纳税申报的，经税务机关核准，可以延期申报，但要在纳税期内按照上期实际缴纳的税额或者税务机关核定的税额预缴税款，并在核准的延期内办理税款结算。预缴税款之后，按照规定期限办理税款结算的，不适用税收征管法第三十二条关于纳税人未按期缴纳税款而被加收滞纳金的规定。""经核准预缴税款之后按照规定办理税款结算而补缴税款的各种情形，均不适用加收滞纳金的规定。在办理税款结算之前，预缴的税额可能大于或小于应纳税额。当预缴税额大于应纳税额时，税务机关结算退税但不向纳税人计退利息；当预缴税额小于应纳税额时，税务机关在纳税人结算补税时不加收滞纳金。"

《国家税务总局关于纳税人善意取得虚开增值税专用发票已抵扣税款加收滞纳金问题的批复》（国税函〔2007〕1240号）规定："纳税人善意取得虚开的增值税专用发票被依法追缴已抵扣税款的，不属于税收征收管理法第三十二条'纳税人未按照规定期限缴纳税款'的情形，不适用该条'税务机关除责令限期缴纳外，从滞纳税款之日起，按日加收滞纳税款万分之五的滞纳金'的规定。"

《国家税务总局关于土地增值税清算有关问题的通知》（国税函〔2010〕220号）第八条规定："纳税人按规定预缴土地增值税后，清算补缴的土地增值税，在主管税务机关规定的期限内补缴的，不加收滞纳金。”

《国家税务总局关于行政机关应扣未扣个人所得税问题的批复》（国税函〔2004〕1199号）第三条规定“按照《征管法》规定的原则，扣缴义务人应扣未扣税款，无论适用修订前还是修订后的《征管法》，均不得向纳税人或扣缴义务人加收滞纳金。”

【指导建议】

关于税款滞纳金的基本规定是《税收征收管理法》第三十二条、《税收征收管理法实施细则》第七十五条和第八十三条的规定，其构成因素有四个：一是纳税人、扣缴义务人未按照规定期限缴纳税款；二是从滞纳税款之日起计算，即法律、行政法规规定或者税务机关依照法律、行政法规的规定确定的税款缴纳期限届满次日，同时也是纳税人、扣缴义务人应缴未缴或者少缴税款之日的次日；三是截至纳税人、扣缴义务人实际缴纳或者解缴税款之日；四是按日加收滞纳税款万分之五的滞纳金。实务中存疑的各种问题，都应当建立在这些基本规定的基础上进行分析，结合其他的相关法律、法规等关于滞纳金的规定进行合法性适用。

（一）关于税款滞纳金计算的起止时间问题

根据《税收征收管理法》及其实施细则的规定，税款滞纳金的计算期间自税款缴纳期限届满的次日起算至税款实际缴纳之日止。实务中对滞纳金起止时间的争议，主要表现为纳税义务发生的时点以及何时何种方式才算是已经实际缴纳或者解缴税款。

1. 企业所得税、土地增值税等需要预缴的税种加收滞纳金的时点

对企业所得税、土地增值税等需要预缴的税种加收滞纳金的时点，现行的《税收征收管理法》及其实施细则没有明确规定。但是，《国家税务总局关于企业未按期预缴所得税加收滞纳金问题的批复》（国税函〔1995〕593号）对企业所得税曾作过具体的规定：“根据《中华人民共和国税收

征收管理法》（编者注：这里是指 1995 年 2 月 28 日第一次修正版）第二十条及《中华人民共和国企业所得税法暂行条例》第十五条的规定，对纳税人未按规定的缴库期限预缴所得税的，应视同滞纳行为处理，除责令其限期缴纳税款外，同时按规定加收滞纳金。”虽然该文件已经由《国家税务总局关于公布全文失效废止部分条款失效废止的税收规范性文件目录的公告》（国家税务总局公告 2011 年第 2 号）全文废止，但这个规定与现行《税收征收管理法》《企业所得税法》并不抵触。另外，根据《企业所得税法》第五十四条第二款、第三款和《企业所得税法实施条例》第一百二十七条的规定：“企业所得税分月或者分季预缴。企业应当自月份或者季度终了之日起十五日内，向税务机关报送预缴企业所得税纳税申报表，预缴税款。”“企业按照企业所得税法第五十四条规定分月或者分季预缴企业所得税时，应当按照月度或者季度的实际利润额预缴；按照月度或者季度的实际利润额预缴有困难的，可以按照上一纳税年度应纳税所得额的月度或者季度平均额预缴，或者按照经税务机关认可的其他方法预缴。”从《企业所得税预缴纳税申报表（A 类）》的填表说明来看：第 1 行“营业收入”，填报纳税人截至本税款所属期末，按照国家统一会计制度规定核算的本年累计营业收入；第 2 行“营业成本”，填报纳税人截至本税款所属期末，按照国家统一会计制度规定核算的本年累计营业成本；第 3 行“利润总额”，填报纳税人截至本税款所属期末，按照国家统一会计制度规定核算的本年累计利润总额。《企业所得税预缴纳税申报表（A 类）》中的实际利润额是以会计利润为基础，进行一定调整后得到的数。为此，在进行企业所得预缴申报时，如果没有按照《企业所得税法实施条例》第一百二十七条规定的实际利润预缴，就会产生滞纳税款，税务机关应当按照《税收征收管理法》第三十二条的规定加收滞纳金。

对于在土地增值税预征税款的情况下少缴税款的是否加收滞纳金，实务中应该没有异议。《财政部 国家税务总局关于土地增值税若干问题的通知》（财税〔2006〕21 号）第三条第二款规定，对未按预征规定期限预缴税款的，从限定的缴纳税款期限届满的次日起，加收滞纳金。

2. 核定税款如何加收滞纳金

根据《税收征收管理法》第三十五条的规定："纳税人有下列情形之一的，税务机关有权核定其应纳税额：（一）依照法律、行政法规的规定可以不设置账簿的；（二）依照法律、行政法规的规定应当设置但未设置账簿的；（三）擅自销毁账簿或者拒不提供纳税资料的；（四）虽设置账簿，但账目混乱或者成本资料、收入凭证、费用凭证残缺不全，难以查账的；（五）发生纳税义务，未按照规定的期限办理纳税申报，经税务机关责令限期申报，逾期仍不申报的；（六）纳税人申报的计税依据明显偏低，又无正当理由的。税务机关核定应纳税额的具体程序和方法由国务院税务主管部门规定。"

对稽查局核定税款如何加收滞纳金的争议，在税务稽查实务中时有发生。判断其如何加收滞纳金，应当包括两个层面的问题：一是稽查局核定税款的案件如何定性（即：是由于税务机关原因致使纳税人少缴税款，还是由于纳税人计算错误等失误或者纳税人偷税、抗税、骗税导致少缴税款的）；二是核定税款的滞纳金起算时间。

下面，以两则最高人民法院再审裁判案件为例，看一下最高人民法院对稽查局核定税款以及加收滞纳金的观点。

实务案例

案例 4-5-1

广州德发房产建设有限公司与广东省广州市地方税务局第一稽查局再审审查案

［行政判决书〔2015〕行提字第 13 号］

最高人民法院在裁判书主文中指出："税收征管法对税务机关在纳税人已经缴纳税款后重新核定应纳税款并追征税款的期限虽然没有明确规

定，但并不意味税务机关的核定权和追征权没有期限限制。税务机关应当在统筹兼顾保障国家税收、纳税人的信赖利益和税收征管法律关系的稳定等因素的基础上，在合理期限内核定和追征。在纳税义务人不存在违反税法和税收征管过错的情况下，税务机关可以参照税收征管法第五十二条第一款规定确定的税款追征期限，原则上在三年内追征税款。”“根据依法行政的基本要求，没有法律、法规和规章的规定，行政机关不得作出影响行政相对人合法权益或者增加行政相对人义务的决定；在法律规定存在多种解释时，应当首先考虑选择适用有利于行政相对人的解释。”

“有权核定并追缴税款，与加收滞纳金属于两个不同问题。根据税收征管法第三十二条、第五十二条第二款、第三款规定，加收税收滞纳金应当符合以下条件之一：纳税人未按规定期限缴纳税款；自身存在计算错误等失误；或者故意偷税、抗税、骗税的。本案中，德发公司在拍卖成交后依法缴纳了税款，不存在计算错误等失误；税务机关经过长期调查，也未发现德发公司存在偷税、抗税、骗税情形，因此，德发公司不存在缴纳滞纳金的法定情形。被诉税务处理决定认定的拍卖底价成交和一人竞买拍卖行为虽然能证明税务机关对成交价格未形成充分竞价的合理怀疑具有正当理由，但拍卖活动和拍卖价格并非德发公司所能控制和决定，广州税稽一局在依法进行的调查程序中也未能证明德发公司在拍卖活动中存在恶意串通等违法行为。同时，本案还应考虑德发公司基于对拍卖行为以及地方税务局完税凭证的信赖而形成的信赖利益保护问题。在税务机关无法证明纳税人存在责任的情况下，可以参考税收征管法第五十二条第一款关于‘因税务机关的责任，致使纳税人、扣缴义务人未缴或者少缴税款的，税务机关在三年内可以要求纳税人、扣缴义务人补缴税款，但是不得加收滞纳金’的规定，作出对行政相对人有利的处理方式。因此，广州税稽一局重新核定德发公司拍卖涉案房产的计税价格后新确定的应纳税额，纳税义务应当自核定之日发生，其对德发公司征收该税款确定之前的滞纳金，没有法律依据。”

实务案例

案例4－5－2
陈某某诉莆田市地税局稽查局、福建省地税局税务行政处理及行政复议一案
［〔2018〕最高法行申209号］

最高人民法院在裁判书主文中指出："根据依法行政的基本要求，没有法律、法规和规章的规定，行政机关不得作出影响行政相对人合法权益或者增加行政相对人义务的决定；在法律规定存在多种解释时，应当首先考虑选择适用有利于行政相对人的解释。""税务机关有权基于实质课税原则核定、征缴税款，但加收滞纳金部分仍应严格依法进行。根据《税收征收管理法》第三十二条、第五十二条规定，加收滞纳金的条件为：纳税人未按规定期限缴纳税款且自身存在计算错误等失误，或者故意偷税、抗税、骗税的。因此，对于经核定依法属于税收征收范围的民间借贷行为，只要不存在恶意逃税或者计算错误等失误，税务机关经调查也未发现纳税人存在偷税、抗税、骗税等情形，而仅系纳税义务人对相关法律关系的错误理解和认定的，税务机关按实质课税的同时并不宜一律征缴滞纳金甚至处罚。"

以上两则案例都属于是因计税依据明显偏低又无正当理由而又无法判断是否属于违法行为的情形，因为核定是税务机关的一项权力，纳税人的纳税义务取决于税务机关是否实施了这一权力，以及何时实施这一权力，因此决定了纳税义务何时产生。在税务机关实施核定权之前，并没有产生纳税义务，也就不存在滞纳税款的事实。为此，从考虑选择适用有利于行政相对人的角度来解释，其税款滞纳金的起算时间是核定税款之日。换句话说，就是不予加收滞纳金。除非有证据证明纳税人存在《税收征收管理法》第五十二条所规定的法定情形，即因税务机关原因、纳税人计算错误

等失误和纳税人偷税、骗税抗税的，可以分别进行处理。

还要提醒注意的是：稽查局作出税务处理决定时，如果没有明确具体的滞纳金起算时间和截止时间，人民法院一般会以认定事实不清而作出撤销判决。

（二）关于税款滞纳金计算的时间扣除问题

关于因税务稽查程序原因而产生的税款滞纳金，有一则相关的行政诉讼案件司法判例。在裁判书中，人民法院认为，本案办期限较长是由于税务机关在前期调查中认定事实部分存在问题，将该案退回后重新调查了一次。因此，补充调查期间所产生的滞纳金（即作出《税务事项通知书》并撤销原《税务行政处罚事项告知书》之后产生的滞纳金）不应由企业承担。最终，一审法院及二审法院关于滞纳金的判决结果为：将《税务处理决定书》中“从滞纳税款之日起，按日加收滞纳税款万分之五的滞纳金”变更为“从滞纳税款之日起，按日加收滞纳税款万分之五的滞纳金，至撤销原《税务行政处罚事项告知书》之日止”。

通过人民法院的判决可以看出，对因税务机关在案件处理中的失误而致使办案期限延长的情况，即使《税收征收管理法》及其实施细则没有规定滞纳金终止计算的情形，还是应当借鉴《税收征收管理法》第五十二条第一款规定之精神，即因税务机关执法不当或违规导致应纳税款无法及时确定的，税款的滞纳金应当终止计算。

实务中，税款滞纳金计算时间的问题也可以通过提前缴纳税款的手段进行调整。

一般情况下，在检查实施环节结束时，税务稽查人员会以口头或书面的方式告知纳税人被查期间存在的税收违法行为和拟作出的处理处罚决定。如果纳税人没有异议，税务稽查部门不会拖延案件的审理和执行的时间。纳税人可以在税务稽查部门送达《税务处理决定书》之日起 15 日内缴清税款、滞纳金。特殊情况下，税务稽查部门会因为各种原因导致稽查案件一时难以结案。这时，纳税人为了规避因计算时间延长而导致多缴税款滞纳金。在这种情况下，可以主动申报缴纳税款及滞纳金，税务机关应根据《税收征收管理法实施细则》第七十五条及《国家税务总局关于贯彻〈中华人民共和国税收征收管理法〉及其实施细则若干具体问题的通知》（国税发〔2003〕47号）第五条的规定，将滞纳金的计算时间截止至实际缴纳税款之日，即提前补缴税款之日。但是，实际操作中需要注意三个问题：一是补缴入库的税款要注明系补缴的欠税，税款的属期是应缴税款的当期；二是补缴税款的同时需缴纳滞纳金；三是补缴税款和滞纳金后应及时通知税务稽查部门。这时，税务机关在制作《税务处理决定书》时，可以在文书中说明该税款已于某时补缴入库，可不再追缴。纳税人提前补缴税款和滞纳金，不应影响税务稽查部门对案件的定性。但如果纳税人没有将入库的税款确定为因欠税而补缴的税款，或者没有同时缴纳滞纳金，则税务机关可以对查补税款及滞纳金进行追缴，纳税人提前缴纳的税款则另行处理。

（三）关于不予加收滞纳金的情形

根据《税收征收管理法》第五十二条第一款、《企业所得税法》第四十八条、《国家税务总局关于个体工商户定期定额征收管理有关问题的通知》（国税发〔2006〕183号）第十条、《国家税务总局关于1元以下应纳税额和滞纳金处理问题的公告》（国家税务总局公告2012年第25号）、《国家税务总局关于纳税人善意取得虚开增值税专用发票已抵扣税款加收滞纳金问题的批复》（国税函〔2007〕1240号）《国家税务总局关于土地增值税清算有关问题的通知》（国税函〔2010〕220号）第八条、《国家税务总局关于行政机关应扣未扣个人所得税问题的批复》（国税函〔2004〕1199号）第三条、《国家税务总局关于延期申报预缴税款滞纳金问题的批复》（国税函〔2007〕753号）第一条、第二条的规定，不予加收滞纳金的法定情形如下：

（1）因税务机关的责任，致使纳税人、扣缴义务人未缴或者少缴税款的。

（2）纳税人善意取得虚开的增值税专用发票被依法追缴已抵扣税款的。

（3）纳税人根据《税收征收管理法》第二十七条的规定，经税务机关核准延期申报并按规定预缴税款的，在核准的延期内办理税款结算的。

（4）税务机关依照《企业所得税法》第六章规定作出纳税调整，需要补征税款，并按照国务院规定加收利息的。

（5）主管税务机关开具的缴税凭证上的应纳税额和滞纳金为 1 元以下的。

（6）纳税人按规定预缴土地增值税后，清算补缴的土地增值税在主管税务机关规定的期限内补缴的。

（7）定期定额户在定额执行期届满分月汇总申报时，月申报额高于定额又低于省税务机关规定申报幅度的应纳税款，在规定的期限内申报纳税的；对实行简并征期的定期定额户，其按照定额所应缴纳的税款在规定的期限内申报纳税的。

（8）扣缴义务人应扣未扣、应收而未收税款的，由税务机关向纳税人追缴税款，对扣缴义务人处应扣未扣、应收未收税款 50% 以上 3 倍以下罚款的。按照《税收征收管理法》规定的原则，扣缴义务人应扣未扣税款，无论适用修订前还是修订后的《税收征收管理法》，均不得向纳税人或扣缴义务人加收滞纳金。但是，如果纳税人拒绝代扣、代收税款的，税务机关除了直接向纳税人追缴税款外，还应当加收滞纳金。

此外，关于自查补税是否加收滞纳金，我国在税收征管法层面以及具体文件层面，均未区分所谓的检查还是自查，只要“纳税人未按照规定期限缴纳税款的”，均要征收滞纳金。同时，根据《国家税务总局关于贯彻〈中华人民共和国税收征收管理法〉及其实施细则若干具体问题的通知》（国税发〔2003〕47 号），对于滞纳金的计算期限，规定如下：对纳税人未按照法律、行政法规规定的期限或者未按照税务机关依照法律、行政法规的规定确定的期限向税务机关缴纳的税款，滞纳金的计算从纳税人应缴纳税款的期限届满之次日起至实际缴纳税款之日止。

（四）关于税款滞纳金能否超过欠税金额一倍的问题

税务稽查部门对纳税人欠税行为依法加收的滞纳金能否超过欠税一倍？对此，现行法律规定并不明晰。现行《税收征收管理法》第三十二条只规定了加收滞纳金计算的依据、比例和期限，没有规定加收滞纳金的限额，即没有规定计算滞纳金的上限。根据《行政强制法》第四十五条的规定，加处罚款或者滞纳金的数额不得超出金钱给付义务的数额。两部法律规定不一致，到底应该适用哪部法律的规定呢？

现在，比较多的人认为应该适用《行政强制法》，即税务机关加收滞纳金不能超过欠税的一倍，理由是当《税收征收管理法》第三十二条与《行政强制法》第四十五条发生法律适用冲突时，应当按照《立法法》的规定进行处理。在这里，应区分两种情形：

1. 两部法律对同一事项都有规定

《立法法》第九十二条规定："同一机关制定的法律、行政法规、地方性法规、自治条例和单行条例、规章，特别规定与一般规定不一致的，适用特别规定；新的规定与旧的规定不一致的，适用新的规定。"《立法法》第九十四条规定："法律之间对同一事项的新的一般规定与旧的特别规定不一致，不能确定如何适用时，由全国人民代表大会常务委员会裁决。"

就加收滞纳金这一税收事项而言：《税收征收管理法》与《行政强制法》属于同一位阶的法律；《税收征收管理法》为"特别规定"，《行政强制法》为"一般规定"；《税收征收管理法》是"旧的规定"，而《行政强制法》是"新的规定"。但是，这里不存在《立法法》第九十四条所说的"不能确定如何适用"的情形，因为适用"特别规定优于一般规定"的前提是因为"一般规定"规定了除外事项的应当适用"特别规定"——很明显，《行政强制法》没有规定除外事项。

2. 对同一事项只有一部法律作了规定，另一部法律没有规定

若其中某一部法律没有规定的，则应该适用有规定的法律——无论其是“特别规定”还是“一般规定”。由于《行政强制法》规定了加收滞纳金的上限，而《税收征收管理法》没有规定，也就是说，关于是否要对加收滞纳金设定上限这一问题，不存在“同一事项”规定不一致的情况。

由此可以得出结论：对滞纳金加收的数额限制，应适用“新的一般规定”，即应当适用《行政强制法》的规定。

其实，上述分析存在一个误区：之所以能够得出上述结论，前提是《行政强制法》与《税收征收管理法》所说的“滞纳金”是同一事项，实际上，《行政强制法》中的“滞纳金”非《税收征收管理法》中的“滞纳金”——虽然两部法律规定的滞纳金都是一种“执行罚”，但各自的立法目的与内容不同。从《行政强制法》第四十五条第一款的规定来看，不能超过金钱给付义务的“滞纳金”是指行政机关依法作出金钱给付义务的行政决定后当事人逾期不履行时加收的，而《税收征收管理法》的“滞纳金”是税务机关依法作出的税务处理决定，是与税款一同作出的处理，而非税务机关作出处理决定后纳税人逾期不履行时加收的。另外，关于滞纳金的规定，在《行政强制法》中是行政机关强制执行的内容，是《行政强制法》第四章《行政机关强制执行程序》中规定的条款，而在《税收征收管理法》中则是税款征收的内容，是《税收征收管理法》第三章《税款征收》中规定的条款。再者，从立法的目的来看，《行政强制法》之所以规定加收的滞纳金不能超过金钱给付义务，是为了遏制天价罚款对行政相对人造成无法承受的负担，而《税收征收管理法》规定的“滞纳金”加收幅度已经充分考虑到了纳税人的实际承受能力，将原来的千分之二改为万分之五，相当于18%的年利率，就是为确保滞纳金制度的可行性，同时又兼顾了滞纳金的惩戒性。因此，财政部在2014年《关于“优化税收征管支持经济发展”建议的答复》中指出：“关于滞纳金问题。《行政强制法》

第四十五条规定，行政机关依法作出金钱给付义务的行政决定，当事人逾期不履行的，行政机关可以依法加处罚款或者滞纳金。加处罚款或者滞纳金的数额不得超出金钱给付义务的数额。《税收征收管理法》第三十二条规定，纳税人未按照规定期限缴纳税款的，扣缴义务人未按照规定期限解缴税款的，税务机关除责令限期缴纳外，从滞纳税款之日起，按日加收滞纳税款万分之五的滞纳金。由此可见，《税收征收管理法》所规定的滞纳金属于利息性质，在《税收征收管理法》修订过程中，我部会同税务总局等有关部门正在研究厘清税收利息与滞纳金的关系，并合理确定征收比例。”

由此可以得出结论：税务稽查中加收的滞纳金能否超出欠税的一倍，依照《行政强制法》的规定处理还是不妥的。在现行《税收征收管理法》的规定下，税务稽查部门加收滞纳金可以超过欠税的一倍。为此，新修订的《税收征收管理法》将在条款中明确，要分别加收税收利息和滞纳金，将《税收征收管理法》中的“税款滞纳金”与《行政强制法》中的“滞纳金”明确区分开来，以免造成法律适用上的混乱。

【司法判例】

·广州德发房产建设有限公司与广东省广州市地方税务局第一稽查局再审行政判决书［〔2015〕行提字第13号］。来源：中国裁判文书网。

·陈某某诉莆田市地税局稽查局、福建省地税局税务行政处理及行政复议一案裁定书［〔2018〕最高法行申209号］。来源：中国裁判文书网。

§4 06

税务稽查可否运用日常生活经验法则推定纳税人违法事实？

【要点导读】

针对税务稽查取证与认证问题，实务中有一些存疑的问题，引起了稽查局内部各部门之间、稽查局与纳税人之间的争议，主要有：

（1）对于税务稽查案件，纳税人是否有义务主动提供证据材料？

（2）税务稽查可否运用日常生活经验法则推定纳税人违法事实？

（3）对于企业提交的纳税事实和理由及相关证明材料，如果稽查局未进行充分、全面的复核，其后果有多严重？

（4）对于稽查局提取的证据材料，公安机关可否直接作为刑事诉讼的证据使用？

【关键词解释】

证据是指用来证明事情真实性的凭据。能够证明案件真实情况的一切事实，都是证据。

围绕证据开展的一系列工作，其核心就是用已知的事项来证明未知的问题。其中，已知的事项即“证据”，未知的问题即“证明对象”。证明对象是指由实体法律规范所确定的，对诉辩请求产生法律意义的，应当由当事人提供证据加以证明的事实。

证据具有合法性、真实性和关联性等三个特征。

举证，就是拿出、出示证据，或者说拿出证据来证明某种事情、情况，是诉讼过程中的重要环节。

【实务问题】

税务稽查案件处理是稽查局经过对案件调查取证后，依据相关法律对查清的违法事实作出追缴税款决定的活动。为此，要求检查部门充分提取证据，并将收集的证据随同《税务稽查报告》装入临时卷，移交给审理部门。审理部门对检查过程中取得的证据进行合法性、真实性、关联性审查，从而判断所收集的证据能否用作认定案件事实的根据并认定其证明效力。

针对税务稽查收集与固定问题，实务中有一些存疑的问题，引起了稽查局内部各部门之间、稽查局与纳税人之间的争议，主要有：

（一）对于税务稽查案件，纳税人是否有义务主动提供证据材料?

根据相关法律法规规定，稽查局认定案件违法必须做到以事实为依据、以法律为准绳。而案件事实真相往往是雾里看花、莫衷一是，所以需要稽查人与被查企业进行良好的沟通，打消疑虑、破除戒备心理，积极配合税务稽查工作。由于被查对象是具体的涉案当事人，对案涉业务办理的过程有过亲身经历，如果能够得到企业人员的帮助，提供有价值的资料，对案件及时办结有很大益处。然而，一些税务稽查人员认为，被查企业没有提供资料的主观愿望，对案件处理结论不负有举证责任，要求其主动提供证据材料基本做不到。除了表面应尽的义务之外，诸如企业内部管理制度资料、会议记录、签订的合同、客户档案和台账等，都不会提供给税务机关。企业也认为，税务稽查工作就是稽查局自行调查案件的过程，能够发现什么问题、发现多少问题都是稽查局的事情，企业提供的资料越多，对自己越不利，更何况若对稽查局作出的处理决定不服，还可以申请税务行政复议或者行政诉讼，届时再补充证据，可以达到一举推翻税务处理决定的目的。

（二）税务稽查可否运用日常生活经验法则推定纳税人违法事实?

在税务稽查案件调查过程中，常常发现纳税人的交易行为违反经营常规的现象，例如被查对象（货物交易的买方）向出售方付出资金，但大量的资金又流入买方实际经营人个人的账户，买方主张这是企业之间的资金拆借。再如，被查对象账面频频出现计入应付账款金额的情况，询问企业的财务人员时，他们会说这是向企业股东借款用于周转，但此业务一直持续而从无还款。对此，税务稽查认为，该企业的业务处理不是正常的交易行为，而属于企业隐瞒收入或者虚列成本、虚抵税款的行为，对其进行了事实推定。

实务案例

案例 4 –6 –1
某企业走逃、失联案

某市稽查局对某企业的涉税情况进行检查时，发现该企业已经走逃。稽查局通过一些异常信息进行判断，认为该企业涉嫌虚开增值税专用发票，故对其作出了税务处理决定（《税务处理决定书》摘录如下）。

国家税务总局××市税务局稽查局
税务处理决定书（摘录）

我局（所）于 2019 年 7 月 22 日至 2019 年 7 月 30 日对你（单位）2018 年 1 月 1 日至 2019 年 4 月 30 日的增值税、企业所得税情况进行了检查，违法事实及处理决定如下：

一、违法事实

通过对你（单位）注册地地址和生产经营地实地查验，与相关人员通讯联系，均无法找到实际经营人，你（单位）实际已处于走逃、失联状态，注册地址及经营地址信息不真实。你（单位）存在上下游发票进销内容异常、各税种和财务报表的申报数据异常、银行账户信息异常等情况。参照《最高人民法院关于行政诉讼证据若干问题的规定》（法释〔2002〕21号）第六十八条“下列事实法庭可以直接认定：（一）众所周知的事实；（五）根据日常生活经验法则推定的事实”的规定，你（单位）对外开具的增值税发票没有真实业务。

二、处理决定

1. 根据《发票管理办法》第二十二条第二款“任何单位和个人不得有下列虚开发票行为：（一）为他人、为自己开具与实际经营业务情况不符的发票；（二）让他人为自己开具与实际经营业务情况不符的发票；（三）介绍他人开具与实际经营业务情况不符的发票”的规定，你（单位）在没有实际业务的情况下，对外开具增值税专用发票10份，金额998 675.9元，销项税额159 788.1元，价税合计1 158 464元，属于虚开增值税专用发票。

2. 你（单位）已涉嫌触犯《刑法》二百零五条的规定。根据《税收征收管理法》第七十七条和《行政执法机关移送涉嫌犯罪案件的规定》（国务院令310号）第三条的规定，本案移送公安机关。

限你（单位）自收到本决定书之日起15日内按照规定进行相关账务调整。

（三）对于企业提交的纳税事实和理由及相关证明材料，如果稽查局未进行充分、全面的复核，其后果有多严重？

税务稽查中，对于一些案涉事实认定不清时，稽查局通常会要求被查对象对一些事实提交说明材料或者补充证据资料，这时，被查企业可能会找各种借口拖延，不及时提供。也有的情况是，被查企业急于辩解，主动提交一些稽查局认为不可采信的资料，但稽查局可能没有对其可信度进行分析、复核。由此，被查企业以税务稽查举证不能提起了抗诉。

实务案例

案例 4-6-2
济南市地方税务局稽查局与山东基能能源科技有限公司行政处罚案

［山东省济南市中级人民法院行政判决书〔2015〕济行终字第 217 号］

原审法院认为："在被告对原告的行政处罚处理期间，原告向被告陈述其与济南金立信财务管理咨询有限公司曾签订《代理记账协议书》，因双方其他纠纷导致该公司故意未按约定进行纳税申报等事务。原告向被告工作人员出示了其公司于 2011 年 6 月 17 日与济南金立信财务管理咨询有限公司签订的《代理记账协议书》，该协议显示双方曾约定济南金立信财务管理咨询有限公司有关的代理记账、税务申报的合同义务。原告同时出示了其与济南金立信财务管理咨询有限公司发生纠纷、终止上述协议、进行相关诉讼的证据。""本案被告的处罚需要确认纳税人未缴、少缴税款的原因和责任主体，现无证据证明被告对此进行了调查，尤其是原告提供的证据及线索直接指向上述问题的确认，且考虑到涉案处罚案件的来源，被告当庭陈述对原告证据进行了书面审查，但其未尽到审慎的职责。被告仅凭现有证据，不足以对原告进行处罚，属于行政行为认定事实缺乏证据。"

二审上诉人稽查局诉称："从被上诉人在税务检查过程中补充提交的材料看，本案不属于《税收征收管理法》第八十九条和《税收征收管理法实施细则》第九十八条规定的情形。根据有关规定，从事税务代理业务的中介机构为税务师事务所，而从被上诉人提交的材料看，其所谓的进行代理记账的公司济南金立信财务管理咨询有限公司明显不是税务师事务所，其代理记账行为当然不属于税务代理行为。原审法院依据《税收征收管理法》第八十九条和《税收征收管理法实施细则》第九十八条规定，要求上诉人去界定被上诉人不缴及少缴税款的原因和责任主体没有依据。”

（四）对于稽查局提取的证据材料，公安机关可否直接作为刑事诉讼的证据使用？

对于涉嫌犯罪案件，根据《税收征收管理法》和《发票管理办法》的规定，应当将案件移送司法机关，进一步追究刑事责任。稽查局移送涉嫌犯罪案件时，除了填制《涉嫌犯罪案件移送书》之外，对作出税务处理决定的，还应附送决定书及相关证据材料的复制件。从侦查机关来说，由于涉税刑事案件具有较强的专业性，案情相对复杂，取证难度较大，一般来讲，在涉税案件的事实认定方面，比较依赖税务稽查的专业性判断和提取的证据。但是，稽查局在税务稽查阶段收集的证据属于行政证据的范畴，该类证据与公安机关在侦查阶段收集的证据有着本质的区别。在具体的案件办理中，公安机关往往要求税务机关提供全案证据和税务意见，对此，税务稽查部门提出疑问：公安机关对稽查局提供的证据可否直接将行政证据用于刑事案件？可否不加以审查就全盘接受？会不会导致刑事诉讼程序滥用行政证据的后果？

下面举几个司法判例，看一下人民法院的观点：

【判例 4－6－1】 裁判要旨：“关于胡某某的辩护人所提税务机关制作的调查、询问笔录不能作为本案证据使用，税务机关的证明等因手续不全不能采信的辩护意见。本院认为，根据《最高人民法院关于适用〈中华人民共和国刑事诉讼法〉的解释》第六十五条第一款“行政机关在行政执法和查办案件过程中收集的物证、书证、视听资料、电子数据等证据材料，在刑事诉讼中可以作为证据使用；经法庭查证属实，且收集程序符合有关法律、行政法规规定的，可以作为定案的根据”的规定，税务机关作为税收行政管理部门，其在查办案件过程中依法作出的调查、询问笔录、证明等证据经法庭查证属实，且收集程序合法，可以作为本案定案证据。

辩护人的该辩护意见无法律依据，本院不予采纳。”

【判例4－6－2】 裁判要旨：“根据《中华人民共和国刑事诉讼法》（以下简称《刑事诉讼法》）第五十二条第二款的规定：“行政机关在行政执法和查办案件过程中收集的物证、书证、视听资料、电子数据等证据材料，在刑事诉讼中可以作为证据使用。”上述人员的笔录属于言词证据，不属于法条中规定的可以直接作为证据使用的证据范畴，因此不能作为本案的证据使用，上述人员的陈述与证言应以在侦查阶段公安机关所做的笔录为准。除此外，白城市国家税务局稽查局所取得的其他书证可以作为本案的证据使用。”

【判例4－6－3】 裁判要旨：“关于你所提原审生效裁判将行政机关的调查材料当作刑事案件的证据使用严重违宪的申诉理由。经查，《刑事诉讼法》第五十四条规定，行政机关在行政执法和查办案件过程中收集的物证、书证、视听资料、电子数据等证据材料，在刑事诉讼中可以作为证据使用。本案中，原审生效裁判采纳税务机关出具的调查材料、税务稽查报告等证据认定本案的发破案情况及行政调查处理情况，采纳税务机关出具的天一公司表面处理剂销项发票统计表、标准金进项统计表、受票企业抵扣税款情况等证据，认定天一公司开具表面处理剂增值税专用发票等情况符合法律规定。故你的该申诉理由不能成立。”

【文件规定】

（一）关于税务机关权利和纳税人义务的规定

《税收征收管理法》第五十八条规定：“税务机关调查税务违法案件时，对与案件有关的情况和资料，可以记录、录音、录像、照相和复制。”

《税收征收管理法》第六条第二款、第五十六条规定：“纳税人、扣缴义务人和其他有关单位应当按照国家有关规定如实向税务机关提供与纳税和代扣代缴、代收代缴税款有关的信息。”“纳税人、扣缴义务人必须接受税务机关依法进行的税务检查，如实反映情况，提供有关资料，不得拒绝、隐瞒。”

《行政处罚法》第三十三条第二款规定：“当事人有证据足以证明没有主观过错的，不予行政处罚。法律、行政法规另有规定的，从其规定。”

（二）关于证据审查的规定

《行政诉讼法》第五条规定：“人民法院审理行政案件，以事实为根据，以法律为准绳。”

《行政诉讼法》第六条规定：“人民法院审理行政案件，对行政行为是否合法进行审查。”

《行政诉讼法》第三十三条规定：“证据包括：（一）书证；（二）物证；（三）视听资料；（四）电子数据；（五）证人证言；（六）当事人的陈述；（七）鉴定意见；（八）勘验笔录、现场笔录。”“以上证据经法庭审查属实，才能作为认定案件事实的根据。”

《行政处罚法》第五十四条第一款规定：“除本法第五十一条规定的可以当场作出的行政处罚外，行政机关发现公民、法人或者其他组织有依法应当给予行政处罚的行为的，必须全面、客观、公正地调查，收集有关证据；必要时，依照法律、法规的规定，可以进行检查。”

《税务行政复议规则》第五十四条规定：“行政复议机关应当依法全面审查相关证据。行政复议机关审查行政复议案件，应当以证据证明的案件事实为依据。定案证据应当具有合法性、真实性和关联性。”

《最高人民法院关于行政诉讼证据若干问题的规定》（法释〔2002〕第21号）第五十三条规定：“人民法院裁判行政案件，应当以证据证明的案件事实为依据。”

《税务稽查案件办理程序规定》（国家税务总局令第52号）第十七条第一款规定：“检查应当依照法定权限和程序收集证据材料。收集的证据必须经查证属实，并与证明事项相关联。”

《最高人民法院关于适用〈中华人民共和国行政诉讼法〉的解释》（法释〔2018〕1号）第四十五条规定：“被告有证据证明其在行政程序中依照法定程序要求原告或者第三人提供证据，原告或者第三人依法应当提供而没有提供，在诉讼程序中提供的证据，人民法院一般不予采纳。”

《最高人民法院关于适用〈中华人民共和国行政诉讼法〉的解释》（法释〔2018〕1号）第四十六条规定：“原告或者第三人确有证据证明被告持有的证据对原告或者第三人有利的，可以在开庭审理前书面申请人民法院责令行政机关提交。”“申请理由成立的，人民法院应当责令行政机关提交，因提交证据所产生的费用，由申请人预付。行政机关无正当理由拒不提交的，人民法院可以推定原告或者第三人基于该证据主张的事实成立。”“持有证据的当事人以妨碍对方当事人使用为目的，毁灭有关证据或者实施其他致使证据不能使用行为的，人民法院可以推定对方当事人基于该证据主张的事实成立，并可依照行政诉讼法第五十九条规定处理。”

（三）关于举证责任的规定

《行政诉讼法》第三十四条规定：“被告对作出的行政行为负有举证责任，应当提供作出该行政行为的证据和所依据的规范性文件。”“被告不提供或者无正当理由逾期提供证据，视为没有相应证据。但是，被诉行政行为涉及第三人合法权益，第三人提供证据的除外。”

《行政诉讼法》第三十六条第二款规定：“原告或者第三人提出了其在行政处理程序中没有提出的理由或者证据的，经人民法院准许，被告可以补充证据。”

《行政诉讼法》第三十七条规定：“原告可以提供证明行政行为违法的证据。原告提供的证据不成立的，不免除被告的举证责任。”

《行政诉讼法》第三十八条规定：“在起诉被告不履行法定职责的案件中，原告应当提供其向被告提出申请的证据。但有下列情形之一的除外：（一）被告应当依职权主动履行法定职责的；（二）原告因正当理由不能提供证据的。”“在行政赔偿、补偿的案件中，原告应当对行政行为造成的损害提供证据。因被告的原因导致原告无法举证的，由被告承担举证责任。”

《最高人民法院关于行政诉讼证据若干问题的规定》（法释〔2002〕第21号）第二条规定：“原告或者第三人提出其在行政程序中没有提出的反驳理由或者证据的，经人民法院准许，被告可以在第一审程序中补充相应的证据。”

《最高人民法院关于行政诉讼证据若干问题的规定》（法释〔2002〕第21号）第四条规定：“公民、法人或者其他组织向人民法院起诉时，应当提供其符合起诉条件的相应的证据材料。”“在起诉被告不作为的案件中，原告应当提供其在行政程序中曾经提出申请的证据材料。但有下列情形的除外：（一）被告应当依职权主动履行法定职责的；（二）原告因被告受理申请的登记制度不完备等正当事由不能提供相关证据材料并能够作出合理说明的。”“被告认为原告起诉超过法定期限的，由被告承担举证责任。”

《税务行政复议规则》第五十三条规定：“在行政复议中，被申请人对其作出的具体行政行为负有举证责任。”

（四）关于行政证据规则的规定

《行政复议法》第二十四条规定：“在行政复议过程中，被申请人不得自行向申请人和其他有关组织或者个人收集证据。”

《行政诉讼法》第三十五条规定：“在诉讼过程中，被告及其诉讼代理人不得自行向原告、第三人和证人收集证据。”

《最高人民法院关于行政诉讼证据若干问题的规定》（法释〔2002〕第21号）第六十条规定：“下列证据不能作为认定被诉具体行政行为合法的依据：（一）被告及其诉讼代理人在作出具体行政行为后或者在诉讼程序中自行收集的证据；（二）被告在行政程序中非法剥夺公民、法人或者其他组织依法享有的陈述、申辩或者听证权利所采用的证据；（三）原告或者第三人在诉讼程序中提供的、被告在行政程序中未作为具体行政行为依据的证据。”

《最高人民法院关于行政诉讼证据若干问题的规定》（法释〔2002〕第21号）第六十一条规定：“复议机关在复议程序中收集和补充的证据，或者作出原具体行政行为的行政机关在复议程序中未向复议机关提交的证据，不能作为人民法院认定原具体行政行为合法的依据。”

《最高人民法院关于行政诉讼证据若干问题的规定》（法释〔2002〕第21号）第六十八条规定：“下列事实法庭可以直接认定：（一）众所周知的事实；（二）自然规律及定理；（三）按照法律规定推定的事实；（四）已经依法证明的事实；（五）根据日常生活经验法则推定的事实。”“前款（一）、（三）、（四）、（五）项，当事人有相反证据足以推翻的除外。”

（五）关于刑事案件证据的规定

《刑事诉讼法》第五十一条规定：“公诉案件中被告人有罪的举证责任由人民检察院承担，自诉案件中被告人有罪的举证责任由自诉人承担。”

《刑事诉讼法》第五十二条规定：“审判人员、检察人员、侦查人员必须依照法定程序，收集能够证实犯罪嫌疑人、被告人有罪或者无罪、犯罪情节轻重的各种证据。”

《刑事诉讼法》第五十四条第二款规定：“行政机关在行政执法和查办案件过程中收集的物证、书证、视听资料、电子数据等证据材料，在刑事诉讼中可以作为证据使用。”

《最高人民法院关于适用〈中华人民共和国刑事诉讼法〉的解释》第六十五条规定：“行政机关在行政执法和查办案件过程中收集的物证、书证、视听资料、电子数据等证据材料，在刑事诉讼中可以作为证据使用；经法庭查证属实，且收集程序符合有关法律、行政法规规定的，可以作为定案的根据。”“根据法律、行政法规规定行使国家行政管理职权的组织，在行政执法和查办案件过程中收集的证据材料，视为行政机关收集的证据材料。”

《公安机关办理刑事案件程序规定》（公安部令第159号）第六十条规定："公安机关必须依照法定程序，收集、调取能够证实犯罪嫌疑人有罪或者无罪、犯罪情节轻重的各种证据。必须保证一切与案件有关或者了解案情的公民，有客观地充分地提供证据的条件，除特殊情况外，可以吸收他们协助调查。"

《公安机关办理刑事案件程序规定》（公安部令第159号）第六十二条规定："公安机关向有关单位和个人调取证据，应当经办案部门负责人批准，开具调取证据通知书，明确调取的证据和提供时限。被调取单位及其经办人、持有证据的个人应当在通知书上盖章或者签名，拒绝盖章或者签名的，公安机关应当注明。必要时，应当采用录音录像方式固定证据内容及取证过程。"

《公安机关办理刑事案件程序规定》（公安部令第159号）第六十三条规定："公安机关接受或者依法调取的行政机关在行政执法和查办案件过程中收集的物证、书证、视听资料、电子数据、鉴定意见、勘验笔录、检查笔录等证据材料，经公安机关审查符合法定要求的，可以作为证据使用。"

【指导建议】

税务稽查工作是稽查局经过调查取证后，认为违法事实清楚、证据确凿，依法定程序对案件进行处理的过程。针对上述提出的与税务稽查证据有关的实务问题，可以从以下四个方面进行分析：

（一）税务机关对作出决定的行政行为负举证责任，被查对象负有配合义务和有限举证责任

在税务稽查案件中，税企之间发生税收争议时，被查对象如对税务机关作出的具体行政行为不服，可以申请税务行政复议和提起行政诉讼。这时，就涉及行政复议或者行政诉讼的举证，即当事人向复议机关或者法庭

提供证据，证明被诉具体行政行为或事实损害行为、损害行为与损害结果的因果关系是否存在、是否合法、应否承担行政赔偿责任、承担何种赔偿责任。这里重点讨论一下税务行政诉讼案件的举证责任问题。

行政诉讼“不同于”民事诉讼和刑事诉讼。根据《行政诉讼法》第三十四条、三十七条、第三十八条和《最高人民法院关于行政诉讼证据若干问题的规定》（法释〔2002〕第21号）第四条、第五条的规定，行政诉讼由被告负举证责任，即由行政机关对作出的行政行为的合法性负举证责任。税务行政相对人仅对三个特定范围的事项承担举证责任：“公民，法人或者其他组织向人民法院起诉时，应当提供其符合起诉条件的相应的证据材料。”“在起诉被告不作为的案件中，原告应当提供其在行政程序中曾经提出申请的证据材料。但有下列情形的除外：（一）被告应依职权主动履行法定职责的；（二）原告因被告受理申请的登记制度不完备等正当事由不能提供证据材料并能够作出合理说明的。”“在行政赔偿诉讼中，原告应当对被诉具体行政行为造成损害的事实提供证据。”

举证责任不仅指行为意义上的证明责任，还包括结果意义上的证明责任，即当待证事实不明确时，由承担举证责任的一方承担举证不能的不利后果。具体到税务机关作出处理、处罚决定等具体行政行为，在行政诉讼阶段，应由税务机关就纳税人的违法事实以及其作出的处理、处罚决定承担举证责任，不仅应向法院提交行政执法中收集的各项证据材料，还应在其作出的决定存在事实不清、证据不足的情况下，承担举证不能的法律后果。

关于被查对象负有配合义务，根据《税收征收管理法》第六条第二款、第五十六条的规定，纳税人、扣缴义务人和其他有关单位应当按照国家有关规定如实向税务机关提供与纳税和代扣代缴、代收代缴税款有关的信息。纳税人、扣缴义务人必须接受税务机关依法进行的税务检查，如实反映情况，提供有关资料，不得拒绝、隐瞒。另外，根据《行政处罚法》第三十三条第二款的规定，被查对象对证明其没有主观过错不予行政处罚的，应当提供充足的证据。由此可见，被查对象在税务行政案件中，负有积极配合、协助检查并提供证据资料的责任。

对于前述“实务问题（一）”提出的问题，即被查对象故意隐瞒内部资料，意欲影响税务稽查人员了解案件事实，为日后税务行政复议和行政诉讼留后手的情况，根据《行政诉讼法》第三十六条第二款和《最高人民法院关于行政诉讼证据若干问题的规定》（法释〔2002〕第21号）第二条的规定，被查对象在税务机关行政处理程序中没有提出的理由或者证据的，包括反驳理由或者证据，在诉讼案件庭审中补充证据的，应当经人民法院准许。但是，如果税务机关在行政程序中依照法定程序要求被查对象（原告或第三人）提供证据，被查对象依法应当提供而没有提供，根据《最高人民法院关于适用〈中华人民共和国行政诉讼法〉的解释》（法释〔2018〕1号）第四十五条的规定，被查对象在诉讼程序中再向法庭提供证据，人民法院一般不予采纳。这就是最高人民法院设置的相对人漠视行政程序证据排除规则，也就是针对恶意干扰、阻挠税务机关行使征税权、检查权等行政活动的行为，被查对象要承担对其不利的法律后果。

【判例4-6-4：林某某、莆田市地方税务局稽查局税务行政管理（税务）再审审查案［〔2018〕最高法行申253号］】 最高人民法院在《行政裁定书》中认为：“行政审判对行政行为合法性的审查主要针对行政机关作出行政行为时所依据的证据、事实和法律规范，税务机关虽然对实质课税原因以及应纳税所得额认定等事实负举证责任，但纳税义务人在税收调查、核定和征收等行政程序中，仍负有主动或应要求的协助义务，以厘清是非曲直，并主张对其有利的扣除、充抵、减免的情节；否则将可能承担税务机关对其不利的认定或者推定。”

【判例4-6-5：河南舒莱卫生用品有限公司、河南省许昌市国家税务局稽查局税务行政管理（税务）二审行政判决书［〔2017〕豫行终3048号］】 二审法院认为：“许昌市国家税务局稽查局就税务检查情况已告知舒莱公司享有核对的权利并要求舒莱公司提供证据，但舒莱公司并未在行政程序中提供。依据《最高人民法院关于行政诉讼证据若干问题的规定》第五十九条规定，舒莱公司在行政诉讼中提供的证据，依法不予采纳。”

（二）税务行政案件事实不明时，可以适用事实推定

根据《税收征收管理法》第五十八条的规定，税务机关调查税务违法案件时，对与案件有关的情况和资料，可以记录、录音、录像、照相和复制。税务机关在检查中通过采取查账、实地检查和询问等方式，认定案件事实的证据从以书证和询问笔录的形式提取为主，逐渐扩大使用视听材料、实物证据、现场笔录、鉴定结论等证据类型的范围，使直接证据与间接证据相互印证，形成一个完整的证据链。对于转换为数据的电子数据，配以能够证明电子数据转换过程的证据，如同保存软盘、光盘等有形载体，在网络上对电子数据进行保存或通过抓屏等技术手段保存数据转换前的原始界面等。这些技术手段对查清案件事实，多形式、多角度印证违法行为，起到了非常好的作用。

但是，对于一些税务稽查案件，由于纳税人不能提供完整的会计核算资料或者提供的业务资料不能有效地采信等原因，需要运用实质课税原则和日常生活经验法则进行实质判断。根据《最高人民法院关于行政诉讼证据若干问题的规定》（法释〔2002〕第21号）第六十八条规定，税务机关可以根据日常生活经验法则推定事实，但是前提是被查对象没有相反证据足以推翻。也就是说，依据生活常理能够推定的事实，税务机关无须举证证明。前述案例4－6－1中，稽查局作出的《税务处理决定书》就参照了该条款的规定：稽查局运用日常生活经验法则，通过调查被查对象下落不明且相关信息异常，推定其涉嫌虚开增值税专用发票犯罪的违法事实。当然，该决定书在事实认定的证据基础方面还存在很多不足，例如，没有说明通过“金三”系统查询有关纳税申报、发票领购和开具的具体情况，银行账户信息（如开具的增值税专用发票上所载银行账号是否与其税务登记

时提供的银行账户信息一致）与资金流动情况，税务稽查人员实地核查有无实际经营地址和经营能力（如货物生产、场地、人员和设备）等情况。

法释〔2002〕第21号文件第六十八条第（五）项规定被称为“日常生活经验法则”，即法官能够从日常生活中认识、领略和归纳出来的作为判断事物之间必然联系的一般知识、经验、常识和法则。对税务稽查案件，从证据的角度来说，事实推定不是民事诉讼所独有，证据确凿也不是行政诉讼证明的唯一标准，行政诉讼案件事实不明时同样可以适用事实推定。但是，运用该法则需要符合两点要求：一是推定违法事实的前提事实必须符合日常生活经验标准，例如经税务稽查人员进行实地核查，发现被查对象登记的经营地址、设备以及人员、资金等不具备其开具增值税专用发票所列货物的生产能力和经营行为，由此推定其开具了与实际生产经营活动不符的发票。而实地核查的事实证据必须是真实、可信的。二是允许反证，被查对象可以就前提事实和推定事实的真实性提出反证，并视其反证成立与否来判断事实推定的真实性和合理性。税务机关作为推定事实的主张一方免除证明责任，而被查对象作为否定推定事实的另一方则需承担举证责任。若被查对象未能履行必要的举证责任，则应承担败诉的法律后果。

（三）税务机关作出行政决定前，需全面、客观、公正地调查收集证据

根据《行政诉讼法》第五条、第六条和《行政处罚法》第五十四条第一款、《最高人民法院关于行政诉讼证据若干问题的规定》（法释〔2002〕第21号）第五十三条以及《税务稽查案件办理程序规定》（国家税务总局令第52号）第十七条第一款的规定，办理行政案件，应当以事实为根据，以法律为准绳。税务机关依法应当作出行政决定的，必须全面、客观、公正地调查，对收集证据的合法性、真实性和关联性进行审查。“以事实为依据，以法律为准绳”是我国人民法院审判的一项基本原则。税务机关在

税务执法过程中应严格依法进行证据的搜集，并在此基础上作出处理、处罚决定，既是依法行政、依法治税的要求，也体现了对行政相对人的保护。

被查对象对税务稽查中发现的违法手段与案件定性等问题，应当提出陈述意见。如果提交陈述事实、辩解理由或者反驳意见及相关证明材料的，税务机关应当进行调查和复核。若税务机关未做到尽职调查审核义务，根据《最高人民法院关于适用〈中华人民共和国行政诉讼法〉的解释》（法释〔2018〕1号）第四十六条的规定，被查对象可以在诉讼案件开庭审理前书面申请人民法院责令税务机关提交。人民法院责令提交，税务机关无正当理由拒不提交的，人民法院可以推定被查对象基于该证据主张的事实成立。对此，税务机关将承担败诉的法律后果。

在案例4－6－2中，被查对象提供给稽查局的与财务管理公司存在纠纷的陈述和相关诉讼的证据，可以证明其少缴税款的行为系财务管理公司对其实施报复故意而为的，而被查对象没有主观故意，则不应被认定为偷税，也就不会处以行政罚款。该证据对案件的定性起着至关重要的作用，而稽查局以财务管理公司代理记账行为不属于税务代理行为，不符合《税收征收管理法》第八十九条和《税收征收管理法实施细则》第九十八条规定的情形为由，未予以采信。二审法院最终认为“上诉人未对被上诉人申辩的委托税务事宜进行复核，行政处罚程序违法，且可能影响到处罚结果的正确”，从而作出了驳回稽查局上诉请求，维持一审法院关于撤销《税务从行政处罚决定书》的判决。

这里还应强调一下，税务行政案件进入复议或者诉讼阶段，要受到取证时限规则的约束。根据《行政复议法》第二十四条、《行政诉讼法》第三十五条和《最高人民法院关于行政诉讼证据若干问题的规定》（法释〔2002〕第21号）第六十条第（一）项、第六十一条的规定，税务机关在作出具体行政行为后不得自行向原告、第三人和证人收集证据。由此可见，取证时限规则要求先取证后决定，这是行政机关依法行政的基本要求。税务机关收集证据时，应当在作出行政行为之前的行政程序中进行。

（四）可以在刑事诉讼中作为证据使用的行政执法证据仅限于四种证据材料

1. 向公安机关移送涉嫌犯罪案件，应当移交案件的全部材料

根据《行政执法机关移送涉嫌犯罪案件的规定》（国务院令第 310 号）、《中共中央办公厅　国务院办公厅转发国务院法制办等部门〈关于加强行政执法与刑事司法衔接工作的意见〉的通知》（中办发［2011］8 号）的规定，行政执法机关在执法检查时发现违法行为明显涉嫌犯罪的，应当及时向公安机关通报。接到通报后，公安机关应当立即派人进行调查，并依法作出立案或者不予立案的决定。行政执法机关向公安机关移送涉嫌犯罪案件，应当移交案件的全部材料，同时将案件移送书及有关材料目录抄送人民检察院。同时，根据《税务稽查案件办理程序规定》（国家税务总局令第 52 号）和《国家税务总局关于修订部分税务执法文书的公告》（国家税务总局公告 2021 年第 23 号）等文件规定，案件的移送资料包括涉嫌犯罪案件情况的调查报告、涉嫌犯罪的主要证据材料复制件和其他有关涉嫌犯罪的材料。对税务机关作出了税务处理决定、处罚决定的，移送的资料还应包括《税务处理决定书》《税务行政处罚决定书》的复制件。为此，对涉嫌犯罪案件，税务稽查中收集的作为税务执法决定事实依据的证据需要随同《涉嫌犯罪案件移送书》一并移送给司法机关。

2. 侦查机关对涉税违法犯罪案件负有举证责任

侦查机关办理的涉税违法犯罪案件，根据《刑事诉讼法》第五十一条、第五十二条和《公安机关办理刑事案件程序规定》（公安部令第 159 号）第六十条的规定，被告人有罪的举证责任由人民检察院承担。审判人员、检察人员、侦查人员必须依照法定程序，收集能够证实犯罪嫌疑人、被告人有罪或者无罪、犯罪情节轻重的各种证据。由此可见，在涉税刑案中，人民检察院、侦查机关应对案件是否构成刑法相关规定，并应处以刑

罚承担举证的责任。

3. 部分行政执法证据在刑事诉讼中可以作为证据使用

根据《行政诉讼法》第三十三条的规定，证据有书证、物证、视听资料、证人证词、当事人陈述、鉴定结论、勘验笔录及现场笔录等。其中，可以作为刑事证据的，根据《刑事诉讼法》第五十四条第二款、《最高人民法院关于适用〈中华人民共和国刑事诉讼法〉的解释》第六十五条的规定，行政机关在行政执法和查办案件过程中收集的物证、书证、视听资料、电子数据等证据材料，在刑事诉讼中可以作为证据使用。同时，对经法庭查证属实，且收集程序符合有关法律、行政法规规定的，可以作为定案的根据。对于根据法律、行政法规规定行使国家行政管理职权的组织，在行政执法和查办案件过程中收集的证据材料，视为行政机关收集的证据材料。

从上述文件规定来看，税务机关在税务行政执法中收集的证据，可以作为刑事诉讼定案根据的证据种类，需要具备两个条件：一是证据类型仅限于物证、书证、视听资料和电子数据。例如，判例 4－6－3 所述："原审生效裁判采纳税务机关出具的调查材料、税务稽查报告等证据认定本案的发破案情况及行政调查处理情况，采纳税务机关出具的天一公司表面处理剂销项发票统计表、标准金进项统计表、受票企业抵扣税款情况等证据认定天一公司开具表面处理剂增值税专用发票等情况"，不包括言词证据。又如，判例 4－6－1、判例 4－6－2 所述："由于税务机关收集的证人证言和当事人陈述具有较强的主观性和不确定性，'询问笔录'均未被列入可以直接作为证据使用的范围。"二是经公安机关审查符合法定要求，经法庭查证属实，且收集程序符合有关法律、行政法规规定。

公安机关除了接受或者依法调取行政机关在行政执法和查办案件过程中收集的物证、书证、视听资料、电子数据等四类证据材料外，《公安机关办理刑事案件程序规定》（公安部令第 159 号）第六十三条又增加了鉴定意见、勘验笔录、检查笔录等三种证据材料。同时，第六十二条又明确规定了将行政证据用于刑事诉讼案件定案根据需要进行证据转换，即：

"公安机关向有关单位和个人调取证据，应当经办案部门负责人批准，开具调取证据通知书，明确调取的证据和提供时限。被调取单位及其经办人、持有证据的个人应当在通知书上盖章或者签名，拒绝盖章或者签名的，公安机关应当注明。必要时，应当采用录音录像方式固定证据内容及取证过程。"

需要强调的是，虽然税务机关与侦查机关、公诉机关相比可能具有更多的涉税知识及经验，但是在税务稽查等行政程序中获得的相关资料能否充分构成刑法犯罪的要件，仍须经过公安机关的侦查举证。

【司法判例】

· 济南市地方税务局稽查局与山东基能能源科技有限公司行政处罚二审行政判决书［〔2015〕济行终字第217号］。来源：中国裁判文书网。

· 林某某、莆田市地方税务局稽查局税务行政管理（税务）再审审查行政裁定书［〔2018〕最高法行申253号］。来源：中国裁判文书网。